Die Eule der Minerva beginnt erst mit
der einbrechenden Dämmerung ihren Flug

外国法学名著

Legality
by
Scott Shapiro

合法性

［美］斯科特・夏皮罗／著
郑玉双 刘叶深／译

中国法制出版社
CHINA LEGAL PUBLISHING HOUSE

《合法性》中译本序

当写作这本书的时候，我从未考虑过它被翻译成其他语言的可能性。坦白地说，我只是想让它以英文出版。但是如果我在写作本书时意识到它会被翻译出来，我可能会选择一个不同的题目。我的出色的译者告诉我说，“合法性（Legality）”这个词很难翻译成中文，这一点我觉得不足为奇，因为在英语中它也不容易界定。“合法性”是一个难以捉摸的词，在日常交流中并不常用。英语为母语者一直用“法律”、“法律上的（legal）”和“符合法律的（lawful）”——他们很少提及“合法性”。现在这本书将以中文形式出现，那么我需要向读者解释这本书的题目是什么意思，以及本书的主题如何与之相关。

我们可以区分三种意义的“合法性”。第一，这个词可以表达作为一种法律类型的属性。这个定义表述得很别扭，但这个观念是简单明了的：合法性（在第一种意义上）是所有法律机构、行动、事件、官员和文本都共享的一种属性。它是使得**法律**成为法律的那种属性。我们把它称为类型意义（typing - sense）。举个例子，当哲学家谈论和争论“合法性和道德性”之间的关系的时候，他们想到的是这种类型意义。

第二，这个词可以表达法律机构的一种独特价值。这是一种法律人采纳和使用的技术性用法，比如在他们讨论“合法性原则”的时候。我们可以称之为“合法性”的“价值意义”。遵守法律被认为是促进和实现某些特别的价值，我们通常把这些价值与法治关联起来。

第三，这个词能够表达“是符合法律的”这一属性。这种“守法意义”是日常交流中的常用含义，尽管它通常听起来太过正式。当有人问起伊拉克战争的合法性的时候，他们想到的是这种守法意义。他们想知道发动这场战争是否符合相关法律，或者更简单地说，这场战争是否是合法的。

这本书尝试解释“合法性”这三种意义所表达的属性和价值——类型、价值和守法——如何彼此关联。本书的基本探究开始于类型意义，即追问哪种属性使得法律机构和规范成为**法律的**机构和规范。我在这本书中所提出的主要主张是，法律机构是一种精致的规划机构，它们所制定的规范是规划。

本书接着讨论合法性价值。我主张，法律的规划性质可以帮助我们理解拥有一个法律制度所内含的价值。为什么中度复杂的社会拥有法律是好的（当然也是必要的）？我作出的解答是，法律制度使得那些本来无法解决或者不能很好解决的问题可以得到解决。它们是管理社会生活之复杂性的精致技术。换句话说，合法性价值是社会规划的价值。

在明确合法性作为一种类型和价值的意义之后，本书最后转向守法意义。什么时候一种行动是符合法律的？或者更为哲学地表达，法律的内容如何能被确定，从而我们可以说某种行动是符合法律的？我主张，法律的确定必须考虑法律的规划性质。尤其是，它必须考虑社会规划的价值被提出以及镶嵌进法律制度的制度性结构之中的方式。

因此，“合法性”的这三种意义是紧密相关的。守法行动的合法性依赖于合法性价值，并且合法性价值依赖于法律所属的这种类型。既然法律制度是规划制度，那么它们就能促进和实现社会规划的价值，并且这种价值会对它们所制定的规划的内容做出贡献。

斯科特·夏皮罗

目录

第十一章 德沃金与不信任

第十二章 信任的有效配置

第十三章 规划的解释

缩写：

AL Joseph Raz, *The Authority of Law*: *Essays on Law and Morality* (Oxford: Oxford University Press, 1979).

CL H. L. A. Hart, *The Concept of Law*, ed. Joseph Raz and Penelope Bullock, 2d ed. (Oxford: Oxford University Press, 1994).

EJP H. L. A. Hart, *Essays in Jurisprudence and Philosophy* (Oxford: Oxford University Press, 1983).

LE Ronald Dworkin, *Law's Empire* (Cambridge, MA: Harvard University Press, 1986).

PJD John Austin, *The Province of Jurisprudence Determined*, ed. Wilfred E. Rumble (Cambridge: Cambridge University Press, 1995).

PRN Joseph Raz, *Practical Reason and Norms*, 2d ed. (Oxford: Oxford University Press, 1999).

第一章　法律是什么

（及为什么我们应该关心这个问题）

什么是法理学？

当我在申请高中的时候，我的母亲建议我在申请表的“未来职业”一栏填写“医事法学（medical jurisprudence）”。当然我并不知道医事法学是什么：我之前从来没有听说过其中包含的“法理学（jurisprudence）”这个词。但是部分是因为想宽慰我的母亲，部分是因为我对未来职业没有其他想法，我听从了她的建议。令人不解的是，那所学校也还是录取了我。

三十年后，我现在知道，在当时情形下“法理学（jurisprudence）”这个词实际上只是“法学（law）”的一种文雅的、略显陈旧的说法。所以我可以推断那些从事医事法学的人就是实践医事法律（medical law）的人——尽管，坦白地说，我仍然不清楚医事法究竟是什么。同样，我知道当法律人讨论一些大词儿，比如“第四修正案的法理（Fourth Amendment Jurisprudence）”的时候，他们指的是美国宪法的第四修正案以及围绕这一修正案的法律原理。

我现在也知道“法理学”这个术语也有一些其他的成熟用法。

举例来说，它有时候被用来表示法律的学术研究，即法学教授和学者所从事的那个学科。根据这个用法，那些从事法理学的人关注的是对特定法律制度的法律进行描述。其典型做法是发展一些理论，确立一些一般原则以建构一个特定的法律原理领域，然后罗列出具体的规则来说明上述原则。以这种方式使用这个术语的话，那么“法医学”指的就不是我第一个例子所举的规定医疗事务的法律规则，而是一个学术性的子学科，类似于固态物理学或日语语言学等。需要指出的是，这个用法也具有词源意义，因为在拉丁语中，“jurisprudentia”意思就是“法律的知识”。

然而，在英语世界大部分法律学者并不称自己为“法理学家（jurisprudes）”。〔1〕“法理学”这个词一般用来指法律的**哲学**研究；因此，如果法理学家这个词还有人用的话，它指的就是从事这种哲学方向研究的人。遵照这个用法，值得强调的是，在英美法学院中，“法理学”这个标签不能够适用于所有的课程名称，而只用于那些关注于法律涉及的哲学议题的课程。实际上有一些学者甚至也意图区分法理学和法哲学，以得到更为精微细致的差异。但既然我忽略了他们所提出的这个区分的意义，我在接下来的部分就搁置这个区分，而交替使用“法理学”和“法哲学”这两个术语。

法理学：规范的与描述的

法学的哲学学科通常分为两个子领域：规范的和描述的。规范法理学处理特定法的**道德**基础问题，而分析法理学检讨法律的**形而上学**基础。让我们依次讨论这二者。

---

〔1〕 相反，欧陆大学的法学系通常被称作法理学系（department of jurisprudence）。

规范法理学是从道德视角研究特定法，包括两个分支，我将它们称为**解释性**和**批判性视角**。解释性法理学家寻求对现行法的**实际**道德基础或逻辑做一个说明。因此，举例来说，他们会追问为什么我们的刑法要惩罚罪犯。是为了震慑他们不再犯罪，还是为了矫正他们？我们惩罚他们是为了让罪犯在一定时段内不能再犯罪，还是为了确保他们得到应有惩罚？举另一个例子，解释性理论家对确认合同法的道德目标或功能感兴趣。法律规定合同双方达成协议之后就负有法律责任，是因为他们如此承诺过，还是因为经济效率要求人们应该遵守协议？等等。

从事规范法理学的**批判性**研究的理论家则对不同的问题感兴趣。他们不是试图描述现行法的实际道德基础，而是想要知道，从道德视角来看，法律**应该**是什么。例如，一个批判性理论家不会像解释性理论家那样，描述我们的现行刑法为什么惩罚罪犯，而是关注于罪犯究竟是否应得到惩罚。他们的目标并不是简单地查明现行刑法的道德逻辑，而是确定这个逻辑是否能被辩护（justified）。正如它们的名字所表明的，批判法律研究、批判种族理论以及女性法律理论都是批判性规范法理学的例子。每种理论都通过展现现行法律是如何秘密地和不公正地偏袒特定群体（资本家、白人和男性）而牺牲另一些群体（工人、少数族裔和女性），而依照道德标准对现行法律体系进行评估。

分析法理学则与之相反，它不关注道德问题，而是分析法律和法律实体的性质。它的研究对象包括法律体系、具体法、规则、权利、权威、有效性、义务、解释、主权、法院、近因、财产、犯罪、侵权和过失，等等。分析法理学通过追问以下分析性问题来确定这些特定研究对象的基本性质：是什么把法律体系和游戏、礼仪和宗教等区分开来？所有法律都是规则吗？法律权利是一种道德权利吗？法律推理是一种特殊的推理吗？法律中的因果关系与日常生活中的因果关系一样吗？财产权最好被理解成一系列权利吗？是什么把侵权和犯罪区分开来？等等。〔2〕

什么是“法律是什么”？

这本书主要关注分析法理学。在后面的章节中，我所贯彻的目标大体上是三重的：讨论“法律是什么”这个首要问题；检讨一些对这个问题有历史影响力的答案；最后，我自己提出一种新的、希望更佳的回答。

当然我意识到，很多人会怀疑为什么人们要或应该读一本关于分析法理学的书，更何谈**写**一本这样的书了。我了解这种困境，对于很多人包括法律学者来说，这种探讨的实践意义远非那么明显，而且通常受到比规范法理学还要多的质疑。当然这种情况有一个明摆着的和可以理解的原因。规范法理学所处理的道德问题与当今时代的热点问题直接相关，比如：为什么惩罚罪犯？女性应该享受终止妊娠的受保护的权利吗？完全行为能力人有自杀的权利吗？同性伙伴应该享有结婚的权利吗？在全球恐怖主义的时代，国家权力的界限在哪里？几乎所有人都能理解，法律的道德性问题是一个即使不是至关重要，也是很有意义的研究领域。

---

〔2〕 应当承认的是，分析法理学和规范法理学的解释分支之间的界限并不总是很清晰的。比如说，在不理解我们为什么要让人们为他们的侵权行为负责的情况下，我们是否能理解侵权的概念，以及它如何区别于犯罪这样的概念？至少在这些情形中，人们在不研究规范法理学的情况下似乎无法研究分析法理学。

相反，讨论法律基本性质的问题——传统上被表达为“法律是什么”——看起来只吸引了一小群人。一方面，从一个显而易见的意义上讲，人们的确知道法律是什么。事实上所有人都意识到法律制度由法院、立法机关和警察机关组成，在通过图片或描述确认它们时也没什么困难。的确，法律机构是如此显著的实体，以至于能通过它能获得的所有机会去彰显官方地位。大多数人也能意识到这些机构管理了当代生活的很大部分，它们通过制定和执行如下规则实现这一点：禁止身体伤害、偷盗以及其他不道德行为，规制财产关系、义务的自愿承担和家庭结构。当然，陈述这些规则的文献可谓卷帙浩繁，也有大量的专业人士，对它们的意思和含义提供意见。实际上，律师和法学学生可能对分析法理学最为怀疑，因为他们确实对具体法已经谙熟于心。在这些情形下，仍待回答的问题是，在一个极为抽象的层面上提出“法律是什么”这个问题，正如分析法理学家惯常做的，如何能够增进他们的知识。分析法理学对每个人，而非仅对哲学家是重要的吗？如果是，为什么？

当然，如果不能明晰分析法理学家试图回答的议题的性质，我们就无法在实践意义这个问题上取得任何实质进展。一个人研究**法律的性质**的时候，他**究竟**是在研究什么？“法律是什么”这个问题究竟意味着什么？对这个问题有一个切实的把握，对于理解“这个问题为什么是值得追问的”来说绝对是至关重要的。

“法”

很显然，在这个语境之下关键词是“法”，这个词首先值得注意的是它的含糊性。在很多情况下，“法”具有语言学家所称的不可数名词的功能，就如“雪”和“肉”，因此指的是法律规范的不可数形式。比如，当我们问一个特定的法律体系是否有很多电信法（类似于外面是否有很多雪这个问题）的时候，我们使用的是这个用法。但不同于很多其他的物质名词，“法”也可以加不定冠词。你不能在一个雪中玩耍，但你**可以**创造、适用、学习、厌恶和服从一**部**法律。在这个意义上，“法”类似于“岩石”和“羊羔”：它们自身是物质名词，但当它们用不定冠词修饰或成复数的时候，就转化成为可数名词。所以，正如我们可以问花园里有多少块岩石，我们也可以问某个国家或法律体系有**多少部**规制电信行业的法律。

“法”这个术语也被频繁地用于指代一个特定的社会组织。举个例子，我们可以说法律通常主张有权利使用强制力以确保人们服从规则。在这个例子中，“法”指的并非法律规范的不确定组合，而是制定、适用和执行这些规范的一个组织。在这种情况下，法律可以**接受**定冠词修饰——我们可以讨论“特定法律（the law）”——而加不定冠词或成复数的话就改变了其意思。

“法律体系（legal system）”这个术语也受类似的含糊性的困扰。按照一种用法，一个法律体系是一个特定的规则体系。比如美国的法律体系是由美国的所有法律及它们的相互关系的总和构成。然而在其他情况下，“法律制度（legal system）”这个术语指的是一个特定的机构或组织。在这种情况下，美国法律制度被理解成由议员、法官、内阁秘书、档案管理员和警察等构成的组织。或者，换个稍微不同的说法：在第一种意义上，“法律体系”由**规范**构成；在第二种意义上，“法律制度”由**人**构成。

既然“法”和“法律体系”这样的术语是含糊的，“法律是什么”和“法律体系是什么”这样的问题就不可避免地也具有含糊性。我们很难知道他们指的是对法律规范的性质的探究，还是对法律组织的性质的探究。假定是第一种形式的探究，那么哲学分析就倾向于关注如下种类的问题：法律规范什么时候存在？它们的逻辑结构是什么？存在不同种类的法律规范吗？一个法律体系中的不同规范之间的相互关系是什么？假定是第二种探究，其分析就会转向其他种类的问题，比如：这种组织的职能是什么？它应该做什么？它的一般结构是什么？特定法律体系为什么会具备他们现有的那些制度结构？这些体系的不同参与者之间是如何关联的？

总体而言，分析法理学家采取的是这两种可能路线的第一种。他们通过分析法律组织所制定的规范来研究法律现象，而非分析制定规范的这些组织。从这个角度讲，法哲学拒绝很多其他学术领域所遵循的“制度转向”。在过去的一个世纪里，心理学家、人类学家、社会学家和政治科学家为了研究制度环境下的个体和团体行为，以及机构自身的行为，而关注于组织的研究。这种关注硕果累累，产生了一些新的领域，包括科层制理论、交易成本经济学、科学管理理论、立法研究和系统理论。当然法律专家长期以来也一直在研究和分析对组织的恰当规制，比如立法机关、法院、公众持股公司、员工持股合作公司、银行、教会、学校和贸易联盟等组织。由法律学者亨利·哈特和艾尔伯特·萨克斯引领的法律过程学派（The Legal Process School）是在美国法律制度的研究上极具影响力的一种进路，他们通过组织性视角对法律进行分析。近些年来，研究行动的哲学家开始在一般意义上分析群体（group）的性质，在特别意义上关注集体行动的性质。

法哲学基本上未受这种组织性分析方法的影响，尽管这种方法成为其他学科显著的和富有成效的特征。既然我们难以想象有人会否认法律体系是由特定文化中的群体所运作的组织，或否认它们有独特的制度性结构，被设计用来实现特定的政治目标，而法哲学对于组织方法却明显缺乏兴趣，这实在令人感到奇怪。运用经济学中的一个类比，将法律视为一种公司，它的分支包括立法机关、行政主体、法院和警察机关。当然，这个公司并不生产任何可以在市场上出售的商品——它只生产法律。但是，正如经济学家会追问为什么经济主体要把他们组织成公司，而非进行持续的、基于市场和公平的讨价还价，哲学家也会问为什么道德行动者要建立法律制度，制定规则，而非对他们之间社会互动的议题进行商谈和谈判。我将尝试说明，回答这样的问题不仅能阐明法律组织的性质——它们独特的使命、运作方式；也是处理法律规范的性质问题的先决条件。换句话说，如果首先不能理解法律体系如何制定法律及其目的，我们就不能理解法律是什么。

在后面几章中我会详细地讨论这些主题。这部分的要旨只是初步地强调“法”和“法律体系”等术语的含糊性质，以使我们能够解决这种含糊性，并更为精确地确定分析法理学的核心问题。然而，考虑到现实情况，如果在这种使用并没有什么害处，并且太过精确可能会弄巧成拙的时候，我就以多少有些含糊的方式使用这些术语。

当然，如果有人还是比较挑剔，他可以通过讨论合法性（legality）——能够成为法律的属性——而完全回避我们这里所识别出的含糊性。法律规范和法律组织都是这一属性的实例——它们都是**法律**事物。因此，有时候我会直接谈及合法性，在这种情况下我指的是可以被规则、组织、官员、文本、概念、陈述和判断等实例化的一种属

性。〔3〕

法、具体法和“法之含义”

把“什么是法?（What is law）”和类似发音的“什么是具体法?（What is the law）”这两个问题区分开来是重要的。后者当然是一个人们熟知的普通法律问题，它反映了人们理解在某一特定事项上法律是什么的欲求，是客户可能与他或她的律师咨询的那类问题。与之相反，前一个问题并不关注**具体**法律的现行状况，它反映的是理解**一般意义上的法律性质**的哲学努力。

同样重要的是对“法是什么?”和“‘法’这个词是什么意思?”这两个问题做出区分。后者关注的是“法”这个词的意思，而非这个词的指示对象，即法律的性质。不过人们有时认为分析法理学专注于后者，即语义问题（semantic question）——法哲学家主要的工作是试图给“法”这个词下定义。但是这个印象是错误的，法哲学不是词典编纂学。它不是苦心孤诣地为牛津英语词典做贡献，而是理解**一种社会制度及其产物的性质**的努力。

法哲学不只是关注于“法”这个词的定义的一个明显的原因是，“法”*这个词是一个英语词汇，但不会说英语的人也能从事法哲学。此外，如果只是让英语为母语者研究“法”这个词的适当用法，他们也做不成法哲学，因为这个词立即就会变得过度包含和潜在包含。

〔3〕不幸的是，“合法性”这个术语自身有其模糊性。有的时候，它指的是符合法律的（legal）或合乎法律的（lawful）。因此，我们可以问在路中间开车掉头的合法性问题。其他时候，“合法性”指的是一种价值或一组价值，尤其是那些与法治相关的价值。比如说，合法性原则要求法律要清晰，有前瞻性，被公布出来，等等。关于合法性价值，参见本书第十四章。

* 这里指的是“law”这个英文单词。——译者注

在某种程度上它是过于包容的，因为英语为母语者称之为“法”的很多东西在相关意义上并不是法，比如神法、道德法、波义尔定律(Boyle's Law)、余弦定理（Law of cosines)，等等。〔4〕法哲学家并不是关注所有可适用“法”这个词的事物，而是**法律意义上**的法律和**法律**制度。相反，“法”这个词也是包容不足的。正如杰里米·边沁所言，英语世界的法学家通常把这个词用于立法机关所通过的那些规则。举例说，我们说国会通过了一项法律，但环境保护局通过了一个**规章**(regulation)。同样地，总统签署了一项行政**命令**(order)，而不是行政法规。〔5〕因此，如果我们只致力于语言学用法，可能就会盲目地认为只有国会能制定法律，而事实上美国的大部分法律是由行政分支而非立法分支制定的。〔6〕

事物的性质

正如我们所看到的，问“法是什么”就是去探究法律的基本性质。在这个部分，我通过如下追问来进一步破解这个问题：当我们追问某个事物的性质的时候，我们究竟要知道什么？

---

〔4〕 参见 Joseph Raz, “The Problem about the Nature of Law,” in *Ethics in the Public Domain* 196 - 198 (Oxford: Oxford University Press, 1994)。

〔5〕 Jeremy Bentham, *Of Laws in General*, ed. H. L. A. Hart, 9 (London: The Athlone Press, 1970).

〔6〕 有时候人们会说，法哲学家从来不对法律这个词的意思感兴趣。正如化学家关心的是水的化学组成，而非“水”这个词语的语义特征，法哲学家关心的是某种社会实践及其产物的性质，而非指称这种实践的语词。但是这种立场也太过强硬。法哲学家没有理由不应该就“法律”的意思发表观点，参见 Jules Coleman and Ori Simchen, “Law,” 9 *Legal Theory* (2003)。尽管我认为没有理由可以说明，为什么探究语义问题不应该被视为法理学的恰当研究领域的一部分，但在这本书中我们不会讨论这个问题。我们主要关注的是探究法律的性质，而非“法律”这个语词。

一种可能是，我们在问这个事物的身份（identity），即成为该事物要具备哪些性质。举例说，研究知识论的哲学家探究知识的性质。问“什么是知识”就是问关于知识的哪些特性使得事物成为**知识**。这个问题的经典答案认为知识是真的和正当化的信念（true and justified belief）。对这个问题的一个回答是：只要一个信念是真的且被证成，那么它就使得知识成为**知识**。

一般来说，问事物 X 的身份，就是问关于 X 的什么特性使得 X 是 X，而不是 Y 或 Z 或其他什么。我们可以称之为“身份问题（Identity Question）”。身份问题的正确答案必须要提供一系列的特性，能使 X 的（可能的或事实的）实例是其所是。举另外一个例子，水的身份是 H_2O，因为水就是 H_2O。具备 H_2O 的结构就使水成为**水**。相应地，就**法律**而言，依照这个解释回答“法律是什么”的问题，就是查明是什么使法律的所有实例能成为法律的实例，而不是其他什么。

同样也有可能的是，探究某实体的性质并非主要关注于身份问题。在这些情况下，我们对什么使得一个对象成为它所是的那个事物并不感兴趣，而是对“从它是某事物而非其他事物这个事实必然推导出什么这个问题”感兴趣。我在这里称之为“含义问题（Implication Question）”。

让我们考虑一下数字 3。可以说，使数字 3 成为 3 的原因是这个数字紧跟在数字 2 之后。因此，数字 3 的身份就是数字 2 的后继数字。然而，当数学家研究数字 3 的时候，显然他们不只是对 3 的身份感兴趣。数学家想了解关于 3 的所有的数学性质。换句话说，他们想了解某数字是 3 而不是其他什么数字这个事实能推导出什么。举一个琐细的例子，数学家发现 3 是一个质数。质数并不是数字 3 的身份（它的身份是 2 的后继数字）的一部分，我们仍然可以说它是数字 3 的性质的一部分，因为只要数字是 3，那么它必然就是质数。换一种表达，质数是作为数字 3 的性质的一部分，因为如果一个数字不是质数，那么它就不可能是数字 3。

在“性质”的第二个意义上，查明一个实体的性质，部分上就是去发现那些它必然拥有的属性。一个客体拥有一种属性，必然意味着它不会丧失这种属性。因此，在这第二种意义下，查明法律的性质部分地说就是去发现它的必然属性，也就是说，法律不会丧失的那些属性。

需要重点指出的是，当哲学家追问一个客体的性质的时候，他们并不是关心它所必然拥有的**每一种**属性。比如说，每一条知识都与自身相一致（identical with itself），数字 3 与数字 7 没有结婚，这些都是必然为真的。但他们对知识或数字的性质的探讨并不是要发现和编列所有这些属性，因为尽管它们是必然性的，但也是不重要的。它们是不重要的，因为它们并不是前述这些实体的特殊之处。任何一种事物都与其自身是一致的，同时也无法与数字 7 匹配。当追问法律的性质的时候，我们想要知道的是要成为法律的一个实例，而非游戏、社会礼仪、宗教等其他现象，法律必然要具备哪些特性。

这些特性之所以不重要，还有另外一个原因，即知道这些实体拥有这样的特性，并不能回答任何重要的问题。没人想知道知识是否是自我一致的，或某数字的婚姻状态是什么。当然，哲学家是否会发现某种必然属性是有趣的，在一定程度上要看具体语境：它依赖于在特定时期何种问题和现象看起来最令人困惑不解。因此，对于任何一种法律理论，我们都不能期待它们是完全的。每一代人都会提出新的问题，这些新提出的显著挑战会对哲学家寻求对哪些特性进行归结和研究产生影响。

同时需要指出的是，当哲学家追问一个客体的含义问题的时候，它们感兴趣的不只是从系争之客体具备某种身份这个事实必然推导出什么，也包括必然推导**不出**什么。换句话说，他们也关心客体的偶然特性。举例说，很多法哲学家热衷于证明是否存在服从法律的道德义务是法律制度的偶然性特征。因此他们主张含义问题的答案的一部分是，从一件事物是法律这个事实不能推导出其国民有服从的道德义务。当然，其他人相信得恰恰相反：他们主张从某事物是法律这个事实必然推导出它在道德上是义务性的。根据这一观点，道德正当性是合法性在这第二种意义上的性质的一部分。

正如我们所看到的，当一个人探究某客体的性质的时候，他可能会追问这两个可能问题中的一个。〔7〕他可能会问客体的身份——是什么使得这个事物是其所是？或者他会问客体身份的必然含义问题——从它是某事物而不是其他事物这个事实可以（或不能）推导出什么？

社会世界的结构

既然到目前为止我的讨论一直是抽象的，现在我要以稍微具体的

〔7〕 一个实体的身份和它的含义之间的区分可追溯至亚里士多德。比如参见 Aristotle, *Topics* I. 5, 102a18 – 25。也可以参见 Gareth B. Matthews, "Aristotelian Essentialism," 50 *Philosophy and Phenomenological Research* (Autumn 1990): Supplement, 251 – 262。现代人的阐述，参见 Kit Fine, "Essence and Modality," 8 *Philosophical Perspectives* (1994)。

术语来重述关于法律性质的这些问题。当然我们都意识到，我们以非常复杂和精致的方式来划分社会世界。举例说，我们不只是指向特定的个体或一般意义上的人性；我们在很多不同种类的社会群体中进行广泛而精心的划分。我们讨论不同的家庭、族群、宗教群体、俱乐部、国家、阶级、部落、劳动力、学生群体、研究所、体育队、政党、人格类型和电视迷，等等。

当然我们也会谈论法律官员。法官、立法者、监管者、检察官和警察通常被归为法律官员这个群体，此举是为了把他们与没有执行法律之权力的人区分开来。同时，我们不只在一个特定社会中对法律群体和非法律群体进行划分，也在不同社会的法律群体间进行区分。我们会把法国的法官、立法者和执法人员视为法国法律体系的一部分，而非英国法律体系的一部分。同样，我们认为英国官员属于英国的法律体系，而非法国体系。

正如我们在不同群体之间进行区分，我们同样也在不同的规则体系中进行区分。举例说，我们会涉及基督教、史密斯家族、美国中产阶级礼节、扶轮社、法国法、道德、中世纪教会法、象棋、剑桥大学和奥林匹克委员会等事物的规则。

我们在不同群体和规则体系间进行区分的事实反映了我们的社会世界的一个重要的事实：这个世界是高度多元化的。因为如果在一个世界中，每个人都拥有同样的基本信念和价值，每个群体的活动都被视为对一个总体和共享的目标的贡献，那么我们就没有必要以如此精细的方式区分出不同的群体和规则。“这是谁的规则？”这个问题就不会显得如此紧急，因为每个人都会将所有规则视为同等有效。尽管在这样一个世界中会有很多不同的规则来源，但它的民众不会认为依照系谱或起源而对规则进行区分是重要的。

相反，现代社会的思想多元化促使我们对多种多样的群体和他们施加给我们的相竞争的需求进行区分。如果我们被告知有一条禁止某种行为的规则，比如说吃肉，我们就想知道这是**针对谁的**规则。如果这是一条道德规则，那么如果我们被说服而认为吃肉实际上是不道德的（或者如果我们不这样做，至少会感觉有罪恶感），我们就会留心这条规则。但如果吃肉只是违反法律，我们可能就会选择违反它，并冒险承担其后果。也存在其他的可能性：这条规则可能是我们的朋友的规则，为了支持他成为一个素食主义者的决定，我们决定在他面前遵守这条规则。或者它也可能是培育我们的教会的一项规则，当我们成年之后就不再遵守这样的教导。或者只是我们的交谈者提醒我们遵守新的素餐计划。

因此我们可以说，追问“法律是什么”这个问题的主要哲学动机，是为了理解我们的社会分类的精致规划的一个重要部分。当我们把这个理解成对法律身份的探讨的时候，这项任务就是分类学意义的。当我们说一条规则是法律规则，是什么使得它是**法律的**规则，而非礼仪、象棋、天主教、微软公司、道德或我的朋友的道德观的规则？当我们说一条规则是法国法律规则，是什么使得它是**法国**法律的规则，而不是美国、中国、犹太或伊朗的法律的规则？这些问题促使我们对支撑我们关于这个社会世界的常识观念的那些原则予以说明。

或者，“法律是什么”这个问题可以被理解成对法律的必然和重要的特性的探讨。在含义问题的追问中，我们关注的不是为什么某事物可被视为法律的一个部分，而是从这种事实中可以（或不能）推导出什么。换句话说，如果一条规则是法律规则，而不是礼仪、象棋、天主教等的规则，关于这条规则的必然真理是什么？是否意味着如果有人不遵守它，就应受惩罚？是否意味着他现在有服从它的道德义务？我们以此规则进行的推理是否不同于以非法律规则进行推理的方式？这些问题试图对我们的社会分类的逻辑进行说明。

法哲学家并不总是同时对探求身份问题和含义问题感兴趣。〔8〕正如我们将会看到的，有一些哲学家，比如奥斯丁，集中探讨法律的身份问题，而哈特和德沃金等其他人则更多地关注它的必然含义问题。在这里我试图对两个问题都加以处理。也就是说，我在之后部分关注的不只是什么使得法律成为法律这个问题，也包括与之相关的问题，即某事物是法律这个事实必然能推导出什么。

---

〔8〕 法哲学家也没有认真地区分身份问题和含义问题。举例来说，思考一下众所周知的“分离命题（Separability Thesis）”，这个命题通常被表达为这个主张，即“在法律和道德之间不存在必然的关联”［参见 Jules L. Coleman, 4 *Markets, Morals and the Law*（Cambridge: Cambridge University Press, 1988）］。传统告诉我们，法律实证主义者接受分离命题，而自然法学家否定它。最近有一些哲学家质疑分离命题是否是这两种思想立场之间的一个争议点，参见 Joseph Raz, “Authority, Law and Morality,” in *Ethics in the Public Domain* 226 – 227（1994）; Jules Coleman, “Beyond the Separability Thesis: Moral Semantics and the Methodology of Jurisprudence,” 27 *Oxford Journal of Legal Studies*（2007）; Leslie Green, “Positivism and the Inseparability of Morals,” 83 *New York University Law Review*（2009）。比如说，拉兹主张没有法律实证主义者会合理地否认在法律和道德之间存在必然的关联。正如他所指出的，做出如下假定是合理的，即法律必然产生的社会秩序在道德上是可欲的。由此可推出，所有的法律制度都有一些道德上可欲的面向，即使总体而言它造成的伤害超过了它产生的好处，因此法律和道德之间存在必然关联。但我认为分离命题最好被视为关于法律的身份，而非它的必然含义的主张。换句话说，实证主义者承认法律和道德分享一些共同的必然属性。然而，他们主张法律和道德在本质上并不是相关联的，使得法律成为法律的那些属性，在本质上是与道德无关的。另一方面，自然法学家主张，一种社会机制之所以是法律制度，是因为它具备某些可欲的道德属性。他们认为，道德是法律身份的一部分。如果以这种方式来理解，那么分离命题就是法律实证主义者和自然法学家之间的一个争论点。

概念分析

分析哲学家研究身份问题和含义问题的传统方法是运用独特的方法论。这种方法被冠以不同的名字："概念分析"、"描述的形而上学"、"反思平衡"和"理性重构"等。基于简便和尊重传统的考虑，我在这里用概念分析来指代这种方法。〔9〕

在讨论之前，我需要指出的是哲学方法论当然是非常具有争议性的，而且哲学家在这个问题上并非都意见一致。事实上可能没有人会完全地认同我将要描述的概念分析的方法论。然而我希望我的描述至少能提纲挈领地把握到被哲学家，特别是法哲学家所广泛使用的一种方法论的要领。〔10〕它也是我要在本书中使用的方法论。

自明之理

概念分析很容易被视为一种侦探式的工作。想象一下有一个人被谋杀了。侦探首先会在犯罪现场寻找证据，尽可能地收集线索。他会对这些线索进行研究，希望在他关于世界和人类心理的知识的辅助下，这些证据可以帮助他排除很多嫌疑人，并引导他确定凶手。

---

〔9〕"概念分析"这个术语会让人有一些困惑，因为它可能会表明，分析的对象是一个概念，而非归属于这个概念的实体。然而，在我使用这个术语的时候，它指的是这样的一个过程，即使用一个概念来分析归属于这个概念的实体的性质。正如拉兹所指出的，即使哈特把他的书命名为《法律的概念》，但他的理论最好被理解为是对法律的性质，而非法律的概念的分析。参见 Joseph Raz, "Can There Be a Theory of Law?" in *Blackwell Guide to Philosophy of Law and Legal Theory*, ed. Martin Golding and William Edmundson, 324 – 325 (Malden, MA: Blackwell Publishing, 2004)。

〔10〕法哲学中相反的观点，参见 Brian Leiter, "The Naturalistic Turn in Legal Philosophy," in Brian Leiter, ed., "New Directions in Analytic Jurisprudence," *American Philosophical Association Newsletter on Philosophy and Law* (Spring 2001): 142 – 146。

在概念分析中，哲学家也会收集线索，并为着特定的目的而进行一些排除，也就是说，去说明处于概念争议之中的事物的身份问题。哲学家与警探之间最大的差别在于后者所收集和分析的证据多为事件的**真实**状况，而前者主要感兴趣于**自明的**(truistic) 状况。换句话说，哲学线索不仅是真实的，也是**不证自明**地真实。〔11〕

概念分析的要义就在于收集关于所述实体的自明之理。每个掌握某个概念的人，比如说知识，会接受或倾向于接受关于知识的一些自明之理。比如说，除非一个人相信某个事实，否则他无法知道这个事实，这是一个自明之理。这是关于知识的显而易见的真理。如果一个人认识一件事情，那他不会在这件事情上认识出错，这也是一个自明之理。如果一个人不知道知识中隐含着真理，那么一个人就不知道什么是知识。其他关于知识的自明之理包括："如果你知道 p，那么你就非常确信 p"；"专家在其专业领域比非专家懂得更多"；"如果一个人知道 p，那么关于 p 的事情上尊重他的意见是一个好主意"；"要了解关于这个世界的某个事实，一个人必须要有一些证据支持他的判断"；"如果我相信 p，而你相信非 p，那么我们至多有一个知晓实情"；"两个人相信同一个事实是可能的"；"知识有助于实现个人目的"，等等。

再强调一下，自明之理就是那些帮助我们确定系争客体之身份的

---

〔11〕 区分真陈述和自明的陈述的另一种方式是，检讨我们对它们各自受到的反驳的解释。如果我们愿意归罪于反对者的奇怪信念，那么反对者就是否定一个真陈述；但是如果我们完全困惑于他的反驳，并因此推断说反对者改变了我们的主题，那么反对者就是在否定一个自明之理。关于自明之理［或者弗兰克·杰克逊（Frank Jackson）所称的"主题确定的通常见解（platitude）"］在概念分析中的角色，参见 Frank Jackson, *From Metaphysics to Ethics: The Role of Conceptual Analysis*, chap. 2 (Oxford: Oxford University Press, 1996)。也可参见 Michael Smith, *The Moral Problem*, chap. 2 (Oxford: Blackwell, 1994)。

那些线索。尽管我们的答案不必符合每一种自明之理，但我们必须提出一种能说明尽可能多的自明之理的理论。因为如果我们的说明与很多自明之理相背，那么我们就改变了主题，不再是对系争实体而完全是其他事物的说明。

举例来说，哲学家认为知识是真的、被证成的信念，因为这样的理论最佳地符合所述实体的自明性描述。知识的实例必须是信念的这个主张说明了如下事实，即一个人如果不相信一件事，那么他就不知道这件事。这个主张也说明了两个人如何能知道同样的事实。知识是由真的信念所构成，这一点说明了为什么知识与错误相矛盾，为什么知道这个世界中的事物是有益的，以及为什么两个拥有相抵触之信念的人不能都知晓事情，等等。知识不只是真的、也是被证成的这一点说明了如下事实：知识应获尊重，专家比非专家懂得更多，关于世界的知识需要支持性证据，等等。

哲学家通过这种方式确定了身份问题的答案后，会进一步从所述实体中推论出一些附加的必要真理，以回答含义问题。〔12〕比如说，一旦我们将知识描述成真的、被证成的信念，我们就能看到知识是“附聚性的（agglomerable）”，意思是说，如果一个人知道 p，也知道 q，同时他相信 p 和 q，那么必然可以推导出他知道 p 和 q。之所以如此，是因为（1）一个人拥有信念 p 和 q；（2）他有正当理由相信 p 和 q，因为他相信 p，也相信 q；（3）既然他知道 p 也知道 q，那么 p 和 q 都是真的。因此，从知识是真理性的、被证成的信念这一点必然能推导出，如果一个人知道 p 也知道 q，他又相信 p 和 q，那么他就知道 p 和 q。

---

〔12〕要回答关于 X 的含义问题，通常有必要回到 X 之外的实体的身份问题。因此，要弄清楚法律和道德之间的关系，我们就有必要对道德的身份有一定的理解。

法律的自明之理

要回答法律的身份问题和含义问题，法哲学家就必须汇集一系列关于法律的自明之理。然而这样做并非要确定出哪些是可被外行识别出的法律的自明真理。它要确定的真理是能被对法律机构运作有着较好理解的人（律师、法官、立法者、法律学者等）视为不证自明的，或者至少他们经过适当反思之后认为是这样。

法哲学家在汇集关于法律的自明之理时，必须包括进这些自明之理：关于**基本法律机构**（“所有法律体系都有法官”，“法院对法律进行解释”，“法院的功能之一是定纷止争”，“每个法律体系都有改变法律的机构”）；关于**法律规范**（“有一些法律是规则”，“有一些法律施加义务”，“法律能适用于制定法律之人”，“法律始终是法律体系的组成部分”）；关于**法律权威**（“法律权威由法律规则授予”，“法律权威机构有权施加强制，即使它们的判断出现错误时也是如此”，“在每个法律体系中，有一些人或机构拥有制定特定法律的最高权威”）；关于**动机**（“只知道法律要求人们按一定方式行动这一点，并不能给人按照这种方式做的动力”，“服从法律是可能的，即使人们不认为有道德上的义务去这样做”，“即使某人疏离于（alienated）其工作，但他仍然是一个法律官员”）；关于**客观性**（“有一些法律问题有正确答案”，“法院在解释法律的时候有时会犯错误”，“有些人比其他人更懂法律”），等等。

为了确立法律的身份，法哲学家要确定，要具备以上所列的具体特性，法律必须是什么。举例说，假定有人提议以如下方式说明法律的性质：法律就是法院所说的。尽管这是在很多政治家和法学教授中很流行的理论，但很显然这个描述违背了很多法律的自明之理，以至于不能成为概念分析的一个实例。因为如果法律不过是法院所说的东西，那么法院在法律上就是不可谬的——他们永远不会犯错。然而这个结论违背了上面提到的客观性之理，这个自明之理主张法院在解释法律的时候会出错。它也违反了其他一些我没有列出来的自明之理，像下面这些：有些法院会比其他法院做出更好的判决，上诉法院的存在部分是为了纠正法律错误；为什么预测法院将要做什么经常是可能的，原因在于我们认为法院通常会正确地遵循既定法。这个描述违反了这么多的自明之理，所以它不能被视为揭示了以我们的法律概念指称的这个实体。换句话说，只有在我们改变主题或谈论完全不同的其他目标的时候，这个理论才可能是正确的。

概念分析中的分歧

我们关于法律身份的理论必须经过一系列陈述——这些陈述能让有识之士认为是不证自明的真理——来检验这个事实，当然会引起一个恼人不休的问题：如果我们对某个陈述是不是自明之理存在分歧，那怎么办？例如，道德上不正当的政权仍然拥有法律，在我看来是关于合法性之性质的显明的真理。我这样说，是因为很容易就能想到一些邪恶的法律体系。〔13〕事实上，人类历史充斥着这类邪恶政权的例子。单就上世纪来说，有纳粹政府、塔利班等，这只是很多可能的备选项中的少数而已。

---

〔13〕 类似的判断，参见 H. L. A. Hart, *The Concept of Law*, ed. Joseph Raz and Penelope Bullock, 2d ed., 207 (Oxford: Oxford University Press, 1994) （后面简称 CL）；Joseph Raz, *Practical Reason and Norms*, 2d ed., 164 (Oxford: Oxford University Press, 1999)（后面简称 PRN）。

然而并不是每个人都会认同我在这个问题上的直觉判断。有一些法哲学家否定纳粹政府和塔利班等拥有法律，而是主张这些政权只是拥有“类法律的”体系。这些反馈让我觉得很讶异，但很多我尊敬的人却有这样的反应，这个事实彰显了概念分析的一个非常令人困扰的面向。正如我们看到的，概念分析依赖于我们汇集一系列显明真理的能力。当我们在处理一些问题，比如纳粹政府是否拥有法律的时候，我们会发现人们关于哪些是显然和不证自明的真理的反应截然不同。有一些人认为显而易见的是纳粹拥有法律；而其他人则认为同样显而易见的是他们没有。因为每种直觉都会引向非常不同的法理论，因此解决这个冲突极为必要。然而，概念分析看起来无法在相竞争的直觉间做出判断。

有一种可能性，即这种冲突是不可解决的，不应当被轻视。事实上人们可能会持有不同的法律概念，他们之间相抵触的观点就是这个事实的表现。以下这点是可能的，当我们使用“法律”这个词的时候，我们事实上指代不同的事物，正如我问你最近的银行（bank）在哪里，我希望你能把我指向一个金融机构，而你却告诉我最近的河岸（bank）是哈德逊河岸。如果这样，法律的概念分析就是不可能的，因为我们在使用“法律”这个词的时候，没有一个我们都指代的客体。

然而，另一种更有说服力的可能性是，那些否定纳粹拥有法律的人承认他们的观点与自己的意愿不符，但他们肯定这个观点，因为他们感到，相反的理论不能像自己的理论那样说明关于法律的一些重要的自明之理。换句话说，纳粹不拥有法律这个主张，不是概念分析的自明性信息，而毋宁是它的理论**产物**。例如，有人可能会认为，说明“法律机关有统治的法律权利以及能够对其主体施加法律”这个事实的唯一方法，是促使我们把道德正当性归给它们，因而也就否认了像纳粹这样的邪恶政权的法律地位。根据这个解释，关于邪恶政权的合法性问题的冲突的确就可以解决了。要在直觉间进行判断，人们需要检讨它们所属的理论，以查明哪种理论更好地与关于法律的一整套审慎判断相适应。尽管我们现在显然无法在此展开，但我希望在本书后面可以更充分地做这项工作。

在这里我想强调的是直觉在概念分析中扮演的暂时性角色。尽管概念分析是在我们的直觉的基础上而展开，但显然重要的是我们不能把我们的任何反应都视为不可否定和不可纠正的。一个主张与我们的一些直觉——比如有些直觉会让我们否定纳粹拥有法律——不相符这个事实会不利于这个主张，但完全不是致命性的。我们必须通盘考虑我们的反应，并且在一些观点与我们认为有着更高优先性，且不愿意放弃的判断不融贯的时候，愿意放弃这些观点。从这个角度看，概念分析是一项理性重构的实践。除非我们关于某个实体的理解是完美的，否则有可能我们会在“什么是这个实体不证自明的真理”这个问题上犯错，至少是在一定程度上如此。概念分析的目标在于察明困惑的来源，并帮助我们解决它们。

与之相关，我们也不能从概念分析应始于自明性判断这个事实，推断出它必然会以自明性理论为结果。〔14〕的确，如果某个实体的身份对于每个人来说都是显而易见的，那么对之进行概念分析就没有意义。身份问题的一个合适的答案要说明那些自明的判断，并要说明为什么这些自明之理是真的。但这样的一个说明，其本身是无需自明的。很多知道身份问题答案的人可能都不能“察觉”它是对该实体

〔14〕 比较 Ronald Dworkin, *Justice in Robes*, chap. 6 (Cambridge, MA: Harvard University Press, 2006)。

的最佳说明，更别说它是不证自明的最佳说明。〔15〕

因此，关于法律性质的理论是争议性的这个事实，并不应被视为挑战了概念分析。正如两个警探会就哪个人有犯罪嫌疑产生分歧，两个哲学家也会对是什么使得一个实体是其所是这个问题有分歧。在这两个例子中，上述之人都在试图查明哪个说法最佳地说明了他们或多或少所共知的证据。同样在两个例子中，人们会产生分歧，因为至少有一方做出了错误推理，忽视了相关证据，缺乏想象，陷入痴心妄想，或者运用了一种与他们的对话者不同的世界观。〔16〕

---

〔15〕 含义问题的答案也不需要是不证自明的。因为即使人们对一种实体的身份完全认同，但有一些人可能不知道或不能看到，有些真理必然能从关于该实体之身份的各种真理中推导出来，尤其是当这种推论是不易察觉或复杂的时候。当从该实体的必然真理所做的推论依赖于关于其他实体的真理，并且后者也充满争议的时候，分歧也会出现。

〔16〕 在有些情况下，概念分析只通过查考一种科学理论就能完成。举例说，对水这个概念的分析告诉我们，只要一种事物拥有与我们所见到的湖、河或海中的那种物体相同的内在结构，那么它就是水。但是单就这个概念来言，它并没有具体说明水的内在结构是什么（古希腊人尽管不知道水是 H_2O，但他们掌握了水这个概念）。人们要知道水的内在结构，就必须参考能告诉我们关于物体的内在结构的后验理论（posteriori theory），即化学。因此，要对“水是什么”这个问题有一个更彻底的回答，人们必须参考告诉我们关于水的构成的科学理论。

在传统上，法哲学家没有以对待水这个概念的方式那样处理法律这个概念，即他们并没有假定，探求法律的性质需要听命于另一种外在的后验理论。即使哈特主张《法律的概念》一书是一种“描述社会学的研究”（CL，vi），但他的分析与社会科学中的标准程序几乎无相近之处——他没有从事或检讨任何详细的个案研究，也没有做数据分析等——并且它也没有参考该领域的成果。他似乎是假定，法律的性质可以只通过概念分析而确定。

然而，有一些哲学家反对哈特的方法，他们主张，法律这个概念的确要求我们参考其他理论，以确定这个概念的正确适用。一种流行的立场是，法律这个概念间接地参考了最佳的社会科学理论。根据这个观点，社会科学告诉我们法律是什么，法律就是什么，或者如果它是正确的，社会科学会告诉我们。这种进路看起来有道理，至少乍看起来是这样，因为法律是一种社会机制，社会科学的使命正是分析其他社会机制的性质。参见 David Lyons，*Ethics and the Rule of Law* 57 – 59（Cambridge：Cambridge University Press，1984）；Brian Leiter，*Naturalizing Jurisprudence：Essays on American Legal Realism and Naturalism in Legal Philosophy* 183 – 192（Oxford：Oxford University Press，2007）。我自己的观点是，对于法律的概念问题，哈特是正确的。社会科学不能告诉我们法律是什么，因为它研究的是人类社会。它的见解与法哲学家没有相关性，因为这个自明之理，即非人类也可能拥有法律。比如说，科幻小说充斥着这样的故事，其中的外星文明拥有某种形式的法律制度。这些例子表明，法律的概念的一部分内容是，倘若一个群体中的人是多少有些理性的行动者，并且他们有能力遵守规则，那么该群体就能拥有法律制度。社会科学理论在这个问题上是受限的，因为它们只能研究人类群体，因此不能提供关于所有可能的法律实例的一种理论。

想象的策略

正如任何一个哲学家都会证实的，概念分析是一项棘手的事业。不同于数学和逻辑学——二者都有通过论证以证明定理的法则，哲学缺乏确保能够发现实体之身份的既定程序。结果是，哲学家无法知道他们是否只是忽视了一些关键的考虑。总是会存在这种持久的可能性，他们宣布一种特性是某事物的性质的一部分，只是因为他们不够聪明或幸运，所以不能建构一个正确的反例。

对知识是真的、被证成的信念的分析正是这样的例子。这个说明历经两千多年都被哲学家所接受，直到 1963 年爱德蒙德·葛梯尔（Edmund Gettier）证明它是站不住脚的。[17]他通过一篇短文做到了这一点，在这篇文章中，主角有真的、被证成的信念，但并非拥有知识。此类例子如下：假定你在田地里看到了一个非常逼真的母牛雕像，但你却错误地认为它是一头真正的母牛。然而，事实上在田地里恰有一头母牛站在雕像的后面。现在，尽管你相信在田地里有一头母牛，这个信念是真的和被证成的（记住雕像看起来就像是真的母牛），但我们不能说你知道在田地里有一头母牛（毕竟你看到的只是母牛雕像，而非真实的母牛）。这表明知识不只是真的、被证成的信念，也是其他某种事物。哲学家自那之后开始探求这个事物。

在后面部分，我们会看到在法理学领域发生着同样的变动。关于

---

〔17〕“Is Justified True Belief Knowledge?” 23 *Analysis*（1963）：121 – 123. 葛梯尔所批判的知识论观点如下：Plato，*Meno* 98；Roderick Chisholm at *Perceiving*：*A Philosophical Study* 16（Ithaca，NY：Cornell University Press，1957）；A. J. Ayer at *The Problem of Knowledge* 34（London：Macmillan，1956）。伯纳德·罗素在 1912 年提出了相同的观点。参见 Bertrand Russell，*The Problems of Philosophy* 132（Oxford：Oxford University Press，1994）。

合法性之性质的说明历经几代，不断地被一些精致的反例所冲击。概念分析是可谬的这个事实当然不会使它作为推理方法的角色失效。毕竟，科学推理也非万无一失。但这些考虑确实促使我们要慎重。它们表明，我们在主张一种特性是某事物之性质的一部分的时候，不应过于自信。甚至可以说，哲学史教导我们在形而上学问题上应该谦卑，小心谨慎地做研究。

但概念分析的棘手不仅是因为精致的反例难以被想出来，更大的困难可能在于忽视显而易见之事所带来的持久危险。正如我已经指出的，当我们审视我们的概念的时候，我们寻找自明之理，即那些无法反驳以至于不需要提及的陈述。然而正是它们的非显著性使得这些自明之理极易被人忽视。只是关注法律的范例，并希望它们之间的关联可以不经思索就进入我们的思想之中，必定是徒劳无益的，更不用说是极为无趣的。

为了阐明隐藏于常态中的那些特性，我们需要发展补充性的策略。让我举四种这样的策略。这个名单并未穷尽所有可能——它只是代表一些进行概念分析的有益技术，我会在本书中贯彻所有这些策略。

第一个策略，我称之为“比较策略”，在法理学界是一种古老的标准。它的目标在于通过使用大量的比较，来激发我们的思想，这种比较是在这个前提的基础上进行的：审视那些与法律类似但不等同的机制或实践，比如游戏、有组织犯罪、宗教、社团、俱乐部、礼仪、公共道德等，可以使我们更好地领会法律本身的独特面向。

运用比较策略的理论家，尤其是那些受英国上个世纪中期盛行的日常语言学派影响的理论家，通常会严重依赖于对语言学用法的评估。法哲学家对我们如何谈论不同种类的机制和实践进行比较，并试图以用法上的差异作为线索，来查明这些不同的机制和实践之间如何不同。哈特巧妙地概括了这种做法的要旨："唯有透过对相关语言之标准用法的考察，以及推敲这些语言所处的社会语境，始能将这些差别呈现出来。特别是因为使用语言的社会语境，往往不会被表明出来。"〔18〕哈特以 **J. L.** 奥斯丁的一句话作结，后者或许是现代哲学中此种形式的比较策略的实践典范："在此研究领域之中，诚如奥斯丁教授所言，我们确实可以借由'深化对语词的认识，来加深我们对现象的认识'。"〔19〕

第二种传统方法是分析系争概念所产生的疑难，希望破解这些谜题可以产生对归在此概念之下的某事物的性质的洞见。既然法律的概念是名副其实的遍布悖论的富矿，法理学家就频繁地利用这种"疑难解决策略"。在本书中我将反复地使用这种策略，我们将会检讨一些涉及法律权威、法律义务和法律解释的疑难。

本书较大一部分篇幅将特别地研究一个悖论。这个谜题，我称之为"可能性难题"并将在下一章予以介绍，格外让人苦恼：它通过看起来无法否定的逻辑声称，法律体系从未存在过。因此，我们关于法律是人的创造并在当下存在的信念，只是一个幻象。我们将会看到，把法哲学中的主要分歧视为关于可能性难题的正确解决方案的争议，是有益的做法。我们也会看到，解决这个难题并展示法律机制的确是可能的，将会为揭示法律的基本性质提供有益的线索。

回答"法律是什么"这个问题的第三种技术涉及建构一种假定

---

〔18〕 CL vi.

〔19〕 同上。

的法律体系。我称之为“建构主义策略”，它以一种非常简单、易于理解的非法律情境为起点。它利用这种情境与法律情境进行对比，试着想象从该情境转化到法律体系的必要条件是什么。哈特对约翰·奥斯丁的法理论的著名重构就是运用的这种方法。如哈特所示，理解奥斯丁理论的一种方式是想象以这样一个简单的情境为起点，一个强匪以伤害为威胁，要求一个人拿出钱来。这里将强匪要求一个人拿钱和法律权威要求人的服从之间的差异进行比较。最终，该方法建议应如何对强匪情形进行修正，从而在做出不同的改动之后，强匪成为法律主权者，而法律体系也就被创设出来。

当然有其他一些方式可以用来建构假定的法律体系。例如，在第五章，我并不是以强匪情境而是以一个简单的平等主义者群体的聚餐活动为起点。我考虑了在何种条件下，让一个人对其他人拥有权威是可取的，也考虑了创设等级关系所应发生的最低限度的改变。这种假定接下来会去考虑，对这种简单的管理结构的诸多限制条件，以及为了解决这些问题而发生的各种最低限度的改变。当形成的这种等级结构复杂和精致到可被合理地视为法律体系的时候，这种建构就告一段落。

对于法哲学家来说，建构主义策略是个有用的工具，它的价值来自于它使得法哲学家确定一些关键信息变得可能。首先，它使哲学家能够排除那些只是合法性的偶然性特征的属性。因为我们可以不需要某些对象或诉诸某些概念而能构建一个法律体系，那么这些对象和概念就不是法律的必然成分。第二，建构主义策略帮助哲学家发现那些对于法律的存在来说具有本质意义的特性。因为假定的法律体系的建构应该尽可能地简约，这个过程意在揭示法律的最低限度的要点，即那些建构法律体系所必需的模块，而不再需要多余的东西。[20]第三，建构主义策略使法律的非循环性的分析成为可能。通过把法律体系建立在排他性的非法律模块上，法哲学家能够确保他们不需要诉诸法律去说明法律。

最后一种方法，可以叫做“考古策略（Anecdotal Strategy）”，这种策略试图通过对法律体系的形成和运作的人类学和历史学检讨，来启发法律思想。其目标在于发现法律实践的实际参与者认为法律机制，尤其是它们的设计中有价值的那些东西。

这种策略相对新颖一些。哲学家在进行概念分析的时候很少回顾历史或其他的法律文化，这有其充分理由。既然哲学家通常不会被训练成历史学家或人类学家，所以存在这样的风险，他们或者歪曲了史实，或者过分简单地做出解释（或二者兼有）。然而，意识到交叉研究的潜在危险是重要的，但在我看来，忽视了法制史和人类学也会让哲学家失去极为重要的灵感和思想之源。因此，在这本书中我希望尝试一下这种考古策略。在不同的场合我会参考一些历史插曲或人类学研究，使我所发展的法理论更为生动，并说明我的一般进路的合理性。

这四种策略——比较策略、疑难解决策略、建构主义策略和考古策略——在概念分析的工作中是不可或缺的工具。它们激发了我们的

---

〔20〕 当然，一组构成部分足以创造出一个法律制度这个事实，并不意味着它们是必要条件。在实践中，把法律的一种情形归纳成所有法律的情形的做法，在精致地运用漫画手法之后，就变得有意义：假定的法律制度被建构出来，法律的某些抽象特征被表现得特别突出，甚至做一点夸大，因此把我们的注意力吸引到这些特征之上，而如果不这样，这些特征的平凡性（ordinariness）可能就会被忽视。我们的期望是，能够认识到在假定的法律制度中展现的特征实际上在每个法律制度中都存在。这种方法的使用，参见本书第六章的导论部分。

想象力，从而促进了那些易被忽视的真理的发现，因为它们是显而易见的。它们也展现出了解释这些自明之理的新的进路和模式，从而使哲学家在法律的身份及其必然含义问题上有收获。

为什么关心这个问题？

正如前述，一个人不需要十分敏锐的社会观察力就能意识到，分析法理学并不是适合每一个人。根据我的经验，大多数法律学者和实务者认为“法律是什么”这个问题明显地无趣。与哲学家不同，他们看不到担忧或思考法律本质的意义所在，通常将这些问题视为太过正式或无趣，太过学究气而没有真正的趣味和价值，因此不予考虑。理查德·波斯纳在他的克莱伦登讲座中透彻地表达了这种观点：“我并不反对哲学探究。然而一个喜欢它的人应该有所回报；如果对于那些可以把自己的时间用于其他有社会用益活动的人，‘法律是什么’这个问题值得去问的话，那么这个问题的答案本应该带来收益，然而却没有。”〔21〕

在有些情形下，这种对于分析法理学的厌恶只是对一般哲学的不喜欢或怀疑的表现。很多人毫无疑问地会认为哲学思考是古怪的和无意义的活动，它的价值不过就是给蒙提·派森剧团（Monty Python）的精彩表演提供素材。* 然而，我的直觉是大多数人对现代法理学的反感，反映的不是对一般意义上的哲学思考的敌意，而毋宁是一些专

---

〔21〕 Richard Posner, *Law and Legal Theory in the UK and USA* 3 (New York: Oxford University Press, 1997).

* 蒙提·派森剧团是英国的一个超现实表演团体。他们曾经表演过一个短剧，古希腊哲学家和德国古典哲学家进行足球世界杯比赛。在足球场中，柏拉图、康德等哲学家仍然保持他们的哲学思考的动作。在绿茵场这个背景下，这个短剧让人们觉得进行哲学思考很古怪和无聊。——译者注

门针对分析法理学事业的基本误解。

之前在我们讨论一个为人熟知的假定——“法律是什么”这个问题只是对一个语词的意义的探讨，或者换句话说，只是一种语义学实践——的时候，我们遇到过这样的困惑。〔22〕那些做出这个假定的人觉得很难理解为什么哲学家会花费如此多的时间在“纯粹语义学”的问题上。然而正如我们已经看到的，分析法理学主要不是一种语言学研究，而是试图发现构造我们生活世界极为重要的一部分的那些基本原则。

其他人对分析法理学的厌恶是因为他们把它与其学科内部的一个具体的争论联系起来。很多人认为法理学中的主要争论是法律有效性是否有道德限制，或者换个稍微不同的说法，是否一个规则因其明显不正义，就不能被称为法律。比如说，《1850 年逃奴法案》就是这种极不正义的规则的例子。它迫使联邦法警或其他官员逮捕任何被怀疑为逃亡奴隶的人，并规定只要有申请人的宣誓证词，他们就应履行该义务。有嫌疑的奴隶无权为其自身作证，也无权要求陪审团审判以对抗这些指控。最终，违反这部法律的那些人被判以一千美元的罚款。

在这些案例中，哲学家很可能会问：逃奴法案**真的**是法律吗，或者说它是如此的不正义，所以不配得法律这个名号？法律实证主义者通过主张合法性判准并没有必然的道德限制来回应这个问题。一条极不正义的规则仍然是法律，只要它符合所属法律体系的机构所适用的

---

〔22〕 例如，参见 Glanville L. Williams，“Language and the Law”（pt. 4），61 *The Law Quarterly Review* 389（1945）。[“下面每一种问题，‘什么是……？’，或‘什么是……的性质？’，或‘什么是一个……？’，或‘什么是一个……的性质？’（在每种问法中填充的是一个类、质或关系的名字）都是一种对于语词定义的追问。”]

法律有效性判准。因此，从实证主义者的视角，逃奴法案属于内战前美国的联邦法体系，尽管它是明显地不正义和不道德。然而，从自然法的角度看，政府批准的一些规则如此不正义，以至于不能被当成法律。〔23〕因此，尽管逃奴法案在当时被认为是合乎法律的，但内战前的法律人这样做是错误的回应，因为逃奴法案从合法性的角度来说是无效的。

这个争论代表了好几代人的法理学的公共面貌，这个事实可能是以下这点的一个原因，即一些法律观察者认为法理学缺乏吸引力，或至少不够有趣或重要，所以不值得作为一个完整的研究领域。我对有如此想法的那些人抱有同情心："谁会在乎你所说的不正义规则！如果你想称之为法律，那就把它称为法律；如果你说它不是法律，那就

〔23〕根据传统，对这种立场的经典说明来自于阿奎那和布莱克斯通。参见 Thomas Aquinas, *Summa Theologica*, IaIIae. 95. 2, in Aquinas, *Political Writings*, ed. R. W. Dyson, 130 (Cambridge: Cambridge University Press, 2002); William Blackstone, *Commentaries on the Laws of England*, Introduction, section 2。菲尼斯反对对阿奎那和布莱克斯通做这种解读，参见 John Finnis, *Natural Law and Natural Rights* 364 – 365 (Oxford: Oxford University Press, 1980) 和 John Finnis, "Blackstone's Theoretical Intentions," 12 *Natural Law Forum* (1967)。但马克·墨菲接受这种解释，参见 Mark Murphy, "Natural Law Jurisprudence," 9 *Legal Theory* (2003)。一个规则如果极端不正义，那么它就失去了法律的地位，这个思想也与古斯塔夫·拉德布鲁赫联系在一起（通常被称为"拉德布鲁赫公式"）。参见 Gustav Radbruch, "Statutory Lawlessness and Supra – Statutory Law," (1946), trans. Stanley Paulson in 26 *Oxford Journal of Legal Studies* (2006)。拉德布鲁赫公式被德国宪法法院采用，支持对前东德边境警卫的谋杀指控。参见 95 BVerfGE 96 (1996)。它也被当代的一些理论家所接受。比如，参见 Robert Alexy, *The Argument from Injustice: A Reply to Legal Positivism*, trans. Stanley Paulson and Bonnie Litschewski Paulson (New York: Oxford University Press, 2002); Neil MacCormick, *Institutions of Law* 277 – 279 (Oxford: Oxford University Press, 2006); Philip Soper, *The Ethics of Deference* 96 – 99 (Cambridge: Cambridge University Press, 2002); Michael Moore, *Educating Oneself in Public* 303 – 304 (Oxford: Oxford University Press, 2000); Deryck Beyleveld and Roger Brownsword, *Law as a Moral Judgment* 13 – 18 (London: Sweet & Maxwell, 1986); 以及 Mark Greenberg, "The Standard Picture and Its Discontents," 1 *Oxford Studies in the Philosophy of Law* (Oxford: Oxford University Press, 2010)。罗纳德·德沃金主张邪恶体制只有在"前解释"意义上是法律制度。参见 Ronald Dworkin, *Law's Empire*, 101 – 108 (Cambridge, MA: Harvard University Press, 1986)（后面简写为 LE）。

不要称它为法律”。当然，真正的问题不是你把什么**称为**不正义的规则，而是不正义的规则**是**什么。但我也把这种类型的回应视为一种挫败感的表达，这种挫败感来自于花费精力回答一个看起来并不值得付出这些努力的问题。

然而，我这里要说明的是，“法律是什么”这个问题包含的远不止不正义规则是不是法律这个议题。法哲学家大多是参与到对于法律的身份及其含义更为开阔的探究之中。诚然，含义问题和法律与道德之关系问题有关，在这个意义上应处理是否存在合法性的道德限制的问题。如果不能处理不正义的法律是否还是法律这个问题，人们就不能全面地理解法律的性质。但知道这个问题的答案并不会在一般意义上的法律的性质的问题上教给我们太多。

我也怀疑目前为止我所提供的澄清或论证会让怀疑者们满意。因为对分析法理学最重要的质疑必定是与他们认为的缺乏实践意义（lack of relevance）有关。这个质疑可被归结为如下：“法律是什么”这样的问题**没有任何实践意义**。

对法理学的“不相关”抱怨当然既不新颖也不令人惊讶。在1879年，伟大的英国宪法学家A. V. 戴雪声称“法理学是一个在实务律师鼻孔中散发臭气的词汇”。〔24〕律师因气质和现实必要性而变得务实——毕竟他们的工作是帮助客户，如果他们在这个方面屡创败绩，他们的生计就会成问题。律师为什么应该关心这样一门学科——它研究他们的实践，却不告诉他们任何影响他们如何实践的信息？那些研

---

〔24〕“The Study of Jurisprudence,” 5 *Law Magazine and Review*, 4th Service 382（1880）. 还有类似的一些评论，表达了维多利亚时期实务律师的偏见，参见Neil Duxbury, “English Jurisprudence Between Austin and Hart,” 91 *Virginia Law Review* 71 – 77（1995）。

究、教授和写作侵权法的人可以说是对侵权法的实践做出了贡献。但那些研究法律的性质的人看起来并没有对任何种类的法律实践施加可见的影响。那么，法理学的本旨（point）是什么？对于律师界的很多成员和法学生群体来说，答案远非显而易见。

在接下来的部分，我的目标是说明，与这些受人尊敬的法学家相反，很多问题依赖于“法律是什么”这个问题。实际上，我要主张的是如果不解决这些同样困扰传统法哲学家的分析性问题，很多困扰法律人的最迫切的实践问题——包括谁拥有法律权威去规制何种行为，以及如何解释法律文本——都无法得到解决。因而这本书的主要目标之一是证明分析法理学对于法律实践来说有着深刻的实践意义——或者换句话说，**在任何特定案件中**法律是什么这个问题，决定性地依赖在一般意义上法律是什么这个问题的答案。

简言之，我的推理如下：在特定管辖权限中，为了确定地证明法律是如此这般，只知道在该权限内谁拥有权威、他们批准了哪些文本以及如何解释它们等是不够的。人们必须也要知道一个一般性的哲学真理，即法律权威和恰当的解释方法论在总体上是如何确立的。换言之，人们要知道什么事实**最终**确定了法律体系的存在和内容。因为如果没有这个信息，对于在特定权限内既定之人何以拥有法律权威及他们的文本应如何解释等问题，是不可能清楚地说明的。简言之，如果一个人想要给出“特定个案中的法律是如此这般”之结论，他就必须知道关于一般意义上法律的性质的哲学真理——这正是分析法理学所要提供的信息。

既然这个要点对于我的论证极为重要，我会在这个问题上再停留一会儿。在下面部分，我会更多地讨论为什么说我们回答“实在法是什么”这个法律问题的能力依赖于我们回到“法律是什么”这个哲学问题的能力。

法律事实的最终决定因素

让我从介绍**法律事实**这个概念开始。[25]一个法律事实是关于特定法律体系的存在或内容的事实。比如，保加利亚拥有法律体系是一个法律事实。同样地，加州法律禁止以超过每小时65英里的速度行驶也是一个法律事实。

法律事实不是终极性事实。换句话说，法律或法律体系无论在何时存在，它的存在始终要依赖于其他的事实。举例来说，如果乱穿马路违反纽约市的法律，那么这个法律事实的存在是因为如下事实，比如市议会投票通过了一部法案，该法案规定乱穿马路在本市内是禁止的，并且市长也签署了该法案。与之相比，任何夸克（quark）的存在不依赖于任何其他事实的存在（假定夸克是基本粒子）。它的存在是终极性的——夸克的存在无需凭借其他的事实。

承认法律事实始终由其他事实决定这一点，会以一种根本的方式塑造法律论证的实践。假设我们想向某人说明特定管辖权限下的法律是如此这般。既然法律事实不是终极性的，我们只能指向决定法律在该权限下是如此这般的其他事实来做出说明。在立法、行政法或司法规则的情形中，我们需要做出如下论辩，那些在相关权限下拥有法律权威的人批准了某些法律文本和它们的恰当解释，这些支持我们对于

---

〔25〕 我这部分的陈述深受马克·格林伯格的影响，参见 Mark Greenberg，“How Facts Make Law，” 10 *Legal Theory* (2004)。

法律的主张。

与之类似，假定我们的对话者否认我们所指的那些人拥有该权限下的法律权威。因为这些人的权威地位是一个法律事实，因此不是终极性的。因此我们不得不参照其他的事实来回应我们的对话者，比如授予这种权威地位的相关有效法律的存在。

这种争辩和反驳的活力还可以有更多的体现。想象一下我们的对话者否定我们刚才所指的法律在其权限范围内是有效的，因此他们断定这些法律不能授予权威。我们可以提出其他法律的存在来回应，这些法律授予官员权力指定前述的授权法律。的确，我们可以一直追溯授权法律的存在，直到法律体系的基础规则。例如，在美国，为了证实联邦体系内法律权威的主张，人们必须说明它们的效力最终来自于美国宪法。因此，关于联邦法律存在的事实始终都是部分地由关于宪法的事实所决定。

法律事实不是终极性的这个事实引发了一个显明的疑问：当我们穷尽了可依赖的法律事实之后，会发生什么？比如说，假定我们的对话者如此执着，以至于否认我们参照的法律体系的基础规则在法律上是有效的。或者想象一下，有人主张美国宪法对美国联邦和州官员没有法律约束力。或许她拒绝国民议会有权批准宪法这个理念，而是主张邦联条例仍然有效。〔26〕既然宪法是根本法，我们不能诉诸更进一步的法律事实来证成它的存在。我们该如何回应这些怀疑主张？我们该诉诸何种事实来证实根本法（比如美国宪法）的权威地位？

---

〔26〕 参见 Bruce Ackerman and Neal Katyal, "Our Unconventional Founding," 62 *University of Chicago Law Review* (1995)。

法律实证主义与自然法

在法哲学中，对这类问题存在两个不同的答案。第一种答案，由法律实证主义者提出，主张所有的法律事实最终只由社会事实决定。〔27〕对于采纳这个答案的人来说，关于法律体系的存在或内容的主张，最终是通过参照人们思考、意图、主张、言说或做什么而确立的。实证主义者就这些终极性的社会事实的性质存在分歧，但一种有说服力的版本可概括如下：法律官员认为国民会议有权批准宪法的事实，使得宪法对他们有法律约束力。因此，根据实证主义的描述，美国法律官员的实践是所有联邦法律的内容的最终原由。

第二种立场由自然法学家提出，他们主张法律事实最终是由道德和社会事实决定的。〔28〕对于那些持有这种立场的人来说，关于法律

---

〔27〕 比如，参见 Joseph Raz, *The Authority of Law*: *Essays on Law and Morality* 37（Oxford: Oxford University Press, 1979）（后面简称 AL）；Jules Coleman, *The Practice of Principle* 75（Oxford: Oxford University Press, 2001）；Gerald J. Postema, "Coordination and Convention at the Foundation of Law," 11 *Journal of Legal Studies*（1982）。

〔28〕 比如，参见 Ronald Dworkin, " 'Natural Law' Revisited," 34 *University of Florida Law Review*（1981）；Beyleveld and Brownsword, *Law as a Moral Judgment*, 11；Nicos Stavropoulos, "Interpretivist Theories of Law," http://plato.stanford.edu/entries/law-interpretivist；Greenberg, "How Facts Make Law"（格林伯格使用"反实证主义理论"这个标签，而不是"自然法理论"）。毫无疑问，这个对于自然法立场的描述是有争议的。有一些理论家把自然法理论描述为，它只是主张不道德的或不合理的法律是有缺陷的法律（defective as laws）。比如，参见 Murphy, "Natural Law Jurisprudence," 254。墨菲称之为自然法命题的"弱"解读。我反对这个描述的理由是三方面的。第一，正如墨菲自己承认的，自然法命题的弱解读与法律实证主义的核心信念是一致的。一个实证主义者可以融贯地主张，法律最终只是建立在社会事实的基础上，但不道德的法律是有缺陷的法律。实际上，我在后面会提出这样一种理论。我在这里对自然法所做的描述意在突出传统意义上的理解，即自然法理论是法律实证主义的对手。第二，自然法命题的弱解读不能解释，为什么如此多的自然法学家主张不正义的规则不是法律。根据我的描述，自然法学家接受这个观念，是因为他们认为法律事实最终由社会和道德事实决定，在不正义规则的情形中，正确形式的道德事实丧失了。第三，自然法观点的弱解读，尽管不是无趣的，但并不是如此有趣，以至于关于它的争论应该成为分析法理学的主要争论。我在本书中意图证明，关于法律是否最终依赖于道德事实这个问题的争论能够扮演这样的角色。

权威和正确解释的主张必须最终通过道德上完整（sound）的推理而被证成。尽管自然法学家在这些终极的道德事实的性质是什么的问题上存在争议，但这种立场的一种看似合理的版本如下：国民议会的所有人通过宪法的事实赋予宪法道德权威，因此它也就拥有了法律权威。根据这一观点，宪法是有法律约束力的，不是因为它事实如此，而是因为它**应该**被遵守。

在后面章节我会更多地讨论这些立场。但在此我们需要注意关于这个争论的两件重要的事情。第一，法律实证主义者与自然法学家之间的分歧是关于**法律的必然属性**，即**法律的性质**。实证主义者相信，法律的存在与内容最终只是由社会事实决定这一点是法律的必然属性。在这一点上，实证主义者把法律当成习俗：法律的习俗的性质都体现在，它们的存在和内容的事实最终都只由社会事实决定（在感恩节吃火鸡是一个习俗，只是因为人们选择在感恩节吃火鸡）。相反，自然法学家主张法律的存在与内容由社会和道德事实决定是法律的必然属性，他们相信，从这个角度说，法律的性质类似于政治道德的性质。

第二，也是更重要的一点，这个哲学争论有着重要的实践意涵。这些实践意涵可能会被宪法的例子所遮掩，因为每个人都同意，在美国，宪法对所有联邦和州的官员都有法律权威和约束力。没人真正怀疑这个法律事实，因此，关于哪些事实决定了制宪会议的权威的哲学分歧只是学术性的。然而，我们举一个不同的例子，并非所有法律人都能就解释宪法的正确方式上达成一致。在这个问题上，关于法律性质的哲学分歧会产生深刻的实践差异。

为了说明这个问题，让我们看一下当下在美国关于死刑合宪性的争论。宪法第八修正案规定：“不得要求过多的保释金，不得处以过重的罚金，不得施加残忍的和不同寻常的惩罚”。[29]关于它是否应该被解读为禁止事实上残忍的刑罚，还是只是禁止那些被起草和批准该条款的人视为残忍的刑罚，这个宪法条款引起了无休止的争论。按照第一个解释，只要国家执行的死刑被证明是事实上残忍的，则死刑就是违宪的。按照第二个解释，死刑显然是合宪的，因为从宪法的其他条款可以明显地看出，立宪者认为死刑是合乎宪法的。

注意，这个解释性的分歧是一个关于什么决定美国宪法的内容的争论。第一种立场主张文本的平义（plain meaning）决定了第八修正案之禁止性规定的内容（因为文本中的“残忍”的意思就是残酷，所以美国法律禁止实际上残酷的刑罚）。第二种立场主张，立宪者的意图决定了第八修正案的内容，“因为“残忍的”必须根据立宪者的信念来解释，所以美国法律禁止立宪者所认为残忍的那些刑罚”。

这里的关键问题是：我们如何解决这个分歧？什么决定了第八修正案的内容，是平义还是原初意图（或是其他什么）？在这个问题上，实证主义者和自然法学家之间的争论就具有相关性了。因为要解决是平义还是原初意图来决定美国宪法之含义这个问题，唯一的方法是知道哪些事实最终决定了所有法律的内容。因此，举例来说，如果实证主义者是对的，要证明一种解释方法论或另一种是正确的，唯一的方法是指向那些决定这一点的社会事实，或许是通过展示法院例行式地适用一种方法论而非另一种来说明。另一方面，如果自然法学家是对的，那么支持一个人的立场的唯一方式是参与到道德和政治哲学的讨论中。因此，举例说，有人会通过说明民主理论的一些考虑支持

[29] 美国宪法第八修正案。

以特定方式解读宪法，而主张一种方法论优于另一种。

这个论证所隐含的信息是分析法理学能够产生重要的实践差异。因为如果我们不首先解决一般意义上法律的性质的分歧，通常来说我们就无法解决关于具体法律的具体分歧。为了最终地说明在一个特定案件中法律是如此这般，只是表明该法律是由某个有权威的人制定，以及有人正确地解释了法律文本是不够的。他们应该能够证明，将法律权威归于那个人及以那种方式解释法律文本是被证成的。

在这种意义上，某些法律争议的解决也依赖于解决某些哲学争议的能力。如果法律实证主义者是对的，法律体系的存在和内容最终只由社会事实决定，那么要决定性地说明某人拥有法律权威或者某人正确地解释了法律文本，唯一的方式就是进行社会学的探究。只有通过探究人们思考、意愿、主张、说或做了什么，法律人才能确切地说明在任何特定情形下，法律为何是如此这般。另一方面，如果自然法学家是对的，法律体系的存在和内容最终也由道德事实决定，那么如果不进行道德探究，要确定性地说明在任何特定案例中法律是什么，是不可能的。道德哲学对于证明法律命题的真（truth）是不可或缺的，因为要证明关于法律权威和正确的解释方法论的主张的有效性，道德哲学具有本质意义。

标签

这里我希望说明的是，关于法律性质的问题对于法律实践有着直接且重要的意涵，就这一点而言，对分析法理学的实践相关性的怀疑是没有根据的。当法律争论是基于关于特定法律体系下谁拥有权威，或其文本应如何解释等冲突性主张的时候，通常来说涉及关于以下问题的哲学真理是必要的：在每一个法律体系下，什么最终决定了法律权威或解释的方法论。

我的直觉是法律人未能成功认识到这两个问题之间的关系，源自于他们过于狭窄地理解了法哲学家在探究法律性质的时候所从事的工作。正如我们已经看到的，人们普遍地认为法哲学家主要是回应一些关于**标签**的事务，尝试解决“法律”这个标签是什么意思或在哪里可以适用。根据这个狭义的观点，法理学理论就是一种标签理论，它所涉及的要么是给一个词语下定义，要么是提出一种程序，以决定应否将这个词语归于某个客体或其他客体。

不可否认的事实是，法哲学家有时候确实看起来像是在回应一些关于标签的担忧。正如我们之前提到的，法律理论家曾为如下问题而苦恼，像 1850 年逃奴法案这样的规则是否真正配得上“法律”这个标签，或纳粹政权是否真正拥有一个法律体系。哲学家也会争论国际法是不是法律，或“初民”文化中有没有法律体系。但就此认为对合宜的贴标签实践的关注占据了他们的绝大部分时间和精力，这是错误的。当然，在大多数时候，有些东西是法律这一点完全显而易见。比如说，我们不怀疑美国有一个法律体系，宪法第八修正案是现行法。然而，正如我们在本章前半部分看到的，我们知道有些东西拥有合法性的属性这个单纯的事实，并不能穷尽我们的哲学好奇心。因为对于任何真实的法律的例子，两个问题总会出现，**即什么使得它称为法律以及我们能从这个事实推导出什么**。换句话说，相较于一个事物是否应被贴上法律标签这个问题，法理学理论更感兴趣于以下问题：它为什么能被贴上这个标签，以及其意涵是什么。“法律”这个标签不是理论的主要**产出**(output)——而是**投入**(input)。

正如我们前面提出的，当法律实证主义者和自然法学家对哪些事实最终决定法律的存在和内容这个问题有分歧的时候，他们争论的是**法律的必然属性**。换句话说，他们在含义问题的正确答案上观点不一。实证主义者相信从某事物是法律这个事实，必然可推导出它的存在和内容最终只由社会事实决定。而自然法学家则认为必然可推导出的是，它的存在和内容最终是由道德事实决定。这个争论远非一个关于标签的分歧。

这里再次声明我的要点，法律人所真正关心的很多问题无法在一个哲学真空中得到回答。关于法律性质的哲学理论提供了关于法的必然真理，它们对于裁决关于法律权威与解释的特定争论有着至为重要的相关性。后续几章将继续探索这个主张，在这之前，我想首先以几种方式做一下澄清。首先，我并非主张除非有人完全掌握一种关于法律性质的哲学理论，他们就无法正确地回答法律问题。大部分法律问题可以通过咨询律师、阅读入门书或在谷歌中搜索而得到回答。律师通常也不需要哲学家的辅助。律师对法律实践的根本性基础规则有一个基本的理解，这给予他们关于如何回答普通法律问题的工作知识。即使在他们的知识用尽的时候，回答这些问题也不需要依赖于任何关于法律性质的特定观点。换句话说，很可能的是，对很多这些问题，实证主义和自然法理论会给出相同的答案。我的主张毋宁是说，对于其中一**些**问题的答案确实依赖于关于法律性质的哪种观点是正确的。在这些情况下，知道法律的性质是必要的。

其次，尽管探究法律的性质有着实践意义这点是正确的，但并不是说法哲学家的任务是回答法律问题。法哲学家的工作是确定**决定法律之内容的正确方法**。而律师的工作是将该方法付诸实践。最后，完全可能的是，决定法律内容的正确方法会表明，对特定类型的法律问题并没有正确的法律答案。只是因为有人想知道“特定法是什么”这个问题的答案，并不意味着答案就静静地等待人们去发现。

信任的自明之理

我在这一章的目标是破解“法律是什么”这个问题并展示我们如何来回答它。我也尝试着提出，这个问题所激发起的一些反感和怀疑可能源自一些简单的误解。尤其是，我试图澄清对法律性质的哲学探究并非是一种词典学的工作；它远远超出了不正义的规则是不是法律这样的问题；它也不只关乎学术兴趣。理解法律的性质，就是查明塑造我们的生活世界的那些原则。正如我们看到的，这些原则对于我们应如何参与法律实践有着深刻的意义。

然而，律师对法哲学带有一种不满，我认为它并无根据。很多法律实务者抱怨说：法理学，正如人们现在所做的那样，离律师和法官的日常实践太过遥远。他们的观点不是说法哲学与实践无关，而是哲学家所阐发的法律理论无法反映实际法律机构的活动。尤其是，律师经常抱怨法哲学家在发展他们的法律主张，尤其是关于法律解释的理论的时候，忽视了关于制度能力（institutional competence）的考量。〔30〕

若要切身体会律师和哲学家在这个方面上的分裂，让我们考察一下在“真实”世界中人们进行解释性论争的方式吧。当法官、律师和法学教授在一种解释方法论和另一种之间进行争论的时候，他们通

---

〔30〕 例如，参见 Cass Sunstein and Adrian Vermeule, “Interpretation and Institutions,” 101 *Michigan Law Review* (2003)。

常是以这种方式为自己辩护：参照群体中特定成员能被信任去努力地和真诚地行动（act competently and in good faith）的程度。举例说，像安东尼·斯卡利亚大法官（Justice Antonia Scalia）这样的文本主义者，相信法官应受到限制而只能遵循法规的平义，因为他们不信任法官可以超出文本。他们害怕法官会以实现立法目的的名义而掺杂进他们自身的政治观点。其他的文本主义者，像弗兰克·伊斯特布鲁克法官（Judge Frank Esaterbrook），则拒绝对目的进行探究，因为他们不信任立法者能对公共利益进行立法。根据这个观点，法规是建立在相互冲突之利益群体的妥协的基础上的，而非建立在关于公众整体福利的一致愿景——该愿景由利他的公职人员所发展出来，并且能被运用到未被预测到的案件之中——的基础之上。另一方面，像亨利·哈特（Henry Hart）和阿尔伯特·萨克斯（Albert Sacks）这样的目的主义者则把法律官员假定为理性地追求理性目的的人，因而赋予法官广泛的权力去探究法规的“精神”，如果其字面含义产生的结果让他们不能接受的话。

实践中的法律人在评估解释方法的时候赋予信任关系以如此重要的角色，但与之相反的是，信任这个概念在关于法律解释的哲学探讨中几乎没有出现。罗纳德·德沃金的法律解释理论正是此例。我们将会看到，德沃金主张解释者应始终以能够在最佳道德意义上展示文本的方式来解释法律文本。但是德沃金从未以任何有意义的方式考虑过，这种方法论对有着正常认知和道德能力的参与者是否恰当。相反，德沃金式的解释对群体成员的哲学能力和他们执行如此严格的智识实践的良好意志，预设了一种巨大的信任。如果大多数个体并不擅长或不能进行哲学分析，这样假定也是合理的，那么要求他们像道德理论家或政治理论家那样解释这一实践，看起来并不理智。

德沃金对于可信任性（trustworthiness）的相关考量的忽视并非他所独有；这是当代分析法理学的普遍特征。法理学家倾向于通过传统哲学问题的视角，比如语言学意义、政治道德和概念分析等，来研究法律解释的问题。为了保持这个特点，他们的工作被一种争论如下问题的强烈热忱所彰显：像“交通工具”和“残忍”这些语词的恰当语义学，正义与公平的关系，法律主张正当权威的概念前提等。

对于像信任这样的制度考量的忽视不仅令法律人气愤，也是极具讽刺性的，因为它违背了大多数法哲学家所赞同的一个核心假定。如我们已经看到的，对法律性质的探究将使对知情人的权衡判断视为说明的对象。这意味着法哲学家应聆听法律参与者用来对自己行动进行辩护的那些主张。他们对实际的法律推理和论证的实践进行研究，目的是确定法律的性质。

法哲学家所做出的关于法律的大部分主张，却显而易见地达不到这个标准，也很少反映法律论证的实际结构。与法律实务者极为不同的是，法哲学家很少认真对待能力和品质（competence and character）的问题。他们未能认真对待这些问题，是法律参与者也没有认真对待法哲学家的原因之一。

我希望在后面篇幅中弥补这个疏忽。我的目标是发展一种法律理论，在该理论中，关于能力和性格的考量对于理解法律机构与法律推理和论证的结构来说最为重要。然而，在发展这个新主张之前，我想首先考察一下业已构建起来的一些法理学主张。我不只是注意他们的逻辑融贯性，也将关注他们对于法律实践的反映在何种程度上忠实于法律参与者的共享理解。

第二章　称为“法律”的疯狂小东西

法律的发明

众所周知，在托马斯·霍布斯看来，自然状态——也就是没有法律和政府的社会状况——是“所有人对所有人的战争”，在其中生活会是“孤独、贫乏、卑污、野蛮和短寿的”。[1]如果没有一个解决纠纷的公认权威，每个人都像法官、陪审团和执法官那样行动的话，为了短缺的资源而产生的冲突和竞争，会持续地带来引发暴力的威胁。然而，霍布斯清楚表明他所理解的自然状态在很大程度上是虚构的：没有任何时候人们完全脱离法律而生存，尽管他认为有一些文明民族是脱身于自然状态，“生活在美洲的野蛮民族”就曾处于这种悲惨的境地。霍布斯的要点不在于，在没有法律的时候生活**曾是**(was)无法忍受的，而是**将会是**(would be)如此。因此，对于那些足够幸运生活在稳定政府——甚至是专制政府——之下的人们来说，与其为这种命运而冒险，他们也不应该试图推翻它们；相反，在几乎所有的情形下，他们都应顺服他们的领导者。

---

〔1〕 Thomas Hobbes, *Leviathan*, ed. Richard Tuck, 2d ed., chap. 13, p. 89 (Cambridge: Cambridge University Press, 1996).

事实证明霍布斯犯了双重错误。他的第一个错误是相对轻的。人类学家现在相信，人类在地球上的绝大多数时间中多半是在没有法律的情况下生活的。考古学证据和对当今狩猎群体的人种学观察基础上所得到的推断表明，至少一万两千年之前，人类大多数生活在被称之为“游团（band）”的群体中。〔2〕游团是个体的小集合，一般具有移动性，有着相对流动的成员，通过狩猎和采集而维持生存。他们缺乏正式的权威结构，主要由传统、合意和元老的说服来管理。换句话说，那些生活在游团中的人们并没有法律。

霍布斯的第二个且更为严重的错误是，他假定自然状态是一种战争状态。尽管人的生活几乎确实是野蛮而短命的，但至少在游团之中，这些生活并没有表现出特别地孤独和卑污。〔3〕人是社会创造物，就此而言他们差不多是和平地在群体中一起工作，以采集食物，养育孩童，并相互保护来抵抗外来入侵者。这些群体看起来也是由规则来管理的，这些规则规制了社会生活的基本要素：分享食物，选择配偶，免受身体攻击等等。

换言之，在人类史前时代，合作和秩序不仅仅是可能的，它们一直都是常态。只有从史前社会没有我们现在所称的法律这一严格的、字面意义上来说，它才是无政府主义的。人们在没有规则的时候在群体中无法共存，这一点很可能是正确的。但他们能够，确实也已经在几千年间在没有法律制度的情况下生活在一起。因此，与霍布斯相

〔2〕比如，参见 *The Cambridge Encyclopedia of Hunters and Gatherers*, ed. Richard Lee and Richard Daly, 1－4（Cambridge：Cambridge University Press, 2000）。

〔3〕人类学文献表明，采集狩猎者群体间的暴力行为是极为广泛的。参见 Azar Gat, *War and Human Civilization*（Oxford：Oxford University Press, 2006）。

反，自然状态不是一个哲学假想，而是由人类无数代所经历的历史事实。的确，认为法律是一个相对近期的发明，迟于车轮、语言、农业、艺术和宗教，是有道理的。

霍布斯主张没有法律，就“没有土地的栽培、航海、外洋进口商品的运用、舒适的建筑、移动与卸除需费巨大力量的物体的工具、地貌的知识、时间的记载、文艺、文学和社会等等”〔4〕，这一点他**确实是**正确的。文明只有在高度的社会合作和相互依赖的情况下才是可能的，而后者反过来只有在群体有能力高效地规制社会关系的情况下才是可能的。法律确实是一种革命性的发明，因为它准许了这种规制。人们现在可以用它来创造、修正和适用规则，因而也能管理社会生活的无数方面，而无需单纯依赖习惯、传统、说服或合意。

法律是如何可能的?

当然，我们无法知道，第一个拥有法律的社会是否曾有意着手创设一种社会管理的效率方法，还是只是出于意外而偶然发现了它。但是通过创设法律，他们制造出一种技术，该技术成为有组织的宗教、公众道德和社会惯习之外的一种无可估量的公共控制工具。

然而，尽管我们确定法律机构在史前时代的某个时刻被创设，负责创设的那些人有好的理由这样做，但我们仍然困惑于法律是如何被发明的。正如第一次找工作的人经常发现他们处于这样尴尬的境地，即他们需要具备工作经历才能去获取工作经历，获取法律权威看起来也涉及一个进退两难的境地：为了**获得**法律权力，人们必须先**拥有**法

〔4〕 Thomas Hobbes, *Leviathan*, p. 89.

律权力。

为了更多地说明这个困惑，让我们开始一个哲学假想吧。想象一下，在公元前一万年元月一号，在新月沃土的一个小型的农业村落中法律最先被发明出来。在那一天，村落的长老雷克斯（Lex）产生了一个想法并召集了公共会议来加以讨论。他向他的民众讲到：“你们中很多人最近找到我，向我抱怨村落生活中越来越多的纷争。我们现在把休闲时间的一大部分耗费在村落会议上，听一个又一个的抱怨，讨论每个申诉的性质，无休止地商议在种植和收获期间每个家庭应给予其他家庭多少帮助，每个家庭应为冬季储藏贡献多少，哪些男子应该与哪些女子结婚，牛是否应被允许在村落广场吃草，在哪里倾倒垃圾等等问题。年复一年，我们的村落在扩张，情况变得更为严重。你们都记得我们去年未能解决什一税的问题，结果今年在收获之前我们的粮食就吃完了。我们的村落公地因为过度放牧而几乎贫瘠不堪，你们会说这是一个悲剧。”

“为了补救这一窘境，我提议如下行动措施：我制定一系列规则来解决当下这些迫切的问题。当我坐在村落广场的大棕榈树下发布一个命令的时候，你们就知道我制定了一条规则。我也会出面解决关于我制定的规则如何正确适用的争论。我的裁断就是终局的，没有人可以挑战它们。最后，在我死后，我制定的规则都将继续生效，我的两个儿子中的一个会替代我成为村落的正式领袖。当然，我选择的继任者可以按他的意愿修改这些规则。”

事实上村落的每个人都喜欢雷克斯的提议。它们极为尊重他的智慧和品格，并信任他能够制定好的规则。他们也认可雷克斯的领导将会带来的巨大益处。如果雷克斯掌权，他们就不再需要浪费时间，来商议并努力在每一个公共问题上达成合意。提前制定好规则能够从一开始就避免争执，并有利于协调人们的行为，以产生所有人都会受益的好处。

只有一个村民菲尔（Phil），村落的哲学家，反对雷克斯的计划："雷克斯，你的提议听起来很好，但绝不会起作用。你想，你要想获得为了村落而制定、修改和适用规则的权力，就需要有一个授权你这样做的规则。但是这样的规则是不存在的。如果在没有规则授权的情况下，你在棕榈树下制定一条规则，它的效力就如同我试着制定一条规则，结果也是不成功的。"

雷克斯短暂地考虑了一下这个异议，然后回应道："菲尔，我难道不能制定一条规则，来授权我可以为群体制定规则吗？"菲尔不满地摇摇头，说道："很不幸的是，这也不起作用。既然没有规则授权你制定一条授权性规则，你制定这样一条规则的尝试同样也是无效的。"

雷克斯又说："哦，那难道不可以每个人投票授予我为村落制定规则的权力吗？"菲尔回答道："他们也会面临你所面临的同样问题。既然没有规则授权他们授予你制定规则的权力，他们的授权行为也是无效的。"

然而雷克斯未被说服，"你说我不能制定任何规则，除非有规则授权我这样做，这是对的。但你为什么如此确定这样的规则不存在？""这很容易证明，"菲尔回答道，"要让一条授权性规则存在，就需要由获得授权这样做的人来制定。这就需要预先存在一条规则，授权该人制定授权性规则。但是，根据相同的逻辑，这条规则需要由有权制定规则的人来制定，这意味着，需要有一条规则授权该人制定授予其他人权力来制定授权性规则的规则。我们可以永远地这样继续下去。除非你假定存在着无穷的规则和无穷的制定规则的行为，否则非常清楚的是，并没有这样的授权性规则。”

“但是根据你的推理，”雷克斯总结道，“没有人可以为群体制定和改变规则了。”菲尔回答道：“是的，就是这样。我很抱歉。”

雷克斯和村落其他人并没有听从菲尔。看起来甚至是在史前时代，人们也倾向于忽视哲学家。雷克斯开始制定规则，群体的其他人则遵守这些规则。据此，法律诞生了。

尽管村民们忽视了菲尔的警告，他的论证是很有力量的。基本逻辑表明雷克斯关于法律权力的主张本不是正确的。如果雷克斯的主张不正确，那么他就没有法律权威。因此，法律并不是在我们所假设的那个时期被创造出来的。

实际上，菲尔的论证可用于证明，关于法律权力的主张从不可能是正确的。考虑一下这个主张，国会拥有权力规制州际贸易。要证成这个主张，人们可能会诉诸美国宪法第一条第八款的规定：“国会有权力……管理与外国的、州与州之间的贸易。”〔5〕很明显，这个主张预设美国宪法是有效的法律。但什么能证成这个主张？自然的回答会是宪法是由最初的十三个州的四分之三批准通过。但我们可以接着问：什么规则授予这些州以权威来批准宪法？

在这个时候有人可能会提到美国宪法的第七条，它规定：“本宪法经过九个州的制宪大会批准后，即在批准本宪法的各州之间开始生效。”〔6〕但是这个答案并不起作用，因为第七条是美国宪法的一部

〔5〕 美国宪法第一条第八款。
〔6〕 美国宪法第七条。

分。在宪法被批准之前，这条规定并不能授权批准者批准该宪法。如此论辩不过是进行恶性的循环论证。

在这个情况下，唯一的选择是找寻其他可以授权批准者批准州宪法的规范。但是谁创造了这一规范，他们从哪里得到这样做的权威？同样，对这个问题的任何答案不过是激起对于这个新答案的新问题。看起来寻找权威链条的顶端这一企图，将引导我们要么进入循环，要么进入无限后退。然而，正是这种类型的最终权威必须被找到，以证明关于法律权威的主张是正确的。

注意，这个悖论是一个经典的“鸡—蛋”难题。一方面，所有的鸡都要从鸡蛋中孵出来。另一方面，所有鸡蛋一定由鸡下出来。这两个原则合起来表明，不管是鸡，还是鸡蛋，都不能在一个有限的宇宙中存在，因为一方的存在与另一方的存在互为前提。* 我们对于法律的可能性的困惑有着相同的结构。想象一下，授予法律权力的规范是“蛋”，那些有权制定法律规范的人是“鸡”。蛋和鸡原则可以描述如下：

蛋先原则：有人有权力制定法律规范，当且仅当存在一条规范授予该权力。

鸡先原则：授予权力制定法律规范的规范存在，当且仅当有权力制定规范的人制定出该规范。

要说明为什么这两个原则使得法律权威是不可能的，让我们假定 A_1 有权制定一系列法律规范。根据“蛋先原则”，存在着一条规范，

---

* 如果宇宙是无始无终的，那么鸡和鸡蛋可以无限倒退。但如果宇宙是有限的，宇宙有一个起始，那么鸡和鸡蛋的存在必然有一个起始，而鸡和鸡蛋是彼此存在的前提，那么在这个有限的宇宙中，无论是鸡还是鸡蛋，都不能首先存在。——译者注

授予 A_1 权力。根据“鸡先原则”，有权制定规范 n_1 的某人实际上制定了该规范。现在我们问：谁制定了授权给 A_1 的 n_1 规范？答案不能是 A_1，因为在规范 n_1 存在之前，他无权制定任何规范。换句话说，主张 A_1 授予自身法律权力，不过是恶性循环，因为规范 n_1 需要在 A_1 能够制定它之**前**就存在。因此，必须有一个不同的权威，我们叫她 A_2，先制定授权给 A_1 的规范。然而，A_2 从哪里得到制定规范 n_1 的权力？同样，如果我们想避免恶性循环，唯一可能的回答是 A_2 从另一个人 A_3 那里获得权威。但这一推理路线没有尽头。即使 A_3 存在，也必须有 A_4、A_5、A_6、A_7 等人存在。这一推理试图表明，如果不诉诸恶性循环或无限倒退，那么关于法律权威的主张就无法与鸡蛋原则相容。

关于规范的评注

细心的读者会注意到，在上一部分我在中间部分改变了术语。当我在讲述雷克斯和菲尔的故事时，我说的是“规则”。然而，在构建鸡蛋原则和阐述这个难题的正式版本的时候，我使用了“规范”这个术语。为什么有这个改变？

在叙述一个故事的时候，不使用“规范”这个词的原因在于普通人“通常”并不使用这个词，至少在本故事中这个语境下不会用。比如，我们会说，在收到礼物之后写一封致谢函是“**惯例（the norm）**”，但不会说有类似于此的“**一条**规范（a norm）”存在。在非学术性的语境下，我们会说“有一条规则，要求我们在收到礼物之后写一个致谢函”，或者更为直截了当，“规则是，收到礼物后要写一个致谢函”。

另一方面，“规范”是一个哲学家的词汇。〔7〕哲学家使用它而不用“规则”，一个原因是规则必然是普遍性的。如果国会通过立法，对艾克米公司（Acme Corp.）征一次税，它并非是制定规则，因为这个法律是个体化和特定化的；它只适用于艾米克公司，且只适用一次。哲学家需要一个词语，既能用来指普遍性的指令，也能指个体化和特定化的指令，因此他们为此目的而使用“规范”这个词。〔8〕

使用像“规范”这样的术语的好处是人们可以尽可能广泛地撒网。如果在构建蛋原则的时候擅用“规则”术语，会把该原则限制在普遍化的行为标准上。然而，用“规范”这样的技术性术语，就会有一个消极面（downside）。哲学家会以很多不同的方式使用这个术语，在给定的实例中他们经常并不言明使用的是哪种特定的方式。

在接下来，我会使用“规范”这个术语来指代任何一种普遍的、个体化的或特定化的，被用来指导人的行为并作为评价和批评之基础的标准。〔9〕严格意义上的规则、经验规则、假定、原则、标准、指导方针、规划、食谱、命令、格言，以及建言等都可以是规范。此外，道德的、法律的、制度的、理性的、逻辑的、家庭的和社会的标准也都是规范。

我们应把规范同表达它们的句子区分开来。“严禁车辆驶入公

〔7〕“规范”也被欧洲法学家用来指英美法学家所称的“规则”。

〔8〕使用它的另一个理由是，规则经常被拿来跟原则（规则是全有或全无的标准，而原则支持不同的选项，不是排他性的）作比较，有时候也跟标准（规则是在适用时无需进行评价的客体，而标准在适用时必须进行评价）比较。关于这些区分，参见第九章。既然规则、原则和标准都是规范性实体——它们声称告诉你应该做什么，或什么是有价值的、可欲的和可接受的，等等——那么它们都是规范。

〔9〕一个规范如何获得指引和评价行为的这个目标，依赖于该规范的种类。道德和逻辑规范从它们的内在有效性中获得其目标。相反，个人规划从它们被制定出来的意图中得到其功能。

园”是一个句子，它描述了公园中禁止交通工具进入这个规范，因此不是规范本身。制定规范的文本本身也不是规范。当中士说“打扫厕所”的时候，他制定了一个打扫厕所的规范，但说话本身并不是制定出来的规范。

正如它们的名字所表明的，这些规范是“规范性的”，而非描述性的。他们并非意在告诉其服从者他们将要或可能做什么，相反，它们意在告诉他们在一定意义上，他们有权做什么，应当做什么，或可以做什么。基于这个原因，违反一个规范却无损于其有效性是可能的，如果一个人的行为违反了一种严格的行为模式（behavioral generalization），情况也是这样。很多人在纽约市乱穿马路，尽管乱穿马路是违法的。

最后，我将来在使用这个术语的时候，规范不需要是有效力的。规范始终意图告诉你应当做什么，或者什么是可欲的、好的或可接受的，然而它们是否实际上实现这个任务则完全是另一回事。一个要求去做你不应该做的事情的规范是一个无效的规范，它是一个坏规范，而不是非规范（nonnorm）。规范在这个意义上类似于名字。名字意在指称，尽管有时它们会失败。“圣诞老人”是一个名字，尽管它并没有指称对象。

可能的解决方案

我在这一章陈述的一个难题——在接下来我把这个难题称为“可能性难题”——对法律权威是可能的这一观念发出了挑战。在这一部分，我计划概述几个解决这个难题的可能方案。这个概述的要旨并非是穷尽性地描述每个方案并评估它们的价值，而是使读者熟悉法理论家所运用的一系列可能的回应，从而为后续的讨论提供一个路线图。

让我们从这个大图景开始。正如我们在前面部分所看到的，可能性难题之所以出现，是因为看起来任何有权制定法律规范的人都必须从某个规范那里获得权力，而任何授予这种权力的法律规范本身必须是由有权这样做的人所制定。但是为了证明法律是可能的，我们必须停止这个危险的倒退。有两种显明的路径来实现这一点。首先，我们可以通过寻找到一个权力无需来自于规范的主体，从而拒绝鸡蛋原则。把这个主体叫做“终极权威”吧。如果一个终极权威得以确立，我们就能通过证明任何特定法律制度下的权威都从这个终极权威那里获得授权，而解决这个难题。这里就不会存在无限倒退的危险，因为终极权威不是从其他的规范那里获得权威。

或者，人们可以通过寻找到一个能授予制定法律规范的权力，但自身却无需由拥有类似权力之人制定的规范，来克服这个悖论。让我们称它为“终极规范”。终极规范如果存在的话，就能通过拒绝鸡蛋原则而终止倒退。任何特定法律制度中的主体的法律权力都可追溯到某种终极规范，该规范的存在无需由任何其他人来设定。

纵观法理学历史，不同的法理论家选择了不同的策略。一种流行的策略是把上帝作为终极权威。因此，根据经典的自然法观点，上帝创造了自然法，自然法授予统治者进行统治的法律权利。换句话说，上帝的道德权威是创设法律权威的充要条件。当然，这一路径的一个好处是，如果上帝存在，那么他就是终极权威这一位置的合适候选者。至少根据神学伦理学的“唯意志论”观念，上帝并不从其他规范或权力那里获得道德权威，而是无论是法律还是其他方面的所有规则和权威的不可撼动的原动力。

有人可能也会想到，当代自然法理论家并**没有**依赖于上帝来解决可能性难题。相反，他们倾向于寻找政治社群中特定的道德权利来确定社会合作的术语和方向。比如说，根据标准的后启蒙时代的观点，人民拥有按照他们认为合适的方式引导公共生活的道德权威。这一至上权利不是来自于上帝，它来自于政治道德的规则或原则。因为政治道德规则是终极的——没有人制定它们——因而无需对无限倒退担忧。人民接受了从这些终极规范而来的能影响法律过程的权威，因而有权力将正当性传送给民主选举的统治者。

这并不是说当代自然法理论家致力于把“法律”这个标签专有地贴在民主的法律制度上面。在特定环境下他们也愿意把这种权力归给其他的政制。然而，他们坚持的是法律权威必须最终来自于某些道德规范。换个稍微不同的说法，根据自然法观点，法律权威的存在最终依赖于道德事实。这种道德事实——上帝或人民（或者也可能是仁慈的独裁者）拥有授权其他主体行动的道德权威——授予这些主体法律权威。

接下来两种可能的解决方案是“实证主义式的”，因为它们将法律权威的基础建立在社会事实而非道德事实上。其中，这一脉络的最简单的选择是主张法律权威最终建立在强权之上——“力量（might）”最终产生法律“权利（right）”的权力。我们将会看到，根据约翰·奥斯丁的观点，主权者不是从其他既存的规范那里获得法律权威，而是从他强制他人顺从他的意志的能力那里。主权者是一个终极权威，换句话说，因为他制定法律规范的权力只依赖于社会事实，即他的意志由政治社群习惯性地服从，而他并不服从其他任何人。

另一种实证主义式的方案则主张所有法律权威的实例都可最终追溯至一个社会规则。根据这个观点，举个例子，民主国家的人民有权选择他们的统治者，不是因为他们在道德上有权这样做，而是因为法院和其他法律官员遵守要求他们服从于人民之选择的那些规则。比如，根据哈特的观点，这些规则并不产生于规范性权力的运用——法院没有创制法律体系的法律权威。这些规则只是一个已建立的服从实践的产品。换句话说，法律体系的根本规则是纯粹依赖于社会事实的终极规范。

最终地（ultimately）

我已对法哲学中的这个争论做了描述，法律实证主义者主张法律最终只是由社会事实所决定，而自然法学家相信道德事实也扮演关键角色。这里重要的是，提醒读者不要太过字面地对待这个描述。法律实证主义者并不是严肃地主张法律**最终**只是由社会事实决定，因为一个简单的原因，几乎没人相信社会事实是这个宇宙的终极的组成部分。一个群体中的特定成员以某种方式思考和行动，这种事实并不能等同于在时空范围内对夸克进行定位的确切事实。比如说，很多哲学家相信社会事实可还原为关于个人心理和行动的事实。有一些人主张社会事实可还原为道德事实。同样，很多哲学家相信道德事实可还原为其他更为基本的非道德事实。实际上，有些人甚至主张道德事实可还原为特定种类的社会事实。

然而，就目前来说，这些深层的形而上学问题在很大程度上将会被忽略。我们会在社会和道德层次上划一条方法论的界线，对待社会和道德事实仿佛它们是最终意义上的那样。因此，我们对法哲学家的分类，将只考虑那些“在这个界限以上”的立场。比如，只要有人认为法律事实只是由社会事实决定，我们会把他们视为法律实证主义者，而不论他们是否也相信作为法律事实之基础的社会事实可进一步还原为道德事实。

休谟的挑战

无疑，有人会将可能性难题视为一个精致的小谜题，哲学家愿意研究解决，但是却不能引起那些不痴迷于解谜的人的兴趣。其他人可能甚至会将之视为令人厌烦和恼怒的哲学噱头，不过是“我们如何知道我们不是在做梦”这类问题在法理学中的对等物。既然我们知道法律是可能的，正如我们确信我们不是在做梦，花费如此多时间来反驳一个——用实用主义者查尔斯·皮尔斯的短语来说，不会引起“真正的和有生命力的质疑”——命题，实属不值。〔10〕

然而，正如我在前面一章所提到的，哲学家经常使用难题作为分析工具，来解决重要的哲学问题。谜题能使他们把一些深层且通常未受检验的假设隔离出来——这些假设潜在于我们关于特定领域或主题的观念之中，并证明这些预设是以某些根本性的方式相冲突的。对这种难题进行研究能使哲学家检验这些假设的有效性，并除掉那些被认为是错误的假设。

因此，可能性难题最好被视为一种分析工具，法哲学家可以用它

〔10〕 Charles S. Peirce, *Selected Writings* 100 (New York: Courier Dover Publications, 1966).

来确定法律制度的基础。“法律权威最终依赖于什么，只是社会事实还是也包括道德事实?”这个平实的问题太过抽象，以至于任何人都无法做出实质性的推进。然而，以难题的形式追问关于法律可能性的相同问题，能使我们更好地来思考如何解决引发真正的和有生命力的质疑的问题。它使得哲学家从一个不同的视角来审视这个问题，从而提出解决这些问题的新的路径。举例说，它促使我们考虑既存的终极规范和权威的不同类型，以及法律权威是否能在其中一种的基础上得以建立。

可能性难题关注的是法律制度的最终基础，基于此，它的解决也有重大的实践意义。因为如果实证主义者的方案是对的，法律只依赖于社会事实，那么要清楚确定特定法律制度的基本规则和恰当的解释方法论，唯一方式就是进行社会学探究。然而，如果自然法学家是对的，法律也依赖于道德事实，那么这些法律问题只有通过参与道德论辩才能得到最终的回答。因此，可能性难题不是填字游戏或数独游戏的美化版，解决它对于所有关心法律教义的人来说是一件特别紧迫的事情。

实证 vs. 自然

正如我们看到的，解决可能性难题对于法律推理有着重要的意义。因为法律判断必须要追溯法律事实，因此，一种告诉我们哪种事实最终决定法律内容的理论，对于那种告诉我们如何**发现**法律内容的理论有着关键意义（哲学家可能会说，法律的形而上学与其认识论直接相关）。

然而，一旦可能性难题的解决与法律推理之间的联系得以明确，对于法律实证主义立场来说，一个显而易见的问题就会出现。为了说明这一点，让我们回到我们虚构的第一个法律制度的三十年之后。雷克斯在临终前需要决定他的两个孩子，“实证”和“自然”，谁来继承他的位置。既然“实证”比“自然”稍微聪明，雷克斯就任命“实证”为他的继任者。自然地，“自然”恨恶这个决定，并开始记恨“实证”。

“实证”统治几年后，改变了什一税的规则，以提高每个群体成员应奉献给共同存储的谷物数量。因为没人喜欢这个决定，“自然”看到了一个挑战“实证”的权力的契机。在接下来的村落会议上，“自然”站起来，宣布他不会遵守新的什一税规则。“实证”抗议道，“但是‘自然’，我是统治者，你有听从我的法律义务。”

“自然”曾和菲尔一起闲逛，得到了他的几个花招。为了回应“实证”的抗议，“自然”提出了同样的法律权威可能性的难题，该难题由菲尔在几十年前向他父亲提起：如果必须事先有规则存在才能授予制定这种规则的权威，那么“实证”如何能够拥有制定规则的法律权威？然而，“实证”之前已经从他父亲那里多次听过这个难题，他想到了一个答案。现在他有了在每个人面前尝试的机会。

“实证”主张，法律权威最终依赖于政治权力。既然他有能力惩罚任何不缴纳什一税的人，他就有法律权利在他们身上施加服从的义务。但“自然”回答道：“你可以惩罚我这个纯粹的事实，只是一个关于这个世界的描述性事实。你的陈述只是报道了实际情形是什么。然而，要让我有听从你的法律义务，你必须证明从法律上讲，你应该得到服从。既然没人可以从是推出应当，因此我没有听从你的法律义务。”

“实证”承认“自然”是对的，但他尝试了脑海中思忖的另一个想法。根据这一不同的观点，法律权威来自于群体成员服从的实践。“实证”有施加义务的法律权威，是因为每个人都视他为拥有这种权威。但是“自然”提出了相同的回应：“你说每个人认为你有告诉他们该做什么的权利，这只是做出了一个关于这个世界的描述性陈述。另一方面，若要推断出你实际上拥有法律权利，就是要做出一个规范性结论。规范性陈述绝对无法只从描述性陈述中推断出来。”“实证”明白了“自然”的观点，便无言以对。所以他像古往今来的统治者对待那些明智的异议者那样去做：“实证”处死了“自然”。〔11〕

对于“实证”解决可能性难题和正当化其规则的尝试，“自然”不只是有好的回应，我们也可以把他的反对意见一般化，来适用于所有形式的法律实证主义。根据法律实证主义的观点，法律的内容最终只由社会事实决定。因此，要理解法律，人们必须（至少在原则上）能够排他地从社会事实的知识中获得这种信息。规范性知识如何能排他地从描述性知识中推出？这将会是从关于社会事实**是**什么的判断推出关于人们法律上**应当**做什么的判断。因此，法律实证主义看起来是违反了休谟所提出的著名原则（通常被称为“休谟定理”），即人们永远无法从是中推出应当。〔12〕

因为这对法律实证主义是一个极为严重的挑战，因此我们要花费

---

〔11〕 在这一点上，参见约翰·奥斯丁对自然法学家的著名回应，*The Province of Jurisprudence Determined*, ed. Wilfred E. Rumble, 158（Cambridge: Cambridge University Press, 1995）（后面简称 PJD）（“假定一种行为是无害的，或能带来积极益处的，却被主权者以死刑加以禁止；如果我做了该行为，那么我将会受起诉并受到审判。如果我反对这个刑罚，因为这一刑罚规定与上帝法相违背，上帝命令人类立法者不得禁止无害的行为，但是法院仍然会依据我否认其效力的法律，驳回我的辩护理由，并把我绞死”）。

〔12〕 参见 David Hume, *Treatise on Human Nature*, book III, end of section I。

相当的时间来检讨不同的实证主义者是如何尝试解决这个问题。然而首先我想更细致地阐明这个挑战。

Nino and Dino

假设我追上一个小孩然后跟他说：“捡起你的玩具!”那个孩子会满脸疑惑然后回应道，“我为什么应该听你的?”我说，“因为我就是这么说的。”在这个时候，那个孩子抱怨道，“为什么仅仅因为你就是这么说的，我就应该听你的?”当我说“因为我是你的父亲”的时候，我的孩子回答说，“为什么孩子应该听从他们的父亲?”我说，“因为孩子一直都听从他们的父母。”我的孩子反驳道，“是的，但是孩子一直都听从他们的父母这个事实并不意味着他们应该听从他们。”

注意，即使我的孩子在这里是鲁莽无礼的，严格来说他言之有理。他说我告诉他捡起他的玩具，我是他的父亲，孩子一直都听从他们的父母，这些事实本身或合起来并不能给他一个听从我的理由。这些事实只是描述性事实，正如休谟定理所表明的，从反映这些事实的陈述那里推不出规范性结论。为了证立我对权威的主张，我必须想出一个原则，能够“弥合”这个描述性——规范性裂缝。我不得不说一些这样的话，比如“你应该听从我，因为孩子应该尊重他们的父母”，或者“如果你不听，我会惩罚你，而且惩罚会很重”。

因为规范性结论不能排他性地从描述性前提中得出，规范的推理者（reasoner）必须遵守一定的推理模式：他们必须确保，如果规范性判断是输出的话，他们的推理就必须以规范性判断为输入。我们把这种“输入规范，输出规范”的推理类型叫做 Nino 模式。因而，如果输出的是规范判断，而输入的只是描述性判断，那么就违反了休谟定理。我们把这种有问题的次序叫做 Dino 模式。

我们可以说，对法律实证主义的担忧，在于它通过允许 Dino 模式的推理而违反了休谟定理。假定一个法律推理者想要回答某个问题，该问题需要关于法律制度之基本规则方面的知识。或许他想知道总统是否有权宣战，或死刑是否合宪。要得到这个答案，实证主义者要求这个推理者注意某些社会事实。因而，实证主义者允许他从关于社会事实的描述性判断中推出关于法律权利与义务的规范判断。规范判断出来了，但没有东西输入。我们把这个反对法律实证主义的意见称为“休谟的挑战”。

当然，自然法理论不会被休谟挑战所撼动，因为它坚持通过诉诸道德事实而非社会事实来解决可能性难题。要回答需要基本法律规则之知识的问题，法律推理者必须形成道德判断，将它们作为前提来推出法律结论。既然法律判断和道德判断都是规范性的，自然法学家尊重了 Nino 模式。只要关于道德的规范判断输入，关于法律的规范判断就可以出来。

选择你的毒药（pick your poison）

有人可能会认为法律实证主义受到休谟挑战的如此重创，我们应该拒绝它，而支持自然法理论。但自然法理论对于可能性难题的解决方案自身有着严重的问题。自然法理论坚持将法律权威建基在道德权威或道德规范，而排除了邪恶法律制度的可能性。

我们把它称为“邪恶难题”。正如神学家努力地解释在上帝全善的情况下邪恶是如何可能的，自然法学家也必须解释，在法律必然以道德事实为基础的前提下，邪恶法律制度的可能性问题。从另一方面说，实证主义者却没有这样的困难。苏联政府有一个法律制度，要么是因为苏联法律官员有权强制苏联民众服从，或者因为苏联官员承认苏联的权威。在这两种中的任一种情形下，邪恶政体的法律权威都可以通过诉诸特定的社会事实而得以解释，而非道德事实。

因此，为我们的探究选择一个起点，很大程度上像是选择毒药。因为说两种法理学立场都问题多多，并非言过其实。实际上，法律实证主义者与自然法学家之间的争论是如此有趣且持续了很久，正是因为看起来似乎是双方都不正确。另一方面，如果我们跟从自然法学家，通过把法律的基础最终确立为道德事实来解决可能性难题，那么我们就排除了道德上不正当的法律制度的可能性。然而，如果我们完全避开对道德事实的诉求，而跟从实证主义者将法律只建立在社会事实的基础上，我们只能以违反休谟定理为代价来解决可能性难题。因此，法哲学家面临着一个可怕的困境：如果他们把法律的基础建立在道德事实上，他们就会受到谴责，如果他们不这样做，他们也会受到谴责。

在接下来几章，我们将检讨法律实证主义者对这些困境和挑战所提出的回应，首先以奥斯丁的法律理论开始，进而继续考虑其他的实证主义主张。我以实证主义者开始，并不是因为对自然法立场的反对意见更加确凿，而是因为这个简单的原因：反对实证主义立场的意见更加有趣并享有逻辑优先性。因为考虑一下自然法学家如何来回应邪恶难题：他们必须（1）否定他们是在藐视自明之理，或者（2）主张他们对自明之理的藐视比起实证主义者所面对的问题，没有那么严重。这个回应的第一部分可能是正确的（尽管我持怀疑态度），但并不是一个很有趣的主张。毕竟，它实际上不过是这个挑衅性的宣称：

邪恶法律政体是不可能的。一旦他们采取了这样的路子，我们就不清楚对话还可以进行到哪里。而尽管回应的第二部分从哲学上讲是有趣的，但只有在确定了针对实证主义者的异议的力量之后，我们才能对它的说服力加以评估。因而，只有在我们首先评估实证主义的“毒性”之后，我们才能知道该选择哪种“毒药”。

第三章　奥斯丁的制裁理论

孩童的游戏

为了体会提出一种合理的法理学理论有多困难，我们可以试着向一个聪明的五岁孩子解释法律是什么。五岁孩童适宜用来测试这种理论，因为即使他们在一定程度上理解了特定的规范性概念，比如“规则”、“应该”和“过错”，但同时，他们又无法领会严格意义上的法律概念。他们在概念上的无知抵挡了我们以艰深的术语向他们描述法律——比如把法律描述为“法律权威制定的规则”——的诱惑，因为通常的五岁孩童不懂法律权威是什么。五岁孩童不能领会深奥的规范性概念，比如“实践”和“制度”，因此我们对法律的任何描述都不得不以更为简单而基本的术语来解释法律实践和制度。

如果你像我这样，可能会乐于提供类似下面的解释：“法律由这样的规则构成，如果一个大人违反了它们，警察就会通过迫使他或她支付一些钱使其在称为‘监狱’的地方待一段时间的方式，来惩罚这个大人。”然而，这个描述并不令人很满意，不仅是因为警察并不经常惩罚规则的违反者，更因为它提到了“警察”，也就使用了一个法律概念（尽管这是孩童能部分掌握的极少数法律概念之一）。因此有人可能再次尝试着向孩子解释说：“法律由那样的规则构成，如果一个大人违反了它们，以抓捕和惩罚规则违反者为职业的那些人可以对之实施抓捕，并通过迫使他或她支付一些钱或者让他在称为‘监狱’的地方待一段时间，来惩罚这个成年人。”

当然，这个描述是不完全的。比如，它没有告诉我们，法律规则从哪里来；它也没有具体说明这些规则应该怎样解释。然而，这个概述并非意在成为一种完全的法律理论——它期待在一句话中表达出法律的身份，也就是说，使法律是其所是，并区别于其他规则和社会实践的属性。至少初步看来，这个描述做得并不糟。第一，这个描述涉及了简单的、相对无争议的规范性概念：“规则”、“工作”和“惩罚”。五岁孩童能够很好地理解这些概念。第二，它选择将法律作为一种社会实践，这一点比较好。孩童有时候会受到这样的惩罚，如从他们那里拿走一些有价值的东西，或者把他们关禁闭，但成年人不会这样。这些情况并非常态，不经常发生；当发生时，只有特定的人有资格去行使权力，以确保法律规则得到遵守。第三，这个描述揭示了为什么人们关心法律是什么。他们关心，是因为他们不想受惩罚。同样，这个动机对于五岁孩童来说是清楚易懂的。

在这一章，我会讨论阐发建立在上述想法之上的一类法理学理论。因为这些理论把制裁作为法律性质的核心，所以我称他们为“法律的制裁理论”。我们将会看到，尽管制裁理论从直觉上讲吸引人，然而他们有着严重缺陷，不能算为合理的法律理论。

奥斯丁的理论

最为人熟知的“制裁”理论是由奥斯丁在其《法理学的范围之确定》这本书中提出的，这本书是他发表于1832年的一系列演讲的合集。在这些演讲中，奥斯丁试图简化并发展他的朋友兼导师杰里米·边沁的思想。悲哀的是，奥斯丁的演讲在他一生中遭遇了普遍的漠视。在他死后的 1859 年，他的遗孀安排了《范围》的再版，希望“证明……他并非如人们批评的那样对真理不重视或漠不关心”〔1〕。这一次奥斯丁的理论得到了极高的赞誉。正如维多利亚时期的法官詹姆斯·斯蒂芬（James Fitzjames Stephen）在他对第二版的评论中所写的：“奥斯丁的法理学命题如此精确，很可能在以后被视为和亚当·斯密和李嘉图关于地租、利润和价值的命题具有同等重要性。”〔2〕随着这本书的新生，奥斯丁的法律理论主导了英语世界的法理学近一个世纪。

在这一部分我会简要地陈述奥斯丁对法律的描述，并尝试说明为什么它值得像以前那样被认真对待。我们会看到，奥斯丁的理论不仅极为简单，而且也提供了对法律制度的非循环性描述，对法律实践有着重要的意义，并产生了对可能性难题和休谟挑战的清晰解决方案。在本章末尾，我会详细检讨为什么这个理论和与之类似的理论最终会被证明是令人失望的，以及为什么一种新的解释最终将会取代它。

法律 = 规则 + 主权者

奥斯丁的制裁理论版本最好被理解为由两部分组成。一半由他的规则理论构成，另一半由他的主权者理论构成。既然对于奥斯丁来说法律包含（1）规则（2）由主权者发布，那么对于规则的说明加上

〔1〕 奥斯丁夫人写给基佐女士的信（1860 年 12 月 31 日），载于第二卷 *Three Generations of Englishwomen: Memoirs and Correspondence of Mrs. John Taylor, Mrs. Sarah Austin, and Lady Duff Gordon*, 2ed. Janet Ross, 102 (London: Murray, 1888)。

〔2〕 James Fitzjames Stephen, "English Jurisprudence," 114 *Edinburgh Review* 484 (1861).

对于主权者的说明就等于一个完整的法律理论。〔3〕

那么让我们从对奥斯丁的规则理论的概览开始。在奥斯丁看来，所有的规则都是命令。命令是意愿的表达，由施加不利后果的威胁所支撑，以防意愿无法实现，而命令由愿意表达意愿且能够实现威胁的人所发布。奥斯丁把违反命令所招致的不利后果称为“制裁”。只是告诉我的女儿去捡起她的玩具，并不是奥斯丁意义上的制裁。只有在我真诚地威胁道，如果她不听话和不执行的话我就制裁她的时候，我是在**命令**她去捡起她的玩具。

对于奥斯丁来说，在如下情况下一个人负有一项义务，即当另外一个人表达了要求他做什么或不做什么的意愿，并且表达者愿意且能够在意愿得不到实现的时候施加不利后果。因此，当我命令我的女儿捡起她的玩具的时候，她开始**有义务**服从我。根据这些界定，所有命令都施加义务。

最后，根据奥斯丁，所有的规则都是一般性命令。他们的一般性体现在这个意义上，**他们表达了要求人们采取某一类行动的意愿。**比如，一个禁止玉米进口的命令是一个规则，但禁止进口某一特定批次的玉米的命令就不是规则。

描绘出规则的特征之后，奥斯丁进一步界定了法律的属性。根据奥斯丁，只有实在法的规则能成为“所谓的严格意义的法律”。实在法由主权者所颁布的那些规则构成。使主权者成为主权者的是两件事情：第一，主权者必须被群体大多数人所习惯地服从；第二，主权者习惯上并不服从任何其他人。奥斯丁把君临议会（king-in-parliament）

---

〔3〕 接下来对奥斯丁的制裁理论的讨论是基于他在 *The Province of Jurisprudence Determined* 一书中所做出的主张。

视为英国的主权者，因为英国社会的大多数成员习惯地服从它，而且它习惯上不服从任何其他人。[4]在美国的语境下，奥斯丁认为主权者不是总统或国会，而是人民。他们在批准和修改宪法并在选举期间选举代表的时候行使了主权者权力。[5]

简言之，这是奥斯丁对法律特性的说明：法律能成为法律，乃在于它是由为大多数成员习惯性地服从但并不习惯地服从任何其他人的主体所发布的一般命令。

放大的强匪情境

任何可在一页纸上加以概括的哲学理论不仅非同寻常，更是广受欢迎。哲学是一门令人沮丧的艰深科目，所以讨论一个简单易懂、甚至聪明的五岁孩童都可以理解的哲学理论是罕见的趣事。或许这样说并不会有失公允：奥斯丁理论的简单易懂多少有助于它的流行和被接受。

当然，这并不意味着奥斯丁的理论除了简明扼要之外没有其他的优点。正如本章开始所提到的，它的一个重要的优点在于它用完全非法律的术语对法律进行了分析。奥斯丁的理论是一种化约式的（reductive）说明，它展现了法律概念是如何能以更为基本的概念来分析。

要成功地进行这个化约式说明在分析上的成功之处，就像已经有学者曾经这么尝试的那样，我们最好是以相反的方向构造它，即通过从无到有建立起奥斯丁式的法律制度，并展示这一过程中无需使用或引入法律概念。要做到这一点，我们会遵循哈特在《法律的概念》

---

〔4〕 从技术上讲，奥斯丁把国王、贵族和下议院的选举人的联合体视为主权者。参见PJD192－196。

〔5〕 PJD 209－210. 也参见哈特对奥斯丁观点的描述，CL18－25。

中对奥斯丁理论的描述。哈特邀请我们想象一个孤身强匪，威胁说如果我们不交出钱就会向我们开枪，哈特展现了如何修正这个情境，直到最终得到一个类似法律制度的东西。〔6〕

因此，让我们从这个强匪开始。无需多言，他不是一个法律官员，他的威胁当然也不是法律。那么，这里缺失了什么？如哈特所指出的，法律并不经常直接通过个人化的指示来规制人的行为，像强匪的威胁那样，“把你的钱给我，不然我会杀死你！”法律并不明确指示我并即时地告诉我必须一步一步做什么。相反，法律通过提出一般性的行为标准来规制行为，这些标准要求所有人的适用和服从。此外，法律是持续性的，而强匪的威胁不是。强匪的威胁在他离开受害者的时候就失去了效力，而法律在主权者发布之后的很长时间里仍然有效。

为了让强匪更加近似法律，哈特让我们想象，这个强匪发布了一个一般性的威胁，比如说，“每年四月五号你们都要把收入的一定比例给我，否则我就杀死不这么做的那些人”。这些威胁在两种意义上是一般性的：它们向**某些阶层**的个体发布（比如所有的工薪阶层）并指示他们做出**某些类型**的行动（比如每年四月五号缴税）。哈特进一步邀请我们假设，强匪的威胁在做出之后不仅生效了，而且对他们来说具有“长期性”。在受害者相信即使强匪不在眼前也有受伤害的风险的时候，威胁是长期的，而非一次性的，这种情况会持续，直到他的威胁被撤销。〔7〕

〔6〕 哈特对奥斯丁的法律命令理论的讨论，参见 CL18－25，也参见 82－85。

〔7〕 哈特实际上要求我们对制裁会被适用的**可能性**持一种一般的信念。我会在书中摒弃这种可能性要求，因为正如哈特自己所指出的，奥斯丁只要求规则施加引起最少不利后果的最小机会。

在添加了一般性和长期的威胁之后，我们开始接近一种看起来更像法律而不像随机的强迫行为的事物。注意，这个建构过程的发生没有掺杂进任何未经分析的法律概念。“一般性”和“长期性”这样的概念通常在法律语境之外也很常见，因此并不是法律所独有的。

然而，我们还没有到达法律这一步。尽管这些扩充后的威胁现在看起来像法律规则，但威胁者看起来并不太像法律官员。强匪看起来缺乏法律权威的三个属性。第一，法律体系具有稳定性和相对的持久性——它们不会来去匆匆。对他人只有暂时性权力的威胁者缺乏法律权威所具备的“长期性”。第二，在每个法律体系中，有些个体或主体具有最高权威，意思是他们的权威高过所有其他下属成员的权威。但在强匪情境中，该区域中的其他一些人与强匪比，可能有同样或更多的权力。第三，任何法律制度的最高权威独立于其他法律制度的权威，举个例子，君临国会对英国法律制度具有至上性，但美国人民对于美国法律制度具有至上性。然而我们的强匪可能也会服从于更为强势的个人的控制，因此在一个必要的意义上不是独立的。

要重新获得法律权威上述的这些特性，哈特让我们想象，强匪是如此强势，以至于他所威胁的民众的大多数都习惯于服从他。因为习惯是稳定的倾向，大多数人习惯性地服从强匪的事实赋予他和他的体制一定程度的稳定性和持久性。为了产生最高的和独立的权威，我们受邀做出如下假定，除了被大多数人所服从，强匪并不习惯地服从任何其他人。没有服从于受威胁的群体中的任何人的习惯这一点，可以被看做是将最高权威赋予这个强匪，而没有服从任何其他群体的习惯这一点，也可以确保强匪独立于任何其他权威。

正如在第一阶段那样，第二个阶段的建构的发生不需要变相使用任何法律概念。其中所使用的主要概念——**习惯**，显然是非法律的。因此，哈特展示了如何建构一个奥斯丁式的法律制度，这个制度能以完全非法律的术语加以描述。

身份的含义

在第一章，我主张关于法律身份的理论是有趣的，不仅是因为它们自身有意思，更是因为它们能够帮助我们获得关于法律性质的更进一步的信息。奥斯丁理论的另一个特性在于他对身份问题的回答让我们能轻松地回应含义问题。

举例来说，试着思考一下在奥斯丁式理论框架下一个法律制度的存在条件。因为法律不是其他，而是主权者发布的一般命令，所以可以得出，法律制度仅在如下情形下存在：一个社群中存在一个主权者，他至少发布了一些一般性的命令且没有撤销。根据这个说明，英国有一个法律制度，因为大多数民众习惯性地服从君临国会，而君临国会并不习惯性地服从任何人，且君临国会至少发布了一个未被撤销的一般命令。

法律制度的资格条件也是奥斯丁的法律身份理论并不太重要的一个理论结果。一个奥斯丁式的法律体系必然由所有且只是主权者发布的那些一般命令构成。根据奥斯丁的主张，《婚姻保护法案》和《爱国者法案》都是美国的法律，因为它们都是由美国人民通过他们选举的代表所命令出来（commanded）的。

最有意义的是，奥斯丁的身份理论使得我们解决了哪些事实最终决定法律的内容这个问题。举例来说，我们可以试着考虑一下关于法律义务的一个主张。根据奥斯丁，当且仅当一个人可能会因为不服从施加在他身上的命令而遭受伤害，他才负有一项义务。更进一步说，当且仅当施加义务的命令是由主权者发布的，则该项义务是法律义务。由此可知，发现人们的法律义务的决定性方式是确定这样一种可能性，即如果一个人不服从一个威胁，那么就会受到伤害。这个威胁由某个人发出，该人被群体大多数人习惯性地服从，但他不习惯性地服从任何其他人。换句话说，为了确定一个人的法律义务，人们只需要知道特定的社会事实，比如特定的意愿是否被表达了出来，作为对不服从加以报复的伤害的可能性，服从的习惯，等等。

最终的结果是，奥斯丁的理论成为了一种法律实证主义理论。因为根据他的主张，法律事实必然只由社会事实决定。道德事实与奥斯丁式的法律无关，因为它们在确定主权者或附随义务是否存在的问题上不扮演任何角色。

当然，这个哲学立场的实践意义是巨大的。如果奥斯丁是对的，那么要弄清楚法律，一个律师需要接触社会学数据。他必须知道法律机构的运作细节和法律的实施是如何影响他的客户（client）。另一方面，道德哲学对他毫无益处。即使他深谙道德哲学，他也不会懂得更多法律，因此在为客户提供咨询方面也不会有更多优势。

先有鸡！

奥斯丁的理论不仅是简单的、无循环的、便于运用的，同时也提供了解决可能性难题的清晰方案。根据奥斯丁的观点，主权者之所以是主权者，不是因为有任何规则授权这种权威，而是因为主权者有能力迫使其他人服从他或她的意愿。换句话说，奥斯丁拒绝“蛋先原则”：制定法律规范的权力并不总是需要由规范来授予。因为主权者依赖于服从的习惯，所以不需要假定一个进一步的权威来制定授予主权者权力的规则。奥斯丁的理论以这种方式止住了无限倒退。

注意，奥斯丁解决可能性难题的方案是实证主义式的。既然主权者由服从的习惯所形成，奥斯丁做到了将法律只建立在社会事实的基础上。还要注意，奥斯丁的实证主义方案并没有与休谟定理冲突。这是因为根据奥斯丁的主张，主权者和义务的概念不是规范性的，而是描述性的。说某人是主权者就是做出一个描述性陈述，是对服从习惯的存在所做的一个陈述性主张。与之类似，说某人负有一项义务就是做出一个关于如下可能性的断言，即如果他不遵守命令，就会受到伤害。这些主张没有带来或表达关于应该做什么的指示。相反，它们只是描述了社群的社会状态的某个方面。

因此，做出结论说，某人是主权者或某人负有一项义务，并不涉及错误地从是中得出应当。既然这个结论不过是报告了实际情况是什么，所以它的前提也只需要表明真实的实际情况就足够了。换句话说，根据奥斯丁的主张，法律推理者不符合那个有问题的 Dino 模式。只有描述性判断输入，但也只有描述性判断输出。这个 Dido 模式没有违反休谟定理，因为这个禁令只适用于输出规范性结论而非描述性结论的推理。

因为根据奥斯丁的理论主权者和义务的概念是描述性的，在被归到那些概念之下的事项与人们应当采取的行动之间并不存在概念上的联系。举个例子，我们不能从有人有义务缴税这个事实推出他应该缴税。〔8〕与之类似，如果一个人被主权者命令去做一件不道德的事情，

〔8〕 既然“应当—主张”是规范性的，那么这种推理就是迪诺（Dino）推理模式的一个实例。

并受到若不做到就遭制裁的威胁，该威胁由愿意且能够执行该威胁的人所发出，那么他就负有去做他不应该做的事情的法律义务。

因此，根据奥斯丁的理论，法律权威没有告诉你应该做什么；相反，它们告诉你有做什么的义务。这里面包含为什么奥斯丁解决可能性难题的方案没有违反休谟定理的原因：服从的习惯只是确立了**施加义务**的权力——它们没有确立告诉别人**应当**做什么的权力。既然对奥斯丁来说，义务的概念是描述性的，不同于应当的规范性概念，所以就没有从是中推出应当的风险。

乍一看来，这种把义务从应当中分离出来的做法，至少在法律语境下很吸引人。毕竟法律充斥着“必须”和“不能”。它不是要使我们意识到我们“应该”缴税这个事实，而是**要求**（demand）我们缴税。法律以这种方式区别于道德和宗教。尽管道德和宗教都施加义务，但它们也意在告诉我们应当做什么。从道德角度来说，我们应当把公车座位让给孕妇。但是我们并不是被迫这样做。有些宗教推崇人的贞操，但它们不施加强制要求。

相比之下，说我们依法律“应当”缴税，就显得有些怪异。准确而言，我们会说我们根据法律“有义务”这样做。此外，做出如下主张也显得怪异：从法律上讲，我们应当采取某些行动，但没有义务这样做。如果我们没有法律义务去让出我们在公车上的座位（即法律允许我们留在座位上），那么说我们依法律应当放弃我们的座位就是不正确的。

义务与权力

我将暂时搁置下面这个问题，即奥斯丁的理论是否能实现其承诺并在不违反休谟定理的情况下对可能性难题提供一个令人满意的答案。因为即使它能够实现这一点，很明显的是奥斯丁的理论在其他很多方面显然也存在问题，因此不能成为一种充分的法律理论。

我们对奥斯丁法律理论的检讨先从对他的规则理论的批评开始。我们会看到，这个理论在两个主要的方面上有问题。与奥斯丁的主张不同，并不是每个法律规则都（1）施加义务（2）是一个命令。在对奥斯丁的规则理论进行质疑之后，本章的下一部分会对他的主权者理论进行批判。

我一开始就要警告读者，这一章可能看起来过快地转变为一种小题大做。在开始提出了几个反对意见之后，似乎我现在是在浪费力气。然而我相信这个进一步的批判是有用的，因为奥斯丁的法律理论呈现给我们一个极好的学习机会。正如我们将要看到的，他的理论不但是有缺陷的，更是以一些有趣的方式展现其缺陷。当我们在本书后面开始建构自己的法律理论的时候，我们在此处的探讨就能被证明是非常宝贵的。

授予权力

奥斯丁理论的失败最突出地表现在它对规则的分析上。如前面所提到的，奥斯丁认为，法律规则是一般性命令，该命令由有能力且愿意执行威胁的主体所发布。根据他的主张，既然人们如果被命令去采取某些行动就负有这样做的义务，那么可以得出，所有法律规则都施加义务。

我们可以认为奥斯丁的理论大致上可以较好地适用于刑法规则。刑法的确施加义务，要求我们做什么或避免以某些方式行动，比如不能袭击别人、开空头支票、持有毒品，等等。当我们不能履行义务的时候，法律就会使我们有责任接受惩罚，也就是法律为了让我们遵守规则而威胁的不利后果。侵权法看起来也符合奥斯丁的模式。根据标准的侵权法原则，我们对身边的人负有合理注意之义务，如果做不到则构成义务之违反，我们就有责任向我们伤害的那些人赔偿损失。

然而，正如哈特指出的，并不是所有法律规则都施加义务。〔9〕考虑一下与立遗嘱相关的那些规则。这些规则并不对立遗嘱的人施加义务；相反，它们授予这样做的**权力**。它们通过具体规定特定主体（通常被叫做“立遗嘱人”）必须满足的一系列条件来授予权力，这些条件使他能够在死后处置自己的财产。比如，典型的法规要求遗嘱至少应是书面的，且由两个以上的人见证。这些要求被满足之后，一个有效的遗嘱就得以形成，执行人就有义务在立遗嘱人逝世后遵守它的指令。

立遗嘱之规则授予立遗嘱人权力，而非施加义务，这个事实可以与律师在对违反这些规则的情况进行讨论的时候所使用的不同表达对比而加以考察。如果一个遗嘱人未能让两个见证人见证其遗嘱，他并没有“违反”法律，“非法”行动，犯了“法”，或“违背”职责，也不会因不服从法律而“有罪”。相反，他只是没有遵守规则，他的行动没有法律效力。律师会说，这个遗嘱是“无效的（null and void）”。它是“无效的”，但不是“非法的”。

法律充斥着哈特所称的“授权性”规则。在每个当代法律体系中，都有规则来决定谁拥有以及他们如何行使订立合同、取得和抛弃

〔9〕 CL 27.

财产、提起诉讼、结婚、设立企业等权力。不同于侵权法或刑法规则，这些规则并不告诉我们必须做什么或必须不能做什么。相反，它们告诉我们只有当**我们想实现某种目的时**，我们需要怎么做。在大多数情况下，我们可以自己决定是否利用这些法律赋予我们的能力。

法律不只授予立遗嘱、订立合同和结婚的私人权力，也授予公共权力。实际上，大多数宪法规则是授权性的。举例来说，美国宪法的第一条第八款具体规定了国会的权力（“国会有权规定并征收税金、捐税、关税和其他赋税，用以偿付国债并为合众国的共同防御和全民福利提供经费……”）。界定法院之审判权、行政机构之规制范围和总统之权威的规则也都授予公共权力。

我们不能把界定权力之有效行使的规则同施加只能以特定方式行使这些权力之义务的规则混为一谈，这一点极为重要。比如，在很多司法辖区下，婚姻只有在经由国家授权之人为之举办仪式之后才是有效的。如果一个婚姻没有由正当主体主持的庆祝仪式，就是无效婚姻——它没有法律效力，双方也不能享受通常赋予已婚夫妻的权利。我们把这个规则跟禁止乱伦关系的规则进行对比。如果有人试图与他的姐妹结婚，这个行为违反了义务，使这个婚姻关系不仅是无效的，也是非法的。权力的界限与对权力行使的禁止之间的这个区分在法律典章中通常是会标记出来的。比如，关于婚姻之仪式的规则通常会被归到“有效婚姻”的部分，而关于乱伦的规则一般会被放置在“非法婚姻”或“被禁止的婚姻”的部分。

然而，法律规则并不总是能预先标列好。举例说，一部法律可能只是简单地规定，在以下情形下双方的合同成立：有要约、承诺，以及协定对价。尽管这部法律没有说它授予双方签订合同的权力，但很明显它意在如此。现在我们把它跟另一个法规进行对比，该法规规定谋杀是没有充足正当理由而故意杀人。这个法规显然没有授权个体去实施谋杀；相反，它具体规定了一项不能蓄意从事不正当的刑事杀人行为。我们为什么倾向于在第一种情况看到一项被授予的权力，而在第二种情况下却看不到，尽管这两个法规措辞方式类似？

我们这种冲突反应的原因来自于授权性规则和施加义务的规则所要实现的不同功能。为了说明这点，让我们先对自由的两个不同面向进行区分。自由的第一个面向是消极性的。在没有人阻止我们按自己意愿行动这个意义上，我们是消极自由的。我有触摸我的鼻子的消极自由，因为没有人会阻止我这么做。但自由也有一个更为积极的面向，即做出某些行动的能力。我有能力追求我想追求的那些目的，在这个意义上我享有积极自由。一个人可以拥有大量的消极自由，但却可能拥有很少的积极自由。比如，我有在公园大道买漂亮公寓的消极自由（没有人阻止我出价购买公寓），但我没有购买它的积极自由，因为我没有钱。我可以**免于**(free from）外在的限制，但我不能**自由地**(free to）去做我想做的。〔10〕

我们运用自由的不同面向的这个区分，就可以说施加义务之规则的功能是对我们的消极自由进行限制。与身体侵害、开空头支票、纳税等相关的规则意在阻止我们去做我们可能想做的那些行动。它们的目的是对我们的行动施加限制。与之相比，授权性规则意在增加我们的积极自由。它们存在是为了提供给我们追求有价值的目的的能力。

〔10〕 自由的积极面向和消极面向的区分借鉴自以赛亚·伯林著名的两种自由的概念，尽管不是与之等同。参见 Isaiah Berlin，“Two Concepts of Liberty” in *Liberty*, ed. Henry Hardy (Oxford: Oxford University Press, 2002)。

比如，立遗嘱的规则允许财产所有人去做他们通常不能做的事情。立遗嘱人可以确保在他们死后某些物品可以分配给合适的当事人。如果没有授权给立遗嘱人的规则，死后实施控制权是不可能的。

因此，我们把签订合同的规则分类为授权性的，因为我们认为它们的功能是增加我们的积极自由。通过保证符合法律的协议的可执行性，它们允许我们做出诚信要约，并信靠他人的承诺。另一方面，定义不同形式的刑事杀人的规则其目标不在于增加潜在杀人者的自由，无论是积极的还是消极的。恰恰相反：它们的功能是限制消极自由。它们通过提供道德的和审慎的理由，给我们的能力设置障碍，使我们不能参与某些类型的杀人行为。〔11〕因为这种施加义务的规则的要旨是如此明显，我们从来都不会说谋杀的“权力”或把谋杀未遂描述成“无效”的谋杀。

回应一：无效作为一种制裁

奥斯丁也完全意识到他的规则理论看起来不适用于授权性规则。尽管如此，他试图把这种类型的规则硬纳入他的一般理论中。他的策略是主张规定合同或立遗嘱的规则甚至事实上也由制裁的威胁所支持。这些情况下的威胁是，对那些不符合规则的行为拒绝给予法律认可。比如，如果一个遗嘱人没有把他的遗嘱表现为书面形式，那么他的行为就是无效的。换句话说，无效就是对偏离规则的行为所施加的

---

〔11〕 法律必然应该提供道德理由给它的受众，让他们遵守它的命令。法律义务的施予理应产生这样的结果，即人们在道德上应当遵守该义务。因为并不是每个人都会回应道德理由，所以法律通常以制裁的形式提供一些自利的理由，让人们服从它的命令。法律不需要把施加制裁作为一项必要事务，但通常会把施加制裁的威胁作为一项审慎的选择，让它作为服从法律的额外诱因。

“制裁”。像罚款或监禁等威胁一样，无效的功能就是促使人们遵守法律。

哈特对奥斯丁这一举措的回应是指出无效与制裁间的一个无法类比之处。〔12〕比如在刑法的例子中，除去规则中的制裁，而仍然保留一个可以理解的行为标准，这样的规则当然是可以想象的。比如禁止谋杀的规则，即使不具体规定任何惩罚措施，仍然可以禁止谋杀。这些规则如果没有惩罚的威胁，可能不会得到认真的遵守，但是它们仍然是引导行为和用来评价其他人行为的标准。

相反，就授权性规则来说，除去无效的威胁而不同时撤销规则，这一点是不可能的。假定一个规则要求有效遗嘱应以书面形式且由两个人作证。现在，在遗嘱没有依照书面形式或没有两个见证人的情况下，我们把无效这一威胁撤销，那么就不存在行为标准了，因为遗嘱人所做（或没做）的任何事情都会产生一个有效的遗嘱（无论它们意味着什么）。很显然，把一个人们无论如何都得遵守的事物称为规则是荒谬的。规则必须能够指引人们的行为。把授权性规则的无效除去，会使任何作为或不作为在法律上都具有意义，从而废除规则指引行为的能力。

就我自己的想法而言，奥斯丁不会被哈特的回应所触动。因为制裁理论的狂热支持者会立马否定这一点，即人们可以把制裁从刑法规则中除去，但仍然拥有法律。根据该理论，法律规则是命令，而命令是以威胁为后盾的意愿的表达；因此，如果没有威胁作为后盾，意愿的表达就不是命令，因而也就不是法律。因此，在最重要的方面上，无效与罚

〔12〕 CL 33 - 35.

款或监禁并无不同：去除任意一种制裁之后，最终它就不再是法律。

我将说明为什么我认为奥斯丁将无效视为制裁是错误的，在这之前，我先指出他的建议有哪些吸引人的地方。奥斯丁指出这点是正确的，制裁和无效有着相同的基本功能：它们都是**消极动机**。法律给出监禁时间的威胁，是为了促使人们不要偷盗。与之类似，为了鼓励人们以书面形式立遗嘱，法律警告人们它不会认可口头遗嘱。在这两种情形中，法律试图通过具体规定某些行动所带来的某些不利后果，来引导人们的行为。

但制裁和无效都是消极动机这个事实，并不意味着它们应该被列在同一标题之下。举例来说，在非法律语境下，我们通常对不可欲的行动激励措施的不同类型做出区分。如果我对我的员工说他必须在早上九点开始工作，不然就会失去工作，我显然是在威胁他，如果他九点不能到就要承受代价。然而，如果我告诉他我会支付他一倍半的工资让他在那个时候开始工作，我不是在警告他说，如果他来得太迟，我会让他受**制裁**。如果他不能九点开始工作，我只是会拒绝给他一些**益处**。

因此，并非每次在我们让别人处于一个可欲与不可欲情势之选择境地的时候，我们都是在做出施加制裁的威胁。不可欲的选择应被理解为施加代价还是拒绝给予益处，这个问题依赖于现状是什么。如果不可欲情势使他人的状况比起没有干预的时候更加糟糕，那么我们可能会把它视为一种制裁。另一方面，如果不可欲情势是现状，那么我们会把这个选择视为有可能带来益处。如果我说如果你九点的时候还不来，那么我会解雇你，那么我是在威胁你，会使你的状况比没有威胁的时候更加糟糕。但一倍半的工资则展现了使你的处境比现状更好

的前景，因此应被理解为给予益处的许诺。〔13〕

罚款和监禁这样的制裁就类似于解雇。它们是被施加的代价，为了使某些行为比起通常情况下更加不可欲。相反，法律拒绝给予法律认可的决定，比如针对口头遗嘱，并不是为了使它们比起没有遗嘱法的情况更加不可欲。因为并非是说，如果没有关于立遗嘱的规则，口头遗嘱就是有效的；在这样的世界里，就不存在有效的遗嘱了。法律不认可口头遗嘱，只是拒绝赋予那些没有把他们的遗愿写在纸上的人以益处。因此，我们可以说，施加义务的规则所含的制裁是代价，而无效只是没有受益。

基于这个原因，我认为奥斯丁主张授权性规则是**威胁**这一点是错误的；相反，他们更接近于**要约**(offers)。强匪威胁要开枪，是因为他意图使他的受害者处于比不遇到他的情形下更为不利的境地。在这个意义上，监禁的威胁是一个真正的威胁：法律做出警告，如果有人违反规则，就要施加一些代价。然而，就口头遗嘱而言，法律并非是做出威胁，使立遗嘱人的处境比起法律没有授予任何立遗嘱的权力的情况下更加糟糕。相反，法律是发出要约，在遗嘱采取书面形式的时候赋予其益处，而如果行为人不这样做就拒绝提供协助。换句话说，授权性规则是给予益处的要约，而对照于施加义务的规则，后者通常是以付出代价的威胁为后盾的。

把无效和制裁对等的做法在另一个方面上也站不住脚。监禁的威胁旨在任何时候都可以发挥作用——它是一种持续性的动机，让人们遵守规则。无论在何种情况下我们都不能谋杀、偷盗、开空头支票和

〔13〕 关于威胁和要约的区分，参见 Robert Nozick, "Coercion," in *Socratic Puzzles* (Cambridge, MA: Harvard University Press, 1999)。

偷税漏税，因此，法律以不利后果来威胁，希望我们永远不会参与这些行为。与之相对，法律**现在**并没有为了让我以书面形式立遗嘱，而拒绝给予非书面遗嘱以认可。它也没有否定未举办仪式的婚姻的有效性，以促使单身汉去找到治安官然后马上登记结婚。我是否要立一个有效的遗嘱或结婚这个问题可能完全无关乎法律。如果我不想安排我的财务或成为一个丈夫，法律拒绝认可某些可能的行动，这无论如何也不会影响到我的行为。只有在权力拥有者有兴趣行使权力的时候，而不是之前或之后，无效才能作为促使人们遵守授权性规则的动机而发挥作用。它们是间歇性的动机，而非持续性的。

因此，奥斯丁试图通过把无效吸收为制裁，而将授权性规则视为威胁，基于上述两个原因都失败了。第一，拒绝给予某些行动以法律认可并不是施加代价，像把人放进监狱那样。相反，它只是拒绝给予益处。第二，无效并非旨在鼓励人们在任何时候都遵守规则，像刑法的制裁那样。相反，它们是间歇性的动机，其动机性力量只有在权力拥有者意图或在他认为的恰当时机行使特定权力的时候才发挥作用。

无效与制裁之间的不同最终可追溯至授予权力的规则与施加义务的规则之间的基本区别。如前所述，授权性规则旨在增加积极自由。照此，它们试图赋予之前无法获得的益处。在权力拥有者把权力行使视为一项益处的时候，它们激发行动。相比之下，义务性规则试图限制消极自由。相应地，法律对消极自由施加代价，以阻止它在任何时候的行使。我们可以说，奥斯丁理论的最终问题在于它忽视了不同种类的法律规则的功能之间的基本区别。

回应二：规则的片段

正如我们前面看到的，奥斯丁使授权性规则纳入其法理论的策略是，将制裁的概念加以扩展，从而把无效包含进来。汉斯·凯尔森采取了不同的方案。他没有扩展制裁的概念，反而是限缩了规则的概念。根据凯尔森的观点，授权性规则只是完整法律规范的片段。看起来完整的授权性规则，实际上不过是一个更大规则的一部分，后者最终指引法律官员去施加制裁。

考虑一下授权给立遗嘱人的规则，如果遗嘱是书面形式且由两个见证人作证，则就制定了一个有效遗嘱。根据凯尔森的说明，这个规则只是具体规定了一些条件，根据这些条件，法院可以对那些未能执行书面和经见证的遗嘱的执行人进行制裁。准确地说，这个规则应表述如下："当且仅当一个人签订一份遗嘱且由两个证人作证……执行人未能执行该遗嘱，则法院有义务制裁该执行人。"这个表达中省略号部分是占位符，代表很多其他条件，在法院有义务制裁不合作的执行人之前，这些条件必须得到满足。比如说，应在遗嘱人逝世之后，遗嘱应在有正确管辖权的法院认证，受益人应在认证法院提出正确类型的权利要求，受益人必须回应执行人提出的任何异议，法院必须基于他们的利益而裁断，执行人必须在认证法院的司法管辖范围之内，执行人应得到通知，他必须具有完全法律能力，等等。因此，根据凯尔森的构想，关于遗嘱的完整规范是一个非常长的条件句。

实际上，这并不完全准确。根据凯尔森的观点，宪法的授权性规范也不是完整的法律，而只是其他规范的片段。事实上，凯尔森认为它们是它们的体系的每一个规范的一部分。准确表述的话，每个完整的法律都包含全部宪法来作为先决条件。因此，关于遗嘱的完整法律是一个难以想象之长的条件句，它不仅包含关于立遗嘱的授权性规则，也包括那些涉及该法律体系中每个机构的宪法权力的规则。

毫无疑问，凯尔斯对授权性规则的解释是严重违背常理的。宪法和法典看起来绝对不像超长的条件句。但是我们应该小心，不要仅仅因为他的理论严重偏离法律语境中的表述，就得出结论说凯尔森是错的。因为我们不能将规范同创造规范的语言相混淆。尽管存在这样的事实，即授权性规则的表述类似于完全规则，但它们的表层文法可能是误导性的。有可能的是，它们的真正性质能以凯尔森式的重述方式最佳地揭示出来。

然而，把授权性规则重新概念化为只是其他施加义务的规则的一部分，这种做法曲解了这些规范在社会生活中发挥功能的独特方式。正如我所希望表明的，授权性规则最好被视为一种工具，旨在为权力拥有者自觉地运用。它们被用于那些获得授权的人，而不是受制于权力行使的那些人身上。

我们可以把法律授权给法律行动者，跟希腊神话中诸神帮助他们亲睐的凡人进行对比，来说明这个观点。当诸神提供帮助的时候，他们通常并不让受助者在当时对他们所助的一臂之力有多少了解。帕里斯能杀死阿喀琉斯，因为在箭离开箭筒之后，阿波罗改变了箭矢的走向并瞄准了阿喀琉斯脆弱的脚踵。只有在《奥德赛》的最后，奥德修斯才意识到雅典娜一直在掌控着环境，从而帮助他克服很多障碍并安全到达伊萨卡岛。相比之下，法律始终通过事先告知权力拥有者他们拥有某些能力，来“刻意”地帮助他们。当法律授权给某人的时候，它会告诫权力拥有者他所采取的行动的后果，以便在他选择这样做的时候，就会自觉地引起这些后果。基于这个理由，授权性规则始终伴随着如何运用它们的指示。当一部遗嘱法规定有效遗嘱必须在两个见证人面前签订的时候，它不仅仅是规定施加义务给认证法院的必要条件。这个法规是在指引遗嘱人（或他的律师）如何立一个有效的遗嘱，然后是如何向认证法院施加义务。

凯尔森对法律规范重述的问题在于它忽视了权力所有者在法律权力的行使中所扮演的自觉角色，相反却对待他们仿佛他们是受制于法律上的希腊诸神。当遗嘱人在两个证人面前签订遗嘱的时候，官员并不是在幕后默默发挥作用，并根据他的愿望设法对其财产进行分割。遗嘱也不是法律官员设计出来让人填写的祈祷单。相反，它们是遗嘱人用来施加义务和改变法律关系的工具。遗嘱法如同对待法律官员那样对待遗嘱人，赋予他们权力去指示其他人——包括实际的法律官员——如何行动。那么我们可以说，授权性规则主要不是为了引导官员如何去帮助权力所有者，相反，它们旨在指示权力所有者他们可以如何帮助自己。因此，在立遗嘱的情形中，规范的受众是遗嘱人。终究来说，是遗嘱人需要指示。他需要知道应采取哪些步骤，以确保被指定人在他去世之后能得到他们的份额。

因此，把官员作为每个法律规则的主要受众这个做法，误解了某些规则指引行为的方式。授权性规则是迷你型的自助指南，不仅赋予能力，也指导权力所有者如何正确使用。诚然，授权性规则也会引起法律官员的极大兴趣。比如，法官需要知道遗嘱在何时是有效的，因而是可执行的。但是凯尔森的解释不过是尾巴摇狗（tail wag the dog）而已。〔14〕尽管遗嘱法施加义务给法律官员，但这样做只是作为一个手段，来帮助遗嘱人实现他们的遗愿。立遗嘱之规则的最终目标是事先指引遗嘱人的行动，以便他们能采取正确的步骤，从而成功地行使

〔14〕 这句话的意思是，授权性规则当然也与官员有关，但这些规则主要还是指向被授权的那些普通行为人，因此凯尔森刻意从官员的角度来解释授权性规则，显得避重就轻。

他们的法律上可被执行的权力。

同样的论点也适用于宪法。宪法的目的是指引立法者、法官、官员和警察的行为，使他们能知道如何制定、适用和实施法律规则。因此，宪法规范的存在，正如它们在宪法法律中所呈现的那样，并不仅是作为其他规则的片段，而且也作为规划，指向某些个体和机构，具体规定了它们成功管理社会的方式。

法律是命令吗?

到目前为止我们的批评只关注了奥斯丁的这个主张：所有的法律都施加义务。我们看到了他的理论的这个面向不能解释授权性规则的存在。相对于施加义务的规则，授权性规则的功能不是对个体的意愿行动施加障碍，相反其目标是赋予他们实现愿望的能力。因此，把授权性规则看作是以制裁的威胁为后盾，这种做法曲解了设置这类规则的要点。

然而，我们所讨论的没有对奥斯丁的以下主张造成挑战：至少就施加义务的规则来说，法律最好被理解为以制裁之威胁为后盾的表达。毕竟，刑法的功能是给我们设置障碍。奥斯丁的模式正确地描绘了这些施加义务的规则吗?

好公民

一个诱人的做法是，仅仅通过指出很多人并不认为刑法只是以制裁之威胁为后盾的意愿的表达，来拒绝奥斯丁的理论。换句话说，他们并不认为法律是放大版的强匪情境，相反，他们把法律理解为包含着正当的行为标准，这些标准提供了在由不服从所引起的惩罚之外的服从理由。举例来说，如果问他们为什么应该纳税，他们会说纳税是每个公民的道德义务。诚然，他们承认也有其他的理由来服从规则，比如刑法所威胁的那些惩罚。但他们不认为法律只是由威胁构成，相反，这些威胁支持着规则施加给我们的那些正当的要求。

与之类似，很多法律官员并不认为他们自己是强匪。他们认为他们拥有正当权威去告诉别人做什么，或者为了执行合法要求而使用强制。他们视自己拥有统治和强制的道德权利这一点，可以从他们应对那些违反法律的人的方式中看出来。强匪们在得不到服从之后会恼羞成怒，而官员们不同于强匪，他们通常会感受到鄙夷、背叛和责难的道德情感，因此，他们会把施加制裁视为**惩罚**——也即对违法行为进行正当回应的不利后果——的题中之义。

尽管这些社会学观察的确有提示意义，但对于反驳奥斯丁关于施加义务之规则的理论来说，它们不能算作好的论证。因为奥斯丁可以接受很多人认为法律是正当的这一点，但他能正确地指出这些情感不能证伪他的理论。当奥斯丁主张施加义务的规则只是以威胁为后盾的意愿的表达的时候，他的意思并非是规则没有其他的属性。相反，他的意思是，**使它们成为施加义务的规则**的只是它们的一般性命令的性质。无论这些规则拥有其他什么属性，对于它们的身份来说都不是必要的，就如我今天穿的拖鞋对于我之所以是我所具有的必要意义那样。因此，奥斯丁可以接受法律规则经常被认为是道德上正当的，但无需认为，规则的正当性或人们的正当性信念，在它们的身份上扮演任何角色。

尽管就目前来看，这个回应是站得住脚的，但我认为如果将前面的反对意见进一步锐化，可以表明好公民的存在对于奥斯丁关于施加义务之规则的理论是一个严重的挑战。让我们从澄清一个可能的混淆开始。当我们说社群的一些成员接受法律的正当性的时候，我们不只是在说，人们通常认为他们有按照法律指示而行动的道德理由。相反，我们是在给出一个更强的主张：接受法律的正当性就是承认，**因为法律要求服从**，所以人们有服从的道德理由。事实上每个人都认为盗窃在道德上是错误的，但只有一些人认为，盗窃在道德上是错误的，至少部分是因为法律禁止盗窃。只有后面这些人——好公民——接受，规则所施加的义务是指引行动的分离和独立的道德理由。

奥斯丁关于施加义务之规则的理论的问题在于，它忽略了好公民的存在。因为正如我们所看到的，当有一些人应对他们的奥斯丁式义务时，他们不是在回应法律所产生的道德理由。相反，他们是被避免制裁的欲望所驱动。另一方面，好公民把法律施加的义务视为提供了新的服从法律的道德理由。规则被他们当成理由，这种理由区别于规则被违反之后所引起的制裁考量或独立适用于所要求之行动的那些道德考量。

因此，使得施加义务之规则具有施加义务性质的，不能是违法引发制裁这个事实。因为当好公民认可并回应他的法律义务的时候，毫无疑问他不是由不服从所导致的痛苦后果所驱动。换句话说，他没有把施加义务的规则只是当作一些条件设置，在这些条件下法律不会伤害他。相反，他把规则的独特贡献完全视为另一回事：它创造了新的行动的道德理由，这个理由的出现只是基于法律要求这些规则得到服从这个事实。

如果法律只关注众所周知的“坏人（bad man）”*——这些坏人

---

* 这里指的是霍姆斯大法官在“法律的道路”一文中提出的著名的“坏人”理论。——译者注

把法律视为放大情境的强匪，在法律影响他的个人利益的程度上，他的行动受到法律的驱动——那么奥斯丁对施加义务之规则的分析将会变得更加合理。对于坏人来说，法律所能做出的唯一的规范性贡献是制裁的威胁。尽管法律确实意在控制坏人，并通常因此做出制裁的威胁，但法律也意在指引好公民的行为。〔15〕对于那些尊重体系内的授权性规则，又赋予依照这些规则行动的官员以正当性的人们，用制裁手段来控制他们既不必要，也极为昂贵。施加法律义务来促使好公民的行动，要比切实地威胁他们高效得多。实际上，一个把暴力作为唯一劝服手段的政权会很快土崩瓦解。

换句话说，制裁只是法律可用来激发行动的一种工具。义务是另一种；奖赏可作为第三种。关于法律的一般理论必须恰当地说明法律可运用的所有手段，而不能短视地偏向一种而排除了所有其他选项。

知道你命令了什么

奥斯丁的主张经常被描述为是法律的“命令（imperative）”理论，因为他把所有的法律都视为律令（imperatives），即命令（commands）。然而，我们已经看到，他的这个理论的具体版本是无法令人接受的。施加义务的规则并不仅仅是奥斯丁意义上的命令，也即以制裁之威胁为后盾的意志的表达。然而，我们的批判留下了一种可能性，即所有的法律都是命令，但是以非奥斯丁式的方式来理解的命令，这种命令比起纯粹的以制裁之威胁为后盾的表达，其内涵要么略有增减，要么不一样。

要探索这种可能性，我们从指出这一点开始：通常而言，命令是

〔15〕比如，参见哈特的评论，CL 40。

由沟通行为所发出的。当命令者表达了他的意图，要求服从者做或者不做某些行为的时候，他就对他人发出了命令。〔16〕像声明、质询或请求等行动一样，一个人只有在知道他是在发出命令，且知道命令了什么的情况下，他才能成功地发出命令。

奥斯丁主张有一些法律义务是以命令的方式出现的，这一点是正确的。当交警命令驾驶员靠边停车的时候，这种沟通行为创造了一个服从的法律义务。法官在诉讼终结时可能会命令被告赔偿原告的损失，这也创造了一个听从该命令的法律义务。

然而大多数立法活动却并不是以与此相仿的方式发生。立法并非是每一个国会成员通过电视，针对美国公众诵读新近通过的联邦法律的每一部分，然后命令他们全体来遵守。要进行立法，立法者根据恰当的法律程序对一些议案进行投票就足够了。实际上，正如凯尔森所指出来的，立法者甚至并不知道他们在制定什么法律。〔17〕现代立法通常是以几百页长的文件一揽子式地进行——让立法者在这种情况下了解他们的行动的所有法律效果是不可能的。此外，立法者甚至可能并不想制定他们已经制定的法律。如果他们把本该说的“反对”失误地说成“赞同”，或者认为他们是在投票决定某些措施的废止，而实际上该法案是重新批准该措施，他们仍然会制定新的法律。无意图的立法是可能的，但无意图的命令却是自相矛盾的说法。〔18〕

---

〔16〕 X 要命令 Y 去做 A 行动，X 只意图 Y 做 A 是不够的。根据多数人的主张，X 必须（1）意图 Y 做 A 以及（2）意图 Y 因为第一个意图而做 A。

〔17〕 Hans Kelsen, *General Theory of Law and State* 34 (Cambridge, MA: Harvard University Press, 1945).

〔18〕 我在这里假定，只有在 X 意图 Y 做 A 的时候，X 才命令 Y 做 A。因为无意图性的意图活动是不可能的，所以无意图的命令也不可能。

命令理论失败了，因为它误解了法律规制的**非人格化**性质。正如前面提到的，法律官员做出面对面的命令的情况微乎其微。法律权威通常通过公布标准来进行管理，所有人都要学习这些标准并适用于自身。从这方面来看，法律是在对大众管理所产生的明显压力做出回应：它不能承担亲自把规则指示给每个人的任务。

命令理论也受困于另一个缺陷。命令就其性质而言，是双边性的。上级命令下属——命令者不会对自身发出命令。奥斯丁理论的一个结果便是——顺便来说，奥斯丁完全相信这一点——主权者必须高于法律。因为如果法律是命令且命令者不能命令自身，那么法律就不能适用于最高命令者，即主权者。

然而，正如凯尔森所评论的，法律通常适用于制定法律的人。〔19〕国会议员同普通公民一样，都要缴纳个人所得税，也不得拥有大麻。他们是这些法律的制定者这个事实，不能阻止他们也成为法律的适用对象。〔20〕的确，宪法体制为人们所推崇，正是因为统治者也受到法律的制约。法治，而非人治，占据了上风。然而，作为一个概念问题，命令理论把这种体制的存在排除了出去。它们不能解释法律的反身性（reflexivity）问题。

凯尔森也提到，命令理论不能解释习惯法的存在问题。〔21〕尽管

---

〔19〕 Kelsen, *General Theory of Law and State* 36. 也参见 CL 42 – 44。

〔20〕 为了回应这一点，人们可能会主张，是**国会**而非国会议员制定立法，因此命令议员纳税。换句话中，文中所提出的反对意见把团体和它们的成员混为一谈。一旦我们承认这个区分，我们就可以看到奥斯丁如何解释法律的反身性：立法团体是与它们的个体相分离的行动主体，因此能够命令它们的成员以某种方式行动。然而，正如哈特在一个略微不同的语境中所主张的，这个解决方案对奥斯丁来说不可用，因为立法团体的存在依赖于授权性规则的存在。参见 CL 76。

〔21〕 Kelsen, *General Theory of Law and State* 34 – 35. 也参见 CL 44 – 49。

习惯不是现代法律体系的主要渊源，但它在特定情形下也具有法律约束力。然而，习惯很明显不是命令。比如，没有人命令普通法法庭遵守司法先例；然而**遵循先例**原则（“维持先前的判决”）很显然具有法律约束力。

奥斯丁意识到了这个问题，但又主张，习惯通过主权者的“默示”命令而成为法律。法院在案件中适用习惯时，当主权者接受了法院的判决且没有推翻它们的时候，习惯规则就成为了法律。在这些情况下，主权者可以说是默许地命令习惯性规则应得到遵守，从而使这种规则被吸收进法律秩序之中。

但是正如哈特所指出的，奥斯丁的回应有一个严重的问题。要说主权者默许地命令人们遵守有法律效力的习惯性规则，那么主权者就需要知道法院所适用的每一个习惯性规则，因为正如我们前面提到的，除非一个人意识到他在发出命令且知道发出了什么命令，否则他不能成功地发出命令。然而，在法律语境下要实现这个知识要求是不现实的：毫无疑问，大多数主权者并不知道它们的法院的日常运作中究竟发生了什么。〔22〕

习惯与规则

我们已经看到，奥斯丁理论的第一个部分——他对规则的说明——存在着致命的缺陷。与他的主张相反，不是所有的法律都是施加义务的、纯粹是以制裁之威胁为后盾的意志的表达或以命令的方式发布。因此，让我们继续来看他的理论的第二部分，也即他对主权者的

〔22〕 CL 47 – 48.

说明，并检讨它对法律权威的可能性的解释有多么成功。

连续性、持续性与限制性

正如我们在本章开始所看到的，奥斯丁的理论不仅提出了一个关于法律主权的非循环分析，也为可能性难题的解决提供了一个简单解决方案。根据他的观点，主权者之所以是主权者，只是因为大众习惯性地服从他，而他并不习惯性地服从任何其他人。因此，奥斯丁不需要假定任何授权给主权者的规范，正是因为主权者不是由规范的授权而来的。

很明显，人们有服从某个个人的习惯，而他没有服从于任何其他人的互惠习惯，只有在这两点能产生法律权威的时候，这个解决方案才是合理的。不幸的是，服从的习惯并不能实现这个任务。因为正如哈特最终所表明的，奥斯丁的主权者理论不能解释每个法律体系的三个关键特征。这些特征对于法律的概念来说是如此重要，因此任何理论都不能不加以考虑。

第一个特征哈特称之为“立法权力的连续性（continuity）”。〔23〕为了说明这个特征，哈特让我们想象一个由国王雷克斯（Rex）所统治的政府。在漫长和光辉的统治之后，雷克斯去世，他的长子，也是他任命的继任者小雷克斯，立即成为了国王。正如哈特所指出的，这个领导权的变化并不涉及立法权力的中断。雷克斯二世（现在他被如此称呼）在他父亲雷克斯一世去世之后直接获得了主权者权力。用传统布告的措辞来说就是：“老国王已死去！新国王万岁！”

然而，奥斯丁却解释不了立法权力的连续性。因为根据他的主

---

〔23〕同上，52－54。

张，雷克斯二世只有在服从的习惯已形成的情况下才能成为主权者。但既然习惯是由重复的行为所构成的，因而它们不会瞬时就出现。因此，雷克斯二世不能直接就登上王位，因为他不能一开始就是习惯性服从的对象。实际上，根据奥斯丁的理论，不可能存在法律上完美无瑕的权力转移；领导权的每次变化都会带来革命。

奥斯丁理论不能解释的第二个特征，哈特称之为“法律的持续性（persistence）”。[24]比如说，如果雷克斯一世制定了一部禁止决斗的法律，这个禁令在雷克斯一世死后仍会有效。雷克斯二世可能会选择废除这部法律，但要废掉该法律，他就必须得主动做出这样的选择。我们可以说，法律规则是极为坚强的创造物。除非它们包含着要求自身终止的届满条款，或者该体系遵守自动废止准则，否则法律在主权者身份变更之后仍会持续存在，直到它们被主动撤销。

然而，根据奥斯丁的理论，法律的规范性惯性是无法解释的。既然奥斯丁式的法律是主权者的命令，以威胁为后盾，主权者会制裁那些不服从的人，那么可以得出奥斯丁式的法律不会比它们的制定者存在时间长。死去的人既不会讲故事也不会实施威胁。通过把法律的性质如此紧密地系于人这种实体，奥斯丁排除了法律可以在统治者间持续的可能性。[25]

---

〔24〕 同上，61－63。

〔25〕 奥斯丁追随霍布斯，试图通过依赖于默示命令这个概念来解释法律的持续性：如果雷克斯二世没有推翻雷克斯一世的命令，那么雷克斯二世就应被理解为默示地要求这些命令得到遵守。然而，正如哈特所指出的，这个回应会导致荒谬的结果。因为如果法院仅仅是带着这样的期待，即主权者会最终默许它的判决，来适用前政权的规则，那么就很难解释为什么法院会限制自己只适用这些规则，而不是那些已经被撤销的规则，他们认为后者更有吸引力，并且在他们适用之后主权者会事后予以接受。毫无疑问，法院适用前政权中那些未被撤销的规则的最佳解释是，**他们认为它已经是法律**，而不是他们希望一段时间后它再变成法律。参见同上，63－65。

最后，奥斯丁的理论不能解释主权者的“法律有限性（limitability）”问题。[26]如前所述，宪法体制下的主权者受法律的制约。举例说，美国宪法以多种方式限制美国人民的权力：它规定了非常繁琐的修宪程序，并设置了一些条款，这些条款是不能被修改的。

然而，奥斯丁式的主权者，必然是法律上不受限制的。既然主权者不是由规范所创立的，而是由服从的习惯创立，那么就不存在限制主权者权力的规则。这个模式可能能代表英国的法律体制，因为其议会绝对至上原则，但它不能正确地说明其他体制，比如在美国，主权者由法律所控制和限制。当理查德·尼克松说出著名的“只要总统所为，就意味着合法”这句话时，我们要记住尼克松正是因为以这种观点执政，而最终带着耻辱被迫辞职。

奥斯丁未能解释法律的连续性、持续性和限制性，乃是其对法律权威的过于个人化的理解所致。对于奥斯丁来说，主权者之所以是主权者，是因为他的个人特质：他的强制别人服从的权力保证了他的权威。然而，正如前面我们批评命令理论时所主张的，法律权威是非个人化的。比如，美国总统的权威来自于总统这个**职务**。正是因为奥巴马总统是总统，而不是因为他是奥巴马，才能解释他施加法律义务和授予法律权力的权威。

要解释法律的连续性、持续性和限制性，法律理论必须以奥斯丁所未采取的方式区分非个人化的职务和它的个人化的在位者。美国总统是一个职务（office）。它一届又一届地持续着，它的规范性特征并不会仅仅因为一位总统卸任、继任者掌权而改变。总统们会上任和卸

---

〔26〕同上，55－57。

任，但总统职位会一直存在。因为总统职位是有时间连续性的，每个新的上任者会立即获得该职位赋予他或她的权力。此外，因为服从的义务以非个人化的方式指向总统职务，而非个人化地指向它的在位者，以前的总统所制定的规则同现任总统所制定的规则具有同等权威，当然，这里需要假定他们没有主动地废除前任们的规则。最后，公职人员只能享受到处理该职位之事务的那些权力。如果他没有被赋予某些权力，正如通常所实践的那样，那么该公职人员的权力就会相应地受到限制。

当然，法律职务的存在依赖于授权性规则的存在。这些规则授予满足某些资格的个体以权力，使他们可以施加义务并授予其他类型的权力。因此，奥斯丁的理论忽视了主权者的非个人化性质，这一点不足为奇。因为只有人们理解了授权性规则在法律中所扮演的角色，它们才能认识到法律权威的非个人化特征。但是，正如我们在本章前面部分所看到的，奥斯丁的规则理论太过单薄，而没有认识到这些类型的规则。我们现在可以看到，其结果是他的主权者理论也面临失败。

法律的可理解性

奥斯丁的主权者理论不仅不能解释主权者的某些基本特征，甚至也无法解释法律权威的主张和关于法律权威的思考的可理解性。

要说明这一点，让我们回到前面的这个看法，即社群的一些成员把法律看作是正当的。在奥斯丁的框架内，可否将人们顺从法律权威理解为是他们认为主权者有统治的权利并在此信念驱动下遵守法律？显然不可能。哈特指出，习惯不必然是规范性活动。一个人从事某些习惯性活动，却不必一定按照该惯例去行事。他不需要将该习惯视为一种行为标准，并努力去遵守它。实际上，他甚至无需意识到他有这样的习惯。他也无需因为没有按照这种习惯方式去行动而谴责自己。除了在一些不寻常的情境中，人们不会对自己说，“我今天本该多说几次‘嗯’这个词”。与之相对，那些服从主权者的人是以规范来指引他们的行为。他们认识到这些都是标准，指定某些人让他们具有特殊的地位，他们也认定这些标准具有正当性。对于他们来说，主权者不仅有强制要求服从的能力，也有这样做的法律**权利**。

我们可以用一个非法律的例子提出同样的论点。假设我的妻子让我的女儿去打扫她的房间。当我发现她没有照做，就训斥她说，“你应该打扫你的房间”。我并非是在遵守一个在家务上支持我妻子的非批判性习惯。相反，我是在表达对一个规范的信奉，这个规范使家长有权指使他们的未成年子女做一些事情。因而，如果我的女儿挑战我，让我解释我的批评的根据，我会说，“你应该打扫你的房间，**因为你的妈妈让你这样做**。”

与之类似，如果有一些人决定遵守法律，尽管这里似乎有不融贯之处，他们同时也必须相信赋予某些人的宣告和决定以特权的规则是存在的。像奥斯丁那样的主权者理论并不容许规范的存在和人们对它们的接受，因此无法使这些人思考他们的行动的方式让人可以理解。奥斯丁的理论所具有的这个后果，使它失去了成为一种合理的法律理论的资格。因为任何看重习惯和制裁多于规范的理论，不仅对一些公民的行动给出了有缺陷的解释，而且最重要的是，无法解释他们的想法的融贯性。它无法解释如下事实，他们认为主权者有统治的法律**权利**，行使这种权力可以产生法律**义务**，不服从在法律上是**错误的**，因违反法律而**有罪**的那些人应该基于犯法行为而受惩罚。

很显然，奥斯丁对可能性难题的解决方案比难题本身更有问题。习惯不能解释法律权威的基本特征，也即它的连续性、持续性和限制性。它也不能使法律思想可被理解。拒绝“蛋先原则”（即制定法律规范的权力必须始终由规范所授予）的解决方案看起来没有出路。主权者必须由规范来授权，否则它就不再是主权者。

奥斯丁试图遵守休谟法则的努力也无法取得成功。回想一下，奥斯丁试图把法律概念，以及嵌入其中的陈述和判断视为描述性的，以避免从是中推出应当。因为义务和权利的主张是描述性，而非规范性的，所以它们可以从关于服从的习惯和可能性的前提中推出来，这些前提也完全是描述性的。

然而，切断**义务**和**应当**这两个概念之间的关联的做法会带来严重的后果。因为要说明以纯粹描述性概念组合成的陈述，如何能以规范的方式被使用，即用来进行论证和评价，是很困难的。当我们告诉人们他们有义务做出某项行动的时候，我们是在陈述一个他们这样做的**理由**。同样地，我们因为人们违反义务而批评他们的时候，我们预设了他们应当以不同于此的方式行动。我们说他们“错误地”行为或“触犯”了一项“罪行”。如果存在规范概念，那么这些概念就是，借用哲学家塞拉斯（Wilfrid Sellars）的一个短语，它们“充斥着应当的气息”。〔27〕

诚然，我们通常不说我们在法律上应当做什么。但是这不能被当成是，**应当**这个概念在法律思想中不扮演任何角色。相反，它在法律语境中不太频繁的适用只是表明**应当**比**义务**要弱。谈论某人在法律上

---

〔27〕 Wilfrid Sellars, “Truth and ‘Correspondence’” 59 *Journal of Philosophy* 44 (1962).

应当做什么往往是误导人的，因为我们通常会做出我们所相信的最强硬的主张。我们不只是应当纳税——我们是有义务纳税！法律的一个突出特征是它不只是简单地来告诉我们**应该**做什么；毋宁是，它把告诉我们**必须**做什么的权力加诸己身。我们重点关注对义务的强硬陈述这个事实，不能使我们罔顾如下事实，即关于应当的弱陈述就其意义来说也是必然为真的。

如果我们想保持法律思想和法律话语的融贯性，那么我们就不能描述性地处理主权者和义务的法律概念，并把它们从应当的概念中分离出来。因此，奥斯丁针对可能性难题和休谟的挑战所提出的解决方案，肯定是失败了。

第四章 哈特与承认规则

关于规则的规则

让我们回到五岁孩童的游戏。成年人违反规则就会遭受罚款或监禁，但法律只包含这些规则吗？我希望到目前为止，为什么这样的一个描述是不完整的和误导人的，这一点已经清楚了。把法律只是当成以制裁之威胁为后盾的意志的表达的做法，表明了对它的社会功能的一种狭隘的观念。尽管有一些法律规则旨在为我们设置一些障碍，但其他规则同样也存在，其目的恰恰是为了移除这些障碍。授权性规则是帮助社群成员实现他们的规划和事业的工具。这些规则不是通过制裁的威胁来实施，相反，如果不能遵守这些规则，只是会导致一种不利后果，即得不到法律在一定条件下所给予的利益。

忽视授权性规则的存在不仅会曲解我们对于法律功能的理解。正如我们也已经看到的，授权性规则对于解释法律制度通常具有的那些正式特征来说是必要的。它们解释了法律如何能以非个人化和无意图的方式被制定出来；法律如何能适用于它们的立法者；法律权威如何能在时间上具有连续性；法律如何能比它们的立法者还要长久；以及主权者如何受到法律的限制。

或许我们所做的这个扼要说明的最大问题是，它把法律权威等同于惩罚不服从行为的物理性暴力。但是正如上一章最后所显明的，在这样一个单薄的框架下，法律思想和话语是不可理解的。有人有法律权利要求别人应该做什么，以及在他们不履行义务时可以惩罚他们，这个观念只有在存在法律规则授予这些权利、施加这些义务的时候才是有意义的。作为一个心理学问题，赤裸的强力和非批判性的习惯可能足以促使人们以某些方式行动；但它们不能产生权利和义务，因此也就不能提供恰当的法律基础。

这一章会检讨一种更为精致，当然就会更少孩子气的法律理论。根据哈特的著名主张，法律不只是由施加义务和授予权力的规则所构成，而且也是建立在这些规则的基础之上。特别是，哈特主张在每个法律体系的基础之中都存在着一个社会规则，来确立法律有效性的标准。这个宗师规则（master rule），哈特称之为“承认规则”，确定了在这个体系中哪些授权性规则和施加义务的规则是有效的。〔1〕

承认规则的假定是法律理论中的一个巨大的进步。我们将会看到，哈特的理论能够解释现代法律体系的很多普遍特征，而这些特征在奥斯丁的理论中是神秘的或无法想象的。它也通过证明法律概念和术语依其性质最终是如何建立在规则的基础之上，从而使得法律思想和话语可被理解。

然而，在哲学领域，答案通常会引发更多的问题。如果法律不只是由施加义务和授予权力的规则所构成，而且也包括关于这些规则的规则，那么可能性难题再次出现。让我们回想第二章中菲尔对雷克斯提出的异议。如果法律包含规定自身制定之方式的规则，那么这些规

〔1〕 CL 100.

则是如何被制定的？如果法律体系必须包含关于规则的规则，他们是否也必须包含关于规则之规则的那些规则？

在这一章，我们会看到哈特是如何回应这个难题的。简言之，哈特的策略是拒绝“鸡先原则”：尽管权威必须由规范来授予，但规范可以由缺乏制定规范之权威的那些人来制定。按照哈特的主张，社群只是通过参与到一种社会实践中，就能够创造出社会规则。因此，承认规则是由官员识别特定规则的聚合性和反思性行为所产生的，因为承认规则不是其他，正是官员之间的这种实践。

因为哈特关于社会规则的解释对于他证明法律权威的确可能是至关重要的，所以我们会在本章的后半部分检讨他的解释。我将会论证，哈特通过社会实践来识别社会规则的做法不仅是不正确的，也是令人困惑的。规则和实践占据在不同的形而上学领域，因此一方绝对无法化约为另一方。我们也无法通过弱化哈特的主张来拯救他的理论。一旦我们拒绝规则和实践的等同，我们就会看到哈特对可能性难题的解决方案就立马崩溃。

承认规则

在上一章，我们检讨了哈特对奥斯丁法律理论的重构，他把它重构为放大的强匪情境。根据这个理论，奥斯丁从强匪对其孤立的受害者的暂时强制力开始，逐渐地提高他的武力，直到这个强匪成为社群的主导力量。尽管它有着表面的吸引力，但我们看到了这个重构从一开始就出了问题。它的原罪在于把强匪概念化为原始的主权者（protosovereign），并把他对受害人所实施的强力概念化为权威关系的雏形。而与之相对，法律权利绝对无法等同于赤裸的强力，不管其范围或程度如何。任何权威性主张都必然要求主张者遵守一些规则，这些规则授予他们权利来要求人们的服从。

基于这个原因，哈特没有从强力或非反思性屈从开始来构建他自己的法律体系。相反，他从思考一个没有法律体系但遵守规则的社群开始。然后他考量了这个社群会出现的各种社会问题，以及引入一些额外的规则（其中包括承认规则）如何能够解决这些问题。这个出发点如何以及为什么重要，这个问题在我们进一步的探讨中会愈发清晰。

前法律世界的问题

要开始这个建构，哈特让我们想象一个前法律社会，比如在第二章中虚构的那个群体。尽管这样的一个社会没有法律体系，但它的成员遵守某些规则。哈特假定这些规则禁止滥用暴力、偷窃和欺诈，并要求成员参与一些服务，来为共同生活的维续做出贡献。

哈特进一步设想，在这个社群中，没有制定规则的制度性机制，存在的唯一规则是习惯性规则。〔2〕在这样一个社群中，在大多数成员对规则持有哈特所称的“内在视角（internal point of view）”的时候，这个规则就存在。换句话说，他们必须致力于根据规则而行动，并按照规则来对行为进行评价。因而，假如大多数人进入教堂要脱帽，一个社群就拥有了一个要求人们进入教堂要脱帽的习惯性规则，而那些不脱帽的人就会因此受到谴责（用诸如“你应该在教堂摘下你的帽子”或者“上个礼拜日我没有摘掉我的鸵鸟帽是错误的”的

---

〔2〕 CL 91. 关于哈特的社会规则理论，参见 54 – 57 和 86 – 88。对哈特理论所做的一个精彩描述，另参见 Raz，PRN 49 – 58。

陈述)。

哈特接着思考，如果在群体里面人们对于正确行为产生了疑问或分歧，会发生什么。想象一下，有些成员相信复仇杀人是允许的，然而其他人认为它们应被禁止。既然这个群体的规则所共通的唯一特征是群体的接受，那么成员就不能指向其他共同标志（一些权威性文本的碑刻，某些官员的宣告等），来解决这些争议。〔3〕

哈特主张，在因血缘结合并处于稳定环境的小型社群，这种规范的不确定状态不会有太大问题。〔4〕可以假定，在这样的社群中相对较少的疑问和分歧会出现，而它们一旦出现，就可以通过民意测验来确定现存习惯，或通过劝服、商议和协商相结合的方式来加以解决。然而，随着社群扩张和变得越来越多样化，或者当环境状况变得高度流动，不确定性就会激增，这些技术就会变得成本高昂或效率低下。考虑到争议解决的需求在这样的社群中一定会很大，所以这些疑问和分歧所产生的不安全感就会令人沮丧，甚至会带来严重后果。

规范的不确定性不只是这种社群面临的唯一问题，习惯规则也有一种“静态性格（static character）”，使得它们管理所有社群都会是一种有缺陷的工具，只有那些最小型的人类社群除外。〔5〕我们假定，突然出现了一种迫切需要，要求该社群以某种方式行动，比如说，因为干旱，他们需要提高每个家庭奉献给共同存储的粮食数量。最简单和最快捷的回应会是，社群的一些成员刻意地改变社群的规则，来修改什一税的要求。然而，在一个只是由习惯统治的社群，这个选项是

---

〔3〕 CL 92.

〔4〕 CL 92.

〔5〕 CL 92 – 93.

不能实现的。在这样的一个社群中，规则不会由意志改变：习惯性规则只会伴随着漫长的消长过程而发生变化。社群应对干旱的迫切需求很可能得不到满足。

最后，哈特思考了简单的习惯性规则体制的“无效率”。〔6〕假定有一个清晰的规则，规定了土地可以如何获得。比如说，立界标的第一个人是合法的所有权人，这是一个被接受的习惯。然而，当关于谁是第一个主张者出现实际争议的时候，会发生什么？既然这个体制不包含确定这些规则的满足或违反的机制，因此要解决谁实际上最先立界标的努力很可能会代价高昂，甚至会使情况变糟。

法律作为解决方案

哈特主张，法律体系的基础规则解决了前法律的习惯社会的各种缺陷。法律体系通过提供一个确定哪个规则有效的规则，解决了不确定性的问题。通过求助于这个关于规则的规则——哈特称之为“承认规则”——规范性问题就可以解决，而无需参与到协议、商谈和劝服中。〔7〕如果存在着疑问，比如报仇杀人是否是允许的，承认规则会把争议方向指向刻在村镇广场岩石上的的权威性规则清单，村落长老过去的宣告，其他村落的惯例等，来确定答案。

习惯性规范的静态性格可以通过哈特所称的“变更规则”来加以补救。〔8〕变更规则授权给个人或机构，使他们能制定、修改和废除规则，也可以具体规定行使权力的程序。既然变更规则授权特定个人或团体来修改规则，因此可以通过行使法律权力让行为朝既定的方

〔6〕 CL 93 – 94.
〔7〕 CL 94.
〔8〕 CL 95.

向改变。举例说，一个社群在面对干旱的时候，可以刻意地修改什一税规则，从而以迅捷的方式克服这种悲惨状况。

最后，无效率的问题可以通过哈特所称的“裁判规则”而得以解决。〔9〕这一种规则授权给某些人适用该规则，即决定在特定的场合下是否得到履行或被违反，并具体规定在裁判中应遵守的方法。在我们关于第一个立界标之人的例子中，被确定为权威的裁判者的个体有权决定谁最先对土地做出了主张，因而是合法的所有权人。

哈特的承认规则理论

现在我们能够以一种更为抽象的方式来陈述哈特的承认规则理论。根据哈特的主张，每个法律体系必然包含一个且只有一个为该体系执行有效性检验的规则。有效性的体系性检验具体规定了一些特征，一个规则若具备这些特征，在这个体系中就有约束力。任何规范如果具有承认规则中所列权威标志的一种，那么它就是**该体系的法律**，官员在执行公务的时候就应该认可它。

在确定法律有效性标准的过程中，承认规则也会具体规定法律渊源中的优先次序。比如在美国，承认规则要求联邦法优于州法，联邦宪法优于联邦法规，根据第五条做出的宪法修正案优于之前的宪法规定。〔10〕哈特把第五条中规定的那类检验标准称为“最高的”法律有效性标准，因为它们规定了那些不能被其他任何法律规则所推翻的法律规则（比如，未经修改的宪法条款）。〔11〕

承认规则最为显著的特征是它是一个**次级**规则，是一个关于其他

---

〔9〕 CL 97.

〔10〕 例如，参见美国宪法第五条和第六条第二款。

〔11〕 CL 106.

规则，即初级规则的规则。承认规则也是一个**社会**规则，它的“社会性”有两重意义。第一，承认规则之所以存在且拥有其内容，是因为，且只是因为特定的**社会事实**。〔12〕尤其是，它的存在和内容是由以下事实决定：社群成员对特定的行为规律性持内在视角，并用它来评估属于他们的权限范围内的规范的有效性。〔13〕第二，承认规则的社会性在于它提出了一种**社群范围**（group – wide）的标准。社群成员并非把承认规则视为一种特殊和个人化的规则，其他人不需要遵守，而是把它所提出的标准当作确定他们所在社群的法律的官方方式。〔14〕

承认规则也是一种**终极**规则。〔15〕它的终极性意义在于它不依赖于任何其他规则而存在。它的存在得到保障，只是因为人们的接受和实践。与之相对，法律体系的初级规则并不是终极的，因为它们依赖于承认规则而存在。承认规则确认其他规则，但自身不需要被确认。

最后，承认规则是**施加义务**的规则。它科予法律官员义务，要求他们适用具有某些特征的规则。举例说，英国的承认规则要求英国官员适用女王议会所颁布的规则。

尽管承认规则是施加义务的规则，哈特经常将它描述为仿佛是在一定管辖权范围内，一个规则是否有约束力的测准。举例说，他说英国的承认规则是：“女王议会所制定者即是法律。”〔16〕人们可能会疑

---

〔12〕 CL 110.

〔13〕 关于哈特的内在视角理论，参见 Scott J. Shapiro，“What Is the Internal Point of View?” 75 *Fordham Law Review*（2007）。

〔14〕 CL 115 – 116.

〔15〕 CL 107 – 108.

〔16〕 CL 107.

惑，为什么哈特将承认规则描述为法律效力的测准，而在现实中它是一个施加义务的规范。我相信问题的答案是，根据哈特，某个体系的法律包括所有该体系的法律参与者在他们的公务中有义务适用的规范。换句话说，承认规则确定了法律有效性的测准，从而为特定法律体系识别出一套法律规则，因为**某个法律体系的法律就是这一套法律规则，该体系的官员有义务适用它们，而承认规则确定了这种义务的内容**。〔17〕

对于哈特来说，承认规则必然指向官员，我们要牢记这一点。普通公民可以用它来确定社群中的法律是什么，在这个意义上，他们服从（follow）了承认规则。但是他们不是在遵守（comply with）它的意义上服从承认规则，因为严格来说，他们并不是它的受众。公民只有服从**初级**规则的义务；相反，官员有义务服从**次级**规则，即要求他们根据公民有义务服从的规则来对公民的行为进行评价的义务。

承认规则与美国宪法

既然承认规则是施加义务的规则，那么可以得出美国宪法的绝大部分文本并没有确立美国的承认规则。举例说，第一条第八款规定："国会有权力规定和征收直接税、间接税、进口税与货物税……"〔18〕这个规定构成了联邦变更规则的一部分，因为它授予国会权力，而非科予其义务。第五条和第七条也是变更规则的一部分，因为两个规定都授权给州立法机关和制宪会议来批准和修订宪法，并具体规定应遵循的程序。类似的，第三条的大部分最好被理解成联邦裁判规则一部

〔17〕 类似的一个解释，参见 Raz，AL 92。

〔18〕 美国宪法第一条第八款。

分，因为它授权给最高法院（以及国会可能设立的低一级的联邦法院）来判决一些案件，以及部分地规定法院在司法裁判中应遵循的方法。

的确，美国宪法文本中并没有条文明确地规定美国承认规则的施加义务的部分，至少在它涉及联邦法官、立法机关和行政分支的官员的部分是如此。[19]严格来说，第三条只**授权**法院判决根据宪法和联邦法而产生的案件，而并没有**命令**它们按照这些规则来判案。宪法文本中最接近于课予联邦法官的义务的是如下要求：所有联邦和州的官员都应宣誓支持宪法。[20]要求法官宣誓支持宪法跟要求他们支持宪法并不完全相同。然而，尽管文本中没有明确提到，但是法官负有这种支持宪法的义务，这是联邦宪法的一部分，因为官员持内在视角而接受这个命令。事实上，联邦官员在公务中适用联邦法律的义务是如此明显，以至于根本无需说明。

由此得知，美国宪法文本并没有给出美国法律体系的基础规则的完整描述。联邦法官、立法机关和行政分支官员的基本义务在文本中并未出现。实际上，现代法律实践的很多方面并没有任何的文本来源。比如说，美国政府的行政分支，所谓的第四分支，在宪法中并未提及。根据哈特模式，尽管没有任何文本依据，现代行政国家仍然是“合宪的”，因为官员从内在观点接受行政实践的正当性，并据此行动。

---

〔19〕 美国宪法第六条第二款的至上性条款给州法官施加了这样的一种义务。

〔20〕 美国宪法第六条第三款。

对次级规则的需求

在这一部分，我尝试解释为什么哈特承认规则的主张，以及更具一般性的次级规则，构成了法律理论的巨大突破。我们将会看到，他的思想简单且有力。他对法律体系进行了精妙的重新概念化，使之成为初级规则和次级规则的结合，这既克服了困扰奥斯丁理论的困难，也提供了一种前人对法律身份的描述中所缺失的批判成分，因此确立了一些术语，自此之后法律理论的所有研究都要在它们的基础上展开。

连续性、持续性、至上性、独立和成员身份

让我们回想一下，奥斯丁式的主权者是由服从的不对等习惯建立起来的。对于奥斯丁来说，主权者为大多数民众所习惯性地服从，而他习惯性地不服从任何其他人。然而，正如我们上一章看到的，服从的习惯不能解释法律主权者的很多特征。比如说，习惯不能确立法律权威的连续性。雷克斯一世的继任者，雷克斯二世，从他掌权的那一刻起就是主权者，尽管他还不是习惯性服从的对象。习惯也不能确立法律的“持续性”。雷克斯一世的法律在他死后仍然有法律效力，尽管死去的人不会再被人服从，更别说习惯性地了。

哈特相反却主张，主权者是由规则而非习惯所建立。〔21〕主权者之所以是主权者，是因为次级规则使他如此。根据这种方式，哈特能够解释法律权力的无缝衔接问题。雷克斯二世在雷克斯一世去世的时

---

〔21〕 CL 57 - 61.

候起就获得了立法权力，这是因为法律体系包含着一个变更规则，赋予雷克斯和他的合法继任者统治的权力，只要他们登上王位。这个解释也可以用上一章的术语来做出：变更规则通过设立**国王这个职务**，并在它的在位者获得该职位时授予他们权力，从而确立了法律权威的连续性。

法律的持续性以类似的方式得以保证。雷克斯一世的规则即使在他死后也是有效的，因为承认规则要求官员适用雷克斯和他的合法继任者所制定的且没有被撤销的所有规则。（换个说法是，承认规则要求官员适用国王制定的所有未被撤销的规则。）因为同样的次级规则在政权之间持续，法律权威及其制定的并且未被撤销的规则也会持续下去。

哈特也说明了次级规则如何解释主权者的至上性。根据奥斯丁的主张，雷克斯因为不对等的习惯性服从而具有至上性，与这个主张相反，哈特把原因归给了承认规则。根据这个进路，雷克斯是至上的，这是因为该体系的承认规则确定了法律有效性的至上标准，该标准要求官员赋予雷克斯的意志以特权，超越任何其他人。〔22〕

这个至上性的说明的关键优势在于，它不意味着主权者必然是“高于法律的”。〔23〕在宪法政制下，次级规则限制了主权者的至上权力。在美国，尽管美国人民是主权者，有权修改宪法，然而宪法通过以下两点限制了他们这样做的权力：使一些规定不得被改变（比如非经一州同意，不得剥夺该州在参议院的平等代表权）；规定了修正案要获得批准必须遵循的极为繁琐的程序（修正案应至少由两院议

〔22〕 CL 106.
〔23〕 同上。

员各以三分之二的多数或三分之二的州议会提出，并由四分之三的州议会或州修宪大会批准）。〔24〕依据这种方式，次级规则同时解释了主权者的至上性，以及它的法律限制性。

承认规则也能够解释法律体系的独立性。多种法律体系可以并存，是因为承认规则可以有不同的内容。雷克斯的法律体系区别于莱克斯的法律体系，因为雷克斯法律体系的承认规则认定雷克斯的颁布，而非莱克斯的，是有约束力的。

总体来说，承认规则决定了特定法律体系的成员资格或内容：S法律体系的承认规则只决定S国家的所有法律。〔25〕由此哈特解释了具有相同内容的法律如何属于不同的法律体系。举例来说，《纽约州反欺诈法》可能与《新泽西州反欺诈法》逐字逐句雷同，但一个属于纽约州的法律体系，另一个属于新泽西州的法律体系。哈特对这个现象的解释是很简单的：《纽约州反欺诈法》是纽约法律体系的法律，这是因为该法规是由纽约州议会制定的，因此符合纽约州承认规则的要求，而非遵守新泽西州的承认规则而制定。

类似地，哈特能够解释不同主权者所制定的法律，如何能够成为同一个法律体系的一部分。举例来说，2003 年爱国者法案与 1916 年联邦贸易委员会法案是同一个法律体系的一部分，这是因为它们都是由一个承认规则所确认生效的。奥斯丁的理论不能解释这个普通的法律事实，因为根据他的观点，两个规则只有在他们是**同一个**主权者所发布的情况下，才是同一个法律体系的一部分。

---

〔24〕 例如，参见美国宪法第五条。

〔25〕 CL 95，103.

反身性、自我限制、习惯和权力

奥斯丁的主权者理论不符合要求，不仅是因为它把法律权威的基础建立在习惯之上；它也面对过于强调法律规制的命令性质的问题。对于奥斯丁来说，所有的法律都是命令，而既然人不能对自己下命令，所以他不能解释法律如何可以反身地适用于它们的制定者，以及主权者如何在法律上受到限制。

相反，哈特没有主张所有的法律都是命令，因而能够解释它们的反身性质。既然哈特式的有效性并非来自于命令的事实，而是来自于承认规则的确认生效，那么一个规则没有理由不能适用于统治者。举例说，参议员们需要缴纳个人所得税，因为他们有效制定的规则对所有人的收入征税。那么一般来说，如果有下述情况，一个规则就可以适用于其制定者：承认规则使制定者所制定的规则生效，而该规则实际上要求、禁止、允许或授权……制定者做出某些行动。

正如我们在前一部分看到的，哈特提出主权者能够通过次级规则所规定的限制条件而受到限制，据此他也能够解释法律的自我限制问题。美国人民不能改变每个州的参议员数目，因为他们的承认规则并不认可试图提高或减少州参议员数目的宪法修正案。

命令理论在解释产生自法律主权者途径之外的规则——比如习惯规则——的有效性问题上，也面对困难。相反，哈特的有效性理论使他能够以直接的方式解释，法律规则如何在未被命令的情况而制定出来。在特定管辖权范围内，如果其承认规则要求官员使用某种类型的习惯性规范，那么该习惯有法律效力。

此外，因为哈特并不主张所有法律都是命令，他也能够为授权性规则的存在提供支持。我们已经看到，授权给遗嘱人去制定可被执行的遗嘱的规则，不能被合理地理解为命令。遗嘱人并不是“被命令”去通过遗嘱来处理他们的财产；如果他们没留遗嘱而去世，或者没有遵守正确的程序而使他们的行动在法律上无效，他们并没有任何错误。他们只是错过了以一种可欲的方式处理财产的机会。一种法律理论只有通过拓宽规则的范畴，从而把非命令式的规则包含进来，它才能解释清楚这些类型的法律，即不施加义务，而是授予制定、修改或撤销义务的权力的这些法律。

有效性

承认规则不仅是习惯性规则存在的原因，它也能解释所有初级规则的存在。要说明这一点，让我们最后一次回到哈特的前法律社会。正如我们看到的，它的所有规则都是习惯性的。在这种社群中，只有规则被人们以内在视角而接受和遵守，它才能存在。另一方面，法律体系能够且通常会包括一些本身没有被社群成员所实践的规则。比如在纽约市，乱穿马路是被禁止的，尽管几乎每个人都这么做。

根据哈特，初级规则如果被承认规则所确认生效，那么它就存在。因此，禁止乱穿马路的规则是存在的，因为它由纽约市的承认规则所确认生效，该承认规则要求法律官员遵从以某种方式而得以批准的规则。那么，对于哈特来说，承认规则确保了所有初级规则的存在。只要一个规则具有承认规则所确定的合法性特征，那么它就存在，并且有法律效力。实际上，哈特主张，**有效性**这个概念正是在这样的语境中被使用，即规则的存在并不依赖于它们被人们所实践。〔26〕说一

〔26〕 CL 108 – 110.

个规则是有效的，就是做出一个判断：它有约束力，是因为它通过了一些其他既定规则的检验，而不是因为它被其受众从内在视角所接受。因为这个原因，承认规则从来不是有效的——它是通过被人们所实践而存在。

因为承认规则是每个初级规则存在的最终原因，那么有效性链条追溯到它的时候，法律证立就完成了。当被问及为什么规范 n1 在法律上应被遵守，人们会指向另一个规范 n2，n2 要求人们遵守 n1。除非 n2 是承认规则，否则人们仍然可能反过来追问为什么它在法律上应得到遵守。然而，这样的追问在回答者提到该体系的承认规则的时候，就会戛然而止。一旦人们找到这个规范，他们就穷尽了法律推理；它们已经触及到了法律的基石。

诚然，人们也会问及关于承认规则的其他类型的问题。比如，有人或许会疑问，某个规范是否是承认规则。有人通过指向社会实践来回答这个问题。如果某个体系下的官员致力于遵守该规范所规定的有效性测准，那么它实际上就是这个体系的承认规则。另外，有人也可能会问，某个体系的承认规则是否在道德上是正当的，以及它是否应该得到遵守。要证实承认规则的道德正当性，人们显然必须指向社会实践之外的因素。

那么，从道德意义上来讲，承认规则不是自我证立的。承认规则的存在没有给与任何人服从它的道德理由。要证明服从它的道德义务，可以说人们必须“从外部”证立该规则，即运用法律之外的政治道德原则。然而，在法律意义上，承认规则是自我证立的。根据法律，官员应当遵守承认规则，是因为承认规则最终界定了法律是什么这个直接的原因。

法律作为初级规则和次级规则的结合

我们已经看到，哈特关于次级规则之存在的简单而又精致的假定，使他能够解释法律体系通常具有的很多正式特征（法律权威的连续性，法律规则的持续性，主权者的至上性和独立，法律的反身性，法律的自我限制，习惯性规则以及更为一般的初级规则的有效性……）。因此他能够克服困扰奥斯丁理论的很多问题。现在我想证明，承认规则、变更规则和裁判规则在回答法律的身份问题上也发挥着重要的作用。

回想一下，对法律身份的探究是要确认一些特性，具备这些特性使得法律体系区别于相似现象。根据哈特，次级规则的存在是一个区别性的合法性标记。尽管游戏、礼仪和公共道德都由初级规则所构成，但法律体系同时也包含**关于**初级规则的规则。根据哈特的名言，法律的本质乃在于它是“初级规则和次级规则的结合”。〔27〕

哈特把法律概括为初级规则和次级规则的“结合”，他意在强调合法性的**系统性**。在一个法律体系中，每一个初级规则都与每个其他规则联系起来，这是因为它们具有从承认规则而来的共享的有效性。在这一点上，让我们比较一下法律跟礼仪规则。因为礼仪只包括那些社群成员所接受的礼貌规范，因此没有一个规则可能成为其他所有规则的存在的原因。因此，礼仪规则之间不是系统性地互相关联的；它们只是形成了一套互相分别的标准。相反，法律体系是**系统**：任何初级规则的存在始终都能追溯到一个共同的有效性来源。

尽管哈特认为系统性特征把法律跟相关现象区别开来，但他没有

---

〔27〕 这个短语是《法律的概念》第五章的标题。

走得太远，以至于主张就这一点而言法律是独一无二的。因为很明显，其他的规范性体系也是既包括初级规则又包括次级规则。举例来说，公司中有关于谁有资格改变公司规则的规则，以及关于公司主管在工作时必须认可哪些规则的规则。因此公司章程同法律规则一样，也是系统性地互相关联的，然而公司不是法律体系。充其量，次级规则的存在只提供了身份问题的部分答案。它构成了法律的“本质”，只不过是用这个术语的普通含义而已，即它的大意，而非我们前面所使用的技术和哲学意义，也就是说，使客体是其所是而非其他事物所应具备的一系列完整特性。

要注意，哈特拒绝奥斯丁和凯尔森将制裁作为法律的本质的思想。哈特当然承认，使用制裁来实施法律命令是既有法律机构的一个非常重要的事实。然而，他坚持认为即使官员未被授权去惩罚违法行为，法律仍然是法律，因为一个非制裁性规则也仍然代表行为标准，并据此可以指引人的行为。实际上，哈特主张一个政权即使没有执行法律的机构，也仍然拥有一个法律制度。相反，一个社群中如果没有人有权权威性地决定成员是否遵守了规则，那么这就不是一个法律社群。

因为哈特降低了制裁在定义法律上的重要性，他就没有重蹈前辈们的覆辙。他没有被迫去把无效作为制裁，把授权性规则描述为施加义务的规则的片段，或者去主张主权者必然要高于法律。哈特也没有被迫去采取一种关于人类动机的受限观念。他理解人们有很多不同的服从法律的理由，其中一个理由是对法律机构的持续尊重。诚然，一个法律体系只有在它的规则得到普遍遵守的时候才存在。但并非每个服从规则的人都只是基于惩罚的恐惧而这样做；很多人，尤其是在稳定政权下的人们通常所做的，是从内在视角对待法律，即把它视为课予他们遵守之义务的正当行为标准。

的确，哈特主张除非官员以内在视角对待次级规则，否则法律体系就不存在。尽管大多数民众无论基于何种原因都必须**服从**初级规则，但承认规则、变更规则和裁判规则只有在它们被法律参与者接受为正当行为标准的时候才是存在的。那么，根据哈特，我们可以说对于一个社群 G，如果有下述情况，那么法律体系就是存在的：(1) G 的民众服从初级规则**以及**(2) G 的官员从内在视角接受次级规则，并在大多数情况下遵守它们。[28]因此，雷克斯是主权者，并不只是因为他为大多数民众所服从，而是因为他也被他政权下的官员认定为有统治的权利。

可被理解的化约

哈特把法律描述为初级规则和次级规则的结合，不仅提供了一个区分法律体系和其他规范性现象的直观标准，也以一种非循环的方式实现了这一点，正如建构主义者的策略所展示的那样。让我们回想一下，在哈特建构法律体系的第一步，前法律社会遵循着简单的施加义务的规则。根据哈特，施加义务的规则是施加义务的社会规则；反过来，社会规则是由社群从内在视角所接受和实践的行为规律性。那么，要理解施加义务的规则，人们只需要理解四个基本概念：**社群**、**行为规律性**、**义务**和**内在视角**。很明显的是，这些概念没有一个是法律所独有的——每个概念都是在法律以外出现的。

在哈特建构的第二步，承认规则被创造出来，以解决社群中关于施加义务的规则的内容和范围的问题。既然承认规则自身是一个施加

---

〔28〕 CL 113 - 117.

义务的规则，那么，在不使用任何独特的法律概念的情况下理解它是可能的。在最后两步中，变更规则和裁判规则形成，以解决社会规则的静态和无效性的问题。既然这些次级规则是授予权力的，并且权力可以被人们以义务的术语而理解（笼统地说，即被理解成创造、改变和废除义务的能力），哈特展示了如何用非法律的概念来生成一个法律体系。

有人可能会质疑哈特的建构是否真正是化约的，因为它窃用了**官员**这个概念。毕竟，从内在视角接受次级规则的社群是由该体系的官员所构成的。并且，人们可能会认为，官员这个概念是一个法律所独有的概念。

然而，基于两个原因，这个异议不能成立。第一，官员这个概念不是法律特色的，因为它在非法律语境下经常出现。比如说，系主任就是大学官员；同样，裁判是比赛的官员。第二，使官员成为官员的是这个事实，创造官员所处之职位的规则把在位者认定为具有某些权力。因此，一旦我们理解了变更规则和裁判规则的概念——我们已经看到，这些概念可被化约为非法律概念——我们就能够理解法律官员这个观念。

理解了哈特理论的化约性质之后，让我们简要地把它跟奥斯丁的尝试做一下比较。我们在上一章已经看到，奥斯丁通过把合法性化约为意志、表达、不利后果、习惯和服从等概念，从而能够提出一种非循环的法律理论。我们也看到，这种化约的问题在于，它使法律思想和话语变得不融贯。义务的概念若没有规则的概念支持，就毫无意义，更别说法律义务了。说人们有纳税的义务，从逻辑上讲就隐含着一个标准的存在，这个标准把纳税确定为应当完成的行动。类似地，法律权威若没有规则的概念支持，也是不可理解的，这种规则识别出一个人的言语或决定，并使之优先于其他人的言语或决定。

因此，对于奥斯丁来说，在强匪的暴力的基础上开始他的建构，这是一个错误。哈特展示出，从社会规则出发会远胜一筹。根据这个理论，合法性的萌芽就在于社群致力于遵守一种所有人都要遵从的行为标准。在社会规则指涉其他规则的时候，法律就会出现。从这个简单的思想出发，法律所独有的那些概念就可以被理解了。

实践理论

在上一部分，我们看到在哈特的法律理论中次级规则的许多功能。它们解决了在一个社群中哪些规则是义务性的这个不确定的问题，使得法律成为灵活而又有效率的规范机制，并解释了所有法律体系都具有的很多正式特征。次级规则在很大程度上也能解释合法性的身份、可理解性和化约性问题。

然而，正是在这里，可能性难题开始抬头。如果次级规则必须存在，那么又是什么导致了**它们的**存在？必须有第三种规则使它们生效，从而它们反过来再使初级规则生效吗？

哈特对后面一个问题的答案是“不是”。一个法律体系的次级规则是社会规则，而社会规则是由社群成员的接受和实践而产生出来的。正如次级规则不需要为了前法律社会的社会规则的存在而存在——比如说，人们只需要接受在教堂脱帽是合宜的并据此行动，从而就能创造出脱帽的习惯性规则——那样，第三种规则也不需要为了使承认规则、变更规则和裁判规则生效而存在。

然而，人们肯定会反对说，哈特不仅没有消除这个谜题，反而把它放大了。我们关于承认规则的问题同样可以适用于所有社会规则。脱帽规则如何通过被人们接受和实践就可以产生？这看起来像是变戏法。

哈特通过把社会规则化约为社会实践，来为它们的产生祛魅。换句话说，社会实践产生规则，因为这些规则**只不过是**实践而已。因此，当人们持内在视角对待脱帽这种行为，从而在教堂规律性地脱帽的时候，这种行为规律性本身就是一个规则。与之类似，认可莱克斯的命令的实践产生了承认规则，因为承认规则只不过是这种认可的实践。让我们称之为“实践理论”。〔29〕

实践理论使哈特能够通过拒绝“鸡先原则”而解决可能性难题。要创造出一个社会规则，参与方无需成为权威；相反，他们只需要参与到社会实践之中。因为根据实践理论，社会规则只是社会实践。通过拒绝“鸡先原则”，哈特终止了无限倒退：尽管法律权威必须始终由规范授予，但法律规范可以无需法律权威而产生。

我们还要注意，哈特解决可能性难题的方案是实证主义式的。法律权威的存在不需要依赖于主张权力之主体的道德正当性。纳粹拥有法律，因为纳粹官员参与到认可国家社会主义政权的宣告和决定的实践之中。因而实践理论使哈特能够证明法律事实如何能够最终只由社会事实决定。

内在视角

哈特解决可能性难题的方案在某种意义上跟奥斯丁的方案类似：这两个实证主义者都把法律的基础完全建立在社群的行为规律性之上。对于奥斯丁来说，这种规律性是服从的社会习惯，而对于哈特来

〔29〕 哈特把社会规则化约为社会实践的做法最明显地体现在他的这个主张中：表明承认规则之存在的陈述只是“外在”陈述，即关于一种实践之存在的描述性陈述。参见 CL 110。对这个化约的一个更清晰的表达，参见哈特在他的后记中对实践理论的描述，CL 255。

说，它是规则认可的社会实践。

然而，他们的方案在一个关键点上出现分歧。根据奥斯丁的理论，服从的习惯不需要由社群一方对这种规律性的忠诚所激发。社群中的每个成员需要服从，只是因为他们认为每种服从行为在个人利益上的意义比不服从要好。换句话说，他们不需要通过服从任何**一般性规则**，来达到法律应当被服从的效果。相反，根据哈特的理论，法律官员必须由对一般行为标准的忠诚所激励。他们必须遵守，因为他们认定遵守法律是恰当的，而不考虑不遵守可能带来的制裁。只有在参与者采取这种内在视角的时候，行为规律性才能被转化成社会实践，从而成为社会规则。

然而，我们必须小心，不要把内在视角同**道德**视角相混淆。根据哈特，人们可以基于任何种类的理由而接受一个**规则**，甚至于包括非道德理由。法官接受承认规则，可能是因为这符合他的长期个人利益。他可能想发展他的政治事业，或只是为了谋生。换句话说，这个法官无需相信该政制的道德正当性，从而致力于适用那些被他的法官同行所适用的规则。关键一点是，该法官把承认规则当作一个规则，即一个一般性行为标准，这个标准禁止他脱离它的限制，无论是基于在特定情形下他的个人利益，还是任何其他什么理由。内在视角是**接受规则**的态度，它阻止其受众再进行权宜性的、就事论事的分析。

我们不难看出为什么哈特选择内在视角这个极为宽泛的观念。因为在每个法律体系中至少有一些官员是疏离于（alienated from）他们的工作的，这看起来不仅是可能的，而且是极为可能的。这些官员会宣告法律上的正确与过错，尽管他们会认为从道德视角来看，公民完全没有理由在意他们的宣告。一种主张法官应基于道德理由来接受基本法律规则的理论是不现实的——因为它会假定法律官员必然真诚地相信这些道德理由，而实际上他们通常夹带着他们个人的理由参与到社会实践之中。〔30〕

因此，要创造一个哈特式的法律体系，所需要的心理学复杂性要远超过创造奥斯丁式的法律体系。要习惯性地服从另一个人，只需要确实地按照个人短期利益而行动的能力。家庭宠物毫无疑问也能做出这些反应。相反，参与到社会实践之中，却需要一种信守一般行为标准、将之适用于具体情形并遵守它的心理学能力——即使是在这样做会违背自身个人利益的时候。参与到法律实践之中则更为繁复：它要求一种更深层的信守、适用和遵循一种规则的能力——该规则要求其他规则也适用到被适用者身上。按照狗和猫那样的理解力，说它们具备这些高超的心理学技艺，则十分令人怀疑。

法律事实和法律判断

我们已经看到，哈特解决可能性难题的方案是一个严格意义的实证主义方案。根据他的观点，法律体系必然建立在社会实践，而绝非

---

〔30〕约瑟夫·拉兹主张，这个内在视角的缩水观念，使得疏离于工作的官员的接受变得不可理解，因为自我利益是接受承认规则的一种错误的理由。一个非法律领域的例子可以帮助证明这个观点。我的自我利益为我应当做家庭作业这个判断提供辩护，但它不能为我说你应当做家庭作业这个判断辩护——只有你的自我利益能做到这一点。我的自我利益只给予我自己行动的理由，**即使**我相信你也应当做你的作业。任何这类的公开宣称都是不真诚的。现在思考法律的例子。我们已经说了，承认规则对法官施加适用初级规则的义务。因此，对承认规则的接受就促使法官承诺接受初级规则。但初级规则规定了其他人应当做什么。因此，接受承认规则，就促使法官承诺接受其他人应该按照初级规则所要求的那样去行动。如果是这样，那么法官的自我利益就是接受承认规则的错误理由，因为它不能为接受要求其他人以某种方式行动的规范提供辩护。因此，接受承认规则，就类似于接受其他人应当做家庭作业；只有非自利的理由能为真诚地接受这类规范提供辩护。拉兹的讨论，参见“Hart on Moral Rights and Legal Duties,” 4 *Oxford Journal of Legal Studies* 129－131（1984）。

道德原则的基础上。因此，他的理论必须克服所有实证主义法律理论都面对的问题，即休谟的挑战。关于法律权利和义务的规范性判断，是如何能从关于社会实践的纯粹描述性判断中得出的？

令人好奇的是，这个问题对于哈特的法理学工程的成功具有核心意义，而他却没有公开地探讨这个问题。在他所有的作品中，他从未明确地解释他的实证主义理论如何能与休谟法则兼容。当然，这不是说，他忽视了或无视这个问题；实际上，我认为他全然意识到这个挑战，并自觉地构建一种关于规范性判断和陈述的新颖理论来回应这个挑战。

如果对他为什么没有正面回应这个问题有一个解释，那么很可能是，他的思想是如此具有革命性，以至于他缺少解释它们的术语和技术。对这个理论的全面探讨要等到"元伦理学"这个哲学领域的发展之后。在接下来的讨论中，我会运用这些发展中的一部分来对他的规范性判断和陈述理论做一个解释，并说明这个解释如何能够使他应对休谟的挑战。〔31〕

理论参与和实践参与

休谟对哈特的法律理论的挑战可以表达为如下内容。根据哈特的理论，承认规则由社会实践构成。因此，认可承认规则是存在的，就是形成一个关于描述性事实之存在的一个描述性判断。既然承认规则使初级规则生效，而后者授予权利或施加义务，那么承认规则是存在

---

〔31〕 在接下来的讨论中，我在很大程度上受益于艾伦·吉伯德（Allen Gibbard）对 G. E. Moore 的自然主义谬误的重新诠释。参见 Allan Gibbard, *Thinking How to Live* 21 – 37 (Cambridge, MA: Harvard University Press, 2003)。吉伯德对属性和概念，而非事实和判断做出了区分，尽管我依赖的是后一种区分，因为我认为这个区分与哈特如何表达他的主张更有相关性。但我需要说明，尽管我借鉴了吉伯德的作品，但我并非主张他认可或者会认可我对哈特的法律理论的诠释。

的这个判断，就许可人们做出关于有效法律规则、法律权利和法律义务之存在的判断。但是既然后者是规范性判断，那么哈特的理论就允许人们从纯粹描述性判断中推出规范性判断。法律推理就认可了 Dino 模式，而这明显违反了休谟法则。

哈特的洞见是意识到描述性事实不只局限在成为描述性判断的客体；相反，它们也可以是规范性判断的客体。要说明这一点，让我们考虑一下针刺之痛。针刺导致疼痛是一个关于世界的常见描述事实。因此，人们可以做出一个关于针刺的因果效应的判断，即他们引起疼痛。然而，人们也可以把针刺之痛视为**应该被避免的东西**。也就是说，通过在慎思中赋予这个描述性事实一定的分量，人们可以切实可行地根据这个事实调整自身。

在哈特看来，认为这个世界上存在以下两种事实是错误的：针刺引起疼痛的描述性事实，以及针刺应当被避免的规范性事实。此处只有一个事实：描述性事实。然而，人们可以通过两种方式来处理这个事实。人们可以通过理解它的存在，从而“在理论上”处理它。这一理论导向是一种描述性或科学性导向；它产生了反映这个世界的本来面貌的描述性判断。或者，人们可以通过致力于以特定的方式对待这一事实，从而“以实践的方式”处理它。这种实践参与产生了规范性判断，即在人们关于做什么的慎思中，把世界的描述性状态赋予一定分量的承诺。

根据这个观点，规范性判断并非把规范性事实作为它们的客体；实际上，根据哈特的主张，根本就没有规范性事实。因此，针刺是不好的这个判断，并非意在代表针刺是不好的这个规范性事实。相反，它只不过是一种实践承诺，在个人慎思中赋予对针刺的避免以重要的分量。类似地，规范性陈述并非意在代表规范性事实（与描述性陈述不同，描述性陈述意在代表描述性事实）。相反，规范性陈述的功能是表达人们对规范性事实的实践参与。说针刺是“不好的”以及人们有“理由”避免它，就是表明人们致力于避免针刺。

按照当前的用法，让我们把哈特这样的理论称为“表达主义”理论。这个标签反映了如下思想，即规范性术语的功能是表达性的，而非代表性的；它表达了思想的状态，而不是代表了世界的状态。因此，关于义务和权利的主张表达了内在视角，即人们对社会规则所持有的规范性的承诺态度（normative attitude of commitment）。[32]比如，当有人主张人们有义务遵守许诺，他就是在表达他对遵守许诺的社会规则的恪守（commitment），而非主张要求人们遵守许诺的规范性事实的存在。

“以法律的方式”参与法律

现在思考一下承认规则。它的存在是一个描述性事实。因此，根据哈特的观点，可能有两种方式来处理这个事实。社会科学家以一种理论方式处理承认规则，形成关于这个社会实践之存在的描述性判断。哈特把这种判断的结果称为“外在陈述”，因为它们反映了外在观察者的视角，这些人只满足于记录行为和态度的规律性。“在英国，他们接受君临国会所通过者为法律”，这是一个外在陈述，因为

〔32〕 严格来说，根据哈特的主张，当一个人把一个规则描述为施加了一项义务，他就表达了几种不同的态度，即这样的信念：该规则（1）通常得到严重的社会压力的支持；（2）一般被认为是重要的；（3）一般被认为要求人们做出牺牲。此外，说“你有义务做A”，就是表达了这些信念，也表达了对一个社会规则的接受，以及“A 为该规则所要求”这个判断。

它报告了一种社会实践的存在。

然而，我们也可以以一种实践的方式来处理这个社会事实。也就是说，人们可以以内在视角看待这种实践，并把这种行为模式作为指引和评价行为的标准。一旦人们形成关于遵守承认规则的正当性的规范性判断，他们就可以进一步得到关于法律有效性、权利和义务的规范性判断。哈特把这些判断的表达（比如，“法律如此规定……或“X 负有……的法律义务”）称为“内在陈述”，因为它们表明了内在视角。〔33〕

因此，要理解哈特的法律理论，我们必须清楚地作出区分，法律事实是一方面，法律判断和陈述是另一方面。在哈特看来，法律事实只不过是关于社会的描述性事实，即关于人们在特定环境中思考、谈论和从事某些事情的事实。但这并不意味着法律判断和陈述就是描述性判断和陈述，从理论视角代表和报告了这些描述性事实的存在。相反，它们是规范性的——它们由关于这些社会事实的一种实践导向（practical orientation）所构成，并表达了这种导向。因此，说在美国人们负有义务缴纳联邦个人所得税，并不是描述了关于国会、联邦法院或国税局的运作。它们毋宁是一种内在陈述，表达了对于某个规则的恪守，这个规则把这些官方行动视为指引和评价行为的标准。

根据对哈特理论的这个解释，休谟的挑战是以一个错误的假定为前提，即在对待描述性事实的问题上人们只能形成一种态度。换句话说，它假定，既然法律事实是社会事实，那么人们只能理论性地和描述性地对待它们。如果这个假定是对的，考虑到法律判断包含规范性内容，正如我们在对奥斯丁对休谟挑战的回应所做的批评中所看到的，那么，

---

〔33〕 对于哈特内在法律陈述的主张所做的类似的“表达主义者”诠释，可参见 Kevin Toh, “Hart's Expressivism and His Benthamite Project,” 11 *Legal Theory*, 75 (2005)。

法律判断如何能从纯粹描述性态度中得出这个问题，确实很神秘。

然而，根据哈特的观点，人们不只是能认识到一种社会实践的存在，也可以对它持有内在视角。举例来说，在英国，以实践的方式回应承认规则的人会形成规范性判断，表述如下："君临国会所通过者即为法律。"其他规范性判断可以从这个规范性判断中推导出来（比如这样表达的判断，"英国法这样如此规定……"）。

因此，法律推理并不遵循恼人不休的 Dino 模式。要发现法律的内容，人们必须开始从实践的维度处理社会事实和形成规范性判断。因为法律推理者是从规范性判断开始，他就能以规范性判断而结束。另一方面，社会科学家自己无法解决法律是什么的问题，因为他不能以实践导向对待他所观察到的社会实践。他的理论推理遵循着 Dino 模式，而非 Nino 模式。如果不接受承认规则，他就只能做出描述这个世界的判断，而不能表达一种把它的各种特性作为行动理由的承诺。

法律概念与道德概念

人们可能会认为，哈特解决休谟挑战的方案会给实证主义者带来一个严重问题：如果法律判断是规范性的，那么，承认法律权威和义务，却否认其相应的道德权威和义务，这是如何可能的？几个世纪以来，实证主义者一直主张法律的存在是一回事，它的道德好坏则完全是另一回事。〔34〕但看起来似乎是，哈特的主张是以这种方式理解法律判断，即如果拒绝做出相应的道德判断，人们就无法确定这些判断。

哈特解决这个问题的方式很简单：尽管他认为法律概念，如权威

〔34〕 CL 210 - 211.

和义务，是规范性概念，但他不认为它们是**道德**概念。因此，根据这个观点，要做出判断说人们有纳税的法律义务，并非是做出人们有这样做的道德义务的判断。实际上，人们可以认为，人们有纳税的法律义务，但可以前后一致地否认他们有服从的理由。因此，通过把法律概念同道德概念区分开来，哈特认为他能够解释如下问题的融贯性：确定法律义务的存在，但否认相应的服从的道德义务。

但是，如果法律判断是规范性的、非道德性的判断，那么它们究竟是什么？在哈特看来，做出某人有做某项行动的法律义务的判断，就是做出判断说，要求和强制实施这一行动是合适的。〔35〕换句话说，当一个法官主张被告有法律义务来赔偿原告，他说的不是被告的行动理由；相反，他说的是自己的行动理由。他所主张的乃是，**他**可以要求被告服从，并在必要的时候强制实施。

那么，根据哈特的观点，“义务”这个术语在道德语境和法律语境中有不同的含义。如果 X 在道德上有义务做 A，那么可以得出 X 应当做 A。但是如果 X 在法律上有义务做 A，并不能得出 X 应当做 A，或者甚至说 X 没有理由做 A。它只是意味着某个法律官员被授权去要求 X 做 A，或者在 X 不愿意服从的时候强制实施。

规则和实践

阐明了哈特解决这个法理学难题的方案之后，我现在想对它们的说服力进行评估。正如我们在第二章所评论的那样，这个评估作为哲

〔35〕 例如，参见 Hart, *Essays on Bentham* 159 - 160 (Oxford: Oxford University Press, 1982)。

学问题和实践问题，是至关重要的。因为如果哈特是正确的，社会实践解释了法律体系是如何可能的，那么法律推理必须能够始终都追溯至社会性的承认规则。关于谁拥有权威以及拥有何种权威、个人拥有什么权利、哪个法律文本是权威性的以及解释它们的恰当方法的争论，最终必须通过参照官方实践的社会学事实才能最终得以解决。只是指出某某是有道德正当性的权威，人们有不可让渡的权利，某些文本是神圣的，或者某种解释方法论从公共政策的角度来看能产生最好的结果等，是远远不够的。因为根据哈特的理论，在决定特定管辖权范围内法律有效性的最终标准这个问题上，道德事实是完全无关的。

在这一部分，我们会探讨哈特所提出的解决可能性难题的方案。通过把社会规则化约为社会实践，是否能够像实践理论所主张的那样终结无限倒退的问题?

范畴错误

哈特解决可能性难题的方案，正如我们已经看到的，依赖于实践理论的说服力。如果社会规则可被化约为社会实践，那么社会规则就是终极规范，它们的创设不需要预设权威的先前实践。相反，如果社会规则是社会实践之外的事物，那么哈特拒绝“鸡先原则”就失去了正当理由，因此也就未能终止无限倒退。

不幸的是，实践理论从根本上说是没有说服力的，因为它犯了哲学家所称的“范畴错误”。[36]社会规则不能被化约为社会实践，因为规则和实践属于不同的形而上学范畴。规则是**抽象的客体**。它们像游戏、数字、阴谋、命题和概念一样——它们是思想的客体，而非存在

〔36〕 Gilbert Ryle, *The Concept of Mind* (Chicago: University of Chicago Press, 2002).

于时空之中的实体。你不能看到、听到或踢打一个规则；一个“禁止吸烟”的标志是一个不准吸烟的规则的外显，而非这个规则本身（这很像“7”这个数形，代表而非等同于数字7）。另一方面，实践是**具体的事件**。他们在自然世界中发生，并与其他物质事件因果关联。

因为规则是抽象的客体，所以它们有着潜在无限的领域。脱帽规则有着如下逻辑形式：“对于所有客体O，地点P，时间t，如果O是一位男士，P是教堂，O在t时间位于P，那么O在t时间应当脱掉帽子。”因此，这个规则管理着所有时间内全宇宙中的所有客体。而另一方面，实践是有限的活动。它们只是过去发生的单一事件的复杂结合，这些事件涉及特定环境下的相关行动。

因为规则和实践是不同种类的事物，一种就不能化约为另一种（这很类似抽象的数字7不能等同于具体的数形7或者7个苹果）。实际上，我们讨论实践和规则的方式也确认了这个区分。我们说实践**例证和体现了规则，符合规则，由规则所构成，是规则的基础**。这强烈地表明规则是指引行为的标准，而非行为本身。

在这一点上，哈特或许想弱化他的主张。他可能会承认社会规则从字面上讲并非是社会实践，但他仍然坚持社会规则排他性地由社会实践所决定。正如有些哲学家（通常被称为“非化约的物质主义者”）否认大脑和思想是同一的，但主张大脑必然产生思想，哈特可能也会承认社会规则不能被化约为社会实践，但主张社会实践必然在它们之后产生社会规则。

实践理论的这个版本的问题在于，它认为存在的这种形而上学关联并非是水到渠成：社会实践并不必然产生社会规则。举例来说，在棒球运动中，当短打被怀疑的时候，三垒手通常要退回本垒。此外，如果他们未能成功地靠近（draw near），他们就会因此而受到批评。换句话说，靠近是哈特式的社会实践。然而，没有一个规则**要求**三垒手在短打被怀疑的时候靠近。我们可以把这个实践跟三击出局进行对比，后者是一种受规则管理的活动。〔37〕

实际上，很多（即使不是大多数）社会实践都不能产生社会规则。比如说，在美国的职业阶层，现在人们普遍接受不应当吸烟，即使这不会影响到其他人。吸烟者经常受到不吸烟者的批评。他们说，吸烟是“愚蠢的”，是一个“恶习”，树立了不好的“榜样”。此外，这些非吸烟者不会因为他们的批判而受到其他非吸烟者的批评。然而，没有一个社会规则对吸烟行为或者连同吸烟者在内加以反对。社群成员只是相信有充分的理由不去吸烟，这些理由独立于这种实践而存在，并且这种实践应该促进这些理由的实现。与之类似，没有社会规则对如下行为作出规定，尽管几乎每个人都从内在视角接受这些实践：储蓄以备养老，熟人之间打招呼，车主在晚上锁好车，人们梳理自己的头发。

既然社会实践必然产生社会规则这个观点是错误的，那么哈特解决可能性难题的方案就失败了。我们看到，他的解决方案从本质上说依赖于这个思想，官员之间的认可规则的社会实践（social practice of recognition）足以产生法律体系的基础规则。不需要先前权威的存在来制定这些规则；社群能够通过从内在视角参与到这种实践中而产生这些规则。然而事实是，很多实践不能产生这种结果。因此，哈特不能简单地假定，在每个法律体系中，只是因为官员规律性地参与到规则认可的实践中，社会规则就会产生出来。

---

〔37〕 这一段中对哈特的批评最初由杰弗里·沃诺克（Geoffrey Warnock）所提出。参见 G. J. Warnock, *The Object of Morality* (London: Methuen & Co. Ltd., 1971), 61–65.

在这一点上，哈特可以再进一步地弱化他的实践理论。他可以承认，尽管社会实践并不必然产生社会规则，但是社会实践的一类子集是可以的。我们把这种特殊的实践称为“实践 * ”。通过主张官员认可规则的实践是一种社会实践 * ，因而就产生了承认规则，可能性难题就可以得到解决。

我不怀疑实践理论的这个缩水版本是正确的。我们在下一部分会看到，有一些社会实践的确产生社会规则。但不幸的是，这个弱化的版本不足以解决可能性难题，因为我们不知道哪些实践是实践 * ，我们也无法知道规则认可的社会实践是否是这类实践的一种。当然，自然法学家会主张，这些行为规律性无异于三垒手为短打而接近的行为，即不能产生规则的实践。根据这种观点，官员规律性地认可他们所遵守的这些规则，是因为他们认为道德规则要求他们做出这种行动，并且他们从内在视角接受**那些**规则。因为哈特没能排除这种可能性，所以还不能说他解决了可能性难题。

合作惯习

我们已经看到，实践理论无助于解决可能性难题，因为社会实践并不必然产生社会规则。尽管有一些实践可能会产生规则，但并非每种实践都是这样。

这些考虑引导了后期法律实证主义者去探求必然产生社会规则的那部分社会实践——我们称为“实践 * ”的那些实践。这种策略的目标是要证明，在每个法律体系中，规则认可的社会实践是一种“实践 * ”。如果这种证明能够成功，那么可能性难题就可以解决。因为官员的聚合行为的存在能够产生倒退终结者（regress-stopper），即确认体系内其他规则之效力的终极社会规则。

以这种方式修正实践理论的最有前景的尝试是，主张法律体系的基础规则是由哲学家和博弈论者所称的“合作惯习（coordination conventions）”产生的——它们是，如果你愿意这么称呼，法律实践的“道路规则”。〔38〕它们的功能是协调官员的行为，从而使每个人都遵从同一组权威。因为合作惯习纯粹是由社会事实构成，并且必然产生社会规则，他们的观点是，合作惯习可以作为每个法律体系的实证主义式基础。在这一部分，我们会探讨这个策略是否可用来挽救哈特解决可能性难题的基于实践的方案。

合作难题

我们将要探讨的实证主义策略从这个观察开始：法律权威所承担的最重要的功能之一是解决反复出现的（recurring）合作难题。合作难题是这样一种情境，在其中每个相关个体都完全地希望每个人都以一种一致的方式行动。〔39〕反复出现的合作难题指的是这样一种重复的情境，在其中每个事件都会带来合作难题。

比如说，在所有其他汽车驾驶员都往相同的方向驾驶的时候，驾

---

〔38〕 例如，参见 Gerald J. Postema，“Coordination and Convention at the Foundation of Law，” 11 *Journal of Legal Studies*（1982）；Jules Coleman，“Negative and Positive Positivism” in *Markets，Morals and the Law*（Cambridge：Cambridge University Press，1988）。

〔39〕 更具体地说，在两项条件得到满足的时候，一个合作难题就存在。第一，参与者的利益必须在很大程度上是一致的。第二，必须至少存在两种恰当的合作均衡（coordination equilibria）。对于选项组合（combination of choices）S，如果在除了一个人之外的每个人都选择 S 的情形中，每个人都完全地期待每个人在这个情形中都选择 S，那么 S 就是一个恰当的合作均衡。因此，要求一个合作难题包含两种合作均衡，就等同于要求两种选项组合的存在，即 S 和 S’，以使（1）在几乎每个人都参与到 S 中的情况下，每个人都完全期待所有人都参与到 S 中，以及（2）在几乎每个人都参与到 S’中的情况下，每个人都完全期待所有人都参与到 S’中。

驶员就希望在道路的同一侧行驶。然而，左侧和右侧都是同样好的选择，他们就难以知道其他人会选择道路的哪一侧，因此，也就不知道自己应该在哪侧行驶。权威能够通过指定其中一种策略作为选择，让所有人遵守，从而能够解决合作难题。通过表明其中的一种选项组合对所有人都有约束力，权威使每个人的期待都集中在这种选项组合之上，信息不对称的问题就得以克服。驾驶员知道他们应当靠右侧行驶，是因为法律通过施加一条规则而选定了这一侧。一个驾驶员应该在右侧行驶，因为他知道其他人也会在右侧行驶，并且他们也同样期待他这样做。

权威解决合作难题的能力并非来自于任何专家意见。当法律认定道路右侧是行驶的正确方式的时候，它并不是因为右侧比左侧好才这样做；实际上，这里需要法律，恰恰是因为右侧跟左侧一样好。

考虑到专家意见对于解决合作难题来说并不必需，所以会有很多不同的权威，都能够完成这个任务。一种权威的适宜性在很大程度上决定于社群成员是否已经将它作为合作难题的解决者。因此，看起来似乎是，权威结构的选择本身也是一个反复出现的合作难题。在几乎每个人都的确服从同一套权威的情况下，社会成员将会期待每个人都服从同一套权威。根据这种观点，在美国，当几乎每个人都的确遵守美国宪法的情况下，每个人都会期待每个人都遵守美国宪法。同时，在几乎每个人都诉诸法国宪法的情况下，每个美国人也都会期待每个人始终遵守法国宪法。〔40〕

〔40〕 合作论证不需要主张，权威结构的选择是一个纯粹的合作难题。它允许参与者的偏好互相冲突。有一些参与者可能愿意选择一种权威结构，而非另一种，而其他人却有着相反的偏好。真正重要的是，如果几乎其他每个人都选择遵守一种结构，那么每个人都会期待在这种结构上达成一致。存在部分冲突的合作博弈在博弈理论文献中通常被称为“性别之战（battle of the sexes）”。

权威结构的选择也会是一个反复出现的合作难题这个主张，并不意味着每个人会期待其他每个人遵守相同的权威结构，**而不论其结构是什么**。有些人不需要选择遵守德意志第三帝国的宪法，即使其他每个人都这样做。相反，他们的主张是，包含不只一种权威结构的一组集合始终都会存在，这样，每个人都愿意一致服从这个集合中的任何一种结构，而不会选择单方不合作（unilateral defection）。尽管理性的民众在任何情况下都不会选择服从第三帝国的宪法，但他们会乐于服从美国宪法，抑或法国宪法——这依赖于其他每个人选择什么。

合作惯习

这个主张的第二步依赖于哲学家大卫·刘易斯的著作。刘易斯提出的著名主张是，惯习通常被用来解决反复出现的合作难题。当一个惯习存在的时候，每个人都按照这个惯习来行动的事实使得惯习行为变得“显著”，从而给每个人继续按照惯习行动的理由。驾驶员通常在道路右侧行驶这个事实，给他们理由，让他们相信其他驾驶员会继续在右侧行驶，因此，他们继续在右侧行驶就是理性的。〔41〕

注意，合作惯习产生社会规则。如果有一个在道路右侧驾驶的惯习，那么，说有一个**社会规则**要求人们应当在道路右侧行驶，是有意义的。换句话说，合作惯习是实践*。它们的存在必然产生相应的规则。

通过识别出一系列实践*，实证主义者现在可以主张，官员之间规则认可的社会实践是一种实践*。它之所以是一种实践*，是因为

〔41〕 参见 David Lewis, *Convention: A Philosophical Study* (Cambridge, MA: Harvard University Press, 1969)。

它是一个合作惯习。它是一个合作惯习，是因为它涉及如何选定权威结构的反复出现的合作难题。那么，根据这个解释，大部分官员遵守美国宪法这个事实是一个合作惯习，因为它给予大多数个人以理由，去期待其他大多数个人也会继续遵守美国宪法。我们把它称为法律实践的“合作惯习解释”（Coordination Convention Interpretation，CCI）。

实证主义者现在能够解决可能性难题。既然根据合作惯习解释，官员间规则认可的社会实践是一种实践*，那么它必然产生一个社会性的承认**规则**。因此，这个规则可以担当倒退的终结者，因为它的创造不需要预设在先的权威辅助。正如驾驶员不需要一个权威来制定和维持一个在道路右侧行驶的惯习，官员也不需要权威来创造和维持惯习性的法律实践。他们只需要面对一个反复出现的合作难题，并把他们所参与的任何规律性视为继续这种规律性的理由。

工作疏离和惯习

将规则认可的社会实践解释为合作关系的做法，代表了一种修正哈特的实践理论以解决可能性难题的新颖尝试。然而，尽管它看起来有前景，但合作惯习解释却是不能成功的。我将证明，把法律实践解释为合作惯习的做法，只有在错误地限制法律官员参与法律实践的动机类型的时候，才会成功。

让我们以指出下面这一点开始：只有在参与者有动机基于特定理由去遵守的时候，合作惯习才是存在的。尤其是，他们必须基于**其他人也会遵守宪法这个理由**去遵守宪法。因为只有他们按照其他人所做的那样（比如说，每个人都在道路同一侧行驶）去做，他们才能据此协调他们的行为。

这个动机性的要求有力地排除了广泛的官员疏离于工作（alienation）的可能性。假定大部分法官接受他们的法官任命，只是因为获得薪水。他们绝对不会在乎其他人是否也遵守承认规则；他们只是关心他们自己有没有遵守这个规则，因为只有这样做他们才能得到报酬。既然这些疏离于工作的官员不是由符合其同事之行为的意愿所驱动，他们就不能参与到合作惯习之中。他们就像那些为了短打而向前冲刺的三垒手：每个人都承认他们有理由去做这些事情，而不管其他人是否也会这样做。

因此，合作惯习解释的拥护者必须主张，配备大量疏忽于工作的官员的法律制度是不可能的。因为如果这是可能的，那么构建这种制度的规则认可的社会实践就不再是一个合作惯习，从而也就不再是一个实践*。然而，将这种制度的存在排除在外的做法看起来就很特别：它只不过是为了挽救这个理论，而不是基于其他独立的考量。

专断性和惯习

正如我们所看到的，合作惯习解释错误地把广泛存在的官员疏离的可能性排除了出去。吊诡的是，它从概念上也排除了建立在其动机范围的另一端之上的制度的可能性。我将会证明，涉及到特定种类的基要主义者的社会实践可能也不会是合作惯习。

让我们以指出所有合作难题的一个特殊属性开始，即它们的解决方案是专断性的。〔42〕它们的专断性体现在，个人期待所有人都按特定方案去行动，但只要改变一下背景性的行为假定，这种个人期待总

---

〔42〕 参见 Lewis，*Convention* 70，另参见 Andrei Marmor，*Social Conventions：From Language to Law*（Princeton：Princeton University Press，2009）。Postema 把这种属性称为“含糊性”，参见 Postema，“Coordination” 174。

是会“跳转”向其他的方案：如果每个人都期待每个人按照一些选项行动（因为几乎每个人都以这种方式行动），那么，假定几乎每个人都以另外一种不同的方式行动，每个人就会期待每个人按照另外一些不同的选项去行动。举例来说，假如几乎每个人都在左侧行驶，那么人们对于每个人都在道路右侧驾驶的期待，总是会转变成在左侧行驶的期待。

根据合作惯习解释，对于权威结构的选择是一个反复出现的合作难题。结果是，合作惯习解释就会信奉这种观点，即所有官员会在上述意义上将这些方案视为专断性的。但是这个假定是有说服力的吗？在每个法律体系中，如果假定每个人会以一种不同的方式行动，则每个人对于人们服从一些权威的期待就会改变，这是正确的吗？我认为，这相当令人怀疑。举个例子，考虑一下古希伯来人。他们绝对相信《旧约》是上帝的话语。可以确定的是，很多人，即使不是大多数人，不会选择去遵守一个不同的文本，即使其他每个人都会这样做。事实上，这种思想会是个异端！

事实上，我甚至都不能确定，大多数美国人会把美国宪法当成一种解决反复出现的合作难题的专断方案。我的猜测是，很多人会相信这个宪法文本是神圣的，他们有遵守它的道德义务，而不管其他每个人做什么。很多官员很可能也分享这种态度。如果大多数官员突然废除美国宪法，这不会导致所有其他人也做出类似行动。有的人会辞职以示抗议，而其他人会继续适用在美国宪法之下有效通过的规则。诚然，如果被批准通过的是法国宪法，那么这些法官会选择遵守法国宪法，而非美国宪法。但是既然美国宪法被批准通过了，那么他们就选择遵守它，并且只遵守这一部宪法。

我并不是否认，在很多法律制度下，很多个人以某种方式将他们的权威结构视为专断性的，因此会选择在这种结构上达成一致，而非产生分歧。但问题在于，要人们普遍地持有这种态度，看起来并不是概念上必须的。当然，合作惯习解释必须否认我所描述的这种基要主义的制度是可能的。因为在那些（可能的或实际的）法律制度中，个人并不将选定的权威结构视为专断性的，那么一个权威结构的选定就不会成为反复出现的合作难题，因此人们在一种结构上的趋同就不是一个合作惯习。因此，合作惯习解释的实证主义拥护者就不能让我们有理由相信，规则认可的每种社会实践都是一种实践*，因此也就破坏了他们解决可能性难题的方案。

我们已经看到，合作惯习解释不恰当地限制了官员接受承认规则的理由类型。它不能容纳那些大量配备疏离于工作的政客或宪法基要主义者的制度。从这个角度讲，合作惯习解释代表了一种法理学上的倒退。我们已经看到，哈特的原始理论在关于官员接受承认规则的方面是普世性的。法官持有内在视角，可能只是为了获得酬劳，或他们可能相信他们的实践是完美的，因此不会接受其他替代者。合作惯习解释没有正当理由可以排除这些可能性。

法律的、规范的、道德的

我们已经看到，哈特的实践理论不能解决可能性难题。其原始版本之所以失败，是因为这个简单的原因：一种社会实践既不等同于社会规则，也不足以产生社会规则。这个理论的修正版本将规则认可的社会实践视为一种合作惯习，这个版本也有缺陷，因为它以一种无法得到辩护的方式，限制了官员在参与法律实践中可能拥有的动机类型。

在拒绝哈特解决可能性难题的方案之后，我们应该检讨一下他对休谟挑战的回应。既然后者在很大程度上独立于前者，并且其自身构成了一种有吸引力的哲学立场，因此我们有必要认真对待它。哈特的表达主义理论能够免于从是中推出应当的指控，从而挽救法律实证主义吗？

在这一部分，我们会看到它不能。哈特的表达主义的问题在于，它不能解释法律思想和法律话语的一些特征。即使人们并不从内在视角接受法律，他们总是有可能确定法律的内容，并使用我们所熟悉的那些规范性术语，如义务、权利和有效性等，来描述法律规则。坏人也能进行法律推理，尽管他们偏离了法律实践，这个事实强烈地表明，法律判断可以在无需采取内在视角的情况下做出。如果是这样，那么坏人就是从纯粹描述性判断中得出规范性判断，而在这个过程中它就违反了休谟法则。

我们也会看到，哈特试图维持法律思想和道德思想之间的区分，这留出了一个不稳定和得不到支持的中间地带。因为一旦承认法律概念是规范性的，那么就很难像哈特那样否认它们也是道德概念。法律做出的各种主张是如此重要，以至于不能接受它们自身是非道德的可能性。

法律的重述和法律推理的开放性

根据哈特的回应，休谟挑战错误地假定人们只有一种方式来面对社会实践。换句话说，它假定社会事实只能作为描述性判断的客体，以理论的方式被探讨。而哈特主张，这种异议忽视了人们将社会事实作为行动理由而从实践的角度进行探讨的可能性。根据这个观点，规范性判断不是对规范性事实的理解，而是在个人慎思中赋予描述性事实一定分量的承诺。因此，人们可以从内在视角来面对规则认可的社会实践，通过这样做，他们把这种实践作为行动指引和评价的标准。他们在对社会实践的这种实践性理解中形成了规范性判断，那么这种判断能够被用来获得其他的关于法律权利、义务和有效性的规范性判断。因此，在这种实证主义框架下，法律推理并不违反休谟法则，因为法律推理只是从其他具有类似规范性特征的判断中得来的。

我们能够看到，哈特解决休谟挑战的方案关键取决于这个假定：法律推理者在获得法律结论的时候，始终是以实践的方式理解法律实践的社会事实。不幸的是，这个解释比实践理论好不了太多。我将会证明，在法官不以内在视角看待法律体系的承认规则的时候，他就不能以融贯的方式形成和表达法律判断。

思考一下坏人的例子。对于他来说，法律提供了与强匪所给出的相同的行动理由，即对制裁的避免。他是基于理性的自我利益而遵守法律，因为他“被迫（obliged）”去这样做。然而，要注意，坏人能够用一种替代词汇来重述法律。尽管坏人会用与面对抢劫时所使用的相同术语来描述法律——“我被迫交出我的钱来”——他也可以使用义务的术语来准确地**重新**描述法律的情形。他会说不仅法律迫使（oblige）他纳税，他也**有法律义务**（legally obligated）这样做。也就是说，他不仅可以用以威胁为后盾的意志表达来形容税法，也可以把它描述为施加法律义务的规则。

我们把这个称为法律的“重述”。即使法律并不见得比歹徒要好，但我们总是有可能使用规范性术语来准确地重述它的内容——即使做出主张的人并没有对体系的次级规则持内在视角，情况也是这样。坏人并不接受这些规范，但是他们仍然能够用义务、权利和法律有效性这些术语来如实地重述法律。

坏人不只是会空谈，他也会思考，而且他也会“像法律人那样思考”。我们可以说，法律推理是一个极具开放性的过程。即使有人认为法律在道德上不正当，或者基于自利的理由拒绝它，他们仍然能够明白法律对他们提出什么要求。实际上，如果只有接受法律的那些人才能理解法律，这听起来很怪异。法律主张自身有权要求所有人的服从，即使是那些拒绝它的要求的人。

不幸的是，哈特既不能解释法律的重述问题，也不能解释法律推理的开放性。根据他的表达主义理论，只有在主张者接受体系的承认规则的时候，法律才能被描述为施加义务、授予权力和使规则生效。然而，坏人也可以使用规范性术语重述法律，即使他采取的是外在视角。类似地，只有在推理者接受特定的承认规则的时候，法律推理在哈特式的框架下才是有意义的。但是坏人并不是以实践的方式理解法律，然而他仍然能够知道法律的内容。根据哈特的理论，法律推理不过是一个高度歧视性的过程：只有优秀的人才能参与其中。〔43〕

〔43〕 有一些读者提出了以下的回应来支持哈特：我的批评假定坏人不能接受承认规则，因为他并不接受法律为他的行为指引。但是坏人可以接受承认规则，因为接受承认规则不过就是接受一种标准，该标准区分了法律上对和错的行为。它类似于语法规则：正如一个人可以接受语法规则，但无需承诺遵守它，人们也可以接受承认规则，而不需要立志成为守法之人。然而，这个回应颇有问题。因为我们不清楚的是，在这样一种弱意义上接受承认规则究竟意味着什么。如果坏人不相信承认规则正确地区分出他有理由服从的行动方案和他无理由服从的方案，那么说它正确地区分出法律上对和错的行为，指的是什么意思？要把承认规则当做一个规则，人们必须认为违反它的行为在某种意义上是**有缺陷的**。但是坏人并不认为法律上错误的行为是有缺陷的。相反，他认为承认规则是有缺陷的！因此，跟语法规则做类比的做法是不恰当的：坏人认为不符合语法的句子是有缺陷的句子，但他不认为违反法律是有缺陷的行为。

哈特的理论不能解释坏人的行为，这严重地瓦解了他对休谟挑战的回应。因为坏人是**坏的**，所以他在实践中不会参与到官员的规律性活动之中。这种认可的实践只是描述性判断，而非规范性判断的客体，后者将之视为行为和评价的标准。尽管缺乏实践参与，但是坏人能够知道他所在辖区的法律，并使用标准的法律术语描述它。换句话说，他能够从纯粹描述性判断中得出规范性判断。尽然坏人的推理遵从的是迪诺模型（DINO pattern），它违反了休谟法则。〔44〕

---

〔44〕 在后来的作品中，哈特主张，约瑟夫·拉兹对"承诺性陈述（committed statement）"和"超然性陈述（detached statement）"之间的区分，使他能够解释坏人如何能以规范性术语描述法律，并进行法律推理。例如，参见 Hart, *Bentham* 153 - 161。拉兹所做的区分，参见 Raz, PRN 171 - 177；AL 153 - 157；Joseph Raz, *The Concept of a Legal System: An Introduction to the Theory of Legal System*, 2d ed., 234 - 238（Oxford: Oxford University Press, 1980）。在拉兹看来，做出承诺性陈述的个体表达了对规则的接受。素食主义者告诫自己说，"我不应该吃这个汉堡"，此时他就做出了一个承诺性陈述。另一方面，超然性陈述并不表达个人对于规则的接受，相反，它表达的是其他视角，从这种视角来看，某个特定规则被接受为正当的规则。因此，当一个吃肉的人跟他的素食主义者朋友说"你不能吃它——它是个汉堡"的时候，他表达了朋友的视角，而非他的视角。在拉兹看来，承诺性陈述和超然性陈述表达了相同的规范性命题，但有着不同的真值条件。承诺性陈述有规范性的真值条件，而超然性陈述的真值条件只具有描述性。如果素食主义并不是道德上所要求的，那么，"你不能吃那个汉堡"的陈述，在承诺性解释下就是假的，但在超然性解释下，它是真的，因为我的朋友的确是一个素食主义者，从他的视角来看，吃肉确实是错误的。哈特借鉴了拉兹的规范性陈述理论，主张坏人可以以规范性术语描述法律，并进行法律推理，因为法律陈述可以是超然的。因此，当坏人把法律有效性归于一个规则的时候，他并不是表达他对承认规则的接受，而是表达接受承认规则的那些人的视角。在承认规则使该规则有效，并且法官接受该承认规则的时候，这个超然性陈述就是真的，不论陈述者自己是否接受该承认规则。

不幸的是，拉兹在承诺性和超然性陈述之间所做的区分是让人难以理解的。第一，这个区分预设了一种不正统的语义学理论。在拉兹看来，承诺性和超然性陈述都表达了相同的命题，但拥有不同的真值条件。但通常的语义学假设是，命题是根据它们的真值条件而被个体化的。第二，一个陈述可以同时是超然的**和**规范性的，这个观念是不融贯的。在何种意义上，一个陈述表达了规范性命题——关于应当做什么的命题——但同时又有着描述性的真值条件？除非这一点能得到说明，否则，依赖于超然性陈述这个概念来解决坏人的难题，不过是用一个谜题代替了另一个。

不稳定的妥协

我们已经看到，哈特对休谟挑战的回应有抹掉法律概念和道德概念之区分的危险。如果法律判断和主张是规范性判断和主张，那么对法律的批评是如何可能的？哈特的解决方案是，把权威和义务这样的法律概念视为规范性的，而非道德的。做出有人负有纳税的法律义务的判断，并非是做出他有这样做的道德义务的判断。同样地，他认为相应的规范性术语，即“权威”和“义务”，根据语境而有不同的含义。通过主张法律和道德并不共享同样的概念和语词范围，哈特认为他能够解释某人何以能够施加法律义务给他人，尽管他同时否认他们有这样做的道德义务。

不幸的是，这个妥协站不住脚。那个使我们认为法律概念和术语是规范性的而非描述性的相同论证，要求我们也把它们视为道德的。正如我们在上一章最后部分所指出的，法律概念和术语在社会生活中扮演着独特的角色：它们被用来指引和评价行为。法律概念被用来提出要求、发出建议、陈明理由、评估行为和证立惩罚措施。既然描述性概念和术语被用来表达事物是其所是的方式，而非应当是什么的方式，所以它们不能扮演这种证立性和评价性的角色。因此，我们做出结论说，法律概念和术语不能是描述性的。

但是一旦我们承认法律概念通常所要扮演的社会角色，我们就很难拒绝这个结论：这些概念也必须是道德性的。〔45〕因为像**权威**和**义务**这样的概念被典型地运用在道德观念恰如其分的语境之中，也就是

〔45〕 拉兹提出了相同的论点（我大概是从他那里得出这个主张）。参见 Raz, “Incorporation by Law,” 10 *Legal Theory* 6 (2004)。

说，在这种语境中，被指引和评价的行为与我们的个人利益相违背，要求做出重大牺牲，显著影响其他人的生活，并让行动者在不能服从的时候遭受惩罚和谴责。因此，关于法律权威和义务的主张不仅被用来指引行为，也被用来提出对自由进行实质限制的要求。它们不只是被用来评估行为，也被用来评估犯罪，谴责犯罪者，以及为强制性和惩罚性措施提供依据。换句话说，我们这里讨论的不是让别人在大富翁游戏中入狱，在长者进入房间时起立或避免分离不定式的要求。在法律语境中，我们要求人们纳税、参军、在进入专业领域前通过艰难的许可考试、在刑事审判中作证，而这些是以入狱或高额罚款为威胁的。只有道德概念有资格做出如此严肃的主张。

因此，法律和道德使用很多听起来相同的词语，这个显著的事实并非只是巧合。正如我们刚刚所看到的，将这种重叠视为一种共享词汇和概念结构，会让法律思想和话语变得有意义。因为只有道德术语和概念才能使守法的公民和官员做出和形成符合这个语境的主张和思想。

实际上，类似的考虑也会挫败哈特关于法律概念和术语的规范性的特定主张。根据哈特，判断说 X 有做 A 的法律义务，就是做出判断说，要求 X 做 A，以及在他不服从的时候强制 X 去做是恰当的。然而，正如约瑟夫·拉兹所指出的，哈特的解释看起来是向凯尔森理论的回归。〔46〕因为二者都认为法律主要关注官员行为的正当性，而非民众的行动。结果便是，哈特的解释面临着他指责凯尔森的相同批判，也就是说，它误解了法律所意图面向的受众。民众，而非官员，

〔46〕 Raz, "Hart on Moral Rights," 130 - 131.

是法律指引和评价的主要对象。因此，当官员指引和评价行为的时候，它们是就民众应该做出的行动形成判断和主张。关于 X 有做 A 的法律义务的陈述，是关于 X 做 A 的理由的陈述，而非官员要求 X 做 A 的理由的陈述。

我们可以看到，哈特区分法律和道德的尝试有着严重缺陷。因为一旦我们关注法律判断和主张在社会生活中扮演的角色，就很难否认它们不只是由规范性概念和术语所构成，也是由道德概念和术语所构成。那么，讽刺的是，哈特解决休谟挑战的方案实际上瓦解了他的实证主义工程。因为如果法律判断是规范性判断，它们也必然是道德判断。如果它们是道德判断，那么对法律进行批评——实证主义者希望保护这种可能性——这件事，他们就无所适从了。

现在到了哪里？

哈特的法理学理论给我们的主要功课是，法律体系不只是由规则构成，也建立在它们的基础之上。因为正如他煞费苦心地证明的，如果不假定法律在根本上是由他称为承认规则、变更规则和裁判规则的次级规则所管理，我们就无法解释我们讨论和思考法律的方式——也就是说，把法律作为一种机制，它不管官员的更替而随着时间持续，施加义务，授予权力，享有高于其他种类的实践的至上性，解决社群中应当做什么的疑问和分歧，等等。

尽管哈特强调次级规则的重要性显然是正确的，并且因此极大地提升了我们对法律的理解，但不幸的是，他在解释这些次级规则是如何产生这个问题上并不成功。他通过把法律体系的基础规则化约为法律官员的社会实践，而试图解决可能性难题，这种尝试失败了，因为规则和实践属于不同的形而上学范畴这个简单的原因。我们也看到，他的实践理论也没有以合宜的方式得到修正。因为并非所有的社会实践都产生社会规则，而那些能够产生社会规则的实践，比如合作惯习，在法律官员有着特定动机的那些体制下，是不存在的。

在解释他的实证主义法律理论如何能够胜过休谟挑战这个问题上，哈特也没有显得更加成功。通过主张描述性事实可以称为规范性判断的客体，他能够证明好人如何能够在实证主义框架下进行法律推理。不幸的是，哈特并不能为坏人做出类似的说明。根据哈特的理论，因为坏人并不接受法律实践的规范，因此，他就不应该有能力弄清楚法律的内容。〔47〕

此外，哈特维持法律和道德思想和话语之间的区分的努力，最终导致一个不稳定的妥协。因为一旦我们承认法律判断是规范性的，我们就应该承认它们也是道德的。在法律领域——在其中，要求、牺牲、强制和谴责司空见惯——没有道德无涉的权威和义务概念，因此，在描述性和道德性之间，没有一个实证主义者可以据为己有的中间地带。

尽管在本章中，我主张哈特解决可能性难题和休谟挑战的特定方案应该被拒绝，但我并非要表明我们不能从他的努力中获益。恰恰相反，我相信哈特进路的基本要素是合理的。哈特主张法律体系的基础规则是通过法律官员的**承诺**而产生的，这是正确的。他主张另一点也是对的，即法律官员所做出的判断在某种重要的意义上是**评价**，并且

---

〔47〕 注意，自然法学家没有面对相同的问题。因为根据自然法观点，像坏人那样否认某些要求具有道德正当性的那些人，必须也否认这些要求是法律。他们无法弄清楚和重述法律的内容，因为根本就没有需要弄清楚和重述的法律。

这些评价不需要反映官员个人的道德观点。

哈特对这些法理学疑难的解决方案的问题不在于这些核心见解，而在于他阐释它们的具体方式。因而，我们已经看到，哈特解决可能性难题的方案假定社群成员对行为标准的任何一种承诺都能产生一个社会规则，很不幸地是，这个前提是错误的。与之类似，哈特得出结论说，法律判断是评价而非道德认同，根据这个事实，它们必须是规范性的，但与道德无涉的判断。我们已经看到，这个思想也是错误的。

如果法律实证主义者要提供解决这些法理学疑难的合理方案，他们就必须找到一种不同于哈特的方式来解释这些核心的哈特式见解。他们必须精确地描述产生社会规则的具体是哪种承诺，并证明法律判断如何能够由道德概念所构成，但无需要求法律推理者从道德上认可已形成的判断。这个策略是否能够被证明是正确的，是我们接下来要探讨的问题。

第五章　如何按规划做事

一个全新的开始

从孩童时代起，我们就被教导，在以下两者之间存在着关键的区分：其他人认为哪些是对错，和什么**是**对错。每个人都会做的事并非就是我们应做之事。我们被反复告知，我们应当遵循伦理行为的规则，无论其他人是否也接受它们。

但是，法律实证主义者主张，在法律领域，这个警告却并不得当。**在法律上**什么是对与错**恰恰**依赖于其他人，尤其是特定的一些人。根据 H. L. A. 哈特（的观点），如果法官依据规则要求你从一座著名的桥上跳下去，你若**不**跳入桥下冰冷的水中，在法律上你就是错的。

这个主张是从实证主义者所描绘的法律与道德的图像中得来的，在其中二者属于不同的领域，相应地也有着不同的基础规则。根据这个图像，确定道德规则之存在的恰当方式是参与到实质性的道德论辩之中。只是说“我们这个区域就是这样做的”〔1〕，是远远不够的。

---

〔1〕 需要指出的是，在《法律的概念》中哈特接受把道德规则化约为社会规则的做法，然而在这本书的后记中他否定了这种立场。参见 Hart，CL 256。

尽管某个惯习当然可能在道德上是相关的，但这是因为有一些道德事实最终认定它这样。相反，在法律的情形中，规则必须满足法律有效性的特定标准，这些标准只能通过对相关法律社群的经验观察才能确知。换句话说，要预知一些有法律效力的规则，人们必须知道法律官员所思考、意图、主张和从事的是什么。对于法律实证主义者来说，指出这些有效性标准在道德上不正当，或者他们认可了一些不受欢迎的规则，这些都无关紧要。法律只是在一定区域中特定的人所思考、意图、主张和从事的事情，它的好坏在所不问。

在前面两章，我们详述了法律实证主义者用来支持他们的主张的几种论证，并发现它们缺乏说服力。在接下来两章，我想提出一种替代这些论证的方案，我相信它能彰显实证主义所描绘的法律图景的力量，而且同时也能设法解决我们前面所指出的那些重要的局限。我的策略是要证明，存在着另外一个领域，即**规划**领域（the realm of planning），其中的规范只能通过社会观察而非道德观察才能查明。我在下面会主张，确定规划之存在的恰当方式不过就是指出它们被采纳和接受的事实。今天我是否规划去商店，或者我们今晚是否规划一起做晚餐，不是依赖于这些规划的可欲性，而只是依赖于我们是否实际上采纳（没有拒绝）它们。换句话说，实证主义在规划的问题上显然是正确的，不存在任何争议：规划的存在是一回事，它的好坏则完全是另外一回事。

接下来我希望澄清的是，在这里我的目的不是要在法律和规划之间做一个类比，而是对其含义进行充实。法律的存在条件与规划的相同，因为法律体系的基础规则**就是**规划。它们的功能是构建法律活动，从而使得参与者可以一起工作，以追求善和实现价值，否则这些善和价值是无法实现的。因为这个原因，决定法律权威的存在只能采用社会学的方式：某主体是否拥有法律权力的问题绝对不是一个关于它的道德正当性的问题；而是一个该制度之相关官员是否接受规划的问题，这个规划授权该主体并要求人们服从它。

我这里要论证的是，把基础性法律理解成规划，不仅能证成实证主义的法律观，也可以提供一个有说服力的方案，解决我们之前关于法律权威是如何成为可能的难题。在已浮现出的这个图像中，法律的基础规则的创造和持续是建立在所有个体采纳规划的能力之上。我会试图证明，这种权力不是道德授予我们的。相反，它是这个事实的彰显：我们是会规划的人类。正如哲学家迈克尔·布莱特曼（Michael Bratman）在他关于意向和行动的开创性作品中所证明的，人类有一种特殊的心理：我们不仅欲求实现一些复杂的目标，同时也有能力选定这些目标，并能够随着时间和借助人力而组织我们的行为，以实现这些目标。

在布莱特曼的洞见的基础上，我想证明，要理解法律，就要理解我们的特殊心理，以及管理它恰当发挥功能的理性规范。基于这个原因，我会花费相当长的时间来描述规划活动、规划的结构、制定规划的动机和参与这种活动的理性限制。我会从建构涉及个人规划自己的行动的简单假定开始，然后转向更为复杂的例子，比如在数量大小不同的人群中的等级制和非等级制语境下的群体规划。

在这一章我的主要目标之一是要证明，规划是一种具有惊人多样性的活动。它不仅能够以非常不同的方式得以执行，也包含了很多截然不同的阶段。实际上，多个个体可以参与到同一个规划过程之中：一个人制定规划，第二个人采纳它，第三个人适用这个规划。规划也是复杂的实体：它们有丰富的结构，并呈现出多样化的形式。我们的假定将会表明，规划者能够结合不同种类的规划，来建构新的和精湛的规划技术，这些技术使得共享活动的参与者能够克服复杂的、充满争议的和专断性（arbitrary）的环境。

在下一章，我会展开我的核心论证，即法律活动最好被理解成社会规划，法律规则本身构成**规划**，或**类似规划**的规范。我意识到这个主张并非是不证自明地正确的，合法性和规划活动之间的关系并非是昭然若揭。但是随着规划的性质变得越来越清晰，我们的例子变得越来越复杂，这两种现象之间的关联会更加清楚。或者，至少这就是本书的规划。

个人规划

规划的部分性

我坐在办公室桌边，思考今晚的晚餐应该做什么。我应该在外面就餐还是自己在家做着吃？既然我因为最近太过频繁地在饭馆吃饭而有一点负罪感，我决定选择后者。我现在有了一个规划，也就是说，今晚在家做饭。诚然，它还不完全是一个规划，因为我家里没有用来做饭的食物。所以起始的问题——去哪里吃饭？——被一个新的问题所取代：我应该去哪里得到烹饪的食材？

我有一个意向，到超市里去买食物，通过这样做来回应这个新的问题。我现在有两个规划：一个是今晚在家做饭，二是到超市买食物。这些规划很明显相互关联。在超市买食物是今晚在家做饭的手段。当一个规划说明了完成另一个规划所确定之目的的手段，或者实现这个目的的方式的时候，我们会说它是第二个规划的“次规划

(subplan)”。因而，在超市买食物的规划是今晚在家做饭的最初规划的次规划。

当然，通过采纳这两个规划，我也创设了第三个规划，即**通过**在超市买食物来做晚饭的规划。我们可以说，这个更大的规划，有两个部分：第一个是今晚在家做晚饭的规划，第二个是为了晚饭而在超市买食物的规划。这两个部分以手段和目的的形式相关联：第二部分是第一部分的次规划。

正如迈克尔·布莱特曼所说明的，规划活动通常涉及这些更大的规划的创设。〔2〕当我最初形成今晚做饭的意向的时候，我的规划只是确定我的目标。但是如果我的规划要想生效，也就是说，如果它要组织我的行为以便我可以实现自己设置的这个目标，那么我就需要同时明确其手段。我必须决定要做哪一顿饭，要买什么样的食物，何时以及在何地购买，是否要做多一点备用，准备食物的时候用哪把刀，等等。

布莱特曼指出，这些更大的规划通常是部分性的（partial）。它们开始就如同空壳，随着添加越多的细节，它们就变得越来越全面和有用。规划几乎不会是穷尽性的，因为要实现一个目标，几乎没有必要全面说明每一个必要的步骤。我今晚要做晚饭的规划不需要具体说明我在切食物时正确的拿刀方式，因为我可以不假思索地完成这个任务。

随着规划被填充，它们自然就需要采用一个嵌套结构（nested structure）。我今晚要做晚饭的规划说明了我希望实现的整体目标。我

〔2〕 Michael E. Bratman, *Intention, Plans and Practical Reason* 28 – 30 (Stanford, CA: Center for the Study of Language and Information, 1999).

们前面已提到，我在超市买食物的规划是做晚饭的整体规划的次规划。进一步说，我在工作之后到超市买鸡肉的意向是到超市买食物的规划的次规划，从而是今晚做晚饭的整体规划的次—次规划。

这个规划的嵌套结构解释了先前的思考如何塑造当下的规划。在构想我的规划的时候，我把前面所做出的关于手段和目标的决定视为给定的。这些规划和次规划已被确定，就不会再重新纳入考虑。相反，我当下的思考就只受没有被之前的决定所排除的那些选择的限定。如果我决定到 Stop&Shop 店去买食物，我要解决的问题是如何到那里去，而不是去 Pathmark 会不会更好一些。

正如布莱特曼所指出的，规划不仅组织我们的行为，它们也组织我们关于如何组织我们的行为的思考。[3]规划者确定要实现的目的，并决定哪些手段最适合实现这些目的。一旦选定，这些手段就被当作新的目的，引导规划者决定哪种新的手段应被采用。通过以这种方式充实规划，规划者可以确保，根据他的信念，他会以这种正确的顺序采取所有必要行动，从而实现这个规划的整体目标。

先做规划

显然，如果我们不想实现复杂的目的，就没有必要为未来做规划。规划是人类自主性的核心构成部分，因为我们欲求实现很多目的，它们之间需要实质性的协调。但是我们的心理有另外一个面向促使我们进行规划，即我们的理性是有限的。我们如果能像弈棋机一样，在每一步之前预测到百万步移动之后的情况，并在无数选项中选出最好的玩法，我们就无需进行规划。然而，既然我们不是意识上的

〔3〕 Bratman, *Intention* 32 – 35.

全能者，并且理性审思是有代价的，我们必须保存我们的精力。我不能把一天的每一秒都用在思考应该做什么和反思我过去所做的每一个判断，否则我就会一事无成。通常来说，事先决定一种行动方案并在该采取行动的时候遵守它，要高效得多。

然而，事先规划并不只是一种节约性的措施；我们通常也是基于对将来的自己的不信任而进行规划。审思（deliberation）是一种有风险的做法。如果我只想当场才判断应当做什么，我可以确定地发现自己有时没有状态来做决定。我会缺少冷静、精力和意志来思索所有的可能性，或抵抗一些诱惑。提前下定好决心让我能补足对自己所缺乏的信任：我可以找一个好的场合来思索，让我有充足的时间来把事情想清楚，并利用这个机会来选出最好的行动方案。

因此，我们有好的理由成为规划者：规划随着时间而引导和组织我们的行为，使我们实现一些目的，否则，我们可能就不能实现这些目的。正如布莱特曼所主张的，这个关于规划的实用主义理念表明这种行动受制于几种不同的理性规范。〔4〕假定在我决定今晚在家做饭之后，我就不再对这个决定做过多的思考。我没有思考如何完成这一重任，比如，从哪里买到食物，去哪里吃饭，以及什么时候做饭。这些疏漏是不理性的，因为我将无法实现我所设定的目的。我不能只是

---

〔4〕 Bratman, *Intention* 30－32. 需要指出的是，文中所提出的理性要求的这种实用主义证成，以及这些理性要求的内容本身，都是具有哲学争议性的主题。其他人的主张，参见 John Broome, "Normative Requirements," Ratio 12 (1999); R. Jay Wallace, "Normativity, Commitment, and Instrumental Reason," 3 Philosophers' Imprint (2001); and Kieran Setiya, "Cognitivism about Instrumental Reason," 117 Ethics (2007)。For Bratman's rejoinder, see his "Intention, Belief, Practical, Theoretical" in Spheres of Reason, ed. Simon Robertson (Oxford University Press, 2009) and "Intention, Belief and Instrumental Rationality," in Reasons for Action, ed. David Sobel and Steven Wall (Cambridge: Cambridge University Press, 2009).

做晚饭。做晚饭不是一个类似举起胳膊的简单活动——它是一个多步骤的过程，要求我做出准备，把多种行动串在一起，并以恰当的次序完成它们。

在我们为自己设置目标的时候，理性就会要求我们充实我们的规划。当然我们无需立刻就确定所有的问题。尽管我应该马上决定到哪里去买晚餐用的食物，我可以等到到达超市的时候再决定做什么饭，以及做多少。我当然也可以等到进入厨房之后再决定使用哪把刀。实际上，在这里有一个实用主义的论证，来支持我们保持规划的某些方面的开放性，直到行动的时间来临。在没有获得全部信息之前就过早地确定行动方案，是一件有风险的事情。通过使我们未来行动的规划在一定程度上是粗略的，我们就能保持必要的灵活性，以保证我们在预见性得到实质提高的时候能够充实规划的细节。

严格来说，理性并不要求规划者**自己**制定行动方案。其他人可以设计一些手段并将这种规划传达给致力于实现该规划之目标的人。我的美食家朋友会告诉我买什么食物和如何做这些食物。理性并不禁止人们从他人那里获得指导；实际上，在这样做更加可靠或更加节约的时候理性会要求人们这样做。当我们说规划者在理性上有义务“充实”他们的规划的时候，我们的意思是他们应该**采纳**实现他们的目的的手段，而不是他们应该自己弄清楚这些手段是什么。

理性不仅要求我们随着时间而充实我们的规划；它也建议我们选择那些具有内在一致性并与其他规划相一致的行动规划。在这一点上，规划不同于欲望。欲望之间可以相互冲突，但规划一定不可以。既想要减肥又想吃甜食，这并非不理性，但实行没有甜点的节食同时又点了甜点，这就不合逻辑了。同样地，一个人的规划也必须与他关于世界的信念相一致。人们不应该采纳那些他们认为不能被成功执行的规划。此外，这些一致性要求是由规划的实用主义理念所支持的：如果我们要实现规划的目的，规划内部的一致性是必要的；如果我们要实现所有规划的目的，规划之间的一致性也是必要的；与个人信念的一致性确保了我们所采纳的规划能够在我们定位自身的世界中被实现。

最后，如果规划活动是为了弥补我们有限的认知能力和减少思考的成本，我们的规划就必须是稳定的，这就是说，它们能够合理地拒绝重新审思（redeliberation）。假定我在从办公室回家的路上，我问自己："我应该在家里吃还是出去吃?"在对这个问题进行思考，并在出去吃的便利和在家吃的节省之间进行权衡之后，我做出了与之前的选择相同的决定，即在家做晚饭。因此，我对去哪里吃饭这个问题的重新审思使我之前的决定失去了意义。我从之前的规划那里没有得到任何益处，因为到头来我还是进行了跟之前一样的思考过程。

诚然，选择一个规划不是让它一成不变，但重新审思只有在有足够好的理由支持的时候才是理性的。举例来说，如果我发现家里没电了，那么当然我**应该**再次考虑之前的决定。然而，如果没有太多的改变，推翻之前的判断就是不理性的。如果我没有合理的理由却仍然去检讨规划明智与否，这样做会挫败制定规划的目的。

自上而下的规划 vs. 自下而上的规划

我们在上一部分已经看到，规划从来不会在真空中出现。过去的决定形成一个框架，限制和引导着当下的思考。当一个规划者思索是否应追求特定目的时，他试图确定的是，这个目标是否能以与先前决定的框架相一致的方式而被实现。

在充实他的规划的时候，这个规划者可能在两种选择中追求其一："自上而下"的规划或"自下而上"的规划。在自上而下的规划的例子中，规划者从要完成的整体行动（做晚饭）开始，并将之分解为几个主要的任务（买食物、煮饭和清洗）。他接着把每个主要任务细化为它的组成部分（买食物：开车去商店，选食物，买食物，装车和开车回家）。规划者继续细化每一步，直到相关行动得以完成，而无需进一步规划（上车、发动车、在道富银行右转，等等）。

在自下而上的规划的情形中，规划者从对于想要实现的目标的一种模糊观念（我想晚饭做汤，尽管不确定还可以吃什么）出发，然后进一步思考更为细致的下位任务（做高汤：在锅中盛水，把胡萝卜、芹菜、洋葱和鸡肉扔进去，在水开的时候撇去浮沫，炖一个小时）。一旦其他基本的任务被规划出来，他就尝试把它们结合起来，以查明它们是否能组合在一起。它们可能因为两个原因而不能结合在一起：要么是它们相互之间不一致（在现有时间里既要去喜互惠超市又要炖汤是不可能的），要么是它们相一致，但不足以实现更上位的任务（需要在高汤中添加更多的东西才能做成汤）。在第一种情形中，我们要通过调试一种或两种相冲突的任务（比如到 Pathmark 超市去）来恢复这种一致性。在第二种情形中，我们应该增加新的下位任务来实现必要的效果（比如在汤中加入米饭）。一旦次规划被调整，新的上位任务就会被结合在一起，以查明它们是否能组合在一起（是否有足够的时间做米饭？汤够不够晚饭用）。当所有选定的任务足以实现最终目的的时候，规划的过程就结束了。

在规划者不确定他必须接受哪种任务，或者这些任务将如何结合在一起的时候，自下而上的规划尤其有用。在这些情形下，他不能从主要的目标开始，以及系统地按照规划谱系来执行，因为他缺少对于这些不同的任务应如何关联在一起的抽象认知。通过从一些下位任务——他理解这些任务的轮廓——开始，他关于整体工程之一部分的详细规划限制了与之紧密相关的其他任务的完成。他可以继续充实相近的步骤，穿越规划层级而向上缓慢进展，并最终确定一个融贯的和完整的行动规划。

自下而上的规划的不利之处在于，它的任务次序并未受到完全意义上的行动的整体结构的调整。给予下位任务的细节以过多的关注，这会不经意地导致规划者只见树木不见森林，并导致充斥着不一致、缝隙和冗余的规划的出现。与之相对，如果这个计划的功能结构能被很好地理解，自上而下的进路通常就更加合宜。当然，在真实生活中的规划活动通常会把自上而下和自下而上的规划的成分结合起来，它们最佳配合的程度是由规划者对他意欲从事之活动的性质的理解程度所决定的。

适用规划

如果我们不用规划来指引我们的行为，那么制定规划就没有意义。我的做饭规划要对我真正有用，只是构想和采纳它并不够：我必须还要适用它。

在我使用这个术语的时候，“适用”一个规划意味着人们使用它来指引和评价行为。当一个规划被用来决定在一些环境中哪种行动被要求、允许或授权的时候，这个规划就是被前瞻性地适用。当一个规划被用来评估一种行动是否符合或未能符合该规划的时候，这个规划就是被回顾性地适用。（请注意：有时候，当我们说我们正在“适用”一个规划的时候，我们指的是我们正在执行它。因此，由于鸡肉有售，而我实际上在买鸡肉的时候，我是在适用我的购买廉价鸡肉的规划。然而，当我说“适用”规划的时候，我指的是使用规划来指引和评价行动，而把“执行”的含义定为自始至终贯彻它的过程。）

适用规划是一个三步走的过程。规划的适用者必须确定：（1）规划的内容，（2）规划适用的语境，（3）如何在该语境下遵从这个规划。因而，如果我在下午适用我的规划，我必须确定这个规划是什么（今晚做晚饭），这个世界是什么样的（比如说，我是否有足够的食物），以及在那个时刻我应该做什么来执行这个规划（必须尽快出去买食物）。规划者可能会发现该规划并不适用于一个特定环境，在该环境中这个规划并没有要求和允许什么，或者授权该主体做或不做什么。

正如有人所采纳的规划不需要由他自己制定，他也可能无需亲自适用它。如果我在超市让屠夫切一点炖肉，我的朋友可能会跟我说，“等一下，我想你告诉过我如果鸡肉廉价出售的话你就会买鸡肉。看，现在它正廉价出售”。因此，我的朋友替我适用了我的规划。

不管谁适用这个规划，理性要求规划采纳者能确保**有人**适用它。采纳一个规划却不使用它，或者错误地使用它，都是不理性的。换句话说，规划者在下述情形下会受到批评：他忘记了他采纳了某个规划，不能明白规划的内容，不想费心去查明世界是什么样的，不能运用他的信念来确定规划的适用，错误地运用这些信念，或者只是没有执行他认为应该适用的那个规划。

为了确定规划的内容，规划者必须要小心，不要权衡它的优点。

正如我们已经看到的，一个规划的价值在于它替我们进行了思考。如果为了确定我的做饭规划的内容，我不得不去对我今晚是否应该做晚饭进行权衡，那么采纳我的规划就没有用武之地了。如果我们为了明确规划的建议就需要重复与它们同样类型的推理，那么它们就不能替我们进行思考了。〔5〕

规划与规范

在结束关于个人规划讨论之前，我想再就我所理解的“规划”这个术语作一番解释。通过“规划”这个词，我指的不是“制定一个规划”的精神状态。意向不是规划，而是把规划作为它们的对象。基于我的目的，规划是抽象的建议性实体，它们要求、允许或授权主体在特定条件下以特定方式行动或不行动。

在第二章，我把规范描述为抽象的客体，它作为行为的指引和评价的标准而发挥功能。参照这个描述，规划也是规范。规划是行为的指引，因为它们的功能是选定那些在特定环境下被要求、允许或授权的行动方案。它们也是评价的标准，因为它们本应被用来作为正确行为的衡量标准，即使不是被其他人，也至少是被规划主体自己所使用。

当一个人采纳了个人规划，他因而就受制于规范的治理。这种自治的权力是由工具理性的原则授予他的。换句话说，做出规划的人拥有使自身受制于规范的理性能力。实际上，这种能力解释了规划的功

---

〔5〕 类似地，由此可以得出，当一个规划者确认他的规划要适用的时候，他就不应该对眼前情况的是非曲直进行审思。他的规划应该用来解决他是否应该以某种方式行动的问题，因此，在执行规划之前进行审思，就破坏了规划的基本目的。规划者理性地执行这个规划，因为他采纳了它并且它可以适用，而没有其他的原因。

效。规划心理学是独特的，不只是因为它使规划者形成控制未来行为的精神状态，也是因为它使他们认识到，这些状态的形成产生了要求他们根据它而行动的理性压力。因此，当个人采纳了一个自治的规划的时候，这种贯彻到底的倾向不同于非理性的下意识反应；相反它是由人们对如下事实的认可所调整的：规划是一种正当的行为标准，施加了要求人们执行规划的理性要求。

尽管所有规划都是规范，但并非所有规范都是规划。举例来说，逻辑法则和道德原则是规范，但它们通常不被认为是规划。规划是"实在的（positive）"实体——它们因人们的采纳而被制定，因人们的接受而存续。相比之下，逻辑和道德规范的存在只是依赖于它们的最终有效性。它们不是由任何人制定出来的。规划通常也是部分性的规范，它们会随着时间而不断充实，而如果说逐步发展逻辑或道德法则，就讲不通。

规划也是目的性的实体。它们不仅是被制定的规范，也被制定出来**以成为规范**。我采纳了一个今晚做晚饭的规划，正是为了它可以引导我的行为，让我来做晚饭。另一方面，即使人们没有制定习惯性规范以便在决策中使用，它们也可能是存在的。举例来说，在感恩节吃火鸡的习俗可能是自发形成的，而不是基于引导人们在感恩节吃火鸡的特定目的。

通常我们可以说，只要一个规范是经由一个制定规范的过程而被制定出来的，那么该规范就是规划。在个人规划的例子中，这个过程是意图做某事的心理活动。然而，在制度性语境下，正如我们在下一章将要看到的，即使采纳规划的人并未意图制定一个规范，规划也可能被制定出来。只要他遵守了制度规定的程序，他就会依照能够制定规范的过程而行动，因此就能够采纳一个规划。

尽管所有的规划都是实在的目的性规范，但并非所有实在的目的性规范都是规划。威胁由人的行动所创造，且被用来指引行动，但他们典型地不是结构化的规范：不同于规划，它们并不具有部分性、复合性和嵌套性等特征。更重要的是，这些规范并非旨在通过解决如何行动的问题来指引行为，它们也无意解决这些问题。威胁只是被期待和意在成为应纳入考虑的很多因素中的一种。斟酌是否应该屈从于威胁，这样做并非不理性和不敬——毕竟，强匪给了你一个选择："要钱或是要命。"相比之下，当一个人为自己或为他人采纳一个规划的时候，这个规划理应阻断他关于其好坏的审思，同时声称提出理由，来阻断他对其好坏的审思。

最后，只有在规范是经由特定过程——这个过程使规范的对象有遵守该规范的倾向——而被制定出来的时候，规范才是规划。如果我规划今晚做晚饭，我今晚就有意向做晚饭。这并不意味着我**一定就会**做晚饭，而是在正常情况下我会做。这样，如果一个决定没有灌输服从的倾向给它的对象，那么这个决定就不会产生规划。如果一个疯子"规划"将美国军队从伊拉克撤军，那么撤军规划是不存在的，因为这个疯子的决定对军队行动没有任何效力。

总而言之，规划是一种特殊的规范。首先，它有一种典型的结构，即它是部分的、复合的和嵌套的。第二，它经由一个特定类型的过程而被制定出来，即一个逐步充实的、目的性的，并使其对象有服从制定出来的规范的过程的倾向。第三，它意在解决并声称要解决关于应该做什么的问题。

小规模共享行动的规划

我的部分和你的部分

决定了在家做晚饭之后，我突然想到跟别人一起做饭会充满乐趣。于是我打电话给我的朋友亨利，邀请他一起做晚饭，他同意了。我们现在有了一个规划，也就是，今晚一起做晚饭。

当然，如果我们不充实这个规划，它对我们就没有太多用。但是这里问题就复杂了。尽管之前我能够解决与自己做饭相关的所有问题，现在我必须征求亨利的意见，至少在主要任务上如此。如果单边决定我们要吃什么，什么时候开始做饭等，会是不公平的，更不用说不礼貌了。此外，我们也有了一系列新的需要回答的问题，比如谁应该去买食物，谁应该准备哪一部分，谁应该洗涮，等等。两个人的规划不仅要组织跨越时间的行为，也包括两人之间的行为。

让我们假定亨利和我决定烧鱼和做沙拉。我选择去买鱼，他选择去买沙拉所需的配料。我们现在有多少个规划（或者，后面我会经常提到，我们现在**共享**几个规划）？再一次地，答案要视情况而定。在一种意义上，我们采纳了五个规划：我们今晚一起做饭；我们一起做鱼；我们一起做沙拉；我在晚饭前买鱼；你在晚饭前买沙拉配料。

在另一种意义上，我们只共享一个规划，也就是今晚一起做晚饭的规划。一起做鱼和做沙拉是晚上一起做饭的整体规划的次规划。我们通过一起做鱼和做沙拉的方式而在一起做晚饭。类似地，我晚饭之前买鱼的行为是我们晚上一起做鱼的规划的次规划，亨利晚饭之前采购沙拉配料的行为是我们一起做沙拉的规划的次规划，其中每一个都是今晚一起做晚饭的整体规划的次规划。

前述部分表明，共享规划的结构类似于个人规划的结构。共享规划也典型地是部分性的：它们随着时间而发展，以确定的目标为开始，分步骤进行且由每个成员分担。共享规划通常也是复合性的：它们由各部分构成，这些部分本身也是规划。举例来说，我们做晚饭的规划包括买食物和做饭的规划。最后，共享规划通常也是嵌套式的：群体确定它们要实现的目的，并在它们的次规划中具体规定每个人应承担的部分。当确定了我们如何一起做晚饭的细节之后，我们就把一起做晚饭视为固定的和深思熟虑的规划，它只关乎每个人应采取何种行动方案，以便我们相互结合的活动合起来就能完成今晚的晚饭。

群体的规划活动

尽管为群体制定规划是一件复杂的事务，尤其是当它由群体来执行的时候，但规划的益处通常远远大于成本。而对于个人规划来说，群体活动的参与者并不总是能够思考到他们下一步如何做出最佳的行动。既然亨利和我都不是高科技的思考机器，专门为实现我们的目的而设计了程序，那么我们就需要事先筹划我们的一些行动，以便在执行时间来临的时候，我们可以参照共享规划的相应部分并据此采取行动。

然而，为群体做规划还有一些理由，是完全独立于事先规划的这些益处的。要明确它们是什么，让我们通过考虑一起行动的优势而开始。根据大卫·休谟的主张，“当个人单独地、并且只是为了自己而劳动时，他的力量过于单薄，不能完成任何重大的工作；他的劳动因为用于满足他的各种不同的需要，所以在任何特殊技艺方面都不可能达到出色的成就；由于他的力量和成功并不是在一切时候都相等的，所以不论哪一方面遭到挫折，都不可避免地要招来毁灭和苦难”。*正如休谟所指出的，个人力量通常是过于微弱和业余的，或者在实现我们意欲实现的很多目标时充满风险（想一想完全由你自己建一座房屋）。通过把我们的力量以一种有秩序的方式集中起来，我们能够增加我们的精力，参与到专业活动中，并把失败的风险最小化。

那么，在共享活动中，为了从才能的集聚中受益，参与者的行动要相互协调。任何行动方案的功效都不能被孤立地评价，而只能将之作为协力合作的整体向量的一部分而进行评价。因此，共享活动中的理性审思是具有内在策略性的：一个人应当做什么依赖于其他人要做什么。

我们可以想象共享活动的参与者尝试安排他们事务的两种基本方式。第一种方式完全是即兴的（improvised）：在每个时刻，每个人基于他对其他人会如何做的预测来评价他所面对的各种选项，然后选择他认为最佳的那个选项。如果一项活动完全是即兴的，那么任何参与者都得不到指引；这完全由每个人自己的审思能力来决定。

尽管这种即兴活动在很多语境中是有效果的，比如在休闲散步、双人网球和即兴爵士乐中，但有很多理由可以说明，为什么它不能成为一种协调共享行动的普遍方式。第一，参与者可能并不总是能够依赖另一个人做出正确的决定：有一些参与者可能会因信息缺乏而错误地把一些选择判断为最佳的；有一些可能信息全备，但在选择的时候

* See, e. g., David Hume, *A Treatise on Human Nature*, part II, sec. II (1739).

这部分的翻译参考了休谟：《人性论》（下册），关文运译，商务印书馆 1997 年，第 526 页。——译者注

却不知所措而做出了错误的选择；或者有一些人会有不同的偏好，结果是选择一些与既定目的背道而驰的行动方案。如果没有一些纠正或引导行为的方法，信息不对称、认知不足和不同的偏好等问题都可能让合作事项变得一团糟。

第二，这种即兴活动可能也会因为预见性的问题而不能成功地协调行为。既然在共享活动中的理性审思是策略性的，那么即兴活动者必须能够预见到他们的即兴活动伙伴会选择什么。然而，人们可能很难做出预测。参与者不能假定其他人会按他所期待的去做，因为其他人可能并不知道应该做什么或者有不同的想法。尽管参与者若知道每个人相信和欲求什么就能够预测他们的行为，但他通常没有这样的信息。即使他有，这样做也会非常耗费时间，因为他需要通过以下方式来弄清楚每个人会做什么：他们要考虑到他们所相信和欲求的所有事情，然后预测对他们来说做什么是明智的。

在群体面对合作难题的时候，预测性的问题尤为严峻。回想一下，在这些策略性情境中，游戏的解决方案是专断性的。当解决方案是专断性的时候，每个玩家的偏好就只由他们对其他玩家要做什么的期待所决定。举例说，我可能并不关心是我买鱼、亨利买沙拉配料，还是他买鱼、我买沙粒配料。他可能同样也不关心。因此，对我们每个人来说，正确的策略就完全依赖于另一个人选择哪种策略。除非我们有预测对方之选择的一些基础，否则协调我们的行动的尝试就可能会遇挫。

不受限制的即兴活动不是协调共享活动的一种稳妥方法，因为它只有在参与者之间存在着高度信任、共同利益和可预测性的时候，才是适宜的。当缺失这些因素中的一种的时候，特定形式的提前规划就是更优的策略。因此，如果我对亨利的能力或偏好心存担忧，我应该在行动之前跟他提出来。因为如果我能让他相信，最好是他选择一个选项，我选择另一个，或者我们协商以达成某种妥协，我们就能够选定同样的合作策略，并伴随着行动时间的流逝而执行一个好的规划。

因此，在共享活动的语境下，规划发挥着关键的控制功能。它使一些参与者能够把其他人引至他们认为可欲的方向上去。在社群成员不相信彼此的智慧、性情或知识，或者在他们的偏好有重大分歧的时候，引导其他成员的行为的需要就变得迫切。在这些情况下，参与者不能简单地假定其他人能够恰当地协调他们的行为。他们必须用规划来弥补他们之间的不信任或分歧，以便他们的共同参与者以他们希望或相信的方式去行动。

群体语境下的规划活动也能缓解预测性的问题。社群成员通过采纳共享规划，免除了人们对高超能力或对每个人的信念或欲望的详细知识的需要。我不需要为了能够期待亨利会选择一些选项，而不得不去**了解**亨利会做出什么选择。这里要注意，规划的功能不是来对选项进行改善，而是使它们能够让其他人更易辨识。通过形成一个每个人都接受的蓝图，我们每个人都能够合理地预见到其他人会承担他们的部分。在这些情况下，接受一个合宜的规划要好于期待一个最佳的解决方案。

复杂性、争议性和专断性

我们已经看到，在社群成员明显地可以运用自身能力有效地协调他们的行为的时候，群体规划对于共享活动来说是不必要的。然而，在参与者怀有一些合理的担忧，如次序不会即兴地出现，或者这种次序存在着明显缺陷的时候，他们应当制定和采纳共享规划。这种忧惧会自然地在三种情境中出现：当共享活动是复杂的，充满争议的，或有着专断的解决方案的时候。

在没有指引的时候，**复杂的**活动需要大量的知识和技巧，要求认知能力，并消耗宝贵的精神资源。完全即兴地进行合作的尝试，一定会导致参与者不信任他们自己的或他们群体中的成员的判断。规划通过极力简化做决定的程序，旨在弥补这种信任的缺失。参与者不必达成一种通盘考虑之后的判断，而是可以只关注于总是相同的少数几个可变因素，然后做出更好的选择，或者至少是与其他人的选择融贯的选择。

在**争议性**活动中，存在着一个威胁，即如果没有规划，有一些参与者会做出很差或更差的选择，使行动南辕北辙。这种活动的争议性来自于它的复杂性，或者来自于这样一个简单的事实，即群体成员持有不同的偏好或价值。在这两种情况下，提前确认和解决潜在的冲突至关重要。在这里，规划的功能是，在人们犯下错误或错误无法挽回之前，正确地和确定地解决争端。

最后，共享活动的很多面向上的**专断性**产生了合作难题，这种难题使得其他参与者的成员的行为即使不是完全不可能，也是很难预测的。规划在多种选项中选出一种方案，从而使群体在这个方案上达成一致，因而成功地协调他们的行动。

诚然，共享活动可能如此复杂，以至于规划者并不能谋划出一个事务次序，来实现欲求的结果。比如说，对计划经济体制（planned economy）的一个标准批判是分配决策是如此复杂，以至于没有一个中央机构能够收集所有必要信息，正确地实施这个政策，并以最优的方式引导生产和消费。[6]然而这并不意味着规划在市场经济中不扮演任何角色。事实上，财产、合同和侵权规则就可以被理解为一般性规划，它们的功能是创造出有利于秩序自发形成的条件。它们不是像无形的手那样去直接引导经济决策，而是提供便利给市场主体，让他们执行自己的利润最大化规划，以便能在这个过程中将经济效率最大化。

类似地，如果一种共享活动太具争议性，参与者就不能在安排事务的共同规划上达成一致。比如，想象一下，人们用政治方法来分配食物、住所、教育、儿童保育、运动鞋、书籍、洗发水、笔记本、播放器、DVD、啤酒、块状糖、回形针，等等。暂且不说其难以置信的复杂性，单是关于生产的最优规模和公平分配的问题就充满太多争议，以至于无法以一种集体的方式来解决。另一方面，那些支撑市场互动的规划，允许相互之间存在根本分歧的个体赋予商品和服务以价值，来参与到互惠互利的交易之中。通过集体行动无法获得的那些利益，从而就能通过社群成员——他们遵循着自己对良善生活的观念而生活——之间的自发互动而实现。[7]

共享规划和共享行动

在上一部分，我们看到一个群体在参与共享活动的时候，为什么想在一个共同规划上达成一致。我们说规划活动的价值不仅来自于它

---

〔6〕 例如，参见 Ludwig von Mises, “Economic Calculation in the Socialist Commonwealth,” in *Collectivist Economic Planning*, ed. Friedrich von Hayek (London: G. Routledge, 1935); Friedrich von Hayek, *Individualism and Economic Order*, chaps. 7–9 (Chicago: University of Chicago Press, 1948)。

〔7〕 例如，参见 Joseph Raz, *The Morality of Freedom* 118–119 (New York: Oxford University Press, 1988); Jules L. Coleman, *Risks and Wrongs* 62–64 (Oxford: Oxford University Press, 2002)。

降低审思成本和弥补认知缺陷的能力，也来自于它协调参与者行为的力量。因为个体行动的效用就是其他参与者所做出的选择的功能，那么要求群体成员的行为被引导至正确的方向并能为其他人所预测，就是极为必要的。然而，在复杂的、充满争议的和专断的环境中，对最佳行动方式的怀疑和分歧挫败了完全基于即兴活动的合作的前景。共享规划解决了这些疑虑和分歧，把参与者的个人努力约束和集中起来，以便他们可以一起实现他们单独无法实现的目标。

在论证了合作事业中规划的重要性之后，我们可以追问，群体究竟如何制定和共享规划。比如，是什么使得我们今晚一起做饭的规划是**我们**的规划？

很显然，当我们说一个群体共享一个规划的时候，我们指的不是这个群体有一个集体意识（collective mind），产生了一个被采纳的规划。只有在群体的每一个成员在某种意义上“接受”一个规划的时候，这个规划才是被该群体共享的。如果亨利和我没有接受做晚饭的规划，我们就不会共享做晚饭的规划。

基于同样的原因，只是因为两个人意图参与同一种活动，我们不能说他们共享一个规划。我今晚想做晚饭，我的邻居今晚也想做晚饭，但我和邻居并不共享一个做晚饭的规划。说一个群体有做 A 的规划，其意义要大于（我们马上就会看到，有时候是少于）每个群体成员都规划做 A 的意义。

亨利和我可以被说成是共享一个规划，而我和邻居却不能这么说，其中一个原因是，亨利和我为我们自己设计了这个规划，而不是为我们的邻居。这表明，只有在规划至少是部分地基于为群体的考虑而设计，并被视为每个成员的个人行动所构成的共同行动（joint activity）的时候，这个群体才共享一个规划。〔8〕

然而，这个要求，即共享规划要为群体成员而设计，并不需要每一个成员都在规划的设计中发挥作用。一个群体成员可以带头，并为其他人设计规划。实际上，甚至不是群体成员的某个人都可以承担这个角色。我的妻子可以为亨利和我设计规划，让我们今晚为我们三个人做晚饭。亨利和我就部分地共享一个规划，因为它是基于为亨利和我的考虑而被设计的。〔9〕

但是，只是为群体设计一个规划并不足以共享规划。因为即使我的邻居可能设计了一个考虑到我的规划，我的邻居和我仍然没有共享一个规划，除非我同意它。那么，要让群体共享一个规划，群体的每个成员都必须接受这个规划。对一个共享规划的“接受”并不只是意味着每个成员接受**他**在该规划中的特定部分。接受一个规划则需要致力于让其他人也承担他们自己的部分。因此，如果我们的规划要求我做鱼，亨利做沙拉，那么我就是致力于以一种与亨利做沙拉协调一

〔8〕“共同行动”这个短语可能会被认为是模糊不清的，其意义涵盖纯粹的行动集合和以各种行动为组成部分的整全的整体（integrated whole）。我做晚饭和你试鞋子在第一种意义上是共同活动，因为它是两种个体行动的集合，但不是第二种意义上的，因为这些行动之间没有关联。我用的是“共同行动”的第二种意义。因此，我们在一起做晚饭的共同行动是一个整全的整体，因为我们并不只是想做沙拉和做鱼，而是做一顿饭，这顿饭以做沙拉和做鱼为它的组成部分。还要注意的是，被理解成整全的整体的共同行动不需要由共享活动产生。我可能自己做了鱼，你可能自己做了沙拉，意识到这种凑巧事儿之后，我们可能会协力在一起做晚饭。我们参与到做晚饭的共同行动之中，但这不是一种共享活动。共同行动不是共享活动的这种可能性，对于以共同行动这个术语定义共享活动的做法的非循环性特征来说，是至关重要的。关于最后这个观点，参见 Michael Bratman，*Faces of Intention* 96 – 97（Cambridge：Cambridge University Press，1999）。

〔9〕一个规划是为群体而设计的，不仅是在行动发生之前它被制定出来的时候，也是在某种行为模式出现之后该规划被认可的时候。思考一下这种情况，一个群体的人们一直以某种方式行动，然后意识到他们应该继续以这种方式行动，因为他们的个体行动的总量合起来能成为一种有价值的共同行动。基于共享行动的目的，群体成员对这种行为模式的认可和采纳可以被视为设计他们的共享规划，并能够使该群体在一起行动。

致的方式而行动。如果他需要大厨刀来切胡萝卜，我必须在做饭的某一刻让他用这把刀。对规划的接受并不要求参与者实际上知道共享规划的全部内容；这种努力可能只是让其他人承担他们该做的部分，不论它们的内容会是什么。

因为规划只有在它被所有参与者都接受的情况才是共享的，因此共享规划可能很不完全。我可能会制定让亨利做沙拉的规划，而没有形成让他首先使用大厨刀的承诺。在这种情况下，共享规划会规定谁做什么，但不是谁首先用这把厨刀。实际上，除了参与合作事业这个承诺外，可能就没有被接受的规划，在这种情况下，共享规划实际上是空白的。“我们今晚做晚饭”只是它的唯一内容。当共享规划是以这种方式未明确规定内容的时候，参与者就需要设计个人的次规划来执行这个规划。除非这些次规划被其他人接受，否则这些部分就不会被共享，在将来的某个时刻就会起争执。如果这些问题被预测到，审慎的要求就命令我们付出努力，通过商定和接受共享规划的新规定来提前解决这些问题。

到目前为止，我们已经说明，只有在一个规划至少部分地是基于为群体考虑而设计，以及群体接受它的时候，该群体才共享这个规划。然而看起来还需要一个条件。因为一个完全秘密的规划是不能被共享的，因此我们应该认为共享规划至少“部分地是易于理解的”，也就是说，参与者可以查明属于他和其他人——如果他愿意，他可以和这些人互动——的规划部分。

同时，我们也应该注意，规划共享并不要求群体成员**欲求**或**意图**该规划能生效。让我们举个例子，我想粉刷我的房屋，于是雇佣了我的两个死敌，杜德利和斯蒂芬来粉刷我的屋子。如果杜德利完成我吩咐他做的工作，我会支付他一千美元。我也向斯蒂芬提出了同样的条件，杜德利和斯蒂芬两个人都同意了，因为他们需要这笔钱。然后我让杜德利刮掉旧的涂料，让斯蒂芬在刮掉的墙面上粉刷上新漆。尽管杜德利和斯蒂芬恨恶我，讨厌我想让房子焕然一新的想法，因此不愿意看到我的房子被粉刷，然而他们共享一个规划，即指引杜德利刮墙和斯蒂芬粉刷的那个规划。〔10〕他们共享一个规划，是因为我为他们设计了这个规划，他们可以获取这个规划，并且他们接受了它。〔11〕

一起行动

在上一部分，我们尝试解释为什么亨利和我共享一个做晚饭的规划，而我的邻居和我却没有。我们说在前一种情形中，做晚饭的规划是基于为亨利和我的考虑而设计的，我们接受了它，并且我们可以获取这个规划。然而，在后一种情形中，这些条件都没有达到。我们并没有设计一个规划，来邀请我的邻居和我一起做晚饭。既然没有这样

---

〔10〕我们怎么能知道杜德利和斯蒂芬没有粉刷房屋的意向？假定在斯蒂芬粉刷新漆到一半的时候，他宣布他要退出。杜德利回应说，这跟他无关——毕竟他仍然会拿到报酬。如果我们假定杜德利是理性的和真诚的，并且在他接受这份工作后就不再改变主意，那么我们从他们的交流中可以推断出，杜德利从来没有形成一个他们粉刷房屋的意向。之所以这样，是因为一起粉刷房屋的意向会让杜德利做出一种理性承诺，从而致力于粉刷房屋的共同行动之中。如果理性参与者做出这种承诺，那么它就会通过某些形式的行动表现出来，这些行动导致的就是他们粉刷房屋的活动。杜德利可能会捡起刷子，自己粉刷房屋，或者告诉我斯蒂芬的离开，或者尝试说服斯蒂芬让他不要离开。杜德利无动于衷这个事实表明他不是那么地委身于这项工作。他有单独的意向来按照我说的来做，因此会刮掉房屋的旧漆，但并没有**他们**一起粉刷房屋的复合意向。然而，尽管杜德利对这项共同行动不是那么委身，但真实情况是，如果斯蒂芬改变了他的主意并回到自己的工作中，他们就共享了一个规划。

〔11〕因为杜德利和斯蒂芬并不意图在一起行动，所以他们就不受亨利和我那样的理性限制的制约。杜德利必须充实他所有与刮墙有关的次规划，确保它们与他所有其他的次规划相一致，并且在没有充分理由的情况下不会重新审思先前的决定。杜德利也必须确保他完全不会干预到斯蒂芬的粉刷工作。但除此以外，杜德利就无需担心斯蒂芬的次规划。假定斯蒂芬不知道如何粉刷，杜德利无需遵守帮助斯蒂芬粉刷房屋的理性要求；毕竟，无论斯蒂芬是否粉刷房屋，杜德利都会得到报酬。当然，既然我知道杜德利在理性上不需要帮助斯蒂芬，我应该给予斯蒂芬非常详细的关于如何粉刷房屋的指示。不同于他们，**我**在理性上负有责任确保房屋粉刷工知道他们在做什么。

的规划，我们也就无法接受它，它也无法被公众所知。

现在我们假设，亨利和我在一起做晚饭。人们可能会问：为什么是亨利和我在一起做晚饭，而不是我的邻居和我？一种合理的回应是说，亨利和我在一起行动，因为我们共享一个做晚饭的规划，这个规划让我们在一起做晚饭，然而我的邻居和我并没有共享这样的规划。**共享行动**(shared agency)，也就是**一起行动**(acting together)，通过行动者的规划而区别于**个体行动**(individual agency)，即**单独行动**。即使我的邻居用我的厨房，并在亨利和我一起做饭的同时也做他的饭，甚至说我们做相同的食物，我们的做饭行为仍然区别于他的做饭行为，因为我们没有和他共享一个做饭的规划，他也没有和我们共享一个做饭的规划。我们可以说，共享规划使群体联结在一起。〔12〕

---

〔12〕 根据迈克尔·布莱特曼的主张，只有在存在为共同行动而做出的**共享意向**(shared intention)的情况下，两个人才是一起行动，反过来，只有在每个参与者都致力于成功实现共同行动的时候，共享意向才会产生。参见 *Faces of Intention*, chaps. 5 – 8。我相信，共享意向的要求太过强硬，因为它排除了涉及疏职参与者的共享行动的可能性。杜德利和斯蒂芬都疏离于粉刷我房屋的工作，但他们仍然可以一起粉刷房屋，并且有意地做这项工作，尽管他们两个人都没有一起粉刷房屋的意向。参与者共享一个规划而非共享一个意向这个要求，旨在适应参与者疏职的情况，因为共享一个规划并不要求参与者对共同行动的承诺（commitment）。关于用共享行动理论对参与者疏职做出说明的重要性，参见 Christopher Kutz, *Complicity: Ethics and Law for a Collective Age*, 96 – 103 (Cambridge: Cambridge University Press, 2000)。

当然，有人不会认同我关于疏职粉刷工这个例子的直觉判断。他们可能会否认杜德利和斯蒂芬是在一起粉刷房屋；正如玛格丽特·吉尔伯特（Margaret Gilbert）曾经对我说过的，他们只是“各自（between them）”努力粉刷房屋。要在这些冲突的直觉之间做裁断，我们可以诉诸关于共享行动的理论分析。举例来说，布莱特曼主张，共享行动是可以由一组精神状态所解释的行动，这组精神状态发挥着三种特殊的作用：它必须（1）协调每个参与者的行动，以实现他们的目标，（2）协调每个参与者的规划活动，从而使每个人都能实现所意愿的目标，以及（3）详细说明在冲突出现的情况下进行讨价还价的背景。参见 *Faces of Intention*, chap. 6。我主张，杜德利和斯蒂芬对共享规划的接受是一组精神状态，它发挥着这三种作用——它使他们能够协调他们的行动，协调他们的规划，并解决他们的冲突。第一，因为共享规划在杜德利和斯蒂芬之间分配任务，所以他们的行动能够被协调，以实现粉刷房屋的目标。第二，他们的规划活动会得到协调，因为每个人都会致力于承担规划中的不同部分，因此会补充不同的次规划。此外，他们不会相互干涉的承诺能保证杜德利不会干预斯蒂芬采纳的那些次规划，反之亦然。第三，如果他们的规划活动出现冲突，他们可以诉诸共享规划，并且在必要的时候可以找我来解决冲突。因此，如果人们接受布莱特曼的共享行动的功能主义理论，那么看起来是，杜德利和斯蒂芬这样的疏职参与者应当能够一起粉刷房屋。

共享规划是共享行动的组成部分，因为它们解释了群体如何能够参与到行动之中。〔13〕通过诉诸共享规划，群体成员至少部分地免除了思考如何正确行动的负担。共享规划为群体做了思考，使参与者知道他们应该做什么和其他人将会做什么。它们不仅协调每个参与者的行为，也通过引导他们以一种与自己和其他参与者的次规划相一致的方式来充实他们的次规划，从而组织他们做进一步规划。

但是，尽管共享一个规划对于共享活动来说是必要的，但很明显它不是充分的。因为即使亨利和我共享一个做晚饭的规划，我们仍然不会在一起做晚饭，除非我们根据它行动并成功地执行它。这表明，只有在群体所有成员都有意向承担他们各自在规划中的部分，并且因为他们这样做所以该活动才能够发生的时候，这个群体才有意向在一起行动。亨利和我在一起做饭，是因为我们承担了共享规划的各自部分，并通过这样做而成功地做成了晚饭。

除了分享一个规划、根据这个规划而行动并实现它，群体要在一起行动，还有两个必要条件。第一，共享规划的存在必须是共同认识（common knowledge）。如果我们共享一个相同的规划这一点，对我们每个人来说不是清楚可知的，那么我们就很难说我们有意向在一起行动。第二，只有在群体成员以和平和开放的方式解决他们的冲突的时候，他们才有意向在一起行动。如果亨利和我就谁使用各样的锅或刀产生争议，我们不是通过把问题谈明白，而是通过打斗，或者把烹饪用具藏起来，那么我们的行动就会更具竞争性，而不是合作性。暴力和诡计不仅破坏信任，也使共享意愿活动变得不可能。

---

〔13〕 这里是与个体行动进行类比：正如个体行动是可以由个体规划所解释的个体行为，共享行动是由共享规划所解释的群体行为。

降低规划成本

我们已经看到，共享规划的功能是，通过弥补认知局限和解决策略性语境下自然产生的疑虑和分歧，来指引和协调参与者的行为。实际上，共享活动部分地是由人们对共享规划的接受所构成的，这正是因为共享规划的存在解释了行动主体如何能够在复杂的、充满争议的或专断的环境中共事。

然而，使共享规划为共享活动所必需的理由中，有许多也会使制定共享规划的代价太高。如果人们需要共享规划来管理复杂和争议性环境中的行为，要提前通过审议、协商和讨价还价来制定它们，可能是成本高昂的。幸运的是，降低这些成本通常是可能的。我们会看到，政策、习惯和等级制是缔造共享规划的三种方式，通过它们，群体成员就无需参与到规范制定和采纳的耗时过程中。

政策

从我们的合作中享受到乐趣后，亨利和我决定邀请我们的几个朋友跟我们一起做饭。一个更大的群体在一起做饭，就变得更加有趣，因此我们开始每周都在一起做饭。我们称自己为“烹饪俱乐部”。

最初，我们发现规划烹调事务是这个过程最无趣的部分。每一周，我们要打很多电话，发很多电子邮件，努力确定出我们的集合的细节：哪一天，什么时间，晚饭的地点，做什么菜，谁准备什么，谁烹饪什么，等等。

然而，慢慢地，我们开始掌握避免在每件事务上都征求每个人意见的方式。尤其是，我们开始发展一些“政策”，也就是一般性规划。比如说，我们不再每周都选定菜单，而是决定遵循《纽约时报》周三版所列出的菜谱。这个一般性规划彻底地削减了我们进行审议和讨价还价的成本。我们每周只遵守共享规划的这个次政策，也知道每个人应该做什么，并因此将会做什么。

然而，政策有它们的消极面。尽管每周都做规划令人生厌，但至少它让我们的选择能符合我们当时的口味。而决定遵循时报的菜谱之后，我们就把自己绑定在一些可能不理想的行动方案之上。就这点而言，采纳政策涉及到一项权衡：规划者必须决定，遵循一个规划所带来的次优结果的风险是否大于反复审议和讨价还价的成本。

习惯

另一种在共享活动中降低规划成本的方式是培养习惯。举例来说，当我们开始俱乐部活动的时候，我们每周选择去不同的人家里聚餐。一旦我们走完了俱乐部的全部名单，我们再次遵循相同的模式。最后，我们便将这种模式视为一个规范。换句话说，群体把聚餐的地点的选择视为已确定的，而不是通常有待于再确认的东西。类似地，因为每个人都同意晚餐分三部分——开胃菜、主餐和饭后甜点，所以我们最终把这种模式视为我们的晚餐的标准，并据此行动。

这些习惯被证明是非常有益的。我们不再需要为了适用共享规划而就这些事务进行审议、协商和讨价还价。换句话说，这些习惯自动地协调我们的行为。我关于地点和菜单的次规划与我的朋友关于地点和菜单的次规划是相一致的，因为我们始终以这种习惯性的方式充实我们的共享规划。

人们禁不住会说，我们过去的实践引导我们采纳了一个关于地点和菜单的“规划”。毕竟，我们把轮换地点和晚餐三部分视为一起做晚饭的正确方式。但是我认为我们要抵制这种诱惑，因为我们的习惯不是为了解决关于正确行动的问题而被制定出来的，相反它们是自发地出现的。我们每个人各自发现遵循以往实践的模式是有益的，并最终将这种方式确定下来。〔14〕

当意在解决应当做什么的问题的习惯性标准以一种非目的性的方式出现的时候，我不会把它们称为“规划”，而是“类似规划”的规范。〔15〕尽管它们不是通过规划制定的过程而产生的，它们却是类似规划的，因为它们做了规划通常要做的事情：它们节省了审议成本，弥补了认知缺陷，并组织了参与者之间的行为。它们与规范类似，也由人类行动所产生和维持，所以不同于其他规范，比如道德和逻辑规则。此外，它们也典型地具有部分性和等级性特征。我们轮换地点的习惯并没有具体规定我们应该在每个人家里出现的时间。如果我们通过设定时间来充实这个习惯，那么这个决定就像次规划一样发挥作用，即规定了我们藉以实现轮换地点之目标的手段。最后，习惯性规范意在做规划声称要做的事情，即解决应当做什么的问题。

尽管有些习惯性标准可能只是类似规范的，不过我还是认为它们有资格成为共享规划的一部分。因此，共享规划不需要只包含规划，它们也可以把类似规划的规范吸收进来。只要这些规范被群体成员所

〔14〕 很多这类的习惯是合作惯习，但并非全部都是。举例来说，我们不认为我们的“晚餐三部分”习惯视为对合作难题的专断性解决方案（我们没有人愿意参与到需要煞费苦心的烹饪活动之中），因此，这个习惯不是一个合作惯习。

〔15〕 只有声称解决应当做什么的问题的习惯性规范是类似规划的。举例来说，在美国，家庭成员会在感恩节团聚，这是一个习惯性规范，但这个规范并不解决感恩节应当做什么这个问题。因此，感恩节团聚的习惯性规范不是一个类似规划的规范。

接受，并被视为规定了他们参与共享活动的途径，那么它们就是共享规划的一部分。

引入等级制

尽管采纳政策和培养习惯的确减轻了与规划聚餐相关的一些负担，然而我们被迫每周进行大量的审议和协商来组织我们的俱乐部会议。为了更彻底地降低规划的成本，我们决定让一个人负责为我们其他所有人制定整个聚餐规划。在这一周"主厨"会指示"副厨们"应该做什么和买什么；何地、何时以及如何做饭，等等。我们决定随机地选出我们的领导：每下一周的主厨就是在每周晚餐结束后抽到最长的签的那个人。

不出所料，大部分规划问题都消失了。当我是主厨的时候，我能够在无需担心如何赢得争论、达成协议或建立共识的情况下，为共享活动做出规划。无论我的朋友是否同意我，我可以直接让他们做我认为他们应该做的事情。也就是说，我可以**命令**他们这样做。类似地，如果我是副厨，我就不需要征召其他人来充实我们的共享规划。我只需泰然处之并从主厨那里领受指示。诚然，这个方案并没有让我完全解脱规划的责任。主厨不会完全地规划出我的行动，因此我需要对适用于我的共享规划的缝隙进行充实。

当主厨命令副厨去做某些行动的时候，我们可以说他为副厨"采纳了一个规划"。通过发布这个命令，主厨使副厨处于一个规范的约束之下，该规范意在引导他的行为，并被用来作为评价的标准。此外，主厨并不意愿他的命令被视为副厨规划要做什么的时候新增的一个考量因素。相反，他意在运用它以利于他的方式解决这个问题。

因为，副厨接受了这个等级关系，他会把这个命令的内容接纳为他的规划，并修改他的其他规划，以使它们与这个命令相一致。他会把这个命令视为仿佛是他自己制定和采纳的，并因此愿意适用和遵守这个命令。

因此，通过设立等级制，我们“垂直地”进行了劳动分工。我们每个人不再是进行彼此审议或协商，而是把为我们制定共享规划的责任委托给一个人。当接受副厨的角色的时候，俱乐部成员就交出了他们进行规划的专有权力。更精确地说，当副厨们接受这种从属地位的时候，他们就**运用**他们的规划权力，把规划活动的不同阶段外包给了主厨。他们不再制定和采纳他们自己的规划，而是接受了一个让他们遵从某个其他人的规划的规划。反过来，如果我们中的一个人承担了主厨的角色，那么我们就同意扮演群体其他成员的规划者的角色。我们不只是为自己的事务而规划，而是为其他人制定和采纳规划。

在这个语境下，把等级制视为行为组织的重大技术进步是可能的。通过在制定规划的人和完成这些规划的人之间进行劳动分工，群体成员不再一方面限于进行费劲的商讨和不愉快的争执，另一方面限于即兴活动的不稳定尝试。当关于如何正确开展的疑问和分歧产生的时候，上级可以通过发布命令，并因此改变下级应遵守的共享规划，从而迅速地和省力地解决这些冲突。换句话说，领导是有用的，因为他们是高效的“规划机制”。他们可以简化复杂问题、解决争端和消除专断性，而无需再进行成本高昂的审议、协商和讨价还价。

自我调节的共享规划

然而，等级制不只是制定共享规划的高效工具；它通常也是共享规划的结果。比如说，在聚餐的例子中，我们的共享规划的一部分授权群体的一个成员为其他人采纳规划。因而，在我抽到最长的签之后而成为主厨的原因是，我们的共享规划授权最长签的抽到者为群体做规划。

那么，在涉及等级制的共享活动中，共享规划是自我调节的（self－regulating），也就是说，它们调节着自身制定和适用的方式。共享规划的一些部分授权群体的一些成员充实或适用共享规划的其他部分。在群体成员同意交出他们的专有规划权力，并承诺遵守被授权之成员制定和适用的规划的时候，这些“授权”就被人们接受了。因此，当共享规划所授权的某人发布一个命令的时候，他因此就扩展了这个规划，并给与群体成员新的次规划来遵守。

当然，有人为其他人采纳一个他们应遵守的规划这个事实，并不意味着从道德视角来看那些人**应当**遵守。这个规划可能是愚蠢的或邪恶的，因此，除非不遵守伴随的是实质性的代价，否则受众从道德上不应该执行它们。然而，如果受众已经接受了规定等级制的共享规划，那么从工具理性的视角来说，他应当遵从这个规划。因为如果有人服从另一个人的规划，却忽视发给他的命令，那么他就是以一种与他自己的规划不一致的方式而行动。他的不服从就会与他要服从的意向存在直接的冲突。

尽管对等级制下的从属地位的接受产生了服从的理性要求，当然也可能是这种情况：参与者一开始对共享规划的默认就是非理性的。他们的上级可能是无知的、不道德的或不负责任的。然而，经常会有好的理由让人们服从。比如说，其他人可能会在群体应该做什么的问题上比这些下级知道的更多，因此可以受托来将他们引导至正确的方向。我们也已经看到，共享活动的复杂性和争议性不仅增加了规划的益处，也增加了它的成本。通过在采纳规划的人和适用并执行规划的人之间进行垂直的劳动分工，参与者能够解决他们的疑问和分歧，而无需进行高成本的审议和协商。我们也不应忽视的是，个人在共享活动中可能会接受从属角色，因为他们没有其他可行的选择。他们可能急切需要一笔钱，或者担忧如果不这么做就会受到伤害。即使在面对经济和身体制裁的情形中，一旦个人形成意向，将上级的命令作为自身规划的王牌，那么他们就改变了自身的规范处境，并理性地——即使不是道德地——付出努力来完成它们，除非有好的理由立刻出现，迫使他们重新做出考虑。

大型共享行动的规划活动

尽管将规划的权力集中于少数人手中，对于小规模共享行动来说通常是有用的，但在大量个体一起行动的时候，它是绝对必不可少的。一方面，共享活动的复杂性、争议性和专断性会随着群体参与的规模而增加，这导致规划的需求和成本也相应地提高。如果没有采纳和适用规划的节约方法，那么群体成员是不可能通过纯粹的即兴活动或群体协商和讨价还价而能够自我组织。更为重要的是，等级制是必要的，因为存在使群体成员负起责任的需要。如果在一个规模可观的群体中共享一项活动，那么致力于成功完成该活动的人必须采取一些方式，来引导和监督那些未能分享他们的热忱的人。

我们会看到，我们所探讨的规划和等级制的简单形式，对于这些更大型的任务是不足够的。要管理大型合作行动的实例，人们必须水平地进行劳动分工，发展密集的规划网络，建立精致的规划结构，以使参与者能够在不熟悉的和挑战性的情势中稳操胜券，其他人可以制定蓝图。

规划与疏职

时过境迁，烹饪俱乐部变得红火起来，所以有一天我们中的一个人建议我们创办一个餐饮公司。为什么不通过做一些我们无偿参与且乐在其中的事情来赚点钱呢？我们都认为这个想法很吸引人，因此决定把烹饪俱乐部变成烹饪俱乐部有限公司（Cooking Club Inc.）。

我们最初的经营取得了巨大的成功。口碑将这个消息迅速传播开来，很快我们就不能满足饮食服务的需求。我们知道我们必须雇佣更多的工人来帮助我们经营。然而，以这种方式扩展我们的生意，要求我们改变经营生意的方式。因为新的工人对餐饮业的复杂性知之甚少或完全不知，因此，他们的工作要富有成效，我们就必须给他们详细的指导。

但是，缺乏餐饮经验这一点不是迫使我们为他们做规划的唯一理由。不同于烹饪俱乐部的创始人和所有人，相当大比例的工人并不为实现生意兴隆而尽心竭力。很多人只是表现得很有抱负的样子，等待着他们的长假，且只关心拿到他们的薪水。因此，依赖于他们去自我管理，会是很愚蠢的。如果只要他们看起来可以提供帮助就能得到报酬，那么没有理由可以认为他们实际上是有帮助的。他们在这项工作中疏于职责，所以他们不会去做真正需要他们做的事情，如果这样做费时费力的话。

对此，自然的解决方案是，让关心这项事业之成功的那些人来引导不关心的那些人的行动。我们都读过亚当·斯密的著作，知道劳动分工所带来的生产率的提高，所以我们决定分配给每个工人不同的角色，比如厨师、洗碗工、服务员、司机、调酒师和会计员，等等。我们预计，专业化的益处会是相当可观的：我们不是教导员工如何完成每一种任务，而只是训练每个人做好一种工作；因为每个工人只做一项工作，他们能够提高他们的技能；鉴于工人只待在自己的岗位上，他们就不会浪费时间在一个任务跟另一个任务之间往返；既然每个员工都被分配到一项特定的任务，我们就能够确定谁是负责任的，及应该因工作中的缺陷而承担责任。

为了在水平方向上进行劳动分工，我们采纳一些政策，来引导员工以特定方式行动或不行动。举例说，调酒师政策这样规定："在工作中，调酒师要站在酒吧后面，配制顾客所要求的酒水。"除了这些角色的具体规定，我们也采纳全公司范围的指令，比如"服务员、厨师和调酒师必须穿烹饪俱乐部公司的制服"，以及"所有雇员在使用完洗手间之后必须要洗手"。

既然分配角色的政策具有高度一般性，我们进一步采纳了一些政策，帮助引导员工适用它们。举例说，我们提供给调酒师一本关于饮品配方的书。这些配方规定了混合不同酒水的"正确"方式。比如，当一个顾客要求血玛丽酒（Bloody Mary）的时候，调酒师就应该通过把血玛丽配方作为他的指引，来执行这种调酒师政策。如果调酒师不使用这个配方，他就没有正确地履行他的职责。

我们把这些类型的政策称为**规定**（stipulation）。规定并不要求它们的受众相信这些规定的陈述是正确的；相反，他们只被要求为了适用特定的规划而**将它们视为正确的**。假定血玛丽酒的配方使用芒果蜜（mango nectar）。调酒师不需要相信血玛丽应该用芒果蜜而配制。相反，他应该把这个规定的配方视为配制血玛丽的正确方式，这只是基于为顾客配制酒水的目的。另一个规定是顾客总是对的。无论顾客实际上在一些事情上是否能得到辩护，员工应该为他们的工作考虑，而将顾客的任何主张都视为对的。

除了规定，我们也发布了**因素分析法**(factorization)。因素分析法具体规定了在规划如何行动时应纳入考虑的那些因素。举例来说，我们指示员工要有成本意识。这个规划要求员工重视不同行动的成本，并部分地基于这个考虑而采纳规划。像规定一样，因素分析法并不要求它们的受众事实上重视规划所具体规定的那些因素；相反，它们只要求他们基于他们的工作的考虑而**把它们视为有价值的**。

除了指引规划制定和行动的规划，我们也引入了**许可**(permission)。许可最好被理解成“反指引性的”：它们并不指引员工做或不做出任何行动；相反，它们告知受众他们没有被要求做出或者不做出某些行动。因此，将剩菜带回家的许可指示员工，他们没有被要求将剩菜留在公司，知道此事对于担忧将食物带回家可能被禁止的人来说是很有益的。

这些一般的规划、规定、因素分析法和许可构成了一起经营餐饮生意的共享规划的次规划。它们的功能是引导和组织群体的行为。员工不再是需要自己设计一个共享规划，而是每个人只需诉诸为他们制定和采纳的共享规划的部分。我们所公布的政策也承担着至关重要的监督功能。一旦它们被采纳和发布出来，责任的界限就变得清晰，这使得员工难以逃避责任或把失败归咎于无知。如果他们不按照规划规定的方式来承担指定角色或履行职责，他们就应该就他们的任性所带来的疏忽、灾祸或损坏而承担责任。

分散化的（decentralized）规划机制

将角色分配给员工，部分地弥补了我们对他们的不信任，但这绝不是足够的。尽管被采纳的指令确定了基本的劳动分工，大部分操作细节仍然未得到解决。此外，鉴于员工对我们的成功漠不关心，我们需要一种检验方式，来确保他们的确是各司其职。不幸的是，我们不能组织和监管每一天的经营，因为有太多的问题要解决，有太多的活动需要监督。我们能够分配角色并制定制度目标，但我们的群体行动太过迟缓和笨拙，以至于不能有效地监管每一天的生意形势。

因此，所有者发展出了一种更为精致的垂直劳动分工。首先，我们授权一些我们认为可信任的个体为公司的每天运营采纳详细的规划。他们被授权去决定谁担任哪项工作，在餐饮区域卡车应停放在什么位置，在用餐过程中什么时候上汤，等等。第二，我们指示他们监督员工。换句话说，他们把公司政策“适用”到员工身上，以查明他们是否正确地执行它们。如果他们没有，我们就指示这些监管者通知那些出问题的员工，并合理地要求他们正确地完成工作。

通过委任这些监管者，我们**分散**（decentralize）了群体规划的过程。现在指令不再是专门从中心发出，而是存在着多重的规划机制，在一个分散式的基础上制定和执行公司的共享规划。当监管者为每日的运营制定新的规划的时候，他们就进行了分散的规划采纳；当他们用现有的公司政策来评估员工行为的时候，他们就参与到分散化的规划适用之中。因为分散化的存在，关于应采纳的最好规划或适用现存规划的恰当方式的疑问和分歧就不需要再经由我们处理。我们也不需要再监管生意的每个方面。更贴近这些行动以及值得信赖的局部监管者能够解决冲突，并以灵活的方式对行为进行监管。

为了分散我们的规划等级制，我们采纳了各种各样的**授权**(authorization)。因此，授予监管者适用规划给其他人之权力的授权可以表述如下："监管者有权力适用那些指向员工的公司规划。"通过接受这种授权，员工基于适用公司规划的目的，而承诺把他们的监管者关于公司规划之适用的判断视为正确的。

我们也采纳具体规定监管者如何实施被授予之权力的规划。因为缺乏一个更好的术语，我就把这种类型的规划称为**指示**(instruction)。举例来说，一个指示要求监管者在因为员工没有遵守公司政策而扣他工资之前先发一个警告。这个规划有如下形式："为了扣罚员工工资，监管者必须首先发布一个警告。"这个指示并不要求监管者实际上要发布一个警告；相反，它规定了监管者要想有效实施扣工资之权力所应遵守的恰当程序。因而，如果监管者未能发布一个警告，工人就不能被扣发工资。

授权、指示、规定和因素分析法是特殊类型的规划。与对行动进行管理的调酒师指令或吸烟许可不同，这些类型的规划引导规划活动。授权具体说明了**谁**要做规划，而指示、规定和因素分析法则具体说明了**如何**做规划。我们可以说这些规划是"规划活动的规划(plans for planning)"。它们构成了共享规划的自我调节的部分，具体说明了共享规划形成、采纳、适用和实施的方式。

伴随着这种新的等级结构的诞生，我们的共享规划现在有了双重功能：它不仅弥补了我们对员工的不信任，也利用了我们对监管者的信任。通过授权监管者为员工制定规划，我们能够集中精力于餐饮业务的其他方面，因那些可信任的个体会照管好公司而感到心安。

影响规划

我们授予监管者的一种权力是雇佣和解雇员工。但是这种权力不同于采纳和适用规划的权力。如果监管者因为服务员对顾客无礼而解雇他，他并没有直接地告诉任何人做任何事：他只是让服务员离开。

当然，通过解雇这个服务员，监管者影响了公司几个规划的适用性。比如，会计不再需要支付工资给这个被解雇的雇员，其他雇员也不会允许他进入厨房。因此，我们可以说，解雇雇员的授权涉及到**影响**先前存在的公司规划的权力。

冒着些许不自然的风险，我会考虑一种授权的实践，该授权影响了规划，使它成为一种新形式的规划活动。因为尽管对规划的影响并不涉及到任何新规划的制定，但它在功能上是等同的。当某人以被授权的方式影响规划的时候，他造成了与他自己采纳一组新规划相同的规范结果。实际上，影响先前存在的规划比起采纳新规划，通常是组织行为的更有效的方式。监管者无需分别指示会计不付给服务员工资，其他雇员不让他回到厨房，等等，取而代之的是通过解雇这个服务员来实现相同的目的。

现代性与大型共享行动

我们已经看到，对于经营一个由缺乏经验和热忱的个体所组成的大群体的挑战，我们回应的方式是要求他们把大量的规划权力移交给我们。通过接受这个共享规划，他们不仅承担了特定的角色，也在他们的规划与监管者的规划相冲突的时候，转让了他们采纳和适用规划的权力。这种密集的水平和垂直劳动分工以这样一种方式引导着员工的行为，以至于他们最终都能按照我们所希望他们的那样去工作。这种方案的魅力之处在于员工自身一点都不需要关心如何帮助我们；他们的兴趣可以只体现在赚足够的钱以迎接下一份工作。他们也无需理解整个事业如何结合在一起。只要他们做他们被要求做的，我们的生意就会兴隆。

个体可以在一起工作来追求他们并不看重的目的，这一点在理解现代世界是如何可能的这个问题上至关重要。因为社会生活的庞大规模是我们每天生活中所面对的这个世界的显著特征。企业法人、消费合作社、工会、研究性大学、慈善组织、专业协会、现役部队、政党、宗教组织、政府和法律体系，更不用说那些借助数字网络化的信息和通讯技术而成为可能的合作企业（collaborative venture），比如维基百科、大型多人在线网络游戏（MMOG）、开放源代码软件和互联网本身，都利用群体行动来实现特定目标。我们可以说，现代世界是由“大型共享行动”——群体的行动——所定义的世界。

因为现代世界也具有多样性的特征，大规模事业要配备都致力于实现同一目标的个体，可能性微乎其微。举例来说，烹饪俱乐部公司就不能找到足够忠心耿耿的人来担当职务。最终而言，我们只好依赖于那样一些人，他们愿意做我们所要求的，但仅此而已。在现代世界，疏于职责与大型共享行动通常是形影不离。

我们已经看到，在面对参与者疏职的情况下，共享行动实际上是可能的。要让群体在一起行动，他们无需意图实现共同事业的成功。他们只需要共享一个规划。那个规划反过来能够由意图实现共同活动之成功的人来发展。只要参与者接受这个规划，意图承担他们的角色，和平地和开放地解决他们的争论，并且这些都能成为常识，那么他们就是有意向一起行动。

诚然，有一些参与者可能会是无动于衷、懒惰、自私、误入歧途、叛逆，或者在一些情形中，想独善其身，因此他们不会致力于完成规划中属于自己的部分，或者让其他人来做，除非他们被强迫来做。在这些情形中，唯一的替代方案是指示其他可靠的人强制那些不可靠的人执行群体政策。

然而，在大型共享行动中，疏于职责的参与者的普遍存在要求我们进一步修正我们对共享行动的主张。上面提供的建议要求**所有**参与者都接受这个规划，从而使规划被他们共享。然而，只有涉及最小规模群体的共享活动才能实现规划的普遍接受，即使是在一些参与者随时准备强制要求其他人实施规划的时候。这里应该施加的唯一要求是，根据共享规划应该参与其中的**大多数**成员能接受该规划。这个“大多数”是刻意模糊的，因为被阐释的概念也在同样的意义上是模糊的。

尽管参与者的疏职并不会挫败共享行动的可能性，但烹饪俱乐部公司的例子表明，它的存在给规划者带来了组织上的问题。因为疏职的参与者通常并不致力于实现共享活动的成功，他们可能需要得到如何行动的详细指导。创造出等级制结构来解决冲突和监督人们的表现，也是必要的。最后，那些处于监管位置的人可能需要得到授权，通过施加制裁来执行群体的政策。我们可以看到，规划是处理异化所产生的不信任的有力工具。因为在这种环境中的制度设计的任务就是创造一种实践，**这种实践对于规划，以及规划的采纳者、影响者、适用者以及执行者来说是如此厚重（thick），以至于疏职的参与者最终会与恪尽职守的参与者以同样的方式而行动**。这个事实——共享活动通常可以具有这样的结构，以至于参与者会意图实现不是**他们自己的**

目标的那些目标——解释了我们所生活的世界中大型共享行动的普遍性。

生活在一起

我们这一章开始于探讨个人规划，以及我们为何需要它。我们看到，人类规划他们的个人行动，因为他们通常追求一些目的，这些目的只有在时间流逝中按正确的次序而采取几种、有时是多种不同的行动才能实现。我们要实现复杂目的的欲望，超出了我们持续审思和在每个时刻都能做出最佳选择的能力。我们通过提前思考最佳的行动方案并加以选定，然后在执行的时候依靠这个判断，来弥补这种认知缺陷。

我们接着探讨了小群体为什么要以及如何规划他们的共享活动。除了复杂活动施加给我们的审慎要求，我们看到共享活动要求其构成性行动以特定方式加以协调。当涉及到复杂的、争议性的或专断的活动的时候，完全即兴地形成次序的尝试将难以产生协作类型的行为。群体规划是简单即兴活动的一种改良，因为它使得参与者能够控制行为，并使他的行为能被其他人所预知。通过共享一个指引行为的蓝图，群体成员不再需要猜测他们应该承担哪些部分。

尽管共享规划对于共享活动的成功来说通常是至关重要的，我们也看到它们的制定成本是高昂的。因此，我们进一步检讨了几种策略，参与者通常用它们来降低他们的规划成本。采纳政策使得参与者能够在整体情形下引导他们的行为；发展习惯使群体能够利用类似规划的规范来解决关于如何行动的问题，而无需任何人为了群体而制定或采纳这些规范；而把规划权力强化和集中在少数人手中，避免了很多人对于如何贯彻共享活动而进行审议、协商和讨价还价的需要。

我们也考虑了大型共享行动所产生的挑战。我们看到共享活动的复杂性、争议性和专断性随着群体规模的扩大而增长，直至到了这种程度：规划和等级制不仅是可欲的，也是完全必不可少的。但是大型共享行动带来了小型行动通常不会面对的规划压力。随着群体扩张，有些成员从共同活动中疏离的几率也在增长。发展出密集的规划网络，授权给可靠的个体从而使他们成为分散的规划采纳者、影响者和适用者，这些做法对于把正确的行动指引以及承担责任的标准提供给那些不可靠的参与者来说，是至关重要的。最后，大型共享活动是可能的，正是因为共享规划能够利用信任的优势，同时弥补不信任的劣势。

我会以指出另一种情形来结束这个对规划的长篇讨论。在这种情形中，群体成员互相制定规划。举例来说，大部分室友拥有关于他们如何在他们的共享住处内表现举止的政策。这些政策通常是禁止在晚上播放喧闹的音乐；要求人们履行特定的清扫义务和责任；规定谁必须购买公物，比如厕纸、黄油和啤酒；确定他们离开房间后钥匙应放的恰当位置；等等。尽管这些规划中有一些管理着共享活动（比如，为房间准备必需品），其他规划只是关注了个人追求（比如，深夜在房间里播放音乐）。

为什么在共同生活中规划需要对个人行动进行管理，这一点并没有什么神秘。当人们占据着相同的空间，享受共同资源的时候，特定行动方案会导致个人追求之间的冲突，尽管其他人会避免它们。要确保生活在一起的人们不会破坏彼此的目标，规划通常是必要的。

在涉及到个人行动和共享行动的情形中，在共同环境中管理个人追求的规划旨在利用长远考虑的益处。首先，规划使群体成员能够想出最好的方式来避免冲突，因此减少动辄就要商议如何躲避麻烦的需要。其次，他们使群体成员能够预见到会给其他人带来消极影响的可能的错误选择，并在它们发生之前予以避免。

正如我们在共享活动中所看到的，规划在公共环境中也是有用的，因为它们能够协调复杂的、争议性的和专断的环境中的行为。社会生活呈现出数之不尽的关于个人性和社会性权利和责任的伦理困境。人们不仅对一起生活的恰当方式有疑问，更为可怕的是，他们通常也发现他们也对这些疑问应该如何解决相互争执。一起生活的争议性，更别提它的复杂性，增加了审议、协商和讨价还价的成本，并且如果各方不能透彻地讨论他们的难题，则有产生额外的情感和道德成本的风险。

规划对于群体来说是至关重要的，因为它们能够解决共同生活中的很多伦理难题。生活在一起且面临冲突的群体成员无需为每个争端、分歧和受到的不敬行为而诉诸诉讼。他们也无需通过彼此制服或欺骗来避免这种纠葛。相反他们可以依靠基于对冲突的预见而采纳的规划。预先规划让社群成员把关于公平和他们彼此负有什么义务的问题视为已解决的，而非有待于重新审思的事项。通过这种方式他们不仅能够节约成本和提高行为的预测性，也可以促进整个社群中一种尊重伦理的形成。

第六章　法律制度的创制

社会规划的理念

二十世纪对通常被称为“社会规划”的那些活动并不友善。任何记录过去百年来社会工程计划的名单，都容易被视为某种名副其实的“人类深重灾难全记录”。举例来说，布尔什维克革命之后俄国农业的集体化，苏联的命令经济，红色高棉统治下的柬埔寨实施的“去城市化”，坦桑尼亚独立之后对农民实施的“村有化”，完全靠规划建立的城市巴西利亚，等等。[1]最起码，我们可以说那些对这些悲剧负有责任的社会规划者所造成的恶果远远超过他们的批评者所指出的，这些批评者包括卡尔·波普、弗里德里希·哈耶克、乔治·奥威尔、简·雅各布斯，以及（这要看你的政治立场）罗莎·卢森堡和罗纳德·里根。

但事实上，没有理由让这些臭名昭著的大规模公共工程代表并因此辱没一般意义上的社会规划实践。正如我们已经看到的，规划是一种卓越的且通常必不可少的方法，在社会环境中指引、协调和监督人

〔1〕 对这些极为失败的社会规划例子的精彩讨论，参见 James C. Scott，*Seeing Like a State*：*How Certain Schemes to Improve the Human Condition Have Failed*（New Haven，CT：Yale University Press，1999）。

们的行动。使得上述名单声名狼藉的只是一种特殊类型的社会规划。这些灾难性政治经验的特别之处是自负且强制推行一种未经检讨的意识形态，纯粹通过中央发布的指令，激进地变革社会。这些社会规划家们的作风就好像自己是垄断了最高的科学、技术和伦理学知识的专家，而这导致他们把自己对社会的看法粗暴地强加给每一个人。

然而，绝大多数的社会规划从本质上说并非是革命性的、集权的、自上而下的以及指令式的。事实上，一般意义上的群体规划和特定意义上的社会规划的大多数尝试，结合了集权的和分散化的机制，服务于进步和保守的目标；同时运用自下而上和自上而下的实践推理；除指令之外，也依赖授权。正如哈耶克自己所抱怨的，社会主义者绑架了“社会规划”这个术语，来表明社会主义是“处理我们事务唯一的理性途径”。〔2〕但也正如哈耶克提醒我们的那样，自由主义者同样参与社会规划。“当代规划者和反对者之间的争议……并非是关于我们是否应当运用预见性和系统的思考来规划我们共同的事务，而是关于这样做的最佳方式是什么。问题在于，基于这个目的，强制性权力的所有者是否最好应该在一般意义上将自己限定在创造条件上，以使个体的知识和积极性能发挥到最佳的程度，从而使**他们**能够最成功地进行规划；抑或是，资源的理性利用要求我们基于某些自觉建构的‘蓝图’，而对我们的所有活动进行**集中的**指导和组织”。〔3〕

哈耶克此处的要点毫无争议地是正确的。并非只有社会主义支持国家进行社会规划。除了特定极端形式的无政府主义外，**所有的**政治理论都在某种程度上这么主张。这些理论的区别在于它们**如何**理解规

〔2〕 Friedrich Hayek, *The Road to Serfdom*, 2d ed., 37 (London: Routledge, 2001).
〔3〕 Ibid., 36 – 37.

划过程：它们把规划权威分配给谁，规划的道德目标是什么，以及何种活动应当首先进行社会规划。

在本章中，我将开始发展本书的核心主张，即法律活动是一种形式的社会规划。法律机构主张对社群拥有权威，它们通过如下两种方式为社群制定规划：告诉成员他们可做或不可做之事，以及确定谁有权影响其他人可做或不可做之事。根据这一主张，法律规则自身是普遍化的规划或类似规划的规范，由那些拥有权威为他人制定规划的人所颁布。而裁判涉及的是将这些规划和类似规划的规范运用到它们所适用的那些人身上。通过这种方式，法律组织了个人和集体行动组织，从而使共同体成员可以引入道德善，如果不这样做，这种善就无法获得或不能很好地获得。

为了推动这些主张，让我从那个老掉牙的把戏开始。我先回到前一章提到的烹饪俱乐部的故事，将俱乐部成员置于“自然状态”，并描述他们创制一个法律制度的各种理由。如我所述，共同体生活产生了对于社会规划的需要。生活在一起的人们必须能够组织共同活动，解决合作问题，化解争端，并确保个人追求不致相互妨碍。由于群体试图解决这些压力，他们发展出简单的社会规划机制。然而，这些机制的成功不可避免地导致了人口的增加，以及由此产生的进一步规划的需要。为了满足这种增长的需要，简单的机制被更复杂和有效的规划结构所取代。其最后结果就是产生了一种高度复杂的规划组织，也就是所谓的一个法律制度。

当然，我应该强调，我的主张并非是关于法律制度的演化或它们为何最初被创造出来的经验性主张。自然状态是一个用以进行哲学思想实验的分析工具，它意在使我们注意到法律的一些可能会被我们忽视的特征。通过聚焦一群对自身困境有着完美理解并且有方法解决它的人们，我们希望这能帮助我们更好地阐释通常未被完好理解的社会世界。因为正如我们将要看到的，创制一个法律制度的压力并非只在这个特殊的虚构环境中才有。任何中等规模的人类社群将会经历类似的对社会规划的需求，而这只能通过高度复杂的规划采纳和适用技术方能实现。我们可能不会基于同样的理由去刻意地重视法律，但这个故事使得我们能够意识到我们是不经意地这样做，或者至少说我们应该这样做。

接下来我的目标依然是建立在上一章的讨论的基础上，我会说明，**规划技术**，甚至被法律所采纳的那种高度复杂的规划技术，**能够只通过人类行动而建构起来**。换言之，为了建构和运行一个法律制度，人们无需拥有道德正当性来施加法律义务和授予法律权利：人们只需要有能力去制定规划。因此，法律的存在反映了这样的事实，即人类是一种规划性的物种，天生具有认知和意志能力，并且拥有为了实现高度复杂的目标，而在时间流转和人际互动中组织自己行为的倾向。

私人规划

烹饪俱乐部有限公司最后变得如此成功，以至于华尔街也来与我们接洽，并提议让公司上市。由于无法抵挡肮脏的财富的诱惑，我们同意将公司上市。我们将在管理层上依然参与公司事务，但我们亲自烹饪的日子就此终结。

然而结果证明，在跨国企业中担当行政职务所带来的激动是非常短暂的。我们中没有一个人进入餐饮行业是为了在企业办公室中爬纸堆。我们很快决定卖掉所有的股份，移居到南太平洋上一个无人居住的小岛，组建一个新社群。脱离了短暂的企业职业生涯之后，我们决定完全居住在这个岛上，相互平等关照和尊重，避免社会控制的强制手段，并且从此之后开心生活。

我们所购买并重新命名为“库克岛”的小岛，看起来是一个打猎和采集的理想场所。此处居住着野猪、鹿和猎禽，并且有大量不同种类的水果，极多品种的野生粮食作物和谷类，以及一个有很多鱼类、螃蟹、海菜的天然咸水湖。我们在春季搬进库克岛，搜集到大量的食物以及很多用来搭建小屋的材料。

从一开始，小规模群体的规划对于我们能够和平且富有成效地生活在一起来说至关重要。我们生活的主要内容——建造房屋、搜集燃料、采集食物、准备膳食、抚养小孩、游戏和娱乐——都是共享活动，因此我们需要一种方式来组织这些活动。猎人们必须决定去哪里打猎，打什么动物，谁应该负责驱赶、射击、处理，等等。我们还需要确定看护员，当猎人们外出探索的时候去照顾孩子们。既然每个人手中都有大把时间，社群成员可以自由地相互协商谁应该承担什么任务。在这种群体规划的情形中，没有人有权威去告诉其他人应该去做什么；每个人都决定行动的方案，进而找到在这种既定方案中与其他有意参加者相互合作的途径。

不管怎样，群体性规划并非总是必需；在一些情况下，秩序是自发产生的。诸如何处倾倒垃圾，或者究竟在路哪边骑自行车这类的合作问题，通常是通过合作惯习的出现而解决的。我们发现其他人都在特定的地方倾倒垃圾，沿路的一侧骑行，而我们只是简单照办即可。没有人刻意规划——这些仅仅是通过“自生自发秩序”而发生的。

在这个意义上，我们可以说库克岛是一个**未经规划**(unplanned)的社群。所有关于成员应该如何行动的问题都是经由个人或小的次级群体的单边决定而解决的。有关哪些个体活动和共享活动应该被要求、禁止和约束的问题，并不是在共同体基础上解决的，即要么通过一致同意，要么通过诉诸权威，而是完全凭借私人安排的过程。换言之，尽管此处有大量的**群体**规划（group planning)，但并无**社会**规划(social planning)。

内化成本

尽管缺乏社会规划，我们这个未经规划的共同体中成员依然能够和谐地工作和生活在一起，经历了春季、夏季和秋季。然而，冬季是一个艰难过程。很多动物在冬季冬眠，猎禽也在此时迁徙到了北方。鱼类远离海岸以便享受能提供更丰富食物的水域。果树只有在春季和夏季提供果实，而野生谷物在冬天也不生长。我们每个人在一定程度上预见了这种短缺，各人都储备了熏肉和余粮加以应对，但食物依然不足以供应我们所有人。我们最终只能通过从内陆进口食物以继续生存下去。

经过第一个困难的冬天，我们都意识到狩猎和采集并非是一种可持续的生活方式，如果我们要继续在这个岛上存活，共同体范围的行动就是必不可少的。基于这个判断，社群决定共同经营自身的资源，并且从内陆进口种植的谷物和家养牲畜。我们共同清理出了岛上一大片土地，种植谷物品种，放养新近购买的绵羊、山羊和牛。我们不再狩猎和采集，转而务农及经营牧场。

然而，在我们有能力转向这种新的农业生活方式之前，我们必须做一个重要的选择。直到现在，这个岛依然被视为共同财产。所有人都有权获取猎禽、咸水鱼、野草莓、淡水和硬木材，并以他们认为恰当的方式利用它们。现在我们必须决定是否继续保持对资源的共同所有，以共同所有人的身份经营新的牲畜、庄稼和牧场，投入到共同的农业生产中；或者决定是否应当创建一个私有财产体系，通过该体系将动物、果实和土地的份额分配给个人，以便他们能够为自己生产食物。

鉴于库克岛上的所有居民都了解基本的经济学知识，我们知道在这种情形下经济学家会建议什么。在一个集体财产制度下，总是会存在搭便车的风险。经济学家警告说，如果每个岛民必须为供应所有人的食物而劳作，每个人都很可能倾向于做如下计算：完成我自己的公平劳动份额需要非常努力地工作；如果我不完成这个公平份额，食物只会减少一点；我宁愿吃得少一点而不用辛苦工作，而非吃得稍多一点但要拼命劳作；因此，我不应该完成我的公平份额。但显然，如果每个岛民都这样考虑并如此行事，每个人将会饿肚子。

有经济效率的决策是，把每个人从他人劳动中获益的体系，转变成每个人只从自己的努力中获益的体系。依照经济学术语，社会最优决策涉及的是确立一种安排，借此每个人“内化”其成本并从自己的行动中获益。如果我只从我自己而非其他任何人的劳动中获利，那么我将没有动力变得懒惰。因为如果我不工作，我自己将饿肚子。

为了将这种经济学见解付诸行动，我们聚集起来并参与到另一种社会规划行动之中。我们同意以社群之名，以家庭规模为基础，划分新的耕地、种子和牲畜。家庭越大，分到的东西越多。这一分配是通过采纳以下形式的规定而完成的：“为了遵守岛屿土地使用政策，X

家庭被视为圈地A，一堆种子B和一群牲畜C的所有者。”〔4〕除了这些具体规划之外，我们还采取了若干一般性政策，以规范对分配土地的使用。例如，其中一项政策允许土地所有者以自己认为合适的方式使用土地并获得收益，而另一政策禁止一个非土地所有者在未经所有者同意的情况下，从他那里拿走粮食和牲畜。第三项政策允许任何人穿过其他人的土地以便到达村庄广场，但第四项政策要求任何这样做的人如果对这片土地上的庄稼或牲畜造成毁损或伤害，则需要给土地所有者一定的补偿。

这些规划背后的主要目的在于促使每个社会成员内化成本并从他或她的行动中获益。比方说，第一项政策允许所有者享受自己的劳动果实，而第二项政策则试图通过指示非土地所有者未经他人同意时，不得从他人的农业劳动中获得好处，以此防止搭便车行为。第三、第四项政策允许在其他选项成本过高的情况下，非土地所有者可以使用他人土地，但通过要求他们对自身造成的损坏予以补偿，以促使其采取合理的预防措施。因为这些政策的主要目标就是为了防止搭便车，所以以这些政策来管理整个社群的活动势在必行。也就是说，为了实现效率，它们必须成为**社会**规划。

我们也采纳了允许财产权转移的规划。例如，第五项政策授权财产所有者转让自己的财产，而第六项政策指示动产所有者如何行使这项权力。它规定，为了转移所有权，除非双方同意其他方式，否则必

---

〔4〕以“为了遵守岛屿土地使用政策”作为这个规定的引语的原因是，这个规划并不要求该社群为了什一税的目的而认定某个家庭为所有者。正如在很多区域的真实情形是，有人被认定为所有人（拥有头衔），是为了确定谁承担损失的风险，而不是为了让他们拥有财产或对他们征收营业税的目的。

须有实物交付与接受。换言之，这些政策授予所有者权力以影响之前的四项政策。通过以适当的方式转移财产，财产所有者影响了那些受这些先前政策管理或不受它们管理的人，以及那些因此而使用和享用所转移之财产的人。

为自发秩序而规划

幸运的是，我们的共享规划实现了它的初衷。新的财产体制促成了粮食的丰收和牲畜供应的充足，并给社群提供了充足的食用和为冬季进行储备的粮食。事实上，我们每个人都拥有比自己可能用到的还要多的物资。结果是，市场出现了，岛民将自己多余的物资进行交易。

不出所料，这些市场的参与者能够根据总需求而调整他们的生产，根据总供应而调整他们的消费，而无需进行社会规划。举例来说，我们的社群并没有预先决定奶酪制造者要制造更多或更少的奶酪。相反，奶酪制造者从市场需求中获得信息。如果人们需要更多的奶酪，那么他们就更多地供应。如果奶酪的总需求不能得到满足，那么奶酪的价格就会上涨，直到奶酪的需求量和供应量达成平衡。

我们说关于供求的市场决定是在没有社会规划的条件下进行，这不应被理解成市场本身的存在是独立于社会规划之外的。因为使得市场成为可能的私有财产体系——社群成员中进行的所有权分配，规定如何对待所分配之物的政策，以及通过自愿交换来影响上述政策的权力——是**我们为我们自己**而制定的社会规划的产物。社群成员只能通过与他人交易来获得一些物资，而不能未经同意就直接占用它们，这个要求是我们的共享规划所确定的。这一规划试图通过创造有利于自

发秩序出现的条件，促成农业的大丰收。〔5〕

然而，越来越多的物资被生产和买卖，使得因灾祸导致的经济损失的可能性增加。这些意外提出了诸多关于责任的问题。假设我的牛走出了我的牧场，吃了你的一些庄稼。对这些损失我是否承担责任？或者你应该为你没有构筑篱笆而导致的损失买单？

尽管我们的社群没有关于在这些情况下的责任的共享规划，但各方发现他们能够通过私人的审议和讨价还价来解决冲突。每个人依赖一种公平感和睦邻情谊来确定如何做出一个公正的解决方案。例如，邻里间通常选择忽视由放牧牲畜导致的小规模谷物损失。因为他们意识到自己的动物也有可能给邻居的财产造成同样的损失，他们认为从长远来看这些都能持平。对于那些较大的损失，无法随着时间而平复，牲畜所有者通常感到有责任对邻居的损失做出赔偿。〔6〕

规划的供给与需求

对社会规划的需求

尽管我们的共享规划解决了重要的社会问题，它也产生了新的问

---

〔5〕此外，既然我们设计了私人财产和市场交换的制度，来增加可供社群食用的食物数量，那么我们的政策就是促进岛屿农业产出这个整体共享规划的**次规划**。它们对社群的行为进行组织，从而使共享规划的目标可以实现。那么，我们可以看到，我们岛屿上的市场活动——这种活动在传统上被认为是个人主义的范例——是一种共享活动。只要我们寻求最大化我们自己的财富对象，以实现共享规划所要求的成本内化，我们就会共同地实现食物产量的最大化。

〔6〕罗伯特·埃里克森（Robert Ellickson）的 *Order Without Law: How Neighbors Settle Disputes*（Cambridge, MA: Harvard University Press, 1991）一书，是在解释为什么社群通常能够无需诉诸法律而安排他们的事务这个问题上最权威的著作。这部分的讨论很大程度上受益于埃里克森的讨论。

题。因为结果表明，转向私有财产体系导致我们可能发生争论的事项成倍地增多。当财产归我们共有时，所有的人都被允许对岛上生活的任何方面而规划他们的行动。土地、水源、空气、动物、水果、谷物等对所有人开放。私有财产体系改变了一切，导致之前大量的资源瞬间变得稀缺。我们的共享计划已经使得所有土地以及其产生的所有物资，几乎让每个人都难以得到。此外，新的财产体系对创造和革新的激励提升了整体物资的产量，现行的所有权体系导致这些物资完全被社群中特定成员所控制。

因此，由于我们的共享规划，关于权利的问题变得非常急迫，同时也更具争议性。我们现在有动力来争论我们拥有什么，以及我们可以对它们做什么。因此，我们争论岛民是否应被授权获得新的土地，以及如果可以，他们如何能够或应该这样做。住在河流上游的所有者主张有权用水去灌溉，即使这将意味着下游农民所能用的水量会变少。下游的农民激烈地反对这一主张。在自己土地上发现水源的人主张对这种珍贵资源的完全控制，然而社群大多数人拒绝他们这样做的权利。商人主张岛民应当有谴责私物公用的能力，比方说修路，然而另一些成员，主要是农民，激烈地反对这种立场。

我们的私有财产体系不仅使得我们的社群生活更充满争议，同时也极大地增加了它的复杂性。为了努力在经济上创新，我们开始把在原初共享规划下分配到每个家庭的财产权进行分解，并把它们与创造新的权利和义务的各种承诺重新结合。通过这种方式，赠送、租赁、地役权、委托、寄售、终身财产权、借贷、转让、抵押、合伙、信托、遗嘱、流通票据，以及其他形式的契约和产权安排就形成了。然而，尽管在某些方面上取得成功，这些新举措产生出关于其所创造的规范关系的内容和范围的新问题。例如，如果一个农民与一个面包师签订了一份协议，约定在收获的时候向面包师供给一定数量的小麦，然而因为天气恶劣而颗粒无收，那么农夫是否有义务赔偿损失？如果是，那么是何种损失？如果一个农夫向他人出售一头牛，但二人并不知道，牛无法生育，那么卖方是否要返还价款？如果有人为他人盖房子，但房子的屋顶由于材质脆弱而不如村子里其他房屋耐用，又当如何？屋主能否要求一个更好的屋顶？如果债务人濒临破产，债权人能否取消抵押品的赎回权？在什么情况下，承租人可以拒绝支付租金，而如果条件不满足，在什么情况下出租人能驱逐承租人？

不仅我们的私人交易变得越来越复杂和充满争议，我们的公共工程也变得如此。比方说，我们的新经济造就了物质的极大丰富，但也造成了分配不公。因此，我们强烈要求制定一个收入再分配计划。然而，不幸的是，这个特殊的共享行动被证明是非常复杂的，且涉及太多合作难题，以至于我们通过即兴活动或小群体的规划并不能制定出来。更进一步来说，尽管我们都同意再分配方案的大致轮廓，我们对它的具体执行依然充满分歧，因此增加了私人审议和协商解决争议的成本。

在这里要引起重视的是，在库克岛上发生的怀疑和分歧都是完全真诚的。每个人都愿意去做我们道德上应当做的事——问题在于没有人知道或认同它究竟要求什么。习惯的发展赶不上争议的步伐，因为习惯发展得太缓慢，以至于不能管理快速变化的社会条件；同时也太粗略，以至于不能解决复杂的争议以及协调大型社会工程。尽管私人的协商和讨价还价能够解决一些争议，但这一过程不仅在时间和精力上成本高昂，而且在感情和道德上亦是如此。随着干涉他人追求的方式更多样，引起争论的物品更加多样，这就存在争议扩展和恶化的危险，导致各方拒绝在下一个公共事业来临时继续合作，或者更糟糕的是，使他们卷入持续和顽固的纷争之中。诸如收入再分配这样的工程是如此复杂、充满争议和专断的，以至于它们无法只通过私人规划而得以实施。

为了弥补这种私人秩序的缺陷，我们重新展开之前的社会规划实验，并把它调整为一种持续不断的共享活动。我们一周之内多次聚在一起，讨论如何最佳地处理社群内部产生的社会议题。我们的讨论不仅涉及如何组织我们的市场交易，同时也讨论如何聚集财富和进行再分配，教育我们的孩子，保护我们免于干旱、飓风以及野生动物的袭击，等等。尽管我们的审议和协商有时候是冗长的，彷佛关注的是政治道德和社会风气的重大事项，我们最终还是确定了道德上合理的规划，我们相信它会使我们在可预见的未来很好地在岛上一起生活。

共识的瓦解

然而，基于共识的社会规划的缺点很快就显明出来。它不仅消耗时间和情感，而且也极端不稳定。只有在几乎每个人都接受的时候，规划才是有用的。一旦人们开始对规划的合理性进行重新审思，规划就失去了其指引行为、解决冲突的能力，社群就必须再次开始审议和协商。

最终，随着岛上经济的繁荣和人口的激增，这种基于共识的统治方式变得令人无法忍受。经济繁荣使得它有可能承载更多的人口，同时家庭的规模也随着这种新经济容量的增长而扩张。与此同时，内陆的人们移民到岛上，以寻求更好的生活。越来越多的人参与到越来越多的互动中，越来越多的互动导致越来越多的疑问和分歧，而越来越多的疑问和分歧导致了更高的规划成本。

冲突的增加并不只是互动的增量的函数。人口的增长同样引发更复杂的劳动分工，社群成员参与到更复杂的活动之中（举例来说，奶酪制造商最近雇用了十个工人，并且与面包制造商和熏肉制造商合并成为公司，他成为大股东）。只是依靠对公平和睦邻之谊的朴素判断，已经是解决上述安排产生的复杂争议的末路穷途之举。并且人口的增长使得这些朴素的判断不会被竞争者所分享，在任何特定互动中造成的损失从长远来看也不能补偿回来。社会生活已经变得极端复杂且富有争议。社群范围的共享活动越来越无法经得起大量即兴活动的考验。

因此，一方面人口的增长强化了对规划的需求，以用来指引和组织岛民的行为。然而，这种对道德上合理的共享规划的**增长的**需求，伴随的是我们社群通过共识提供这种规划之能力的相应**下降**。我们已经无法再让每个人对解决诸多社会问题的特定方案达成一致，而且即使我们能做到，凝聚一个共识的过程所引发的时间和代价也是高昂的。

我们的困难还不止如此。经验告诉我们仅存的共享规划也并非灵丹妙药。因为为了让规划能解决诸多疑问和分歧，相关各方必须就如何执行达成一致。但不仅先前规划无法管理的分歧数量增加了，关于先前规划如何适用的分歧数量同样也增加了。然而，随着对裁判需求的增多，再一次地，提供裁判的成本也增加了。如果各方为了解决他们的争议，必须同意如何适用规划，那么解决分歧的代价将随着分歧的数量和复杂性而上升。

解决之道：等级制

库克岛居民认识到，我们对道德上合理的规划和裁判的需求，超过了我们制定它们的能力，便把目光聚集到**等级制**的理念之上。在一次周例会上，我们决定进行垂直劳动分工，将各个阶段的社会规划外包给一群可靠的岛民。首先，我们确定三个人为这个岛的首席规划采纳者。他们将作为整体而一起行动，为社群制定社会规划。其次，我们确定三名岛民为全岛的规划适用者。当岛民之间发生关于某些社会政策如何正确适用的争议，且其中一方希望解决争议时，他或她可以要求这些执行者中的一个来解决。规划适用者将自行决定岛上的政策要求哪种行动方式，并且他的决定将对双方具有约束力。

除了这种将社会规划委托给一小群岛民的垂直分工之外，我们的新等级制方案也在少数几个被任命的社会规划者之间，对规划劳动进行水平分工。新的规划授权三名成员为岛民们采纳规划，而另三名成员在人们出现冲突并寻求他们的帮助的时候，就要适用这些规范。换言之，我们的等级制涉及了规划权力的分立。此外，此规划集中了规划的采纳，但分散了规划的适用：采纳者必须一起行动才能制定规划，而适用者可以独自解决争议。只有一个主体能采纳规划，而有多个主体可以适用它们。

需要注意的是，为整个岛建立等级制的规划是一个共享规划：这是为社会规划者设计的，对他们来说易于理解的，并且他们接受了它。这个共享规划管理社会规划活动。它指引和组织社会规划者的行为，使得每个人知道他们在共享活动中应承担哪一部分。**这是一个为社会规划而制定的共享规划**。

更需要注意的是，由于该共享规划是为少数社会规划者设计的，因此是他们共享这个规划，而非全体岛民。这就意味着没有必要整个社群都接受该共享计划，以使其生效——尽管，实际上我们都赞成这个规划。由于我们认为社会规划者都是道德上正当的，我们规划允许采纳者和适用者为我们采纳和适用规划。基于这个理由，我们认为该共享规划是整个社群的“帝王规划”（master plan）。

如我们所期待的，帝王规划的确解决了我们之前所遇到的很多规划上的困难。如今社会政策只需通过采纳者宣布如此这般就能被采纳——人们无需认同这些政策自身的明智性（wisdom）。结果是，我们有了一个灵活的协议来指引和组织我们的社群活动，以及解决可能遇到的任何争议。当其中一个被任命的适用者裁定，当某一个政策被执行或违反时，他或她的判决不必被每个人都认为是明智的或正确的。判决具有约束力，只是因为它是被有权威的个人所适用。

这个新采纳的规划同样被证明是具有可持续性的。在我们的改良体系中，规划的持续性并不依赖于社群成员是否接受它们的明智性。只要它们是基于共享规划的要求而被批准，这些规划就会被规划者和一般的岛民视为具有约束力，并得到他们的遵守。

官职

不幸的是，我们的冒险故事并未就此终结。虽然岛民发现他们的原初帝王规划极大地降低了社会规划的成本，不过它只是一个粗糙的雏形，在很多重要的方面还存在缺陷。

在我看来，该规划最严重的缺陷是它被限制在一些特定的个人之上。该规划具体指出了那些得到授权为整个社群制定规划的人（也就是，“鲍勃、泰迪和简拥有为库克岛居民采纳规划的权力”），但并没有规定，如果他们因为身体或心智上丧失行为能力，或死亡而退下来的话，谁来接替他们。因此，当他们中的一个决定退休的时候，我们不得不重新考虑我们是否需要等级制，以及如果是，谁应当有权为他人制定规划。我们从这种令人沮丧的重复努力中学到的是，如果设计一些政策，创造一个抽象的控制结构，以非个人化的条款规定谁应当在什么时间扮演什么角色，将会更加便利。依据这种方式，当一个规划者退下来，另一个人可以开始承担他或她的结构性角色，但同时帝王规划本身不会受到影响。

基于这个考虑，我们制定了一些新政策，界定了各种结构性角色，并在更少个人色彩而更具备一般化的条款中，确定了角色的担当者。例如，针对规划采纳者，我们出台了三个新政策：授权形式，“采纳者有权为整个库克岛的居民采纳规划”；指令形式，“适用者在处理他们面对的案件时，应当适用采纳者所采纳的规划”；规定形式，“当且仅当一个人在岛上居住超过一年，且在最近的一次岛上选举中获得多数票时，他或她才能被视为‘采纳者’”。

这个等级结构建立了所谓的“官职”。比如说，“采纳者”这个官职，承载着多种权利和责任，这些权责随着时间而持续存在，并被归于在特定时刻获得这个职位的个人。因为对采纳规划的授权并不通过名字来挑选规划者，而是通过界定满足适当要求的一类个体来选出（例如，他们是被岛民的大多数选举出来的），所以帝王规划不必在每次新任获得给全岛进行规划的权力的时候，都要进行修正。只要这些人满足与这个官职相关的非个人化条件，他们将直接继承由帝王规

划相关部分所确定的全部权力。〔7〕

我们很快发现了官职的另一个好处。帝王规划不是要求后继的采纳者重新采纳前任所采纳的每一个规划，而是被修正为，当一个新官员接任的时候，前任官员所确定的政策应当得到遵守，除非新的继任者改变了那些政策。通过这种方式，先前官员的规划获得了一种规范惰性（normative inertia），这使得它们更具持久性。

使规划制度化

但尽管引入官职的确除去了等级制的个人化，我们很快发现它在去个人化上依然不够。例如，当采纳者希望采纳一个规划，他们必须把我们召集到村庄广场，并发布一个公告形式："在此我们指示，所有的农民在其土地上修建的栅栏不得低于两米"，或"为了解除债务，债务人必须使用贝壳"。这些公告是命令，它们指示社群遵守这些公布的政策。

毋庸置言，这种面对面的社会规划模式被证明是让所有人都感到乏味的，因此采纳者最终转向一种不那么直接的体系。这个过程包括将他们的规划书写成文，并认真考虑建议给他们的法令（edict）。如果审议的最终结果是，所有的采纳者都达成一个意向，通过支持这个法令来解决问题，那么这个法令就生效了。然后，这个文件会作为一个成文记录而被公布在村庄广场上，让所有人都看到。

这种方式的问题在于，它将一个法令的有效性与规划采纳者的个人精神状态关联起来。只有在当采纳者**意图**支持以某个法令来解决问

---

〔7〕 官职在权威规范化过程中发挥的重要性，参见 Max Weber, *Economy and Society*, ed. G. Roth and C. Witich, chaps. 11 and 14 (Berkeley: University of California Press, 1978).

题，并且意图他人的行动受其指引的时候，这个法令才是有约束力的。然而，在很多情况下，比如说，当规划冗长且复杂的时候，或者包含会导致荒谬建议的条款的时候，岛民拥有正当权利来关注所发布的法令是否真的代表了规划者的意愿。这些怀疑导致一些居民质疑他们是否事实上被要求遵守某些已公布的命令。

为了使规划更为稳健（robust），帝王规划被修订而包含进了一些新条款，它们具体规定了行使规划权力的形式条件。举例来说，为了制定新规划，帝王规划仅仅要求在投票的时候多数采纳者说“赞成”。换言之，帝王规划并不要求规划采纳者**意图**他人遵守该规划。相反，规划的采纳变得**制度化**（institutionalized）：采纳者的投票对岛民而言具有规范的重要性，而不论规划在被制定时的特定意图是什么。

通过以这种方式使我们的社会规划制度化，岛上的治理体系实现了高度的非个人化。担当采纳者官职的人不仅可以在岛民知晓范围之外采纳规划，他们还能在忽视自己履行职责时的意图的情况下这样做。只要他们遵循帝王规划所确定的程序，他们的行动就具有约束力。并且因此岛民不再需要预言规划者的意图，以获知他们必须遵守哪些规划。

作为社会规划的法律

制裁？

此刻，似乎可以肯定地说，库克岛已经发展出一个法律制度。规划者是法律官员；规划采纳者是立法者；规划适用者是法官。帝王规划是宪法，界定了他们的官职。这些官员依照共享规划所制定和执行的诸种规划乃是制度中的法律：政策性指令是施加义务的规则，而授权性政策是授予权力的规则。最后，所有的岛民都依照规划而行动。他们是守法公民。

有些人可能批评并且拒绝库克岛拥有一个真正法律制度的主张，因为它的规划并没有在不服从的情况下施加制裁。然而，在我看来，认为制裁是法律的必然要素是一个错误。一个没有制裁的法律制度并非无法想象；事实上，我们已经想象出一个。〔8〕库克岛的法律制度没有任何规定制裁的条款，但它拥有一部宪法，一个立法机关，以及法官们。它拥有授予权力和施加义务的规范。它维持秩序，对财富进行再分配，保护各方的道德权利，为私人秩序提供便利，解决合作问题，以及定分止争。这个法律制度是缺乏制裁的，并非是因为其无法施加制裁；毕竟，施加制裁只不过是要求人们采纳特定类型的规划而已。更确切地说，它不施加制裁是因为设计者并不认为制裁是必要的。全体岛民都接受群体规划的正当性，因此，大家都遵守它们。在他们犯错误的时候，他们自愿地进行改正。制裁在这样的环境下完全是无用的。〔9〕

制裁导向的理论家通常低估无制裁的法律制度的可能性，因为他

---

〔8〕 库克岛在如下意义上是无制裁的，即它既不具备法律执行人员，也没有通过要求普通公民对违法者施加制裁来把法律执行私人化。

〔9〕 格兰特·雷蒙德（Grant Lamond）在以下两种主张中做出了有益的区分，一种主张是所有法律制度必须规定制裁，以应对破坏某些规则的行为，另一种主张是所有法律制度必须授权在某些情况下人们可以使用物理性强制力。参见 Grant Lamond, "Coercion and the Nature of Law," 7 *Legal Theory* 39 (2001)。本书中的论证针对的是第一个主张，但可以很容易地加以调整以针对第二种主张，即正如库克岛的法律制度没有规定制裁，它在任何情况下都没有授权使用物理性强制力，它没有这样做，也是因为它假定这种规定原本是不必要的。

们无法想象**为什么**那样一个法律制度会存在。如果一个社群的成员即使在没有法律的时候，也愿意遵从既有的社会或道德规范，那么这个社群拥有法律的意义是什么呢？库克岛的故事反驳了这种忧虑。〔10〕岛民发展一个法律制度这个决定，并非受对反社会行为的恐惧所驱动。他们在信赖彼此都会遵守他们所制定的政策这一点上没有问题。他们的问题是，他们无法制定出足够多的政策让人们来遵守。

我们已看到，库克岛居民被激发而发展出一个法律制度，这是他们打破一个潜在恶性动态的努力的一部分。一方面，岛上人口的增长导致对道德合理的政策的需求激增，以便指引和协调人们的行为。然而，人口增长同样提高了制定和适用此类政策的成本。在某些时候，即兴措施、自发秩序、私人协商以及社群共识涉及到的成本变得如此之高，以至于对政策的需求远远压倒了岛屿提供它们的能力。在彻底减少规划成本的努力下，岛民通过构建一个等级制的、非个人化的和共享形式的社会规划，以利用他们对群体中特定成员的信任。通过这样做，他们能够制定出他们所需要的政策，并且由此解决那些成本更高昂或更有风险的规划方法所无法解决的道德难题。

合法性环境

库克岛上的居民在其社群精神和道德优点的水准上可能并不典型，但他们的社会问题并非是罕见的。我们可以合理地假设，任何中型的社群都会面对这些类似的问题，比如所有权、契约义务、彼此关照的职责、适当的税率、对公权力的限制、国家强制力的正当性，等

---

〔10〕 类似的回应，参见拉兹关于由天使组成的社会和他们对法律的需要的讨论，PRN 159－160。

等。此外，正如库克岛民一样，人们会发现，完全诉诸非法律形式的规划是解决这些问题的无效率或不适当的方式。为了以一种划算的方式，或者在根本上解决成员之间的疑问和分歧，需要精致的社会规划技术，正如法律制度所提供的那样。

我将把这种使复杂形式的社会规划变得可欲的社会条件称之为“合法性环境（circumstances of legality）”。〔11〕当一个社群面对大量且严重的道德难题，而这些难题的解决方法是复杂的、有争议的或专断的时候，合法性环境就出现了。在这种情况下，规划的好处就会很大，但非法律形式的有序行为——诸如即兴措施、自发秩序、私人合意、集体共识或个人化的等级制——所带来的成本和危险也同样会很高。实际上，非法律规划的成本和风险可能如此之大以至于它们应该被禁止。因此，面对这种环境的社群有迫切的理由来降低这些相关的成本和风险。要做到这一点，他们就需要只有法律制度才能提供的精致的社会规划技术。

尽管在库克岛上，它的私有财产制度导致了合法性环境的出现，

〔11〕当然，“合法性环境”这个术语参照的是大卫·休谟著名的“正义的环境”理论。休谟主张，只有在存在温和的冲突的环境中，正义才是一项德性。他把正义的环境描述为如下情形：（1）适度的资源匮乏，（2）有限的利他主义，（3）大致的平等和（4）适度的社会相互依赖。参见 David Hume, *An Enquiry Concerning the Principles of Morals*, part I, Sec. 3 (1751)。其他哲学家添加了另外的一些条件。例如，罗尔斯主张，在人们关于好生活的观念有分歧的时候，正义也是适宜的。John Rawls, *A Theory of Justice*, 126 – 130 (Cambridge, MA: Harvard University Press, 1971). 也可参见 Hart, CL 193 – 200。规划理论并不认为正义的环境足以让法律变得有价值。因为正义的环境在某个社群中能够产生，但它所提出的正义的难题可以通过非法律形式的社会安排得以解决。杰里米·沃尔德伦（Jeremy Waldron）讨论的是“政治的环境”，在他看来，当一个群体必须在很长时间内一起行动，但持续地对管理他们的共同行动的正义原则产生分歧的时候，政治的环境就会产生。参见 Jeremy Waldron, *The Dignity of Legislation* 153 – 154 (Cambridge: Cambridge University Press, 1999)。根据规划理论，合法性环境包括政治的环境，但不限于这类环境。

但我们可以很容易想象出，同样的状况也会出现在一个共同所有权制度之中。事实上，在一个集体主义体制下，他们需要社群的群众动员以满足每日生活之所需，在这里，复杂的社会规划技术的价值将变得特别显著。正如前文所见，大型共享活动只能通过发展一个密集的规划与规划者网络才能得以运转。单纯依靠非法律方法来解决如此大规模的集体行动，最终会被证明劣于法律形式的社会规划。

一旦我们意识到中型人类社群对于引导、组织和监督行动的精致方法的需求程度，我们就开始以一种新视角来思考法律制度。根据我所称的“法律的规划理论”，**法律制度是一种社会规划制度，它们的基本目标是弥补在合法性环境下其他形式的规划的缺陷**。法律制度理应通过解决那些只以非法律手段不能解决或不能有效解决的社会问题，从而使社群能够克服共同体生活的复杂性、争议性和专断性。

当然，法律并非只是为了规划而进行规划。如果法律制度只被期望来采纳和适用规划，而不管它的方法或内容，那抛硬币能更好地实现这个任务。毋宁是，法律旨在通过以“正确”的方式进行规划，即通过以道德正当的方式采纳和适用道德明智的规划，来弥补非法律形式规划的缺陷。法律制度是其他形式的规划的改良，且因此能够在社会规划成本总体下降，并远远抵消由这种转变所导致的道德成本增加的时候，实现它们的使命。因此，制度设计的任务是确保法律过程不会导致错误的可能性如此之大，或运用的方法如此令人厌恶，以至于转向法律所带来的道德优势完全丧失。事实上，正如我们将看到的，法律制度有时候被设计来**增加**采纳规划的成本，以**降低**坏规划被采纳的风险。此处的担忧是，社会规划可能**太过**容易，以至于过度地敏感于选民短暂的激情或政客的私利。制造一些麻烦（throw sands in the gears）可以充分放缓法律制定的过程，以提高其最终的可靠性。

法律的规划理论的核心主张——法律首先且最重要的是一种社会规划机制，旨在修正合法性环境下的道德缺陷——得到两种考虑因素的支持。首先，它解释了为何我们认为法律是有价值的。举例来说，法律在现代社会中是一种不可缺少的社会工具，这是诸种政治理论达成共识的唯一一个广泛共享的假定。当我们考虑在这一情境下各种规划理论的成本和收益时，这种信念当然是完全明智的。鉴于现代生活中的复杂性、争议性和专断性，人们对于规划来指引、协调和监管行动的道德需求极为庞大。然而，基于同样的原因，让人们自己通过即兴措施、自发秩序、私人合意、集体共识或个人化形式的等级制来解决自身的社会问题，代价和风险是极大的。相反，法律制度能够以合理的代价而回应这种对规范的极大需求。因为法律规划的等级性、非个人性和共享性，它是灵活的、持续的，并能够使规划成本降低到可以有效解决社会问题的程度上。

另一方面，当转向法律而产生的规划成本的节省净额很低或者不存在的时候，我们就不会倾向于判断法律制度是必要的或甚至是可欲的。举例说，批评或者同情简单的狩猎采集者们没有法律的做法会是古怪的。毕竟，简单的狩猎采集者们通常只需要很少的规则。由于他们不进行农耕或驯化动物，他们不需要在实际的财产中存在一个固定的财产权体系。此外，因为收集而来的食物是易腐败的，狩猎采集者们的积累很少，甚至没有剩余，因此也不需要个人财产权。自愿财产交换和对财产损害的补偿的规则对他们而言并非非常有用。不仅社会规划的好处通常很低，其成本也是如此。因为当狩猎采集者们需要规则的时候，他们要么可以依靠习惯，要么直接自行创制规则。他们之间可以商讨应该如何生活并达成一些共识，或者如果失败，不满的人能够分离出去，并加入别的社群。决定规则是否被破坏是很容易的，因为首先他们只有很少的规则，且集体商议是可能的。并且当一个规则遭到破坏时，他们也不难组织集体回应。简言之，简单的狩猎采集部落通常不需要法律，因为他们通常不需要面对合法性环境，因此对复杂的社会规划技术没有补偿性的需求（compensatory need）。〔12〕

将一个补偿性的目标归于法律的做法得到了一个观察的进一步支持，即法律制度不仅可以被批评为“邪恶的”，也是“设计拙劣的”。举例说，美国《邦联条例》遭到严厉的批评，因为它们不能规范州际贸易、征税、维持军队、建立一个联邦法庭体系，等等。它们因为修正程序要求修改任何条款都需要全体同意，也饱受攻击。换言之，前殖民者准确地认识到他们的法律制度有缺陷，因为它是一个对合法性环境的不合格回应。紧随《独立宣言》之后的《邦联条例》导致了大量的复杂性、争议性和多变性，使得这个制度不能满足国家对社会规划的新需要。

法律作为一种普遍手段

根据规划理论，法律要解决的基本难题并不是任何种类的**具体**道

〔12〕 参见 Simon Roberts, *Order and Dispute* 82 – 84 (New York: St. Martin's Press, 1979)。有一些简单的狩猎采集者群体可能会处于合法性环境之中。比如，在 *The Law of Primitive Man* 一书中，霍贝尔（Hoebel）为爱斯基摩人缺乏法律权威制度这个事实而扼腕叹息。根据他的观点，规范家庭生活的正式法律规则的缺失，导致的是性接触的恰当形式方面的不确定性。这种不确定性产生了为女人而竞争的男人间的仇恨，并导致较高的杀人率。“在一个亟需男性力量的社会中，竞技性的危险摧毁了很多男人，而这正是他们的社会所无法承受的，因此，早期社会制度所允许——实际上是鼓励——的这种残杀，造成的是额外的悲剧性的人力浪费。” E. Adamson Hoebel, *The Law of Primitive Man* 99 (Cambridge, MA: Harvard University Press, 1954).

德困境。确切地说，法律是一个更高阶问题的答案，即如何在一般层面解决道德困境的问题。当一个社群的道德问题——不管它们是什么样的问题——是大量且严峻的，并且它们的解决方案是如此复杂、富有争议或专断的，以至于非法律形式的组织行为难以指引、协调和监管行为的时候，该社群就需要法律。

在这个意义上，法律就像意向一样，是“普遍手段”。〔13〕正如意向不应该服务于特定的目标一样，法律也不应该达到或实现任何实质性的目标或价值。它们都是通用工具，使得带着复杂目标、相互冲突的价值以及有限能力的行动者能够实现一些目的，如果没有这些工具，他们将无法实现，或不能很好地实现这些目的。

邪恶品性的问题

在这一点上，值得注意的是，规划理论与一种更为传统的法律观形成尖锐的对比，后者的著名表达是詹姆斯·麦迪逊在《联邦党人文集》第 51 篇所写的：“如果人人都是天使，那么就不需要政府”。〔14〕基于这个流行的观点，法律的功能在于解决一个特定的社会问题，即邪恶品性的问题（the problem of bad character）。法律制度并非是作为一般性目的的社会规划技术，而是作为克服人性缺陷的解毒剂而被创造出来，这种缺陷使得人们不可避免地违反既存的社会和道德规范。

邪恶品性的问题可能是近代早期的经典社会契约理论的最突出主

---

〔13〕 Bratman, *Faces of Intention: Selected Essays on Intention and Agency* 5 (Cambridge: Cambridge University Press, 1999).

〔14〕 James Madison, "The Federalist No. 51," in *The Federalist*, ed. Terence Ball, 252 (Cambridge: Cambridge University Press, 2003).

题。比如说，霍布斯主张自然状态就是战争状态，因为人都是贪婪和虚荣的。[15]在他们支配他人和保护自己的欲望中，他们不可避免地罔顾互不侵犯的契约，并对那些可能首先攻击他们的人发动先发制人的攻击。洛克同样认为在自然状态下的个人，其行动会富有攻击性。[16]然而，不同于霍布斯，他不认为人们会如此麻木而不顾自然法，而是一种自欺的结果。由于人们经常偏爱自己所喜好的，争议的每一方都判断自己是正当的，并因此不会妥协。自然状态下的个人无法和平地解决冲突，他们就会诉诸暴力，从而引发长期纷争的恶性循环。与之类似，休谟认为，在缺乏政府的情况下，人们就倾向于忽视正义的原则。[17]休谟将这种不服从主要归结于非理性：人们通常严重低估未来，试图将短期利益最大化，而忽视长远的利益。结果是，他们往往无法意识到遵守正义原则所带来的利益。

对上述三位政治理论家来说，自然状态之所以是不可欲的，是因为人性在某些方面是堕落的。相应地，法律是一种必要的社会制度，恰恰是因为它通过确保个人遵守既存的规范，弥补了人性上的弱点。对霍布斯和休谟而言，法律通过强制和制裁的威胁以确保人们的服从，然而对洛克而言，法律扮演第三方裁判者的角色，对那些同意其权威的人提供公正的纠纷解决方案。

然而，根据我们之前的讨论，这种对法律的一般看法显然是存在缺陷的。因为如果法律的首要目标是解决邪恶品性的问题，我们就会认为在每个人都是品性良善的地方，法律就是不必要的。但正如我们

---

〔15〕 参见 Thomas Hobbes, *Leviathan*, chaps. 13 – 15 (1668)。

〔16〕 参见 John Locke, *Second Treatise of Government*, chaps. 2 – 3, 8 – 9 (1690)。

〔17〕 参见 David Hume, *A Treatise on Human Nature*, part II, sec. VII (1739)。

在上一节所看到的，即便社群中的每一个人都愿意遵守既存的规范，法律制度也是极为可欲的。比如说，库克岛上的居民都承诺遵守他们的共享规划，并依照道德而行动。然而，这些规范性问题的复杂性和争议性，使得该任务的完成充满困难且代价高昂。此外，很多大型共享行动的复杂性和专断性，使得社群成员无法去做他们有好的伦理理由去做的事情。即使当他们知道他们应该矫正哪些道德问题，他们也无法弄明白如何协调他们的行动，以解决这些问题。换言之，他们的纯良品质并没有消除他们对法律的需求。

规划强于利剑

根据规划理论，认为法律的功能是解决邪恶品性的问题或任何其他特殊的社会或道德困境的看法，都是错误的。当然，作为一个偶发性问题，法律服务于大量重要的社会目标。它修筑道路和桥梁，对大众提供教育、财政支持并组织共同体的自我防卫，建立市场，规制进出口，控制货币供应，统一度量衡，征收并再分配财富，仲裁和调解争议，建构国家认同，等等。它同时确保人民遵守它的规则。的确，至少在现代社会，人的堕落品质所导致的社会异常，是法律成为不可或缺的社会制度的一个原因，否认这点是荒唐的。的确，如果没有法律通过强制来维持秩序，生活极有可能是贫穷、肮脏、粗鲁和短寿的。

然而，关键的一点是，当法律恰当地解决一个特定的社会问题时，它这样做是因为在当前的社会条件下，其他的规划方法存在某种缺陷。因此，当人们需要法律来对抗邪恶品性的时候，这是因为，并且也只是因为，**在缺乏精致的社会规划形式的情况下，强制手段是昂**

贵的、低效的或危险的。要领悟这一点，重要的是要知道，法律的强制是一种共享行动，并且在现代国家中，是相当大型的一种。在一些情况下，花名册上负责执行的官员——警察、法官、治安推事、法警、办事员、典狱官、警卫以及律师——有上百万之多。我们很难想象，如此庞大的群体，在如此复杂和富有争议的环境下能够在一起行动，而无需一个广泛的社会规划网络来规制他们的行动。当异化的参与者被要求承担他们的角色，而在缺乏指引和监督的情况下，他们的担当不被信任的时候，这些内在的问题可能进一步放大。在大型语境下产生了大量的合作难题，再加上这些困难，显而易见的是，即兴措施、自发秩序、私人规划和简单形式的社会规划，不足以指引、组织和监督这类活动。

凯尔森曾经将法律描述为“强制力的组织”。〔18〕尽管我不同意法律必然运用强制力，但我同意当法律的确运用了强制力的时候，它总是组织化的。为了最大化它的实效和控制它的力量，法律通过一种相互关联设定的社会规划，对社会失范组织了一种强制力的回应。规制所有官方行动的帝王规划控制着强制力的程序维度：它选择由谁来执行法律，并确定一些程序，他们要获准使用强制力，就必须遵循这些程序。这些依照帝王规划创设的指令，关注的是强制力的实质维度：它们识别哪些行动会招致强制力的回应。法律官员知道何种行为应该受惩罚，因为其他官员发布了指令，告知了社群成员的权利和义务。当执行官员遵循这个社会规划的密集网络时，他们能够集体地行动，以使得社群成员服从。因此，尽管事实上法律官员几乎总是人口中的

〔18〕 Hans Kelsen, *General Theory of Law and State*, trans. Anders Wedberg, 21 (Cambridge, MA: Harvard University Press, 1945)（“法律是一种暴力组织”）。

少数，因社会规划而成为可能的共享行动利用并扩大了他们的权力，从而使他们能够执行法律的意志。

社会事实的首要性

我们已经看到，规划理论不仅主张法律活动产生出规划，也主张它产生于规划。法律制度由共享规划所构造，这些共享规划由官员制定出来，以使他们能够工作在一起，为社群进行规划。这些规范确定了水平和垂直的社会劳动分工，具体确定了谁有权提出、采纳、拒绝、影响、适用和执行规划，并指导他们如何参与到这些不同层次的社会规划之中。这些共享规划可被视为**服务于规划的法律规划**。

一旦我们意识到共享规划在法律中扮演的核心角色，我们可以开始处理上一章开始所提的问题。为什么人们可以主张——就像法律实证主义者所做的那样——法律和道德并不共享相同的基础性规则？为什么法律效力的确定是一个社会学问题，而非道德要探究的问题？

我希望我对这些问题的回答现在是显而易见的：也就是说，一个法律制度的基础规则构成了一个共享规划，正如我们已经看到的，确定一个共享规划的存在和内容的正确方式是对相关社会事实进行检验。如果一个规划是基于为群体的考虑而设计，以使他们可以参与到共享活动之中，并且它能被公众所理解，被该社群成员中的大多数所接受，那么共享规划就存在。因此，如果我们想确定一个法律制度的基础规则的存在和内容，我们必须只去寻找这些社会事实。换言之，我们必须只去寻找官员思考、意图、主张和从事的事情。

要进一步注意的是，共享规划的存在不依赖于任何现有的道德事实。共享规划可能在道德上是可憎的。它可能放弃对社会规划的完全控制，而交由一个邪恶的独裁者，或给予社群中特定的小团体以凌驾于他人之上的特权。共享规划可能没有获得大多数人的支持；多数被它统治的人可能极端憎恨它。虽然如此，如果规划共享的社会事实具备——如果绝大多数官员接受一个为公众设计并为他们所理解的规划——那么这个共享规划就会存在。而如果这个共享规划所确定的社会规划活动是等级制和高度非个人化的，且社群通常遵守那些依照该规划而制定的规划，那么一个法律权威的制度也就存在。

这里的关键是，由社会事实所决定这一点，并非是共享规划的有一些必要但没有也无妨的特征。共享规划**如果要实现它们的功能**，就必须完全由社会事实决定。正如我们所见，共享规划通过解决关于如何行动的疑问和争议，而被用来指引和协调行为。如果只有当特定的道德事实具备时，一个拥有特定内容的规划才存在，那么它就无法解决关于行动的正确方式的疑问和争议。因为为了适用规划，参与者将不得不进行审议或讨价还价，而这将重新制造出规划旨在解决的问题。规划的逻辑要求确定规划的手段不能重新制造出规划旨在解决的那些问题。只有社会事实，而非道德事实，能实现这一功能。〔19〕

我们已经说到，帝王规划的目的在于指引、组织和监管法律官员的共享活动。它试图克服伴随着社会规划制度的安排而来的大量复杂、富有争议且专断的问题。因为理性（和不理性）的人们可能对哪些社会问题需要调查，以及谁应当被信任去调查这些问题可能产生的疑问和分歧，所以，拥有一个能解决这些问题的机制，以使法律官员紧密配合，并将他们都引导至同一个方向，是至关重要的。为了发

〔19〕 诚然，共享一个规划的社群可能知道和认同一些道德事实，因此无需就应该如何行动的问题进行审议和讨价还价。但这并不表明，规划在这种情况下能够解决疑问和分歧；相反，既然没有需要解决的疑问和分歧，在这种情况下也就不需要规划来实现它的功能。

现这个机制的存在和内容而诉诸道德哲学，就像自然法学家推荐我们所做的那样，将会挫败帝王规划的功能。它会要求社群成员去回答帝王规划恰恰要避免的那些问题。

支持法律实证主义的这个论证，可以以一种稍微不同的方式而得到有益的说明。考虑一下叫做“规划实证主义”的一种理论。规划实证主义者相信规划的存在和内容从来不依赖于道德事实。规划实证主义毫无疑问是正确的。没人会相信规划的存在有着道德约束；即使自然法学家也将承认邪恶的规划依然是规划。比方说，恐怖分子阴谋是存在的，即使没有道德事实证立它们的存在；确切地说，它们存在仅仅是因为恐怖分子分享特定的规划。实际上，正如我所论证的，如果规划要实现他们的功能，那么规划实证主义必然是真的。只有在我们无需对规划的内容进行审思就能查明它们的存在和内容的时候，规划才能替我们进行思考。

那么，我的主张是，规划实证主义与规划理论相结合，保证了法律实证主义的真实性（truth）。由于规划实证主义主张规划的存在和内容从不取决于道德事实，我们可以得出，作为所有法律之基础的帝王规划，其存在和内容也不能取决于道德事实。此外，该规划被识别为法律规划这一点不取决于其道德正当性，相反，其法律地位取决于它具有某些形式化特征，诸如被人们共享，规制社会规划活动，以及产生高度非个人化的权力职位，由此推出，所有的法律都以一个规范为基础，这个规范的存在、内容和识别只由社会事实所决定。

法律权威的可能性

我在第二章主张，对任何法理学理论的关键性检验是其解决我所谓“可能性难题”的能力。让我们回想一下，可能性难题意在说明法律权威是不可能的。一方面，法律权威必须由法律规范所授予；而另一方面，法律规范必须由法律权威所制定。基于这两个假设，我们获得了一个经典的鸡—蛋悖论。在我们试图提出一个法律权威的主张的任何时候，我们要么进入恶性循环（权威制定出规范，而权威制定该规范的权力正是由该规范所授予），要么进入一个无限倒退（权威从另一个权威那里得到授权，而这第二个权威又从别的权威那里得到授权，等等）。

在本章最后部分，我想说明，规划理论的确为这个明显的悖论提供了一个令人信服的解决方案。然而，在这样做之前，我需要就法律权威如何由法律制度的规划而产生的这个问题多说一点。

规划的能力

根据规划理论，只要一个人获得特定法律制度的帝王规划的授权，他就拥有法律权威。尽管授权对法律权威来说是必要的，但它显然不是充分的。理由很简单：如果法律权威引发的是为他人做出规划的能力，正如规划理论所主张的，那么被法律权威采纳和适用的规范就必须是规划。正如我所主张的，规划是一类特殊的规范。它们不仅是构成嵌套结构的实体（positive entity），而且也是通过一个使受众倾向于服从的过程而形成的。结果是，除非社群成员倾向于遵守制定出来以指引他们行动的规范，否则这些规范就不是规划。

因此，人们获得授权为他人规划，并不必然导致他们实际上**有能力**为他人规划。一群可怜的糊涂蛋能共享一个规划，该规划授权其中一个人为美国军队从伊拉克撤军制定规划。但被授权的人没有能力为美国军方采纳规划，因为他不能使他们倾向于按照他的指令行动。

被法律程序所灌输的倾向显然不是一种简单的因果关系倾向；它必然和人类动机有某种程度的关联。换言之，只要法律权威能够促使其受众在通常条件下服从法律，它就有能力为他人规划。当然，并非法律权威下的每一个官员都需要有能力灌输这种倾向；毋宁是，他必然是这样一个群体的一份子，该群体通过依据帝王规划而共同做出规划，能够使多数人倾向于在大多数时候服从大多数规划。

当社群成员将法律视为道德正当的时候，对服从行为的鼓励会相对容易一些。通过把一个标准指定为用来指引和评价行为的标准，人们会认为自己有理由服从，并在正常情况下加以遵守。如果社群成员不愿意合作，法律权威可以通过各种形式的威胁，使他们倾向于服从。当这些威胁足够强大且可靠的时候，即使那些不接受法律的道德权威的人，也会有动力遵守被采纳的规划。〔20〕

法律权威与规划权威

我们已经看到，规划理论主张，在特定法律制度中主体拥有法律权威须满足以下两个条件：1）该制度的帝王规划授权该主体为他人规划；2）社群成员通常会听从所有得到如此授权的那些人。因此，在这两个条件都满足的时候，法律权威就是可能的。那么，让我们依次考虑这两个条件。

首先，共享规划授权某主体去做出规划，这是可能的吗？当然有

---

〔20〕注意，尽管授权人们为他人做规划这一点只依赖于法律官员的精神状态，但规划的能力也依赖于普通公民的精神状态。只有在社群成员足够有德性、易于顺从或胆小怕事的时候，法律权威才能够得到人们正常的服从。尝试为“悖逆的人”做规划是不可能的，在这种情况下，法律权威也是不可能的。

可能！我们已经看到，当某些社会事实条件具备的时候，共享规划就存在。一个共享计划能授权某人为另一些人做规划，只要：某人或某些人至少部分地为群体设计了这个共享规划；规划的一部分授权某主体为另一主体进行规划；这一规划能被公众所理解；社群成员接受它。当这些条件具备的时候，一个共享规划就被制定出来，并将授权某人为另一些人做规划。

根据这个说明，关于雷克斯如何成为统治者的问题，就不再比我的朋友何以在俱乐部会议中成为主厨这个问题更令人困惑不解。我的朋友得到授权为俱乐部成员采纳规划，因为我们做出承诺来服从他。与之相似，雷克斯获得法律授权为其他人做规划，是因为他统治下的官员接受了一个共享规划，该规划授权他在法律政策的采纳上扮演核心角色，且因此要求他们在规划所规定的情形下顺服于他。

最后，共享规划能授权法律官员为他人进行规划，是因为人类是制定规划的行动者，并能够随着时间推移和在人际互动中引导和组织他们的行动。我们不仅能理解他人应该如何行动以达成复杂的目标，而且我们也能形成意向，去做我们被要求做的事情。换言之，我们能够创造法律，是因为我们能够创造和共享规划。

值得注意的是，规划理论能够确保基础法律规则的存在，而不陷入恶性循环或无限倒退。法律官员有权采纳共享规划，该规划借助工具理性规范而将这些基础规则确定下来。由于这些授予理性的规划权力的规范本身并不是规划，它们就不是被任何其他权威所创造出来的。他们只是作为理性有效的原则而存在。

我们证明了授权一些主体为他人进行规划的共享规划是可能的，那么就应该考虑法律权威的第二项条件，即这些被授权者是否能够促使他们的受众在通常条件下对其服从。正如我们刚刚所看到的，这个条件的具备同样没有什么令人困惑之处。群体成员可能都接受一项服从法律的一般性政策，或把这些拥有权威者视为道德正当的。在这些情况下，法律官员对规划的采纳将产生一个理性要求，要求这些人服从。即使当团体成员没有预先倾向于服从法律的时候，官员执行共享规划各部分的承诺——该规划在成员不服从的情况下会施加制裁——足以促使一般公民来服从法律。

法律权威的规范性

根据规划理论，法律权威是可能的，因为某些种类的行动者能够1）制定和共享一个关于规划活动的规划，以及2）促使他人听从他们的规划。换言之，法律制度之所以可能，是因为某些情势可以实现，即确保法律制度的帝王规划之存在的情势，以及能够对在通常条件下社群服从这些规划的倾向做出解释的情势。

在这一节，我将检讨对“可能性难题”的这种解决方案的一个重要挑战。根据这种反对意见，规划行动仅仅说明某些个体能够为他人进行规划，并不能说明这些个人拥有法律权威，因为要想拥有法律权威，就必须有能力施加法律义务或授予法律权利。但根据这种观点，个体只有在对其他人拥有规范性权力——在某种意义上改变他人应当做什么的权力——并且其他人如果不服从就会受到批评的时候，才能拥有创造法律义务或权利的能力。此外，根据第四章的讨论，我们做出结论说，像义务和权利这样的法律概念是道德概念，那么这似乎意味着这种规范性权力也必须是一种**道德**权力。因此，规划理论无法说明法律权威的可能性，因为制定规划和促使他人服从的能力，并不必然使得为他人规划的能力是道德正当的，因此就不能产生施加义务和授予权利的道德力量。

这个批评可以以另一种方式被提出。一些自然法学家可能会接受规划理论背后的核心理念。他们可能认为法律制度的基础规则构成了服务于社会规划的共享规划。他们仅有的遁词会是，这个规划是一种特殊的规划，即**道德上正当**的规划。道德不正当的共享规划显然存在，他们在这一点上会欣然做出让步，但它们并不是法律。它们不是法律，是因为只有道德正当的规划能够授权个体施加法律义务或授予法律权利，并因此拥有法律权威。法律权威的可能性所要求的比确立规划所必需的社会事实还要多——它同样要求道德事实。

我会承认法律制度的帝王规划的规范性是非常有限的，以此开始对这个批评进行回应。尽管法律官员被理性地要求服从他们的共享规划，但同样也正确的是，那些不接受法律的人并不同样受其约束。更进一步说，一个法律制度的帝王规划可能在道德上不正当，因此不能施加道德义务给每一个人以让他们服从。

然而，我将主张，这个批评错误地总结出，帝王规划的规范性局限排除了它确定法律权威之主张的基础的能力。因为一旦我们认识到"法律的"（legal）这个词在法律话语中的特殊角色，我们将会看到，道德力量并不是使得法律陈述为真的必要条件。法律权威、权利和义务之所以可能，可以说，只是因为高度非个人化的社会规划的共享实践是可能的。

法律的内在合理性

让我们通过简要地比较一下规划理论和哈特模式，开始关于帝王规划的规范性的讨论。根据这两种理论，法律制度的基础规则，只有在法律官员采纳一种接受它们的态度的时候，才是存在的。哈特将这种态度称之为“内在视角”，这种视角是接受规则为行动的指引和评价的标准。

规划理论同样要求官员接受基础规则，作为他们存在的一项条件。但既然规划理论将基础规则视为共享规划的要素，因此这种接受是一种比哈特的内在视角更要复杂的态度。因为正如我们上一章所提到的，接受一个规划涉及到的不仅仅是承诺去做一个人承担的部分；人们还必须承诺允许他人做他们自己承担的部分。此外，接受自己的部分就是**采纳一个规划**。换言之，接受个人的部分不仅仅是承诺自己遵守规划；人们也承诺充实规划，确保与个人信念、次规划和其他规划保持一致，并且不在缺乏迫切理由的情况下对规划进行重新审思。

由于对基础法律规则的接受涉及到对规划的采纳，依附在规划活动中的独特的合理性规范必然要发挥作用。因此，一个接受自己在权威结构中的职位的官员，如果不遵守他的上级，无法充实他们的命令从而使他可以采取必要手段以满足它们的要求，采纳了与这些命令不一致的规划，或在没有迫切理由的情况下重新审思这些规划，那么他将遭受合理的批评。因为这些合理性要求在法律制度存在的时候就适用，我们可以说它们构成了“法律的内在合理性”。〔21〕

当然，法律的内在合理性是一组有限的限制，因为规划的理性规

〔21〕 我从布莱特曼那里借用了“法律的内在理性”这个术语，而他是从富勒的“法律的内在道德”这个著名短语转化过来的。参见 Bratman，“Reflections on Law，Normativity and Plans”，一篇未发表的论文，报告于 2009 年 6 月在安特卫普大学的“法律的规范性维度”哲学会议。

范只适用于那些接受规划的人。因此，坏人不能因为没有服从法律权威就受到合理性上的批评，因为他们没有接受法律。另一方面，由于大多数官员的确接受了帝王法律规划，当他们没有迫切理由而不服从法律的时候，他们就应受到批评。

形容性主张 vs. 视角性主张

尽管服从的合理性要求必然伴随着任何法律制度的存在，但我并不认为道德要求同样如此。因为没有理由认为每个可能的法律制度的帝王规划在道德上都是正当的。尽管库克岛的帝王规划确立了一个值得称赞的、被所有人承认的统治制度，但我们很容易想象，对法律权利和责任的分配会是不公平的、无效率的或荒谬的，并且被法律官员之外的所有人拒绝。我们要牢记，共享规划的存在和内容是由社会事实，而非道德事实决定的。那么，共享规划的存在所必需的社会事实将总是会产生道德上可接受的法律安排，这一点是令人怀疑的。

我们或许可以将法律类比为游戏。[22]如果一个人没有理由玩一个游戏，那么他就没有理由尊重它的规则。类似地，如果一个人没有道德理由参与或支持一个特定的法律制度，那么他就没有道德理由承认它的要求。因此，帝王规划的授权和使他人倾向于服从的能力自身无法授予道德正当性给它们所授权的人。除非帝王规划确立了一个道德上正当的统治框架，否则那些获得授权的人只享有法律权威，但缺乏施加服从的道德义务的能力。

让我们重新考虑本节开篇的那个批评。这个挑战指出，根据规划

---

〔22〕 这个类比来自于 Andrei Marmor, *Social Conventions: From Language to Law*, chap. 1 (Princeton: Princeton University Press, 2009)。

理论，从 X 拥有对 Y 的法律权威这个主张中不能必然得出有道德意义的东西。因为如果帝王规划碰巧在道德上是不恰当的，X 将没有对 Y 施加道德义务的道德权威。而如果 X 没有道德权威使得 Y 负有道德义务，那么何种意义上 X 拥有法律权威使得 Y 负有法律义务？回想一下我们早先对哈特的法律概念理论的批评。我们看到诸如义务和权利这样的法律概念最好被理解成道德概念，因为只有道德概念能够建构起限制自由、确定罪行和许可惩罚的主张。如果是这样，社会规划的存在所必要的社会事实，如何能够获得施加法律义务和权利的能力？此外，如果 Y 不接受帝王规划，那么也就没有要求其服从的合理性要求。这可以得出，根据规划理论，一个人可以顺服于法律权威，即使在他和所谓的权威之间不具备任何类型的规范性关联！

为了回应这个批评，我们应该更仔细地检讨法律权威的主张：当我们说某人拥有“法律权威”之时，我们究竟归给他什么？一种可能是，我们归给他一种道德权威。根据这种解读，“权威”这个词的意思和它在道德语境下是一致的，粗略地说，就是施加道德义务和授予道德权利的权力，而“法律”这个词发挥形容词的功能，来描述这种类型的道德权力。那么，我们可以说，特定个体凭借其在法律制度中的官员身份而拥有道德权威。我们称之为“形容性（adjectival）”解释。

显然，我们正在检讨的这个批评对法律权威的主张做出了形容词般的解释。因为根据形容性解释，道德权威乃为法律权威之必需，而既然道德不正当的共享规划不能授予道德权威，所以它们就不能授予法律权威。诚然，如果我们必须接受对法律权威主张的形容性解释是唯一可能的解释，则这个隐含意义对于规划理论来说是毁灭性的。然而我不认为我们必须如此。形容性解释的问题在于，它将法律权威和道德权威绑定在一起，从而排除了道德上不正当的法律政制的可能性。这种情况不仅是可能的，而且也是实际存在的。用三个典型例子来说，希特勒拥有法律权威，但在道德上是不正当的。因此，形容性解释无法表达所有权威性主张的完全意义，因为它不允许我们将法律权威归给那些通常被我们如此称呼的那些人。

幸运的是，存在另一种解释，允许我们将法律权威归于道德不正当的主体。这里关键是要认识到，尽管在法律权威的主张下，“权威”这个术语涉及道德权力，但“法律”这个词通常并不会更改这个名词短语；相反，它的角色是对包含“权威”的陈述进行限定。换句话说，当我们将法律权威归于某人的时候，我们没有必要归给他任何种类的道德权威。相反，我们对自己所做的道德正当性的归属进行了限定。我们说的是，**从法律的视角看**，特定个体拥有道德正当的权力。〔23〕类似地，说一个人在法律上有义务执行一些行动，不需要主张者一定要确信那个人的确负有义务去执行，也就是说，有履行的道德义务。这个陈述可以被理解为只意味着，从法律的视角看，这个人有（道德）义务去履行某个行动。我们称之为“视角性（perspectival）”解释。

因此，为了理解合法性的话语，人们必须意识到它通常扮演着一个**疏离**（distancing）的功能。它使得我们能够谈论一个特定法律制度的道德观念，而不必然接受那个观念。当然，有人会说，从法律的视

〔23〕关于“法律视角”，我极大地受益于拉兹的著作。参见 Raz，PRN 171 – 177。然而，拉兹对于法律视角的使用，是与他的超然性规范陈述理论相关联的，而我拒绝这种理论。我的批评，参见第 4 章的脚注 44。我在本章的脚注 26 中说明了我对这个概念的使用如何与凯尔森的使用相区分。

角看，鸡奸是错误的。但这个断言并不意味着鸡奸事实上就是错误的。在一些情况下，“法律”这个词表达了我们的不可知论：我们不知道或不关心法律的规范性判断是不是正确的——我们只是报告这些判断，并实际上将它们搁置在一个特殊的看不见的引号之中。在另一些情况下，“法律”这个词标识了我们对法律视角的偏离。我们可以说，鸡奸在法律上是错的，但它的错也仅仅是在法律意义上的。从我们自己的观点看，鸡奸在道德上是允许的。

法律视角

我们已经看到，视角性的法律主张并不承载道德意涵。根据视角性解读，将法律权威归于某人并不是将道德权威归给他，因此也不意味着，如形容性解读所主张的那样，他人有道德义务去服从，而不服从会受到道德上的批评。毋宁是说，它仅仅使人们相信不服从只在法律视角上应该受到批评。

那么，什么是法律视角？它并不必然是任何特定法律官员的视角。可能没有官员从个人而言接受它，尽管他们通常表现得好像他们接受它。相反，法律视角是一种特定的规范性理论的视角。根据这种理论，那些获得法律制度规范授权的人拥有道德权威，且当他们依照这些规范行动时，他们产生了服从的道德义务。换言之，一个特定制度的法律视角是一种理论，主张那个制度的规范在道德上正当且具有义务性。

代表一个制度之视角的规范性理论，并非是一种完全的道德理论。法律视角仅仅主张，法律制度的规范是正当的和有约束力的，因此在这些规范的基础上，道德问题能够得到回答；它对于如下问题则保持沉默，即如何回答无法通过这些规范解决的那些道德问题。此外，这种规范性理论从道德的视角看可能是错误的。法律制度所授权的那些人可能在道德上是不正当的，他们的行动可能不能产生服从的道德义务。一个特定法律制度的法律视角可能类似于燃烧的燃素理论：一种致力于为真的科学理论，但却错失了目标。简言之，法律的观点总是声称代表道德视角，即使它做不到这一点。

根据这种对法律权威和法律义务的解释，我们可以很容易地看到道德不正当的共享规划如何能够授予法律权威。在特定法律制度中，将法律权威归给一个主体，就是主张说，从那个法律制度的视角看，该主体是道德正当的。这种视角性陈述的解释可以表达如下：〔24〕

（1）在制度S中，在Z事务上X拥有对Y的法律权威←→从S的视角看，在Z事务上X拥有对Y的道德权威。

我刚刚说到，法律制度的视角会把道德正当性归给一个主体，只要它的规范授权给这个主体。既然按照规划理论，授予法律权威的规范乃是制度之帝王规划的次规划，那么当帝王规划授权该主体如此行动的时候，法律视角就把道德正当性归给那个主体。法律视角和帝王规划之间的关系可以表达如下：

（2）从S的视角看，在Z事务上X拥有对Y的道德权威←→S的帝王规划授权X在Z事务上为Y进行规划。

从（1）（2）中可以推导出，只有当一个特定的法律制度的帝王

〔24〕既然只有在一个法律制度具有普遍效力的时候，即社群的大多数成员通常都服从法律的时候，这个法律制度才是存在的，那么只有在制度S有普遍效力的时候，X才会对Y有法律权威。因此，法律视角只把道德正当性归给有普遍效力制度中的帝王规划所授权的那些人。

规划授权一个主体如此行动的时候，该主体才能在这个制度中拥有法律权威。〔25〕

（3）制度S中，在Z事务上X拥有对Y的法律权威←→S的帝王规划授权X在Z事务上为Y进行规划。

我们能看到，与本节开始的批评相反，法律权威主张的真并不依赖于这一制度之帝王规划的道德正当性。因为视角性解释的法律主张并非是道德主张；它们是对一种视角的描述，根据该视角，法律在道德上是正当的。在视角性解读下，只有从法律视角看，一个主体拥有道德权威的时候，它才在一个制度中拥有法律权威，而只有在它获得该制度之规范的授权的时候，它从法律视角看才拥有道德权威。因为授权给主体的规范是该制度的帝王规划的一部分，可以得出，一个主体在一个制度中拥有法律权威，是因为帝王规划授权给它。且正如我们已看到的，帝王规划存在不依赖于道德事实；它的存在仅仅是因为官员以一种正确的方式发挥了他们的理性规范能力。

需要强调的是，即使根据规划理论，法律制度的帝王规划也不足以证实形容性解释下的法律权威主张的真。因为根据这种解释，法律权威只有在政治道德原则同意的情况下，才能拥有道德权威并行使那种权力。然而，规划理论主张，帝王规划，以及作为帝王规划之基础的工具理性诸原则，是视角性解释下的法律权威的充分基础。因为在这种解读下，法律权威并不必然带来施加服从的道德义务的权力，因而也就不需要政治道德原则的认可。

---

〔25〕 正如上一个注释所提到的，只有在制度S有普遍效力的时候，X才会对Y拥有法律权威。因此，帝王规划授权某人做规划，对于他拥有法律权威来说并不充分。这个帝王规划必须得是有着普遍效力的规划制度的规划。

重访休谟的挑战

我希望在这个时候，规划理论在如何反驳休谟挑战这一点上是清楚的。因为根据对“法律”这个词的视角性解释，关于法律权威、法律权利和法律义务的陈述都是**描述性**的，而非规范性的。它们描述了法律的规范性视角。“在 S 中 X 拥有对 Y 的法律权威”这样的陈述是真的，只是因为如下陈述是真的，即**根据 S 的视角**X 拥有对 Y 的道德权威。

因为法律陈述声称对法律视角进行描述，所以法律推理的结论就会是描述性判断。因此，法律推理遵循了合格的 Dido 模式。从关于共享规划之存在或法律视角之内容的描述性判断那里，可以推导出其他关于法律视角的描述性判断。换言之，规划理论符合休谟法则，因为法律推理并没有涉及从“是”中推出“应当”，而只是从“是”中推出“是”。〔26〕

〔26〕凯尔森试图通过主张法律推理在本质上是推定的（suppositional），来回应休谟挑战。法律推理者要从一个描述性判断中获得一个法律判断，他就必须假定另一个规范性判断，这个判断赋予某些社会事实以规范意义。这个假定的规范性判断是，法律体系的基础规范是有效的。坏人可以进行法律推理，因为做出假定是简单的——任何一个人，即使是坏人，都可以假定基础规范的存在，从而得出法律判断。然而，众所周知，凯尔森的解决方案是有缺陷的，因为这种假定太过于简单。为什么有人不能假定一个基础规范，该规范授予我至高的和不受限制的权威，因此把我的行动解释为在法律上是有权威的？凯尔森坚持认为法律制度的基础规范是被实践着的，但这种要求完全是权宜性的（ad hoc）。相反，规划理论并不会面对类似的困难。根据规划理论，法律视角是这样一种视角，根据它，法律制度的授权性规范是道德上正当的。但是既然授权性规范构成了一个共享规划，而共享规划必须在被人们实践着的时候才能存在，那么法律视角只会把道德正当性归给那些被实践着的规范所授权的人。

比较

此刻我想简要回顾一下，我们对以前的实证主义者解决可能性难题的尝试所做的批评，以检讨规划理论是否能免于那些同样的批评。我讨论的第一种尝试是，奥斯丁试图把法律制度的基础建立在服从的习惯上。回想一下，我们对这种还原的做法提出了三个主要批评。首先，习惯并非是规范性活动。当某人习惯性地做某些活动的时候，他并不必然使他的行为受制于规范的评价和/或用规范性术语描述他的行动。基于这个理由，将一个法官对法律的遵守视为习惯性服从，这是很古怪的。法官不仅运用规范评价他自己适用法律的行为，并且也会用具有规范性含义的词语，如“应当”“必须”“正确”和“错误”，来表达自己的法律判决。第二，习惯性服从不能解释法律权威的连续性。一旦雷克斯一世去世，在人们对其继任者建立起新的服从习惯之前，必然存在一个空档期。然而，继任者雷克斯二世从雷克斯一世去世之时起就拥有了法律权力，而无需等待习惯性服从的建立。第三，奥斯丁还原为习惯的做法不能解释法律的持续性。由雷克斯一世制定的法律能够沿用到雷克斯二世的统治期内，尽管雷克斯一世已经不再是习惯性服从的对象，并且雷克斯二世并没有重新颁布一世的法律。

因为规划模式用规划替代了习惯，所以在解释法律活动的规范性上就不存在问题。当一个法官适用法律的时候，他是在遵循一个指示他这样做的规划。他将规划视为对他应当如何行事的决定。因此，他会很自然地用规范性术语表达他的行动。因为当人们遵循一个规划时，他们将该规划视为对应当如何行动的决定。类似地，规划完美地说明了法律的连贯性和持续性。作为法律制度之基础的共享规划设置了官职，并授予不同的任职者以权力，只要他们符合承担该职位的要求。他们不需要等待习惯性服从的生效。这些同样的规划授予以往任职者的规划以效力，从而确保他们的规划的持续性。

哈特试图通过他的实践理论解决可能性难题。根据实践理论，所有的社会规则都是实践。承认规则因此能够通过被实践而产生，因为它是一个社会规则，而社会规则正是实践。然而，我们看到社会规则的实践理论存在严重的缺陷。首先，以实践来识别规则的做法犯了范畴错误。规则是抽象的实体，而实践是内置在特定时空中的具体事件。其次，并非每一个社会实践都会产生社会规则，并且实际上多数都不会。如果社会实践不能产生出社会规则，那么哈特就没有给我们理由去相信承认规则只因为被人们所实践就能产生。

然而，根据规划理论，共享规划与实践并非完全一致。它们是为社群成员所接受，且因此成为他们意图之对象的抽象实体。此外，规划理论并不主张所有社会实践都会产生社会规则或共享规划。它只是主张，作为法律基础的社会实践是被共享规划所构建的。它是一个共享规划，是因为它的功能是引导和组织官员群体的规划行为。并且既然该规范是一个共享规划，它若要存在，就必须被那个群体所实践。他们必须接受它，并且它必须使他们倾向于依据它而行动。

我们探讨的最后一种实证主义理论是合作惯习理论。根据这个理论，承认规则类似于道路规则：它是一个合作惯习，合作惯习是行为的规律性。承认规则因而能够只是通过被人们所实践而得以产生。然而，这种理论面临着一个致命的缺陷：它对法官必须拥有的动机类型设置了太多的限制。首先，合作惯习只在参与者认为游戏有专断性结果的时候才产生。然而，认为在每一个想象得到的法律制度中，多数官员必须像对待道路规则那样对待他们的政府体系，就如从多个可接受的选项中选出一个，这个主张得不到证成。第二，合作惯习要求参与者将其他人以相同的方式行动这一事实，视为他们做出类似行动的一个**理由**。这看起来把异化的参与者的情形排除在外，即只是基于自利而非其他理由而参与这一实践的那些参与者。

相反，规划理论并不坚持官员有特定的信念或动机。他们可能认为存在一种方式，且只存在一种方式来构建政府，并且他们接受共享规划，正好是因为他们认为这个规划碰巧发现了这种参与社会规划的独特方式。或者，他们可能认为共享规划确定了最糟糕的社会规划蓝图，但完全是因为自利的缘故而接受它。只要绝大多数官员接受这个规划，发挥他们的角色，并且公开且和平地解决他们的争议，而所有这些都成为共同知识，那么他们这样做的理由就无关紧要。共享规划将会存在，并且他们依据它而进行的规划活动就是共享行动。

最后，规划理论对休谟挑战的回应，避免了人们对之前的实证主义理论的批评。正如我们所见，奥斯丁否认他的实证主义理论允许从“是”中推出“应当”，因为如“主权者”和“义务”这样的概念是描述性的（它们指向的是习惯的存在和制裁的可能性）。根据这种说明，法律推理遵循的是 Dido 模式，产生于描述性判断，并导出描述性判断。然而，这种回应是失败的，因为关于权利和义务的陈述是被用来证成和评价行为的，如果这些陈述中的概念是描述性的，那么这种角色将会莫名其妙。

尽管规划理论同奥斯丁一致认为法律陈述是描述性的，但它坚持它们所使用的主要概念是道德性的，且因此是规范性的。确切地说，法律陈述是描述性的，是因为它们描述了法律的道德视角。基于这个原因，涉及这些概念的陈述可以被用在证成和评价之中。当没有“法律”一词修饰的主张做出的时候，它们表达了具有道德重要性的命题。举个例子，说你有义务纳税，意味着你有道德上的义务去纳税。当“法律”一词被用于规范性术语前面的时候，说话者可能要么使用了这个词的形容性意义，并因此表达了他关于一个行动的道德理由的判断（这个理由来自于法律制度的运行）；要么利用了这个词的视角性解释，并因此将自己与这样的主张疏离开来。在后一种情况下，行动者并非从自己的视角，而是从法律的视角来证成或评价行动。

哈特的理论与规划理论相类似，将法律概念视为具有不可还原的规范性；但与规划理论相反，它认为法律判断同样也具有不可还原的规范性。为了回应实证主义受到的指责，即它允许法律推理者从关于社会事实的描述性判断中推导出规范性判断，哈特指出推理者可以通过采取指向社会实践的内在视角，而实践性地参与到社会实践之中。从承认规则的社会实践应当被遵守这个规范性判断中，他们可以进一步推导出关于法律权利和义务的规范性判断。根据哈特的主张，既然诸如“权威”、“义务”这样的法律概念是规范性的但非道德性的，那么法律判断就不是道德判断，因此能被那些在道德上拒绝法律的人所接受。然而，这个一般性策略的问题在于，如何解释坏人尽管没有采取指向特定的社会承认实践的内在观点，却既能运用规范性术语重述法律，又能进行法律推理。这种理论同样在解释下面问题上面临困境，即非道德性的法律概念如何能被用来引导和评价道德利害攸关的行动。

相反，规划理论并不要求法律推理者采取内在视角，来面对法律制度的帝王规划。因此，它在解释坏人如何能发现法律的内容，或法律概念如何能是道德概念这些问题上没有困难。因为帝王规划的存在是一个描述性事实问题，任何人可以接受其存在，而不管他们的规范性信念是什么。一旦一个法律推理者承认帝王规划的存在和内容，他就能够开始做出关于道德权利、义务和有效性的法律视角的描述性评估，即使他认为该法律视角从道德的视角来看是错误的。

第七章　法律的本质

翻转灵魂—城邦之类比

在《理想国》中，柏拉图试图揭示灵魂的正义的性质，他通过建构一个正义的城邦，并从后者推断至前者来实现。他做出如下推理：当一个实体在一块非常大的帆布上被描绘的时候，我们就更容易理解它的性质。“一个城邦岂不是比个人要大？……那么也许在大的东西里面有较多的正义，也就更容易理解。如果你愿意的话，让我们先探讨在城邦里正义是什么，然后在个人身上考察它，这叫由大见小。”*

在上面两章，我是以相反的方向展开讨论的。我从探讨个体如何管理他们的个人行动开始，然后转向小型共享活动的情形，继而论及大型共享行动的例子，回到家庭事务之中，最后是政治政府。换句话说，我的策略是探究人类行动的类似形式，即个体和小规模规划，然后推断至人们不太了解的例子，即大型共享行动和法律活动。

因而我们从布莱特曼所强调的一个简单的事实开始，即人类是进

* Plato, *The Republic*, Book II, trans. Benjamin Jowett.

此处翻译参考柏拉图：《理想国》，郭斌和、张竹明译，商务印书馆 1986 年版，第 57 页。——译者注

行规划的生物：我们不仅有能力做出有目的地行动，这是我们跟非人类动物所共有的，也有能力制定和执行规划。我们看到，我们对于规划的需求，随着我们的目标的复杂性、能力的有限性、价值和偏好的多元性而产生。为了实现复杂的目标，我们必须正确地安排一连串行动；为了在一起行动，我们必须能够在我们与他人的很多行动之间进行协调。行动期间的审思通常会因为选择情境中的复杂性、争议性和专断性，而有太高的成本或风险。规划引导和组织了我们的行为，因此我们能够实现那些没有规划我们就无法实现或不能很好实现的目的。

正如有着复杂目标、相冲突的价值和有限能力的社会性动物需要一种特殊的心理学，我们也看到他们需要一种特殊种类的社会结构以实现繁荣。在任何中等规模的社群中所出现的道德问题和道德机遇，无法只通过即兴措施、自发秩序、个人协议、社会共识和个人化的等级制或这些措施的结合而得以解决。只有一种精致的社会规划机制，比如法律这种等级制的、非个人化的和制度性机制，能够以一种有实效的和有效率的方式解决这些问题。我们可以说，法律在社会生活中扮演的角色与意向在个人和共享行动中的角色相同：它们都是普遍的手段，使我们能够协调个人之间和个人自身的行为。

通过翻转柏拉图的方案而由小见大，我试图证明政治政府是我们所熟知并深刻理解的那些活动的延续。我已主张，法律远非那种彻底脱离日常经验的奥秘活动，而只是在非常复杂的、争议的和专断的共同环境中的一种精致的规划设备。

在本书余下的部分，通过回到这种灵魂—城邦类比，我意在利用规划的实践知识来揭示和探讨法律的身份及其含义。我将论证，很多令人苦恼的法理学难题可以通过承认以下主张而很容易就得以解决：

法律活动是社会规划的共享活动，且法律就是规划，或类似规划的规范。我也会尝试实现第一章所做的承诺，即证明对法律性质的哲学探究如何能够帮助我们理解法律解释的实践。因为如果规划模式是正确的，那么法律的解释不是其他什么，而正是对规划的解释。要知道如何解释一个规划，通常并不需要哲学博士或法律博士学位——它是一种我们每天都会做无数次的活动。我们知道如何去做，因为我们是会做规划的动物。

在这一章，我的目标是以一种体系性和细节化的方式来发展法律的规划理论并为之辩护。要做到这一点，我会把我的方法论从建构主义策略转向比较策略。我不是从零开始来建构一个法律制度，而是会尝试把法律制度同紧密相关的一些规划现象，比如子女养育、俱乐部、有组织犯罪和分契式公寓（condominium association）等进行比较，以凸显出法律制度的独特性质。我希望通过这样一个比较过程可以证明，法律制度是非常特殊的一种规划组织，以及法律是它们所制定出来的规划，或类似规划的规范。这个主张将会反映出规划理论对于身份问题的回答：它要说明什么使得法律成为**法律**，而不是其他什么。在后面的几章中我会展示这个理论发现的实践意涵。

规划命题

法律的规划理论背后的主要观念是，法律权威的实践，我称之为“法律活动”，是一种社会规划的活动。法律机构为它们所主张权威的社群做规划，通过向社群成员宣布什么可以做或不可以做，以及授权部分社群成员为其他人做规划而实现。我们把这种观念称为“规划命题”。

规划命题：法律活动是一种社会规划活动。

规划命题的核心是这个主张，即法律活动不只是为社群成员而构思、采纳、否定、影响和适用规范的活动，它是**规划**活动。在这节中，我希望证明这个描述不仅能得到辩护，也具有启发意义。

法律的道路

我们在第五章已经看到，规划通常并不像雅典娜从宙斯的头部出现时那样，在诞生之初就是全副武装。规划者通常是从部分的规划开始，然后随着时间而慢慢充实细节。法律遵循着同样的路径。法律规制的框架很少是一劳永逸而形成的。它们通常是逐渐地由不同部分汇集而成，要么从日益完善的笼统标准和由一般性标准的发展而统一起来的细节规定开始，要么从规则的大杂烩开始，这些规则随着新问题的出现而一点点补充。

让我们思考一下美国的商业竞争法，以此作为法律规划的例子。联邦规制商业竞争的第一个主要部分是 1890 年通过的《休曼反托拉斯法案》（Sherman Antitrust Act）。例如，休曼法案的第一条规定："任何限制州际间或与外国之间的贸易或商业的契约，以托拉斯形式或其他形式的联合或共谋，都是非法的"。然而，休曼法案并没有具体规定哪些活动是"贸易限制"。它只是确立了一个非常宽泛的标准，禁止任何由契约、联合或共谋而引起的限制贸易的活动。〔1〕

---

〔1〕或者，至少这是联邦法院理解第一条的方式。在 Herbert Hovencamp 看来，法院把休曼法案看做是"'授权性的'立法——邀请联邦法院学习商业和市场如何运作，并制定一系列规则，使它们能以产生社会效率的方式运作"。Herbert Hovencamp, *Economics and Federal Antitrust Law* 52（St. Paul：West Publishing，1985）．也可参见 Frank Easterbrook，"Vertical Arrangements and the Rule of Reason，" 53 *Antitrust Law Journal* 135，136（1984）（"1890 年休曼法案让法院就贸易限制的问题补充立法"）。其他人赋予第一条更确定的内容。例如，参见 Robert Bork，*The Antitrust Paradox：A Policy at War with Itself* 20（New York：Free Press，1978）。

紧随而至的依据休曼法案而提起的诉讼，迫使联邦法院解释和发展他们所面对的这种限制性引导。比如说，最高法院判定只有限制贸易的“不合理”行为才违反休曼法案。〔2〕在接下来的案例中，法院对这个判决做了澄清，主张特定行为——协定物价、围标和市场分配方案——严重地抑制竞争，以至于它们就本身而言是不合理的，因此是非法的。〔3〕它也主张其他活动必须根据所谓的理性规则来判断，即在具体问题具体分析（case - by - case）的基础上来确定，商业活动的抑制竞争效果总体而言是否胜过了它可能具有的任何有利竞争效果。

事实证明，国会中很多人对法院提出的这个信条很不满。为了推翻部分先例，并提供更好的指引，国会批准通过了1914年《克莱顿反托拉斯法案》（Clayton Antitrust Act）。根据克莱顿法案的第二条，“严重削弱竞争或形成任何商业行业的垄断”的价格歧视构成休曼法案第一条所规定的“限制贸易”行为，而根据第六条规定，联合抵制或罢工这样的劳工活动不能被视为此种行为。国会在1936年通过了《罗宾逊 - 帕特曼法案》（Robinson - Patman Act）以提供更进一步的指引，该法案更为具体地规定，依据克莱顿法案哪些行为应被视为价格歧视，因此依据休曼法案应被视为非法的限制贸易行为。

在国会通过克莱顿法案的同一年，它也通过了《联邦贸易委员会法案》（Federal Trade Commission Act），该法案禁止所有形式的“在商业中或影响商业的不正当竞争”。这个标准比起休曼法案第一

〔2〕 Standard Oil Co. of New Jersey v. United States, 221 U. S. 11 (1911).

〔3〕 参见 United States v. Trenton Potteries Co. , 273 U. S. 392 (1927); Continental T. V. , Inc. v. G. T. E. Sylvania Inc. , 433 U. S. 36 (1977).

条所规定的更为宽泛，因为所有不合理的贸易限制行为都是不正当的竞争手段，但反过来不是。这之后的国会立法具体规定了根据联邦贸易委员会法案，哪些行为应被视为不正当的竞争手段，比如羊毛制品（《羊毛制品标签法案》）、毛皮制品（《毛皮制品标签法案》）和纺织用纤维（《纺织用纤维制品鉴别法案》）贴错标签。联邦贸易委员会法案也创造出一种新的行政机构，即联邦贸易委员会，并指示它颁布规则以禁止根据该法案被认定为不正当的竞争手段的做法。自此之后，联邦贸易委员会颁布了许多规定，包括规制羊毛制品、毛皮制品和纺织用纤维的标签的那些极为详细的规定。

因此，联邦反托拉斯法的出现并非一蹴而就。它遵循着一条主要是自上而下的道路，由多次规划行动而产生：国会以宽泛的标准开始，比如对“限制贸易”和“不正当的竞争手段”的禁止，而这些又由更为详细的标准所完善。这些更为细致的标准，比如克莱顿法案中的规定，“理性规则”，以及羊毛制品标签法案，又由罗宾逊-帕特曼法案和联邦贸易委员会的规定进一步充实。有时候，规划会朝着相反的方向进行，正如国会扩张了休曼法案中对不合理的贸易限制的禁止，从而把联邦贸易委员会法案中所规定的所有不正当的竞争手段都包括进来。

制定反托拉斯法的社会规划也遵循着一个分散化的过程。除了国会，联邦法院也在这个法律部门的发展中扮演着实质的角色。把行政权力授予联邦贸易委员会，也就是把在该领域进行社会规划的首要责任授予给它。换句话说，它被授权来采纳他认为能最佳地实现国会所确立的立法规划的那些次规划。

因为联邦反托拉斯体制的发展经过了多个年代，涉及到许多的参与者和机构，因此，这个领域的社会规划经历了很大程度的否定和修正的过程。具体而言，国会推翻了最高法院的先例，最高法院推翻了其他联邦法院的判决和它自己早期的判决，联邦法院通过实施司法审查而否定了行政裁决，国会废止和修正了先前的立法，等等。当然，联邦反托拉斯体制优位于和在很大程度上替代了州普通法对商业竞争的管理，后者已统治了好几个世纪。在这个意义上，法律规制不同于日常的、非法律的规划，后者的使用期限更为短暂，这使得它们的否定和修正是不太常见的现象，尽管不是完全不同寻常的。

普通法作为自下而上的规划

与某些形式的立法所具有的自上而下的规划特征不同，普通法推理代表着自下而上的法律规划的范例。举例来说，让我们思考一下过失侵权法的发展。直到二十世纪早期，法院主要还是满足于发展针对公民一般注意义务的非常特定的规则。义务是基于被告（成年人、孩童、盲人、有心智障碍者）的能力，被告与财产的关系（所有人、出租人、受托人），以及被告与受害者之间的关系类型（被告作为运输业者、生产者、销售者、雇主或房东；受害人作为乘客、消费者、雇员、承租人或陌生人）而进行划分。法院继而开始扩张责任标准，最后确立了现代的过失法规则，该规则主张每个人对每个其他人负有合理注意的义务。〔4〕换句话说，这些法院参与的是自下而上的社会规划。通过采纳一个加强性的（consolidating）责任标准，他们使法律规划之树上移，把先前的判决转化成更为一般的规划的次规划。

---

〔4〕 关键案例是 United States v. Trenton Potteries Co., 273 U.S. 392 (1927); Continental T.V., Inc. v. G.T.E. Sylvania Inc., 433 U.S. 36 (1977)。

普通法推理的自下而上性质由两种不同的制度性考虑所促成。第一个是这种政治信念，即法院不是进行大规模社会规划的恰当场所。合法选出的议员应当在民主社会中，而非在法院中制定宽泛的政策。法院的这种正当性缺陷也解释了为什么普通法法院通常没有被授权来发展出有着专断性内容的标准。举例来说，法院不能颁布一个规则，要求游泳池所有者建造一个高于40英寸的栅栏来保护邻居的孩子免于溺水。他们只被授权来颁布非专断性的标准，比如"游泳池所有者必须采取合理的预防措施，来保护孩童在他们的土地上不遇到危险"。这个原则性标准的限制极大地减少了法院参与社会规划的权力。如果普通法规则不可以包含专断性成分（比如，栅栏应是40英尺高，还是41英尺高），那么对法官制定的规划的具体程度和广泛程度，就存在着一个内在的限制。

除了政治正当性的考虑，普通法传统也对抽象道德推理的价值表示怀疑。〔5〕人们通常认为，具体案件提供了法官做出好的判决所需要的丰富细节，也提供了可以与其他具体案件进行类比的基础。只要在法官有着充分的基层裁判的司法经验的时候，法院才被授权采取一种更为宽泛的视角。法院对不同法律规则的具体含义所做的有力而持续的探究，使得它们能够理解社会政策的不同面向如何结合在一起，也准许它们把具体的规则强化为更为宽泛的法律标准。

普通法社会规划的自下而上性质在法院"区分"先例的权力上也是明显的。即使过去的一个案件公布了一条具有一定程度的一般性的规则，法院可以通过主张它只适用于过去判决的部分事实，而该种

---

〔5〕参见 David Strauss, "Common Law Constitutionalism" 63 *University of Chicago Law Review* 891 - 897 (1996)。

事实在当前案件中并不具备，从而限缩这个规则的范围。[6]通过区分先例，法院实质上将一般性规则分割成更为狭隘的规则，后者与每个案件的事实紧密关联。区分的实践再一次表明普通法对于高度理论化的不信任，以及相比之下，它对在具体的和细节性的事实类型的基础上的裁决所寄予的信心。

然而，通过主张法律规划是一个增值的过程，我并非意在表明，法律规制的框架是不能一劳永逸的。在一些情形中，尤其是大陆法系国家中，立法机关会颁布整部法典，要么是囊括了法律规制的全部领域（优士丁尼法典、拿破仑法典、普鲁士民法典），要么是按主题而划分（刑法典、税法典或破产法典）。然而，在这些情形的大多数中，这些规则的体系性汇编只是将现行法律“法典化”，以一种有秩序的方式呈现规则，并解决习惯法、法官法和法规之间的冲突。

我们不难理解为什么一次性的全面立法通常会被避免。正如我们在个人规划的例子中所看到的，在行动之前，过早地投入到一种行动方案中具有内在的风险。因为未来是不确定的，并且人类没有顾及到每一种偶然性的能力，所以在决定如何应对之前，等待时机直至获得更多的信息，通常是有意义的。除了不成熟的规划的道德风险之外，政治风险也存在。颁布一项全面的规制框架通常要求立法者做出艰难的选择。相反，确立宽泛的政策，使他们能够在无需给特定的个体或群体施加限制的情况下解决社会问题，从而获得好评。把规划委托给司法或行政机构，在很多情形下不仅是有效率的，也是有利的。

---

〔6〕 关于先例区分，参见 Raz, AL 183 – 189。

规划的实在性

到目前为止，通过把法律活动描述为规划活动，我的目标是强调法律的规制行为的增值性。但是这个比照在此并未结束。我现在想证明，法律活动也寻求实现普通规划要实现的那些相同的基本目标，即引导、组织和监督个体和群体的行为。它通过帮助行动者降低他们审议、协商和讨价还价的成本，提高行为的预测性，弥补无知和邪恶品性的不足，并提供问责方法，来实现这些目标。

让我们考虑一下规制汽车驾驶员的法律。要求司机达到一定年龄、通过考试、每年年检、系安全带、购买责任险、红灯停车、靠右行驶、不要以超过每小时 55 英里的速度或醉酒驾驶的规则，都是一个全面的规制体制的一部分。它们的目标是引导和组织很多不同的个体的行为，从而实现一个非常复杂和有争议的目标，即在一个专断环境下的安全、快速和公平的驾驶。他们通过扮演以下几种角色来实现这一点：家长主义式的措施，来弥补认知不足、意志软弱以及无知的缺陷；合作机制，使行为更具有预测性；伦理上可接受的指引，以保证司机在同时消除如下需求时不会相互干预，这种需求是在这些环境中就什么行为是合理的而进行审议、协商和讨价还价。

引导和组织社群成员的法律规则的其他例子，包括限制未成年人的法律能力的规则（弥补认知不足的家长主义措施），对某些消遣性药物的使用的禁止规则（弥补意志软弱之不足的家长主义措施），规制药品使用的法律（弥补无知之不足的家长主义措施），指定法定货币的规则（通过使行为更具可预测性而解决合作难题），选举法（通过降低审议和协商成本并使行为更具可预测性而使共享活动能够发生)，商业竞争法（通过对被认为危害他人的行为进行引导，以预先阻止此类共享活动)，妨害规则（阻止个体行为间不当地互相干预，并在这个过程中，降低伦理冲突所引发的协商和讨价还价的成本)，以及合同法（授权给个体为他人做规划)。

法律能够承担这些功能，正是基于与规划相同的理由，即它们是**实在的**规范。相关个体通过参考被指定为具有权威性的那些规范，他们不需要再进行审议、协商和讨价还价。他们只需依靠该规范来解决他们的实践中的疑问和分歧。让我们把这种规范跟道德规则和原则进行对比，后者并没有被规划活动或习惯同样也认定为是有约束力的。为了解决实践中任何一种疑问和分歧，个体就不得不进行审议、协商和讨价还价，而这正是规划所要避免的活动。此外，道德规范不能解决合作难题，因为道德关注的是原则性行动，而合作难题正是因为自身的专断性而产生。没有道德规则告诉司机应该在道路哪一侧行驶，应该用贝壳还是银币作为法定货币，总统最低年龄应该是 35 岁还是 36 岁，等等。预先确定的规范能够解决这些问题，正是因为人类有能力做出专断性的选择。

确定性、倾向性和目的性的法律活动

我在第五章已论证，规范是一个过程，该过程不仅以一种增值的方式制定规范，也（1）制定出旨在解决，并且声称要解决如何行动的问题的规范；（2）使受众倾向于服从；（3）是目的性的，即有制定规范的功能。我想很快地说明，法律活动也符合这三个条件，因此规划理论的核心观念，即规划命题，是有效的。

（1）确定性（settling)：有一个古老的笑话这样说道，“重力，它不只是一个好主意，它是规律!”这个笑话有意义，不仅因为劝告人们遵守物理规律是荒诞的，同样也是因为主张人们要听从政治机构的法律不是荒诞的。比如，说立法要求乘客系安全带不“只是一个好主意”，完全说得通。法律机构的职责不是提供建议或提出请求。他们并不主张他们的规则是受众在决定应该做什么的时候，应该纳入考虑的额外的一个因素。相反，他们的任务是**解决**规范性事务，并主张要求人们的服从的权利。基于这个原因，就服从的正当性问题跟官员进行商讨或讨价还价，通常会传达出对他们和对法律的权威的严重不敬。不管安全带是否是一个好主意，乘客应该要系好——毕竟，这是法律。

重要的是，不要夸大法律对权威的主张。法律旨在并且声称要解决规范性问题，这一点不应该被理解成，法律要求**不管发生什么**，它的命令都要得到遵守。法律，正如所有的规划一样，通常都是可作废的。当迫切理由存在的时候，法律通常允许它的受众重新思考它的指示，并对它的好坏进行审思。这里的问题在于，法律主张有决定它自身之废止的条件的权利。它试图确定什么时候它已经解决的困境已经无需再解决。因此，在接受紧急避险的管辖权范围内，如果违反法律是引起更小危害的选择，则人们被允许这么做。因此，更小危害的存在，就是法律认为足够迫切以至于可以胜过它发布的命令的理由。

（2）**倾向性**：法律活动的倾向性可以通过关注法律制度的“普遍效力（general efficacy）”条件而得以明晰。所有法哲学家都赞同，法律制度只有在普遍有效，即在通常情况下得到服从的时候，才是存在的。普遍效力并不要求社群成员实际上接受法律的正当性；他们可以基于对惩罚的惧怕、习惯或同伴的压力而遵守。但是如果大多数人不遵守主张权威的政权发布的命令，那么这样的社群就不能被说成是拥有一个法律制度。

如果我们接受普遍效力条件的正确性——我认为我们应该接受，那么我们必须做出结论说，法律活动在本质上是有倾向性的。因为根据普遍效力条件，如果一种活动不能在某个社群中产生让人服从的一般倾向，那么它就不能是法律活动。

（3）**目的性**：最后，显而易见，法律活动在本质上是目的性的。立法活动并不是碰巧产生了法律，作为其追求其他目的的过程中的副产品。它的要旨正是制定一些规范，这些规范应该解决如何行动的问题。类似地，裁判的功能是适用规范在其他人身上。评估并不只是意外的事件，而是法院理应大量做出的。

作为社会规划的法律活动

在前面几章我苦心孤诣地想要证明的是，并非每一种引导行为的方式都能被视为“规划”。事实上，规划是一种非常独特的引导行为的方式。基于这个理由，规划命题提出了一个强硬的法理学主张。根据这个主张，法律活动不只是规则的制定和适用。它是一个增值的过程，其功能是通过解决规范性问题来引导、组织和监督行为，并使其受众倾向于在通常条件下遵守。在这一部分我希望能够证明这种立场的说服力。

主张说法律权威的实践像社会规划活动那样是描述意义上的，并不是说它只能以这种方式被界定，或者这种界定模式在各种情况下都是最有用的。举例说，很多法学家主张法律在本质上通常是表达性的。因此，如果法律允许人们在公共场所面临致命武力的时候，他们可以进行自卫，即使他们可以安全地回避，那么认为法律意在表达一个关于适当的社会行为的判断，即“男子汉大丈夫”不会在斗争面前退缩，这听起来是合理的。〔7〕当然，规划命题并不排除这种解释。但它会指出，当法律承担表达功能的时候，它是通过**规划**而做到的。因此，法律不是通过联想到关于男子汉如何行动的谚语，或给出训诫、提供建议、跳仪式之舞，等等，而是通过允许他们杀死对方，即使他们可以毫发无损地撤离，来表达它对性别的态度。

规划命题并不只是主张法律活动是一种规划活动；它也主张它是一项**社会**规划活动。这种规划在三种意义上是“社会的”。首先，该活动制定和执行代表公共行为标准的规范。社群成员被要求遵守这些标准，如果他们不这么做，就会被法律官员追究责任。第二，该规划通过**一般性政策**规制大多数公共活动。法律的主要招呼模式不是对特定的个体指名道姓；行动者只要是规则中所确定的一般性描述的实例，就受该规则之规制。第三，该规划通过公众可理解的标准来规制大多数公共活动。满足体系之形式要求的秘密规划是可能的，但如果大多数法律规定对于它所适用的那些人来说是不可知的，那么这些规划就不是社会规范的产物，因此也就不是法律。〔8〕

如果法律活动是社会规划活动，那么我们可以得出，法律权威是社会规划者。换句话说，他们通过制定、采纳、否定、影响和适用规

---

〔7〕 参见 Dan Kahan, “The Secret Ambition of Deterrence,” 113 *Harvard Law Review* 429 – 430 (1999)。

〔8〕 说法律规划通过一般的和公众可理解的标准规制大多数公共活动，并不是主张大多数法律是一般的和公众可理解的。一个法律体系中的大多数法律可能是针对个人的私人法案或秘密法案，但是只要被规制的大多数活动是由公开的政策所管理的，那么这种规制就可被视为社会规划活动。

划来行使他们的权力。当然，法律权威除了参与社会规划之外还做其他事情。最显著的是，他们通过法律的强制执行来支持这种社会规划事业。当规划不能成功地引导行为的时候，该制度的帝王规划通常授权一些官员来让违反者承担代价。

共享行动命题

事实上每个人都会承认法律活动的某些方面是共享活动。当国会立法的时候，它的成员是在一起行动以制定法律。类似地，司法委员会中的法官参与的是裁判的共享活动。然而，规划理论提出了一个更强硬的主张。法律活动不仅在某些方面是共享的，它的整个过程也是。法律活动是共享活动，这体现在它所涉及的各种法律行动者在同一种社会规划活动中扮演特定的角色：有一些通过制定和影响规划而参与其中，另一些通过适用它们而参与其中。每一个人都在为社群而做的规划中承担角色。我们称之为“共享行动”命题：

共享行动命题：法律活动是一种共享活动。

正如我在前几章所论证的，法律权威不需要为了参与到社会规划的共享活动中而意图这样做。他、她或他们可能完全疏离于这个过程。一个法律权威只被要求接受该体系的共享帝王规划。这个规划具体规定了每个人应当在社会规划的共享活动中所承担的部分：谁有权威就哪种事务以及为谁而做规划，谁有义务适用并实施由这些权威制定的规划。

共享行动命题可以经由两种不同的考虑而得到辩护。首先，它解释了一个核心直觉，即有一些法律官员以一种特殊的方式相互关联：他们每个都是特定法律制度的**成员**。举例说，我们承认法国法官、部长、议员和法律执行人员是法国法律制度的部分，而非英国的法律制度。同样地，英国官员属于英国的体系，而非法国的体系。共享行动命题解释了这些常识性区分。我们在不同的法律官员群体之间做出区分，因为我们认识到不同的群体参与到不同的集体活动之中。此外，我们根据法官应参与的共享活动而对他们进行区分：特定法律制度的官员就是该体系的成员，只要他们应该一起行动，为社群做规划。因而，法国的法律官员是**法国**的法律官员，因为他们应该彼此之间合作，而非与英国的法律官员合作，来管理他们的国家。

法律活动是共享活动这个观念，意在解释法律制度如何能够做他们通常所做的事情。因为我们通常归给法律制度的那些功能——维持秩序、财产再分配、保护至少一些当事人的权利、为私人秩序提供便利和解决纠纷——是单纯依靠个人行动通常无法实现的那些目标。在拥有法律制度的社群中，让任意的个人，或一群未经协调的人来对全部人口建立和维持统治，对他们的财产进行再分配，保护他们的权利并解决他们的纠纷，通常是可能的。为了实现这些政治目的，集体的和协定的行动是至关重要的。社群成员必须以一种组织化的方式在一起行动。

帝王规划的设计

不言而喻，法律制度的设计者不仅仅意图法律参与者做规划——他们也非常关心他们**如何**做规划。举例来说，美国宪法的制定者并非对民主、共产主义、社会主义、神权政治和君主制形式的政府漠不关心。他们信奉一种民主自治形式的政府，这种信念解释了为什么美国宪法有它现在拥有的内容。

因此，法律制度的设计是设计者所意图促进的实质性目标的函数。规划等级制和实质目标之间的关系可能是内在的或工具性的。当目标自身要求某些个体被授权以某些方式行动的时候，它就是内在的。比如说，对民主自治的推进，要求公民有权决定该制度的规则。因此，被设计来推进这种目标的制度会做出一些规定，比如选举、代表、投票和保护言论自由的规定，以使个体能被授权来决定社会互动的条件和方向。

结构和目标之间的关系也可能是高度工具性的。举例来说，联邦主义通常是经由适度分权对个人自由的保护所产生的影响而得到辩护。至少从理论上讲，使集权权威丧失一定权力，削弱了它压制公民的能力。此外，通过移除内部移民的障碍，组成联邦体制的各部分被迫为居民而竞争，因此给它们一种动机，让它们不会制定歧视性规定。最后，在相竞争的政治行动者群体之间进行分权，使每个群体的参与者能够担当其他参与者的侵犯行为的监督者。

当法律制度被设计来实现特定的道德或政治目标时，通过细致检讨它的帝王规划来发现该制度的目标通常是可能的。举例来说，一种制定投票、代表、选举和保护公共审议的规定的制度就是一个民主自治得到珍视的制度。相反，如果一种制度结构授权神职人员来决定原则和政策事务，并把世俗力量影响法律方向的程度降到最低，那么它就是一种鼓励宗教价值的制度。

然而，逆向工程并不是确知制度目标的唯一可用的方法。通常，法律制度为它们的目标而自豪，并自豪地将之宣布于世界。举例来说，看一下美国宪法的序言：“我们美利坚合众国的人民，为了组织一个更完善的联邦，树立正义，保障国内的安宁，建立共同的国防，增进全民福利和确保我们自己及我们的后代能安享自由带来的幸福，乃为美利坚合众国制定和确立这一部宪法。”

该序言直接或间接地确立了联邦体制的以下目标：（1）民主自治；（2）政治和经济融合；（3）个体安全，以抵制国内和国外的威胁；（4）整体福利的提升；（5）保护个人免于政府专制的威胁。这些目标由宪法所规定的制度性安排来实现。举例来说，民主自治的目标由以下体制的创立所促进：政治代议的双重体制——一种基于人口（众议院），另一种基于州地位（参议院），国会议员和总统的定期选举，多数投票以批准立法的体制，批准和修订宪法的绝对多数制投票，言论和新闻自由的保护，等等。政治和经济融合通过以下设置而得到促进：创建一个包含每个州的代表的国会，授权国会管理外交和州际贸易，各州不得向其他州关闭边境以及征收进口税，授权给国会和总统同其他国家缔结条约并且各州不得行使此项权力，如此等等。

法律制度意在实现之目标的多样性实际上是非常惊人的。有一些法律体制的目标是建立“一个无等级的共产主义社会”，其他则意图推进“建立在伊斯兰原则和规范基础上的社会的文化、社会、政治和经济制度”，还有一些则寻求“保障工作权、居住权和教育权，提高社会保险和社会福利，以及保护适宜居住的环境”。〔9〕

指出下面一点很重要：法律官员能够在无需就整体世界观上达成一致的情况下，而信奉一种制度的实质性政治或道德目标。正如我们所看到的，这是共享活动的典型特征：参与者可以在一些共同的目标上联合起来，尽管他们在更为基本的信念和价值上存在分歧。一个人

〔9〕 苏联宪法序言；伊朗宪法序言；瑞典宪法第一条和第二条。

可能是康德主义者、功利主义者、亚里士多德主义者、自由意志主义者、罗尔斯主义者、基督徒、穆斯林或者犹太人，但他们都相信促进民主自治和保护个人权利的道德必要性。但是这些官员也可能不会信奉他们所参与的法律制度的目标。我们也已经看到，这是**大型**共享行动的典型特征：参与者可以共享一个规划，即使有一部分人并不致力于实现共同行动的成功。

当然，我指的不是所有法律制度都是提前设计好的。从历史上看，法律制度的某些基本面向纯粹是通过习惯而产生的。我在第五章提出的共享行动的模式解释了这些情形，它只要求共享规划“至少是部分地”为群体而设计。换句话说，群体可以共享一个规划，即使他们的规划的一部分不是为该群体而规划的。如果一个规划至少**有些**部分是为该群体而设计，并且群体成员把非规划的部分视为实现该共享活动之目的的手段，那么这个规划就是被共享的。因此，一个法律制度的共享规划可以包含很多习惯性部分，只要它也包含非习惯性部分，并且官员把这些习惯性部分视为这些非习惯性部分的**次规划**。

诚然，如果法律制度的大部分只是通过习惯而产生出来的，那么结果可能是，在它的制度性结构背后就没有一种意识形态，没有共享活动所欲追求的一套融贯的政治目标。我说这里可能没有意识形态，是基于两个原因。第一，实践中的联合通常是共同的信念和价值的结果。第二，法律官员可能会把某个体系的未经理论化的习惯性面向加以理论化，并将该体系往这种新的意识形态的方面发展。那么这些官员就被恰当地视为这个法律体系的设计者，将习惯的扭曲之材加以改造，以期使之有明确的方向。

法律的统一性

正如我在本节开始所主张的，接受共享行动命题的一个原因是，它提供了一个对于法律制度内部之社群成员资格的直觉性说明。根据这个观点，社群成员身份是由共享活动所构成的，该活动是它的成员被期望来参与其中的。正如我的朋友和我是烹饪俱乐部的成员，因为我们应该在一起做饭，官员是同一个法律制度的成员，因为他们应该参与到同样的社会规划的集体活动之中。

共享行动命题也提供了定义法律体系中的规范资格的一种自然方法。我们可以说两部法律是同一个法律体系的部分，只要它们是由相同法律组织的官员所制定和适用的。一组法律规范的**统一性**因此就能从法律参与者的**社会性**中获得。使特定体系的法律成为该体系的法律的是，它们是**一个群体**的活动的产物，该群体共享一个规划，并一起参与到为群体制定规划的活动中。

更为精确地说，特定法律体系的法律包括（1）由规划者群体所共享的帝王规划；（2）根据该帝王规划所制定的那些规划，其适用为帝王规划所要求；（3）那些类似规划的规范（比如习惯性规范），其适用也为帝王规划所要求。举例来说，纽约成文法之所以是纽约法，因为它是根据帝王规划——该规划由一起合作来管理纽约州的特定群体所共享——而制定，且它的适用由该规划所管理。纽约州的行政命令也是纽约州的法律，因为州长与立法者共享一个规划，并且他们都合作来管理纽约州。另一方面，新泽西州法律不同于纽约州法律，因为新泽西官员并没有与纽约州官员共享一个规划，因此也没有跟他们一起合作。[10]

官职、制度性和强制力

到目前为止，我已经主张，法律活动是共享的社会规划活动。不幸的是，这个描述不能被视为对法律的身份问题的完整回答。思考一下子女养育的问题。我的妻子和我一起为我们的家庭做规划。我们就以下问题征求彼此的意见：我们的孩子应该如何对待其他人，谁应该摆放桌子，晚上我们吃什么，我们去哪里度假，等等。我们也适用彼此的规则，并在必要的时候强制实施。

然而只有在最具隐喻性的意义上我们才是"法律"。我的妻子和我在家中拥有权威，但是这种权力在本质上不是法律的。因此，法律活动不能只是共享的社会规划活动，因为有一些这样的活动并不是法律活动。那么，我们错失了什么？

官员行动

我妻子和我不是法律的一个原因是，我们不是"官员"，即拥有官职的人。官职被设计用来处理反复出现的一系列问题，照此，它们

---

〔10〕 尽管我所描述的共享行动理论要求存在一个共享规划，但在不改变这种进路的核心要素的情况下，可以放宽这个要求。因此，如果一部法律是根据相关官员群体所共享的一**系列规划**而制定的，并且它的适用受这些规划的规制，那么我们可以说，这部法律是某个法律体系的成员。我们可以进一步规定，当且仅当满足下述条件的时候，一个群体共享一系列规划：（1）这个系列中的每个规划至少部分地视为群体而设计，使他们可以参与到共同行动之中；（2）群体成员接受规划中适用于他们的部分；（3）群体成员承诺不干预适用于其他人的部分。因此，根据规划理论，一个法律制度的内容并不依赖于它的共享规划的统一性。相反，它最终依赖于这个事实：某人把官员想象**为一个群体**，并为他们发展出一系列指示，使他们可以管理一个社群。我们是否把针对这个群体的指示视为一个或多个规划，最终是不重要的。

就拥有长期的使用期限，并接受不同的担任者。举例来说，美国总统是一个官职，因为它一期一期地延续，而且它的规范性质不会仅仅因为一个总统退位、新总统就职而改变。〔11〕

因此，官职的一个本质特征是权力的拥有者是“可替代的”，即附加于该官职的权利和责任并不依赖于担任该官职的那些人的身份。如果 X 和 Y 都有资格担任官职 O，那么在 X 或 Y 担任官职 O 的时候，他们拥有相同的权利和责任。

因为官职意在解决反复出现的一系列问题，所以它们通常具有其他两种性质；这两种性质都不是必然的，但通常都是会存在的。首先，官职通常都是稳定的。权利和责任不应当随着时间而变动，而是一直保持稳定。其次，官职人员流动不仅是可能的，而且是人们所期待的。

根据这些标准，父母并不承担官职。尽管父母身份是可替代的，但它的规范性质通常是不稳定的。父母的权利随着时间而减少，在很多文化中，随着孩子成熟，这些权利会趋于或接近于终止。即使在那些父母权利会伴随一生的社会中，父母的责任通常也会随着孩子成长而改变和消失。父母的变动也不是人们所期待的。尽管父母会死亡，或者让他们的权利在法律上终止，其他人可以通过领养来替代他们，但这种变换并非寻常。父母正常情况下会保持孩子父母的身份——无论环境好坏。

因为法律活动必须是官员所采取的活动，父母规划在本质上就不是法律的。相反，立法者、法官、警察、执法者和书记员，如果他们拥有这个官职，那么他们就可以被恰当地认为是参与到法律活动之中的。

---

〔11〕 实际上，官职的一个显著特征是，在人员空缺的时候它们也是存在的，比如教皇空位期，在枢机主教团选举新教皇的期间，教皇这个职位还是存在的。

制度性活动

当我的妻子或我想为我们的家庭制定一条规则的时候，我们就得采取那种古老的方式，即发布命令或做出许可。如果我想命令我的女儿在她出去玩之前把玩具收好，我必须意图她在那个时候收拾起她的玩具，并向她表达我的意向。

相反，立法者能够避免这种苦差事。他们可以让一些法务人员（或说客）起草法案，然后只是遵守一些形式程序，比如在某个时候举手，来通过这个法案。他们不需要意图那些受规则所约束的人们遵守它。实际上，他们甚至不需要知道他们通过的是哪个规则。只要他们遵守他们的规则所规定的程序，他们的行动在法律上就是有效的，新的规划也就制定出来。

正如我们所看到的，法律的规范性在本质上是“制度性的”，这就是说，法律关系可以在人们之间成立，而无关乎他们的特定意图是什么。这种制度性因帝王法律规范的结构而成为可能。帝王规划不只包含授权，也包含指示，即具体规定被授予之权力应该如何行使的规划。这些指示通常会规定形式程序，这些程序许可人们行使权力，即使他们没有这样做的意图。因此，如果多数立法者只是在规则被宣读之后说“赞成”，法律制度的共享规划的一部分就使该规则生效，那么，如果多数立法者确实在规则被宣读之后说了“赞成”，该规则在法律上就是有效的。即使那些颁布它的人没有颁布它的意图，或者甚至不知道他们的行动会让它被颁布出来，这个规则也是有效的。相反，我的妻子和我没有关于如何在我们家庭中制定规则的形式规则。如果我们想行使我们的权力，我们没有其他选择，只能意图有一些事情发生，并且直接向我们希望加以约束的人表达这种意图。

制度规范性的引入是社会规划中的革命性进步。规划可以在规划者实际上并不意图该社群根据它而行动的情况下而被采纳。因此，社群无需担忧规划者是否有这些意图。他们能够知道他们法律上负有义务，只是因为规划者遵循了正确的程序。当然，法律的制度性最终建立在意图的基础之上。规则在法律上是有效的，因为他们是根据大多数官员所接受的规则而被制定。如果官员不再接受该规划，那么根据该规划而制定的规划在法律上就不再有效。

强制性管理

让我们这样说，参与到共享的、官方的和制度性活动中的群体是一个“组织”。由此我们可以得出，法律制度是**规划性组织**。法律官员构成了这类组织，因为他们参与到社会规划的共享活动之中，担任官职，并能够在无关特定意图的情况下形成规范性关系。基于同样的原因，父母不是法律制度，因为即使他们是共享规划者，他们并不构成规划性组织。

然而，在某种意义上，父母权威比起其他规划性组织所行使的权力，更类似法律权威。让我们回到烹饪俱乐部有限公司的例子。在监督者和任何特定员工之间存在的等级制关系是完全依赖于员工的意愿的。如果员工不再想为公司工作，他或她可以辞职，因此就不再受制于被委任的监督者的规划权力。

相反，父母—孩子的关系不会因意愿而终止。至少在成熟以前，孩子不会“脱离”他们的父母，而是受制于父母的规范，即使有违他们的意愿。我们可以说，父母权威是“强制性的”，因为同意不是其命令的适用性的必要条件。法律权威在这个方面是类似的。除了在罕见情形中，主张人们没有同意，或者不再同意法律的权威，并不是一个有效的法律辩护。接受（acceptance）几乎是，甚至在一些制度中完全是与官员行动的法律有效性及其适用性无关的。

法律权威的强制性质对于其作为社会规划机制的功效，显然是最重要的。遵守法律通常是繁琐的，有时候尤甚。如果人们能够只要否定法律的权威，就不需要纳税、服兵役、担任陪审员、以受限时速行驶等，那么人们可以预料到，很多人会利用这个选项，或者至少有下面这种合理担忧，即他们的奉公守法会被利用这个选项的其他人所利用。把同意作为权威的条件，是法律通常无力担负的奢侈要求。

然而，法律的强制性质可能看起来令人困惑。父母比他们的年幼孩子更为明智和成熟，因此可以约束他们，即便会违背他们的意愿，但不同于父母，一个规划如何能够以这样一种非自愿的方式，在法律上约束有行为能力的成年人？一旦我们回到我们对法律义务主张的分析，这个谜题就会消失。根据规划理论，说法律能在法律上使人负有义务，就是说（至少根据视角性解释）它们从法律视角来看可以在道德上使人负有义务。换句话说，从法律机构的视角来看，他们的规划在道德上有约束力，而不管受约束的那些人是否同意他们的权威。因此，正如我主张有权在道德上要求我的六岁儿子在饭后收拾桌子，即使他反对，法律也主张施加义务的道德权力，而不管其受众的意愿是什么。

正如我在前面所强调的，尽管法律视角声称表达了道德视角，它也可能做不到这一点。在一些情况下，它不能在受管理者未同意的情况下而在道德上施加义务；实际上，如果一种制度极为不正义，那么即使在受众同意的情况下，其法律也不能具有道德上的约束力。然而，从法律自身的视角来看，其命令的强制性是道德正当的。在法律官员把自己描述为有**权利**得到服从，并且那些不服从的人是**错误的**，应该就其**犯罪**行为**受到惩罚**的时候，法律的这种对于自身正确的信念就被法律官员表达了出来。

道德目标命题

根据规划理论，法律不只是强制性的规划组织——它是有着特定目标的强制性规划组织。正如我在上一章所主张的，法律的基本目标是弥补合法性环境中的道德缺陷。当一个社群面对大量且严重的道德难题，并且它们的解决方案是复杂的、有争议的和专断的时候，进行某些模式的规划，比如即兴措施、自发秩序、私人合意、集体共识或个人化的等级制，就会成本高昂，有时候甚至行不通。除非社群有一种方式可以降低规划的成本和风险，否则要解决这些道德难题，在最好情况下是昂贵的，在最坏情况下是不可能的。根据规划理论，法律的基本目标是以一种有效的方式满足这种道德需求。通过提供一种高度灵巧和稳定的社会规划方法，法律使社群能够解决这些大量和严重的难题，而如果没有法律，它们就因成本和风险太高而无法得以解决。〔12〕我们称之

〔12〕 法律制度解决道德难题应使用的主要方法依赖于政治道德的性质。根据这个观点，政治道德在很大程度上是确定的，也就是说，它对大多数政治问题提供了答案。基于这种政治道德的观念，法律要解决道德难题，首先要把这些答案展现给那些需要它们的人，其次要选择一些解决合作难题的专断性方案。其他人认为政治道德在很大程度上是不确定的：它在具体指引法律应该是什么这个问题上，几乎无用武之地。换句话说，政治道德并不告诉我们必须拥有哪种财产法、合同法、刑法、宪法和税法。根据这种观念，法律主要通过阿奎那所称的“试验（determinatio）”的过程解决道德难题，也就是说，细节的确定和充实不能由道德所决定。法律并不是主要用来揭示道德问题的答案，而是创造答案。关于这种政治道德观和法律根据它所发挥的作用，参见 Arthur Ripstein, *Force and Freedom: Kant's Political and Legal Philosophy* (Cambridge, MA: Harvard University Press, 2009)。

为“道德目标”命题。

道德目标命题：法律活动的基本目标是弥补合法性环境中的道德缺陷。

说法律的基本目标是弥补习惯、传统、劝说、共识和承诺的缺陷，并非主张法律**从不**依赖于这些机制。当组织行为的更简单的方法有效的时候，放弃或推翻它而去用更为复杂的方法实现相同的目的，这是不理智的。因此，当习惯或协议（contract）能解决道德难题的时候，法律通常会让它们发挥作用。实际上，在法律制度认为这些解决道德难题的方法优于法律规划的时候，它们通常会依赖于习惯和协议。

此外，说法律的使命是解决其他形式的社会安排的道德缺陷，并非主张法律制度**始终**都能完成它们的使命。法律到头来可能是追求不道德的目标，或者只是以公共道德错误代替了私人道德错误。事实上，人类历史中，实际法律制度所试图保障的政治目标的十足多样性表明，法律经常不能完成它的首要使命。使法律成为法律的是它有一个道德目标，而非它实现了该目标。

通过主张法律制度有一个特定目标，规划理论抵制了法律实证主义者中的一个趋势，因为他们曾对这类主张表示怀疑。〔13〕当然，这些实证主义者并不否定法律制度追求特定的目的。相反，他们的疑虑在于，法律并没有普遍**和**重大的目标。〔14〕思考一下任意的一种特定

〔13〕 H. L. A. 哈特主张法律有一个目的，即指引人的行为，但他显然不认为这个功能对于法律是独特的。参见 CL 249。

〔14〕 这种怀疑态度的清晰观点，参见 Leslie Green，“Law as a Means，” in ed. Peter Cane，*The Hart－Fuller Debate in the Twenty－First Century*（Oxford：Hart Publishing，2010）。

目标，比如保护人权，促进民主，保护私有财产，财富不均的再分配，等等。看起来我们总有可能找到或想象出一些并不致力于实现这些目标的法律机制。这些特定的目标太具地域性，而不能发挥必要的普遍化角色。另一方面，如果我们归给法律一个具有合理普遍性的目标，比如协调社会活动或引导行为，那么我们只是得到一个空洞的自明之理。法律当然做这些事情，但游戏、宗教、礼仪等也是如此。

然而，道德目标命题提出了一个既非地方性也不空洞的目标。它不是地方性的，因为它并不主张法律应该追求任何实质性目标。换句话说，它在法律应该说明哪些特定的道德难题和道德机遇的问题上是不可知论者。我们说，法律是一种普遍的方法，被改造来解决任何种类的道德难题。但规划理论归给法律的目标也不是空洞的，因为它确定了一个大多数事物不会追求的目标，即对那些与合法性环境相关的道德缺陷的矫正。任何规范性制度都协调社会活动并引导行动。但只有法律制度被期望来解决协调社会活动和引导行动的较不精致的方法所无法解决的那些问题。

令人愉快的意外

正如我在上一章所主张的，道德目标命题为两种考虑所支持。首先，它解释了我们为什么认为法律在现代世界而非其他世界，比如简单的狩猎者群体中，是弥足珍贵的。前者是合法性环境的典范，而后者是它的对立面。其次，道德目标命题解释了为什么不能解决严重道德难题的法律制度是应受批评的。没有人会责备棒球运动未能消除贫困或保护人们免于自然灾害，但忽视这些问题或不能成功解决它们的法律制度，就要受到谴责。

这里有第三个考虑，可以支持道德目标命题并证明为什么它赋予的目的对于法律的身份来说是最重要的。让我们思考一下复杂的犯罪集团，比如日本黑帮或西西里黑手党。这些公司是强制性的规划组织：它们的成员参与到集体规划之中，这些规划被设计来促进共享犯罪目标，他们担任职务（比如，头目，顾问，分支头目，中尉，保镖，杀手，等等），它们的规范性在本质上是制度性的（比如，日本山口组有成千上万名成员，因此有着极为复杂的等级制结构），并且他们在向受害人发号施令之前不需要他们的同意。然而，这些犯罪组织并不是法律制度。

因此，我们可以看到，尽管所有的法律制度都是强制性规划组织，但并非所有的强制性规划组织都是法律制度。那么，是什么把非法律的强制性规划组织，比如上面提到的犯罪组织，和法律组织区分开来？我认为，说区别之一在于目标，是合理的。如果我们想解释什么使得法律成为法律，我们必须把它视为必然拥有一个道德目标，即犯罪组织不必然拥有的一个目的。

我并非主张有组织犯罪从来不会产生道德上好的利益。实际上，有一些研究表明，在一个社会已建立的法律制度不能提供充分的争端解决、财产权执行保护性服务的时候，有组织犯罪就会出现且繁荣。犯罪组织的行动如同黑市企业家，他们提供了急需的社会服务，因此填补了弱的国家机制所空出的重要领地。〔15〕根据道德目标命题，法律制度与这些犯罪集团之间的区别不在于前者**事实上**比后者更加道德优良；相反，区分性因素在于，前者的本质是他们**理应**如此。换句话

---

〔15〕 比如，参见 Curtis Milhaupt and Mark West, "The Dark Side of Private Ordering: An Institutional and Empirical Study of Organized Crime," 67 *University of Chicago Law Review* (2000)。

说，拥有一个道德使命是法律身份的一部分，然而对于非法的犯罪集团来说，拥有这样的使命并非其本质所在。

当然，从某种意义上说，法律制度和这些犯罪组织的行动都应该采取一种道德合宜的方式，即把它们的行动作为一种实质性道德事务。从道德的角度来讲，每个人都应该按道德行事，这当然也包括犯罪之人。然而，我在这里提出的主张是形而上学的，而非道德主张。法律制度要成为法律制度，就不得不拥有一个道德目标；而一个并没有道德目标的犯罪组织仍然是一个犯罪组织，即使它很可能是一个道德上邪恶的组织。

对道德目标命题的额外支持可以从我们对一些情势的不同反响中获得，在这些情势中，出现了道德良善的结果。当有组织犯罪碰巧解决了道德难题的时候，这些事件被我们视为**侥幸**(serendipitous)，即令人愉快的意外。相反，正当的法律制度所产生的道德益处不是法律活动的意外或副产品，而是说，产生它们正是法律活动的本旨所在。法律制度依其本质应该是道德良善的，当它们是这样的时候，它们就实现了它们的目标。〔16〕

相反，当一个黑手党头目对临近社区实施恐吓的时候，我们不认为他在滥用他的权力，或是腐败行事。甚至于说，指控黑手党是**不正义**的这一点没有任何意义，因为黑手党并没有在依其本性应该完成的任务上失职。相反，法律制度会是不正义的，当他们确实如此的时候，他们就辜负了他们的明确使命，不同于日本黑帮或黑手党，他们

〔16〕 我们可以说，道德良善的法律就像真的信念：法律应该是道德的，正如信念应该是真的。然而，有道德益处的犯罪与心理学上安慰人的信念类似。信念不需要使我们感到舒服，尽管当它们做到这一点，并且是真信念的时候，我们应该感到庆幸。

不仅在道德上失败，也辜负了自身。

道德目标的表征

根据规划理论，法律拥有一个目标，而不管法律参与者的目标是什么。想象一个法律制度，其中供职的官员只假装追求高尚的目标，而实际上只是追求他们自己的物质利益。然而该制度之法律活动的目标在本质上是道德性的（类似于这种情形，作出主张的目标是传达正确的信息，即使主张者在撒谎），这一点是正确的。这不过是关于法律的一个基本真理，即法律应该解决道德难题。

然而，最后这个要点产生了一种实质性担忧。如果我们同意法律并不从法律参与者的任何意图中获得其目标，那么是什么使得法律具有它现在所具有的目标？我们在何种基础上赋予法律体系以道德目的？

人们可能认为法律的目标从如下事实中获得，即法律官员至少假装追求高尚的目的。〔17〕不幸的是，这并非圆满答案，因为我们能够想象一个法律制度，该制度主要由疏职的官僚所组成，这些人只是遵守规则而已，因为这是他们的工作。

这里，我认为区分法律精英和基层官员很重要。法律拥有它所拥有的目标，因为高层官员代表了拥有一种或多种道德目标的实践。他们的誓言不需要真诚，但是必须得做出。这些表达可以采取很多形式，直接的如演讲、纪念碑、宪法序言、法典的序言和司法格言，间接的如仪式服饰和演讲的氛围，法律活动的纪念性建筑的建设，法律场所中宗教和道德形象的使用。或许最重要的是，法律的道德目标通

〔17〕 例如，参见 Raz, AL 155 n13 (Oxford: Oxford University Press, 1979)。哈特对这种立场的批评，参见 Hart, *Essays on Bentham* 155－161 (Oxford: Oxford University Press, 1982)。

过法律话语来表达。通过把法律要求描述为“义务的”，而不仅仅是“强迫的”，权力是基于“权利”，而不仅仅是“威力”，精英们将他们的实践展现为不同于犯罪企业或对乐趣、利益或荣誉的自利追求。换句话说，他们把它描绘为一种理应解决道德难题的活动，并基于这个原因应该得到服从。

基层人员在这里也扮演一种角色。在他们的官方位置上，他们必须说官话，即用道德语言来描述法律。但是他们使用道德术语和概念这个事实并不意味着他们个人认可这些道德评价，或者试图让他人认为他们认可。他们可能只是做他们的本职工作，该工作要求他们以法律视角来评价行为。

奥古斯丁有一个著名的问题，“如果正义不复存在，除了是一帮强盗，王国还能是其他什么吗?”〔18〕从道德的角度看，答案是否定的。然而，从概念视角来看，现实世界却完全不同。王国之所以是王国，因为国王和他的法官将它描述为拥有一个道德使命。相反，我们一直所思考的犯罪集团的成员并不把他们的威胁描绘成为他们的受害人设定权利和义务。他们抛弃了这样的幻想，即尝试解决合法性环境相关的难题——实际上，他们意识到他们正是合法性环境的难题所在。正是承认这一点，以及他们对此不感到羞愧，使得他们只是罪犯，而不是法律官员。*

---

〔18〕 Augustine, *City of God against the Pagans*, ed. R. W. Dyson, 147 (Cambridge: Cambridge University Press, 1998).

* 从道德目标命题可以得出，如果一个犯罪组织把自己塑造成致力于解决严重的道德难题的形象（想一想罗宾汉和他的“快活人”伙伴），那么它也可能有资格成为法律制度。其他人认为它不过是一个犯罪组织这个事实，并不会改变实际情况。

在英国传奇故事中，罗宾汉和快活人的身份是侠盗，但劫富济贫，为人民所拥戴。——译者注

自我证明的（self - certifying）组织

起初，在 Del Boca Vista，南佛罗里达的一个新兴的退休社区，生活如在天堂。居民在这个美丽的海边地域，生活因游泳、帆船、宾戈游戏、沙狐球和社交而充实。当关于停车区域或泳池着装的争执出现的时候，居民们能够私下解决它们，或者有时候在社区广场中，通过合意式的审议和讨价还价而公开地加以解决。

随着更多的退休人员在这个庞大建筑群中购买公寓，居民之间的争端开始增多，无论是在数量还是强度上。生活看起来不再那么愉悦。为了减少争执和紧张，居民同意成立一个公寓委员会，由会长、副会长、会计和秘书组成。他们把委员会的任务设定为颁布管理共同区域的规定，以及解决那些在这些制定规则之下可能产生的分歧。

Del Boca Vista 公寓委员会参与到了共享的社会规划活动之中。它为 Del Boca Vista 的居民制定规则，并在出现争端的时候适用它们。它由官员构成，他们的行动由一系列复杂的规则所管理，这些规则使得委员会成员的意图与决策制定不再相关。它的规则的约束力与同意无关。它的目标是解决那些通过其他社会管理形式无法解决或者不能很好解决的道德难题。但公寓委员会不是法律。为什么不是呢？

法律不是什么

在公寓委员会这样的私人实体和法律机构之间进行区分，事实上比初看起来得更为棘手。举例来说，有人或许会认为，公寓委员会不是法律，因为它在其区域内不具有至上性。在冲突出现的情况下，佛罗里达州法律胜过公寓规则。既然该法律在该区域对一个群体必须拥

有或主张拥有至上权威，那么公寓委员会就不能是法律机构。〔19〕

然而，这个意见并没有道理，因为至上性并不是机构的法律性的必要条件。因为假如是这样的话，佛罗里达也不会拥有一个法律制度了。根据美国宪法的至上性条款，联邦法高于州法。至上性要求也会排除美国风格的联邦主义作为一种法律配置的可能性，以及国际法能够对国家施加义务这种可能性。〔20〕

另一种方案主张法律制度必然是全面的，即它们主张管理任何种类的行为的权威，然而公寓委员会的管理权威却受很多的限制。〔21〕比如说，公寓委员会不能告诉人们他们在自己的公寓内不能吃什么食物，他们可以去看哪个医生，如何制定一个有效的遗嘱，等等。相反，佛州法律能够管理任何一种它认为适合管理的行为。

然而，这个回应犯了双重错误。首先，公寓委员会管理的受限范围是一个偶然事件。我们可以轻易地想象到居民授予委员会一种全面的治安权力，并授权他们可以颁布任何他们认为适宜的规定。即使这样，公寓委员会也不会是法律制度。其次，尽管现代法律制度是全面

---

〔19〕 例如，参见 Raz，PRN151 - 152。

〔20〕 拉兹主张，法律对至上权威的主张，直接就被它主张有权利**许可**其他规范性组织在其管辖范围之内运行这一点所表现出来。参见同上，152。他可能通过指出下面一点来回应本文中的批评，即州政府通过主张有权利许可联邦政府管理州的事务，从而主张拥有超越联邦政府的至上权威。当然，这是一种主张至上法律权威的古怪方式。因为，州政府是在一种非常强的意义上，即通过接受联邦的至上性，来许可联邦政府管理州事务。由此我们可以得出，州政府通过否认自己拥有超越联邦政府的至上权威，来主张自己对联邦政府的至上权威。就本文的讨论而言，以这种方式来表现法律对最高权威的主张，其问题在于，它不能在佛州政府跟公寓委员会之间做出区分。因为公寓委员会主张有权许可法律在其辖区之内发挥作用，这一点是它通过在其章程里面宣称佛州法律有权管辖而实现的。通过主张批准这样一种章程的权利，公寓委员会是在主张它有权许可佛州在其辖区内管理，因此，根据拉兹的观点，这符合委员会对至上权威的主张。

〔21〕 参见 PRN 150 - 151。

的规划组织，前现代的法律制度却不享有普遍的管理范围。举例来说，在十三世纪的英国，很多法律制度相互共存，每一个都有受限制的事务管辖权。庄园法管理封建地产；商事法管理商人之间的商业交易；教会法关注教会事务，有时也包括婚姻和后代的婚生地位问题；普通法和衡平法管理所有其他事务。事务特定化和法律性之间互相并不排斥。

最后，有人可能主张说，公寓委员会不是法律制度，因为它不享有在其领域范围内正当使用武力的垄断权。〔22〕比如说，佛州警察可以在公寓区域使用武力，以实施佛州法律。既然所有的法律制度都必须拥有这种武力控制权，那么公寓委员会就不能成为法律制度。

这个主张的问题是显而易见的：如果公寓委员会不享有在其领域内正当使用武力的垄断权，佛州法律制度也没有。毕竟，佛州人只被允许在某些情况下使用武力。假定委员会会长看到一个居民试图放火烧掉一座公寓楼。佛州法律会允许该会长使用非致命性武力，在某些情况下使用致命武力，以制止这个居民。因此，即使是佛州也不拥有或主张在佛州之内正当使用武力的垄断权。实际上，真正垄断正当武力市场的法律制度会是一种可怕的东西。完全排除他人使用武力的权利，会导致否定他们进行正当防卫的权利。尽管想象这样一个法律制度是可能的，但我质疑任何这类政体曾在地球上存在过。

有效性的假定

我们已经看到，人们不能只是通过说明佛罗里达州是一个至上的

---

〔22〕 马克斯·韦伯使用这个标准来定义国家，而不是法律。参见 Max Weber, "Politics as a Vocation," *From Max Weber: Essays in Sociology*, trans. and ed. H. H. Gerth and C. Wright Mills, 77 (New York: Oxford University Press, 1946)。

规划组织，而使公寓委员会丧失成为法律制度的资格。如果至上性对于合法性来说是必要的，那么佛州也不会拥有一个法律制度，因为佛州法律从属于联邦法。美国法优先于州法，正如州法优先于公寓委员会的规则。

然而，在这些等级关系中有一个关键区别，一直被我们所忽视。尽管州法必须符合联邦法，但**联邦法自动地假定州法符合联邦法**。换句话说，联邦法给予各州善意推定（the benefit of doubt），并准许州官员来执行他们的法律，而无需首先表明他们的行动的有效性。相反，州没有赋予类似的假定给私人实体，比如公寓委员会。私人行动者只符合州法是不够的：在很多情况下，私人行动者不能执行他们的规则，除非他们首先向州的官员表明他们的行动的有效性。

举一个具体的例子，假定州立法机关通过一个立法，禁止公开或私下地在泳池裸泳。就这个例子而言，我们会假定这个规则是合宪的，并且不与任何既有的联邦法律相冲突。现在想象一下，Del Boca Vista 的泳池中有一些居民裸泳，州警察获悉这件事。为了执行该规则，佛州警察不需要在联邦法庭立案以获得许可，将裸露的违反者从泳池中拖出来。州警察也无需联络联邦调查局。他们只需要把裸泳者从泳池中拉上来，并以裸泳罪指控他们。

现在假设公寓委员会通过了一项类似的政策，禁止在公寓泳池中裸泳。公寓委员会如何对那些违反的居民执行他们的规则？不是通过逮捕游泳者并把他从公寓所在地驱逐出去。像其他很多法律制度一样，佛州不允许业主通过这种形式的私力救济来强制执行他们的财产权（对照于他们免受身体伤害的权利）。相反，他们必须报警，并希望警察认可裸泳者侵犯了他们的财产。此外，他们不许更换居民公寓的锁具。公寓委员会必须把刑事惩罚留给检察官、法院、陪审团和治安官，并在获准更换居民锁具之前等待民事判决的结果。

我们可以说，公寓委员会并不享有同州政府那样的有效性假定。即使委员会和佛州政府都要遵守上级规划机构的规则，但只有佛州政府可以被假定与这些规则相符，并且因此只有它被允许在没有得到联邦许可的情况下，能够执行它自己的规则。但是既然委员会没有这样被假定，通常它就有如下负担，即向佛州政府证明它希望执行的规则根据佛州财产法和合同法是有效的。如果不做出这样的证明，公寓委员会就违反了佛州的法律，即使它是在执行法律有效的主张。

在这里引入"有效性的一般假定"这个概念或许有益。当上级规划组织 Y 不要求 X 执行规则之前证明这些规则的有效性的时候，X 就从 Y 那里享有有效性的一般假定。换句话说，当 X 从 Y 那里享有有效性的一般假定的时候，Y 没有对 X 的执行权施加"预先限制"。X 可以在无需向 Y 主张它的规则是有效的情况下，而执行它的规则。

相反，如果对于一个规划组织 X，在一些情况下，上级规划组织 Y 要求 X 在执行规则之前证明它的规则是有效的，则 X 不享有有效性的一般假定。在它们的规则未被假定为有效的情形中，这些组织被禁止来执行这些规则。它们受制于一项预先限制规则。如果他们想执行，或者让其他人执行规则，他们必须向他们的上级证明他们的主张的有效性，并希望他们的上级认可。

每当一个规划组织可以无需向其上级（如果存在的话）证明它的规则是有效的而就能自由地执行它的规则的时候，我们就把它称为"自我证明的"。因此，每当一个规划组织是至上的，或者享有从所有上级规划组织那里而来的有效性的一般假定的时候，它就是自我证明的。相反，每当一个规划组织被要求在执行或让其他人执行其规则需要证明它的规则是有效的时候，该组织就不是自我证明的。因此，每当一个规划组织有一个上级，该上级没有赋予它有效性的一般假定，那么该组织就不是自我证明的。

根据规划理论，法律是自我证明的规划组织。即使它缺乏至上的法律权威，它也享有从所有上级而来的有效性的一般假定。基于这个原因，公寓委员会不是一个法律机构。在很多情况下，佛州并不假定公寓委员会做出了有效的行动。举例来说，公寓委员会不能从公寓地域驱逐违法者，强行进入公寓收缴未付的物业费，或更换锁具。要做这些事情中的任何一件，委员会必须向一些法律官员或机构申请，并希望他们认可公寓委员会的法律权利被侵犯，要么命令法律执行人员强制执行，要么准许公寓委员会自己来执行。

我们很容易明白为什么自我证明对于规划组织来说是有价值的。因为当一个组织不能证明它的有效规则的有效性的时候，它进行管理的能力就会受到严重削弱。它不能在只要它认为合宜的时候就执行它的规则：在很多情况下，它必须首先向另外一个组织提议，希望它的上级认可它的判断并证明它的主张。这种预先限制的负担不仅导致耽延，或许更为严重，也使下级任凭上级摆布。像官方性和制度性一样，自我证明也对法律作为一种规划组织的灵巧做出了很大贡献。

出于同样原因，在其管辖范围否定一些强势群体的自我证明，通常也符合法律的利益。通过不把善意推定延伸到其他人，法律承担了把关功能：通过要求他们向合格的法律裁决机构证实它们的规则是有效的，它确保可能滥用权力的群体不会这么做。此外，否定群体享有有效性推定也会减少争执爆发的风险。正如洛克所强调的，无休止的战争和冤冤相报，通常是产生于中立的裁断者的缺位。如果一个群体不能把“法律”掌握在自己手中，而必须向一个公正的裁决机构提出主张，与自然状态相关的危险就会大大减少。

因为自我证明在描绘法律机构的特征上扮演着重要的角色，并且既然这个属性在之前的文献中没有得到确认和讨论，我们要对它做一些澄清，依次如下。首先，一个自我证明的组织并不必然要执行它自己的规则。当一个组织无需首先在上级官员或裁决机构面前证明其规则的有效性，就能自由地执行它自己的有效规则的时候，该组织就是自我证明的。因此，中世纪时期冰岛的法律制度是自我证明的，即使它的官员没有执行法律，因为他们如果选择执行，他们就**能够**执行它们。〔23〕一个法律制度是否利用这种执行的自由，对于它自我证明的地位是不重要的。

第二，自我证明并不意味着拥有它的组织完全自由地使用任何它们希望的执行方法。举例来说，根据第八修正案，美国的州被禁止使用残忍和非常的刑罚以执行它们的刑法。主张一个组织是自我证明的，就是说对该组织使用某些执行方法的许可，绝不以上级要求它们的规则得到证实为条件。有些方法可能被禁止，但那些被准许的方法是在无需预先证明的情况下被准许的。因此，第八修正案并没有破坏州的有效性假定，因为这个宪法条款并没有对残忍的和非同寻常的刑罚的适用施加预先限制。相反，它对这种执行方法施加了一揽子禁令。换句话说，如果州为了使用残忍和非同寻常的刑罚，或者让联邦政府来使用这种方法，就不得不向联邦政府证明它们的法律是合宪

〔23〕 关于中世纪时期冰岛的法律制度，参见 William I. Miller, *Bloodtaking and Peacemaking: Feud, Law and Society in Saga Iceland* (Chicago: University of Chicago Press, 1997)。

的，那么对残忍和非同寻常的刑罚的禁止就会破坏有效性假定。但既然没有人被准许来使用这种方法，州被如此禁止这个事实就没有影响它们自我证明的地位。

第三，尽管不具有至上性但自我证明的组织享有有效性的一般假定，但这个假定是可反驳的。比如说，原告可以在联邦法庭起诉一个州，主张州的行为违反联邦法或宪法。在这种情况下，有效性的假定就会消失，因此使州承担证明它们的行动的有效性的负担。

合法性的程度

尽管我把自我证明描述为一种二元的属性——一个组织或者拥有它，或者不拥有它——我们最好把它看成呈现为不同的程度。即使有一些组织不是完全地自我证明的，但如果它们**几乎**始终在无需上级认证的情况下就能自由地执行它们的规则，那么它们可能实质上就是自我证明的。美国各州的法律制度实际上是，但不是完全是自我证明的，因为在极少的情况下，它们被要求承担如下负担，即在执行它们的规则之前向联邦法院证明它们的规则的有效性。举例来说，《选举权法案》第五条要求某些州（所谓的规定区域）在执行新的选举程序之前，把拟修改的部分提交给司法部或联邦地方法院，以进行预先审查。〔24〕

构成合法性的其他属性也呈现为不同程度。因此，有些组织可能实际上是，但不完全是强制性的。举例来说，有一些法律制度允许某些群体基于良心理由而拒绝服从某些法律。尽管他们违背允许完全地

〔24〕 42 U. S. C. § 1973c. 有意思的是，家庭养育比起州法律活动来说更是自我证明的，因为父母从不会面对预先审查的问题。如果我想执行家庭规则，我不需要叫警察或者在家庭法院中起诉我的孩子；我只需惩罚我的孩子即可。

“摆脱”法律，他们可以在有限的情形中摆脱法律的某些部分。

实际上，主张这一点是合理的：合法性本身不仅是二元的属性，也呈现为不同的程度。[25]一个组织越是自我证明的或越具强制性，它就越应被视为具有合法性。通常，当某事物朝向但不必然列在不同范围的末端的时候，我们称它为法律。我们认为州拥有法律体系，因为他们实际上是自我证明的。像选举权法案所施加的预先审查这样的规定，实际上是非常罕见的，甚至可能是选举权语境所独有的。

在其他情况下，合法性属性甚至并没有完全地实例化（fully instantiated），因此产生出法律的边界情形。举例来说，美国高尔夫协会（United States Golf Association）横跨在法律与非法律的界线之上。一方面，它是一个组织，管理美国和墨西哥的高尔夫活动，并且它的活动是自我证明的（该协会无需向法院申请才能授予或撤销头衔）。因此，它称呼自己为“国家高尔夫管理机构”。另一方面，它不完全是强制性的。人们当然可以不支付会费，不遵守它施加给会员的规则。但是，美国高尔夫协会决定美国和墨西哥的高尔夫官方规则，在这个意义上它是强制性的，因此除非遵守它们所颁布的规定，否则人们就无法打高尔夫（至少是官方版本的高尔夫）。人们可能也会疑惑，该协会是否具有法律的道德目标特征。尽管高尔夫协会的确解决其他途径难以解决的难题，并因此提高人们的福乐，但这些难题却并不同于法律制度通常所要解决的那些道德疑难。因此，我们对美国高尔夫协会所能做的最佳说明是，它在某些意义上类似于法律制度，但在其他意义上不是，仅此而已。

---

〔25〕 例如，参见 PRN 150。

法律作为规划或类似规划的规范

到目前为止，我主张每当一群人的社会规划活动是共享的、官方的、制度性的、强制性的、自我证明的且有一个道德目标的时候，他们就是参与到法律活动之中。这构成了规划理论对法律的身份问题的答案：使得法律——这里理解为法律制度——成为**法律**的是，它是一个自我证明的强制性规划组织，其目标是解决其他的社会管理形式无法解决或不能很好解决的那些道德难题。

如果法律活动是规划活动，那么我们可以得出，这种活动所产生的所有规范都是规划。因此，休曼法案的第一条应被理解为一种极具部分性的规划：它为了禁止限制贸易的联合和契约，却没有具体规定如何避免限制贸易。之后的反托拉斯立法构成了进一步的次规划，充实了休曼法案的规定，因此提供了关于如何避免与这些规定相冲突的商业指导。特别是，罗宾逊—帕特曼法案，与协定物价、围标和市场分配方案有关的规则，以及理性规则都是第一条的次规划。类似地，羊毛制品标签法案是联邦贸易委员会法案的次规划，委员会所制定的与之相关的规定是联邦贸易委员会法案的次—次规划，因为它们是羊毛制品标签法案的次规划，如此等等。

既然并非所有的法律都是通过法律活动，也即是通过规划过程而制定的，说所有法律都是规划就是不正确的。比如说，构成一个体系之帝王规划的一部分习惯性规范不是规划；然而，它们在本质上非常类似于规划。尽管它们不是通过一个目的性过程而产生出来，但他们通常具备规划所具备的所有其他属性，即它们的结构是部分性和嵌套性的，它们声称解决如何行动的问题，以及它们使受众倾向于遵守。

因此，如果被要求给出一个关于法律——这里理解为不确定数量的法律规范——之身份的说明，我们应该说，使得法律成为**法律**的是，它们要么是（1）一个有着道德目标的、自我证明的强制性规划组织的帝王规划的部分；（2）根据该帝王规划而制定且适用的规划，要么是（3）类似规划的规范，其适用为该帝王规划所要求。

如果对身份问题的这个回答是正确的，那么我们应该能够证明不同种类的法律如何能被归为不同种类的规划或类似规划的规范。在下面几节中，我想简要地说明这一点如何实现。

指令、许可和规定

法律规范的最基本类型是指令（directive）。〔26〕指令命令某个人、某些人或某制度性机构在一些情况下做出或不做某些行动。要求做出某些行动的指令被叫做"要求（requirement）"，而要求不能做某些行动的指令可以被称为"禁令（prohibition）"。要求的例子包括："每个从事拍卖业务的人都应在他进行拍卖的第一天缴纳一百美元的营业税，并在接下来的每一天缴纳50美元"〔27〕，以及"如果一个人弄伤了另一个人的眼睛，那么他的眼睛也要被弄伤"〔28〕。禁令的例子包

---

〔26〕 有一些哲学家主张，并非所有的法律都是规范。例如，拉兹主张，对一个法律制度的领土限制做出具体规定的法律不是规范，因为它们自身并不规定人们做出任何行动。参见 Raz，*The Concept of a Legal System*：*An Introduction to the Theory of Legal System*，2d ed.，chap. 7（Oxford：Oxford University Press，1980）。如果并非所有的法律都是规范，但所有的规划都是规范，那么可以得出，并非所有的法律都是规划。然而，我认为拉兹的主张是错误的，因为界定管辖权之领土限制的法律也与行动有关。它们引导个体只能在某些情形下适用某些法律。它们的形式是："对于L类型的法律，只在如下领土界限内适用它们：……"因此，界定刑法的管辖范围的法律，引导个体只在人们在这些管辖范围内违法的时候，才适用刑法。规定税法的领土范围的法律，要求个体只对这些范围内的财产和行为适用税法规则。

〔27〕 City of San Mateo，Ord. 1984－5，§42，1984.

〔28〕 汉莫拉比法典。

括："二十一岁以下的公民在饮用本条所规定之酒水之后不得驾驶机动车"〔29〕，以及"任何人在其实行的当时为合法的行为或已经被判无罪的行为，均不得再追究刑事上的责任。同时，对同一种犯罪不得重复追究刑事上的责任"〔30〕。

法律有时候**不会**明确地指示某个人、某些人或某机构不以某种方式做某些行动，这种规划可被称为"许可"。比如说，英国1967年刑事法案规定："个人可以在防止犯罪的情况下合理地适用暴力。"这个规定就是一个许可人们为了阻止犯罪而使用合理暴力的规划。〔31〕

我引用的指令和许可的例子表现出类似规划的性质。在每个例子中，法律或者指示，或者不指示某个人、某些人或某个机构做或不做某些行动。在其他例子中，类似规划的性质就不那么明显。举例说，法律经常以被动语气表达它的要求。一个新西兰法规规定如下："基于本规定第二部分之目的，水果和蔬菜不得从新西兰出口，除非已根据水果或蔬菜的最低出口标准而定级，或者高于该最低标准。"〔32〕显而易见，这个规定可以被重新表达为更具有类似规划的性质，而无需改变它的意思（比如说，"人们不得从新西兰出口……"）。其他时候，法律会通过描述它的颁布所带来的预期规范后果来表达它的指令。因此，美国法典规定："除了（h）（2）规定的情形，个人作为联邦航空局的雇员**应当有义务**服役的期限为24个月。每一学年都会

〔29〕 New York Vehicle and Traffic Law, art. 31, § 1192 – a.

〔30〕 日本宪法第三十九条。

〔31〕 许可通常是使用"除非"这个短语来表达的。因此，欧盟的这个规定，"运输重质油的邮轮不得悬挂成员国的国旗，除非邮轮是双壳邮轮"是一个条件性许可，因为它只允许双壳邮轮悬挂成员国的国旗。Regulation（EC）No. 457/2007.

〔32〕 New Zealand Grown Fruit and Vegetable Regulations 1975, part 4, reg. 21.

提供本条所规定的奖学金。”〔33〕

有人可能反对说，很多法律不能被视为经过伪装的规划。看一下美国婚姻保护法（Defense of Marriage Act）。它规定：“为了确定任何国会法案，或任何判决、规定或美国各种各样的行政局和行政机关的解释的意思，‘婚姻’这个词的意思只是一男一女作为丈夫和妻子的法律结合。”至少从表面上看，这个规定根本不像一个规划。它看起来并没有告诉任何人做或不做任何事情。这个规定只是为联邦法律定义了“婚姻”的概念。

回想一下，并不是所有的规划都指示它们的受众参与或不参与到一些身体动作的活动。有些关注的是规划活动本身。比如说，规定就是具体说明如何在特定语境下适用另一个或另一些规划的规划。因此，我们可以说婚姻保护法的这个条款是一个规定。它要求，为了适用联邦法律，“婚姻”这个词被看成指的只是男与女的结合。注意，接受这个规定的人不需要相信婚姻只涉及到一男一女。人们可能相信同性间的结合也能够成为婚姻。但是，为了适用联邦法，婚姻保护法要求人们抛开这些信念，而把一种更具社会保守性的主张视为正确的。

对犯罪定义的评注

有趣的是，刑事法规通常并不表现为指令的形式。比如说，禁止谋杀的法规通常并不表达为禁令的形式：“个人不得故意和有预谋地剥夺他人生命。”相反，它们被表述为定义，比如：“当一个人故意和有预谋地剥夺他人生命的时候，他就犯有一级谋杀罪。”

---

〔33〕 Pub. L. 108 – 176, title VII, Sec. 702, Dec. 12, 2003, 117 Stat. 2576, f (1).

根据规划理论，这种类型的刑事法规是组合的规划，由行为性指令和规定所构成。正确理解的话，上述谋杀的定义就是一个禁止谋杀行为的行为性指令，加上要求上述指令适用于所有故意和有预谋的杀害行为的规定。

这里有两个理由，解释为什么刑事法规通常不只是表现为行为性指令。首先，正如托尼·奥诺里（Tony Honore）所指出的，如果法规只指示人们不做某些种类的行为，那么从它们的外观上无法得知该行为构成犯罪还是只是民事过错行为。〔34〕通过把这种行为规定为犯罪(offence)，这种行为的犯罪（criminal）性质就变得很明显了。其次，对于每一个将某些行为予以犯罪化的法规来说，通常会有另一个相应的法规，具体规定这种行为应得到的刑罚。如果一个刑事法规没有规定，比如“一级谋杀”是什么，那么对这类行为（对照于故意但无预谋的杀害）相应的刑罚做出具体规定就是很麻烦的。通过对“一级谋杀”做出定义，刑法创造出一种简易的方法，以使犯罪与刑罚之间相互参照。

授权和指示

另一种基本类型的法律规划是授权。不同于指令，授权并不规划行动；相反，它们授予能力给他人以规划行动。举例说，比较一下美国宪法的第二条第三款“总统应经常向国会报告联邦的情况”〔35〕，和第一条第八款“国会有权规定并征收税金”，第一个条款指示总统做国情咨文，而第二个却不要求国会规定并征收税金，相反是授权他

〔34〕 参见 Tony Honore, *Making Laws Bind* 87 (Oxford: Oxford University Press, 1987)。
〔35〕 U.S. Constitution, art. II, § 3.

们这样做。

授权与我在之前所称的指示相伴随。指示是一种配方，具体规定被授权者如何实施被授予之权力。因此，美国宪法的第一条第七款确定了立法通过的恰当程序，大致是经两院批准，并呈送给总统且未被否决，或者总统否决后由两院各三分之二以上批准。类似地，《统一商法典》第二条大部分内容确定了制定和修改有效买卖合同的指示。不服从指示导致的不是违法行为，而是无效行为。

授权也几乎总是伴随着相应的指令。举例来说，对遗嘱人立遗嘱的授权，伴随的是发布给遗嘱认证法院、执行人、受益人等的指令，这些指令要求他们在有效遗嘱被立定并且遗嘱人去世之后，做出或不做某些行动。我们可以说这些指令具体规定了遗嘱权的**效力**（force），因为它们描述了授权被实施时所产生的法律效果。

那么，有人可能会问，为什么在发布指令已足够的情况下，法律还要自寻烦恼创造出一种单独的规划，授权给遗嘱人立遗嘱。只要遗嘱人知道他的行动会对法官、执行人和受益人等产生法律效果，授权给遗嘱人做这些行动的规划看起来就是多余的。

一个类比可以帮助说明授权和指示对社会规划体制的价值。假设你想向某人展示如何烘制一个巧克力蛋糕。一种方式是教给他化学。运用基本的化学原理，他可以得到从零开始制作一个蛋糕的步骤。显然，更简单的方案是给你朋友一个配方。配方无需他根据基本原理弄清楚必要的步骤，而是直接提供关键的信息。

我们可以说，授权和指示是法律配方。授权表明谁有权做哪种行动；指示告诉权力所有者如何行使这些权力。因此，当法律规定授权的时候，权力所有者不需要把法律的其他部分拼凑起来以获知他们的行动会产生某些后果。相反，他们可以直接在“配方”中得知他们拥有这些被授予的权力。因此，尽管遗嘱人通过调查发布给执行人和遗嘱认证法院的指令，并注意到他们的义务以他的行动为条件，就能够知道他可以处置他去世后的财产，但对他来说更简单的方式是通过查阅遗嘱法来确定他拥有这种权力。通过这种方式，他能够知道他有权处置去世后的财产，以及行使这种权力的正确方式。

除了这种信息功能，授权和指示也扮演着重要的信号角色。以权力术语来表达法律，表明它们的目标是增加积极自由，而非减少消极自由。正如我们在第三章所主张的，遗嘱法的本旨不是防止遗嘱人立口头或未经认证的遗嘱；相反，其本旨是为他们处理死后财产提供便利（或者，用规划理论的措辞来说，使他们能够规划在他们死后谁可以得到何种财产）。如果遗嘱法只是表达为指令的形式，则这种独特功能就会被掩盖。

当然，指令和授权不是相互排斥的活动。在很多情况下，法律不仅授权人们为他人做规划，也指令他们行使这些权力。因此，普通法系下的法官不仅被授权来决定法律问题，他们也负有义务这样做。其他时候，法律也授权人们从事某些行为，但命令他们**不要**以某种方式行使那些权力。举例来说，根据一种陪审团否弃权观点，陪审团被授权可在证据充分的时候宣告无罪，但被命令不要这么做。如果一个陪审团在证据充分的时候做了无罪宣告，他们就错误地做出了行动，然而却给出了有效的裁决。

法律可能也会通过在人们的规划中赋予各种考虑以分量，来指令被授权者行使他们的权力。因此，正如德沃金所指出的，尊重契约自由的法律原则并不要求法院总是遵守契约所确定的条款，相反，它只要求法院在它们的审议中给予契约自由的重要性以足够的分量。根据我所引入的分类法，这种法律原则应被视为因素分解法，因为它把法官在参与规划中应使用的一个因素隔离出来。〔36〕

以上讨论表明，行动通常由不止一种的法律规划所管理。举例来说，陪审团做出刑事裁决，是以下规划的对象，即授予他们权力来做出裁决的**授权**，如何做出裁决的**指示**，进行审议的**要求**，按所需时间进行审议的**许可**，对基于错误理由而投票的**禁令**，要求在决定罪或非罪时给予一些因素而非其他因素以分量的**因素分解法**，以及在证明被告有罪前应推定其为无罪的**规定**。法律规划也管理其他法律规划的恰当执行：上述指示、因素分解法和规定管理陪审团之授权的恰当执行，审议要求指示他们把禁令、要求和许可适用到特定案件的事实之中。因此，我们可以说，法律制度是一个大型的规划网络，其中许多规划管理着相同的行动，另有许多管理着彼此的恰当执行。

法律、规划和批评

正如我所描述的，规划并不主张道德力量。换句话说，他们并不这样陈述，即某些人“应当”、“有义务”、“有权利”做某些行动，或如果不做这些行动就是“犯罪的”。相反，规划只是指示、许可、授权或禁止人们在某些情况下做出或不做某些行动。

既然法律是规划或类似规划的规范，那么他们也不主张道德力量。严格来说，纳税的指令最好表述如下：“每个人注意，缴纳你们

〔36〕关于法律中因素的使用，参见 Cass Sunstein, *Legal Reasoning and Political Conflict* 28－30, 143－147 (New York: Oxford University Press, 1996)。

收入的百分之X作为税收!”（而非:“每个人有义务缴纳收入的百分之X作为税收”)。授予国会管理州际贸易之权力的授权类似地也可以表述为:“每个人注意，**国会**管理州际贸易!”（对照于:“国会有权利管理州际贸易”)。

有人或许会问，法律如何能受道德评价之约束。如果法律指令只规定应做出什么行动，而非告诉我们道德上有义务做哪种行动，以及如果法律授权只告诉我们谁为谁制定关于何种行动的规划，而非谁有道德权利这样做，那么我们如何能批评他们错误地理解了我们的道德义务和权利?

幸运的是，这个难题不是真实的。当我们从道德视角评价一部法律的时候，我们基于它指示我们做的行动或者那些它授权来行动的人而评价它。我们问:如果法律得到遵守，道德难题就会得到解决吗?或者新的难题就会出现?如果我们做出判断说，法律规定了人们做错误的行动，指示我们不做事实上道德容许的行动，或选用没有道德权利为我们做规划的人，那么我们有理由认为法律在道德上是有缺陷的。

出于同样原因，当我们在道德上认可一部法律时，我们就同意它所选择的行动或人。即使规划本身并没有主张我们有义务以某种方式行动，或者某人有道德权利管理某些行为，我们就能确定，它的颁布就能产生出它理应产生的道德效果。实际上，我们能够并且经常做的是，以这些赞同性的术语重述一部法律。举个例子，我们说一个指示我们缴纳所得税的规划使我们**负有义务**纳税。通过这样做，我们就是以理应产生的道德效果的术语来重述一个实体。

因此，把法律当成规划，并没有排除对法律内容的道德评价。实际上，批评法律的自由依赖于它的道德中立性。要说明这一点，想象一下批评一个内容有道德缺陷的规范所面对的困难。假定一部以征兵进行不正义战争为内容的法律的表述为："所有年龄为 18 岁至 45 岁之间的男性都有义务在对奥希阿纳（Oceana）战争期间应征入伍。"似乎可以推出，该法律使人负有义务入伍。然而，既然该战争是不正义的，批评该法律，甚至否定 18 岁至 45 岁之间的男性都有义务应征入伍都是恰当的。试图加以改进的人会发现他陷入一种尴尬的，甚至是不可能的境地，即以主动语气承认他以被动语气否定的事实。他必须说，法律施加义务给人们，要求他们以他们没有义务而行动的方式来行动，而这是自相矛盾的。

相反，根据规划理论，该法律的最佳表述为："18 岁至 45 岁之间的男性，在对奥希阿纳战争期间应征入伍！"相对于前面有道德缺陷的版本，从这个规划的存在并不能推出所要求之年龄段的男性实际上有义务入伍。因此，对于道德抵抗的呼吁就能被理解：我们可以说，法律指示/要求/告知/需求/迫使 18 岁至 45 岁之间的男性入伍，但是他们实际上并无义务这样做。

诚然，该法律的存在确保 18 岁至 45 岁之间的男性**在法律上**有义务应征入伍（在这里"在法律上"作视角性解释）。但是这只意味着从法律视角来看，特定年龄的男性在道德上有义务入伍。〔37〕显而易见，从一个视角确认男性有义务入伍，跟从另一视角否定这一点，之间并无矛盾。

---

〔37〕 既然根据法律视角，法律具备它们理应具备的道德效力，那么从法律视角来看，以道德合理的方式重述法律的内容始终是可能的。

法律解释的问题

在这三章中，我们探讨了法律的规划理论。我们看到它如何解决可能性难题并克服休谟挑战。我们也确定了身份问题的答案。在本书的接下来部分，我尝试探讨这些理论反思的一些实践意义。尤其是，我追问规划理论应该如何影响法律解释的实践。如果法律是高度精致的规划组织，以及法律是规划或类似规划的规范，解释法律文本的恰当方式是什么？

我不会正面地处理这个问题，而是采取一种更为间接的方式。我会检讨一系列批评，这些批评被提出来反对法律实证主义的标准理论，并担忧它对法律解释的标准实践做出解释的能力。根据这些观点，法律实证主义是有缺陷的，因为它忽视了道德考量在解释法律上所扮演的关键角色。法律的存在和内容不能只依赖于社会事实，这是基于如下简单原因，即发现法律不只是一种社会学探究，也必然涉及到道德推理。

我以这种方式展开的目的是要确定，这些批评中的哪一个（如果有的话）成功地证明了标准法律实证主义理论的缺陷。我们会看到，大部分批评并没有成功。它们要么是建立在关于法律实证主义的性质的一些误解之上，要么是忽视了标准理论调和法律解释中道德推理之角色所使用的资源。

然而，我们会看到，某一个版本的批评切中了要害。当前的法律实证主义理论与法律解释的实际实践不符，基于这个原因它们是不合格的。因此我会证明规划理论如何能够胜过这个批评。在对这个有力的批评做出回应的过程中，我希望发展出一种理论，它不仅与法律解释的实际过程相符，也认真地对待规划和规划活动的性质。

第八章　法律推理与司法判决

糟糕的真理

根据我的经验，大多数入学的学生都认为美国法学院唯一的教育使命就是教给他们“规则”。当他们学习刑法时，他们想象到他们将会花费大量时间来学习美国刑法的规则。在宪法方面，他们认为自己将被教授写在基本文献中的规则，这些文献塑造了美国政府体制的基础。他们认为，他们的教科书写满了这些规则，他们被要求记住这些规则，在考试中答出这些规则。他们进一步设想，法律图书馆堆满了这种教科书，他们被教导去图书馆里面寻找问题的答案。假如他们幸运的话，他们的教授已经写下了一些权威性的大部头著作。并且他们相信当他们毕业时，他们将知晓这些规则，或者至少知道到哪里找到这些规则。

学法律的学生很快（经常是）懊恼地发现根本不是这么一回事。尽管在第一年他们学习了一些“白纸黑字”的法律，但大部分课程并不是引述或者解释这些规则，而是在争论这些规则到底是什么。学生们被教育要像律师一样思考，即学会如何从案件双方当事人的角度进行辩论。首先他们论证规则 A 是正确的，随后他们又转而争辩说规则 B 是正确的。特别让学生感到不安的是，他们通常不会被告知哪一方是正确的。课程就是聚焦于这些所谓的疑难案件，在这些案件中对立的双方都能够提出好的论证来，至于哪一方胜出，理性的律师也会产生意见分歧。教授对于法律问题不发表意见，并不是完全因为他们想“先把答案藏起来”，更是因为他们通常也不知道答案是什么。

我们眼前的这个糟糕的真理就是，法律知识是有局限性的。确实存在着很多活生生的问题，我们可以很确定地解决它，或者至少有着适度的自信，但是这样的答案并不能让我们满意。担心在课堂上答不出问题的学生、面临牢狱之灾的被告、寻求税务建议的客户以及判决案件的法官并不能保证能够找到或者得到关于法律的确定答案。律师们至多能够做出专业的猜测，但是案件非常难，他们不得不诚实地承认他们不**知道**法律是什么。

疑难案件的存在让很多人感到震惊，这不仅是因为在人们不能确信法律是什么的时候，我们仍然让人们对违法行为负责（或者对考卷上的错误答案负责），这是不公平的。人们的震惊也是因为，他们没想到法律推理在这么大程度上是艺术，而不是科学。专业领域内经常举的一个例子是“严禁车辆驶入公园”。常规意义上的小汽车和摩托车显然被禁止进入公园，这不需要专业技能就能够明白。但是一个救护车司机为了送心脏病人尽快赶去医院而准备进入公园呢？救护车无疑是车辆。在制定法的意义范围内，救护车应该被看作是“车辆”吗？假如应该被看作车辆，那么“严禁车辆驶入公园”是不是意味着**绝对地**不允许呢？或者思考一下一个园丁试图驾驶一个能够载人的剪草机到公园中修建草坪。能够载人的剪草机是车辆的边界情形。在制定法之下，它们应该被认定为“车辆”吗？

很清楚，这些法律问题不能以纯粹技术性或者计算性的方式来回答。这些方式不足以确定这些情形是否处于制定法的明显意义之内。救护车无疑是在“车辆”一词的明显意义之内，然而救护车却被允许进入公园。另一方面，我们既不能说载人式剪草机在“车辆”一词的明显意义范围之内，也不能说在其范围之外。因此，仅仅是三段推理不能告诉我们园丁是否能合法地被允许使用这一新发明的工具。

这些难题不是法律教授为了为难或者刺激学生而捏造的不着边际的假想结果；在真实法律制度中的上诉法院里，这些难题在纠纷解决中再常见不过了。看看下面的案件：

• 国会颁布的法律规定，贩毒过程中或者与贩毒有关行为中，“使用或者携带”武器者可以被处以最低5年的徒刑。一个人试图用枪交换可卡因，他“使用”武器并因此而应被处以上述最低刑罚吗？〔1〕一个人用卡车运输大麻并在汽车储物箱中放了一把步枪，他是法律意义上的“携带”武器吗？〔2〕

• 根据1883年的运输条例，蔬菜应该被征10%的进口税，而水果无需征税。西红柿在植物学上是水果，在运输条例的意义范围内它们应该被理解为“蔬菜”吗？〔3〕

• 1780年批准生效的马萨诸塞州宪法的一个条款规定，众议院成员“应该通过书写的选票选举出来”。那么，现代投票机器中的选票并没有记录在纸上，州议员可以通过它来选举吗？〔4〕

• 联邦法律规定，在联邦土地上主张非专有的采矿申请必须在每

〔1〕 Smith v. United States, 508 U. S. 223 (1993).

〔2〕 Muscarello v. United States, 524 U. S. 125 (1998).

〔3〕 Nix v. Hedden, 149 U. S. 304 (1893).

〔4〕 In re House Bill no. 1291, 178 Mass. 605 (1901).

年的“12 月 31 日前”提交申请文件。在 12 月 31 日提交的申请文件过了最终期限并因此无效吗?[5]

• 根据普通法，施害者只对那些“直接”造成的伤害负责。在一个案件中，一位背着包的人试图挤进列车。列车公司的雇员认为这位旅客可能会摔倒，就把他推进了车厢，结果，旅客的包掉了下来。这个包中恰好有易燃易爆品，当其掉到铁轨上时发生了爆炸。由于这个爆炸，地铁中的水泥脱落砸到了地铁站另一端的一位妇女。这位雇员推旅客的行为是妇女受伤的直接原因吗?[6]

• 英国议会于 1867 年通过的人民代表法将普选权扩展到满足了某些条件的每一个“男人”（man）。1850 年颁布的解释条例规定，使用男性指称的法律应该被解读为包括了女性，除非另有规定。那么这一条例要求将普选权扩展至女性吗?[7]

• 联邦法律规定，运输被偷盗的“带有马达的车辆”（motor vehicle）穿越州界将构成犯罪。一个人驾驶明知是偷来的飞机从伊利诺伊州飞往奥克拉荷马州，联邦法律适用于他吗?[8]

• 一部 1885 年颁布的联邦法律禁止“以合同或者协议的形式让外国人进入或移民美国，使其在美国工作”。圣三一教堂通过合同让一位英国教父到纽约教区来工作是不是违反了联邦法律呢?[9]

• 只有当存在要约与接受时一个合同才是有效的。一个要约被接受的时间是被要约者把接受信投到邮箱的时候，还是要约者实际收到

[5] United States v. Locke, 471 U. S. 84 (1985).

[6] Palsgraf v. Long Island Railroad Co., 162 N. E. 99 (N. Y. 1928).

[7] Nairn v. University of St. Andrews, [1909] A. C. 147 (H. L.).

[8] McBoyle v. United States, 283 U. S. 25 (1931).

[9] Church of the Holy Trinity v. United States, 143 U. S. 457 (1892).

信件的时候？〔10〕

在这些案件中，相关的宪法、制定法、行政法规和司法判决都没有给出一个清晰的答案。为了确定应该如何行动，我们必须“像律师一样思考”。我们必须考虑案件的双方，运用良好的判断找出最佳解释来。

当法律文本发生冲突时，法律这种经常出现的模糊性以及相应的对法官做出裁断的需求就更加凸显出来。例如，在著名的布什诉戈尔案中，法庭被要求解决一些佛罗里达州调整选票重新计算程序的不同制定法之间的不一致。有一个制定法似乎意味着，选举结果被证实前，在戈尔竞选团队要求的情况下，县选举官员可以手工进行重新计票，而另一个制定法似乎要求，因为该要求在选举结束 7 天后才提出，所以州务卿要忽视这一要求。或者像第三部制定法规定的那样，这件事的决定完全可以由佛罗里达州州务卿自由裁量决定？当然，解释法律的这些困难被人工计票的合宪性问题给放大了，即宪法第十四修正案的平等保护条款是否会基于不同的程序会不平等地分配选票的力量这个理论，而禁止县使用不同的方法来确定投票者的意图？〔11〕

因此寻找法律涉及的不仅仅是在法典中查看法条并读出答案。法律推理和法律研究不一样。它也并不遵循非个人的、技术性的、科学的程序。为了知道法律是什么，我们必须运用较高程度的判断，这种判断是一种不受特别详细化、可计量的规则和程序掌控的治理能力。

当认识到法律推理是高度自由裁量的之后，很多法学家认为法律实证主义特别无法令人满意。这种理论将所有的法律事实都奠基于社

〔10〕 Adams v. Lindsell, 1 B & Ald 681 (1818).

〔11〕 Bush v. Gore, 531 U. S. 98 (2000).

会事实，通过这种方式把法律是什么与法律应当是什么区分开来，法学家们无法将这种理论与法律实践的现实调和起来。因为法律推理看上去不仅仅是进行社会学研究。在疑难案件中，各种规范性考量对于解决法律纷争都是相关的。知道市议会批准了“严禁车辆驶入公园”的条款并没有解决救护车或者载人式剪草机是否可以进入公园的问题。很多律师都会说，为了知道救护车是否被允许进入公园，我们必须回答一个“政策”问题——政策是一个笼统的术语，指代任何与议题相关的考量因素或者被认为相关的考量因素。因此，法官必须决定，让救护车或者载人式剪草机进入公园是不是一个好主意，或者禁止小汽车进入公园的政策是否也把其他有轮子的物体拒之门外。同样，布什诉戈尔案中的争论似乎也不完全是——甚至不主要是关于社会事实的。每个人都知道不同的法律相互冲突。然而这些冲突的解决关涉到复杂的问题，包括民主、平等、政治党派和投票者的权利、选举中确定性和终局性的重要意义、联邦制的价值、联邦法院在解决政治冲突中的适当角色。

这种看法认为，法律实证主义的基础是一幅幼稚的法律图画，只有刚被录取的法律学生才会相信。假如所有的案件都是简单的，通过看一些权威的规则手册就能解决，那么认为社会事实决定了法律的内容就是有意义的。社会惯习将会挑出哪些规则手册是权威性的，因此，社会学研究、语言能力以及逻辑分析就足以回答任何一种法律问题了。

法律实证主义理论让人不满，这使得许多法律学者开始拥抱某种形式的自然法理论。按照这种观点，在决定法律的内容时道德事实是实质要素，它总是要对社会事实（例如：权威文本的来源或者决定文本明显意义的语言惯习）做出补充。因此，为了弄清楚法律是什么，法律推理者必须关注这些道德事实。法律推理作为道德推理的一种形式这幅图画，为为什么会有法律疑难案件这个问题提供了一个自然而然的说明。根据这种观点，法律知识是有局限性的，因为道德知识是有局限性的。我们经常不能确定从道德视角来看我们应如何行动，理性的人们也经常就他们的成熟的伦理判断彼此有分歧。疑难案件不能从法律中消除，因为疑难案件的普遍存在是我们道德生活无法磨灭的特征。

当然，这些并不能被看作是反对法律实证主义的决定性论证。它只是提出了一个传统的、很多人都持有的关于实证主义理论的看法，即完全奠基于社会事实的对法律的描述不能说明道德考量在实际的法律推理实践中所扮演的角色。不用说，这种关于实证主义的看法一般来说也同样适用于规划理论。就像我们在前面几章中看到的，规划理论也是一种实证主义的理论主张，它最终只把法律建立在社会事实的基础之上。而且，它否认规范性前提会在一个有效的法律论证框架内出现：根据规划理论，法律推理是一个描述性输入、描述性输出（DIDO）的过程。然而，至少初看上去，实际的法律实践似乎不符合这种描述。没有一种神奇的用户手册列出了所有这些所谓的规划。司法决策也并不遵循 Dido 模式。法官也并不将自己局限在可以拿到手的法律文本，他们反而经常求助于道德论证来解决纠纷。因此，规划理论如何能够与法律实践的现实相调和还远非清楚。

为了探究这种看法是否对一般性的实证主义、特殊的规划理论是致命的，我们必须改善这一攻击，看看实证主义者是否能够对其做出回应。在本章中，我将检讨源自法律推理的一个版本的挑战，其他挑战留在后面的章节讨论。

第一个反对意见主张，法律实证主义认同一种经常被称为“法律形式主义”的法律观。根据法律形式主义，像美国和西欧那样的现代体系是一致的、完整的规范性体系。换句话说，形式主义认为，每一个法律问题都有一个独一无二的正确法律答案，法官的角色就是找到并适用它。法官通过锁定相关法律材料中一系列原则来找到法律，然后适用这些规范，推导出具体的答案来回答法律问题。根据这种观点，法律推理仅仅是语言能力、概念分析和逻辑推导的演练。形式主义法官的楷模是数学家，他能够从欧几里得的前提中推导出新的真理，而不是立法者，因为立法者需要参与到道德推理中，进而为当前社会现状制定出最佳规则。

根据这种反对意见，实证主义认同形式主义，因为实证主义者主张，法律的存在从不依赖道德事实。换句话说，实证主义认为法律推理是**与道德无关**（amoral）的行动，因此否认法官有机会回应人们对于当前案件所提出的社会要求。就像形式主义的法官那样，在审判案件时，实证主义法官被禁止诉诸公平、正义、效率、制度设计和政治正当性这些考量要素。

然而，一旦实证主义和形式主义之间的联系建立起来，实证主义的命运就盖棺论定了。因为这一反对意见正确地指出，形式主义是一个令人困惑的、有害的理论。这一理论否认法庭有权利在裁判中依赖道德考量，该理论不仅与美国以及其他成熟法律制度中现存的实践不一致，而且在迫切需要法庭投入到道德推理以解决疑难案件的情况下不可能是正确的。因为实证主义认同形式主义，并且形式主义是错误的，那么反对意见就可以得出结论说，实证主义也必然是同样错误的。

因为在本章中我们所讨论的挑战把法律实证主义等同于法律形式主义，所以从讨论形式主义的简要架构开始是有好处的。我这里所关注的并不是展现一个详细的、从历史上看描述准确的法律形式主义；也不是去讨论在某一时刻、被某个人称作“形式主义”的每一种理论。相反，我想提出一种关于形式主义的“公认看法”，以此来作为对实证主义挑战的基础。〔12〕尽管这一讨论会夸大实际的形式主义者的某些立场，我的主要目标在于查明，得到正确理解的法律实证主义是否可以被批评为认同这种有些讽刺性的、错误的法律观。

法律形式主义

按照我的理解，法律形式主义主要是关于现代法律制度之内容的一种描述性理论。粗略地讲，法律形式主义认为，在现代政权中每一个法律问题总是有一个正确答案，法官的责任就是找到并适用这个答案，而无需求助于任何一种道德考量因素。因此法律形式主义应该与关于“法官实际上如何做出判决”的经验理论区别开来。形式主义并不主张法官总是试图寻找法律、从不坐在法官席上立法、从不求助于道德考量要素来解决纠纷。相反，他们主张，法官有法律义务寻找法律，假如当法官坐在法官席上立法时，法官就是以一种法律上不适当的方式在行为。

形式主义这一关于现代法律制度的描述性命题经常和一种关于所

〔12〕 例如，参见 Brian Tamanaha, “The Bogus Tale of the Legal Formalists,” St. John's Legal Studies Research Paper No. 08 – 0130 (2008)。

有法律制度的概念性主张结合在一起。形式主义者接受“某个法律制度是不全面的”这样的可能性——在该法律制度内并不是每一个法律问题都有正确答案，但是他们仍然主张，这样的法律制度仍然是**能够变得全面的**(completable)。在这样的情形下，立法机关有法律义务去弥补法律制度中的空隙，这样该法律制度就能实现具有完全确定性的理想。

为了阐释的方便，我将主要集中在法律形式主义的这个描述性命题上。当我说形式主义者对“法律”的描述时，我不是指所有的法律制度，而是仅仅指标准的现代法律制度。因此我将展现的这种法律形式主义最为接近美国派别的法律形式主义，我并没有顾及欧洲大陆的法学家们将会怎样以不同的方式来描述形式主义。〔13〕

法律形式主义的四个命题

法律形式主义可以被理解为认同下述四个命题的一种阐述：〔14〕

(1) **司法自制**：形式主义关于司法角色的观点是高度自我约束的。按照其观点，法官总是有义务去适用既存的法律。换句话说，法官从不享有为了他们的道德观念或者社会政策观念而忽视或者纠正规则的裁量权。只有立法机关可以修正法律；法官只能寻找和适用既存的法律。

---

〔13〕 在美国形式主义者当中，一个标准的名单包括克里斯托弗·兰戴尔（Christopher Columbus Langdell）、约瑟夫·比尔（Joseph Beale）、艾莫斯（J. B. Ames）和萨缪尔·威利斯顿（Samuel Williston）。

〔14〕 下面的讨论很多要归功于托马斯·格雷，Thomas Grey，“Langdell's Orthodoxy，”45 *University of Pittsburgh Law Review* 6－11（1983）。也可以参见 Grant Gilmore，*Ages of American Law*（New Haven，CT：Yale University Press，1979）；Anthony T. Kronman，*The Lost Lawyer：Failing Ideals of the Legal Profession*，chap. 4（Cambridge，MA：Harvard University Press，1993）。

（2）**确定性**：形式主义者不仅认为当法律存在时法官有义务适用法律，他们还认为法律总是存在的，在判决案件时，对法官来说，法律总是触手可及。根据他们的这种观点，法律完全是确定的：对于每一个法律问题，有且仅有一个正确答案。形式主义者因此否认存在着不被法律规范调整的现实状况，否认法律中存在“空隙”。他们也不接受法律冲突的可能性，即有两个或者更多不能令人满意的规则调整着某一现实状况。因此法官从来不会举手投降，不会说根本不存在可以适用的法律。从形式主义的角度看，总是存在一种正确的方式来解决纠纷，法官被要求找到它并且适用它。

（3）**概念主义**：假如法官试图去寻找法律，形式主义者必须确保法律能够被找到。这排除了“法律仅仅是由调整有限数量的现实状况的特殊规则组成的”这种可能性，因为为了覆盖所有可能的案件，规则不得不变得无限多，这也使得规则变得不可知。因此形式主义者接受一种通常被称为“概念主义”的观点。概念主义主张，大量的低抽象程度的规则可以从一些含有抽象概念的一般原则中推导出来。这些原则包括“除非有对价，不然合同不具有效力”，“除非主观上有犯罪意图，一个行为不可能使一个人有罪”，以及“一个人的疏忽行为是他人遭受损害的直接原因时，他将为这些损害负责”。

按照这种模式，法律像个小型的金字塔。一般原则在塔尖，它们为处于基层的调整特定事实的规则提供了正当性。通过了解有限数量的处于顶层的原则，法官就能够推导出低层次的规则，因此可以正确地决定哪一方有权利获得胜利。这些原则的一般性和抽象性不仅保证了法律的确定性和可知性，也使得法律条文拥有了一种喜人的概念秩序。庞大的法律可以被归入到少量一般原则之下，原则所使用的那些抽象概念以一种明智的方式将规则进行了分类。

（4）**裁判的非道德性**：根据形式主义者的观点，法官裁决案件不能求助于道德推理。换句话说，他们必须能够发现一般法律原则，推导出低层次的规则，并将这些规则适用于手边的事实，而不能求助于道德考量因素。法官只能使用“逻辑”，在这里逻辑被宽泛地理解为包括了演绎、归纳和概念分析的运算。

让我们从原则的发现开始。按照形式主义的模型，证成和构建法律的一般规范可以在权威性法律文本中找到，例如制定法、判决意见书。当它们被立法机关颁布或者写在法典的开头时，法官通过阅读法律文本就能够确定相关的原则。然而不幸的是，原则很少在立法文本中被明确地表述，法官必须通过仔细地研究过去的司法判决来推导出原则。按照形式主义者的观点，从判例法中推导出原则就像确凿的观察支持科学假设一样，也就是说，是通过归纳的过程实现的。裁决中体现了原则的案例被看作是支持性的例子；当足够数量的这类案例被发现时，相关原则就被看作是有效的。

在敲定了可适用的一般原则之后，法官必须推导出低层次的规则来判决案件。根据形式主义者的观点，这个过程由概念分析和演绎推理混合构成。第一，法官需要分解原则所使用的抽象概念（例如，财产、对价、直接原因）。这番分析将给法官提供一些关于概念的必然真理。第二，法官应该适用这些必然真理推导出新的低层次的规则。原则扮演了大前提的角色，必然真理是小前提。低层次规则是三段论推理的结论。

一旦这些更具体的规则被推导出来，法官将会把这些规则适用于案件事实。在最后这个阶段，低层次的规则扮演了大前提的作用，事实将被看作是小前提。结论将是本案的适当的法律处理意见。

因此按照形式主义的思考方式，一般法律推理和特殊的司法裁判都是完全道德无涉的过程。为了证立其裁决，法官不能转向道德判断：他不能涉及特定裁决的公正或者平等，创造该先例会带来的长期社会和经济效果，通过司法来解决纠纷产生的制度分流效应。一般原则、特殊规则和实际案件解决方法的发现无需社会科学或者处于基础层次的道德理论的帮助。立法机关需要经济学和正义；法院需要的是逻辑和法律材料。

信箱规则

让我们借助一个具体的例子，使对形式主义的抽象描述变得更生动。[15]形式主义法律推理的经典例子就是克里斯托弗·兰戴尔（Christopher Langdell）反对所谓的信箱规则（mailbox rule）的论证。信箱规则认为，合同通过接受信而成立，这种成立是发生在接受信寄出的时候，而不是接受信实际被收到的时候。兰戴尔论证说，信箱规则与美国合同法的一般原则不一致，因此应该放弃。

兰戴尔的论证从当时美国法庭普遍接受的原则开始，即除非一个要约得到“对价”的支持，不然合同不能成立。在两个条件下一个要约能够得到对价的支持：被要约人要么（1）履行了要约人要求的行为，要么（2）仅仅承诺将履行该行为。因为信箱规则关注的情形是要约通过返回承诺的方式被接受，因此第一个条件没有满足。因此从接受信的情形中可以推导出一个新的规则：除非被要约人已经承诺履行要约人要求的行为，不然合同不能因接受信而成立。

---

〔15〕 这一部分的讨论是以格雷的一篇文章为基础的，Grey，“Langdell’s Orthodoxy” 12。

兰戴尔问：什么时候被要约人承诺履行要约人要求的行为？是包含承诺的信寄出的时候，还是信收到的时候？假如是前者，当信寄出的时候，要约就得到了对价的支持，合同就成立了；假如是后者，当信收到的时候，要约就得到了对价的支持，合同就成立了。

为了回答这个关键性的问题，兰戴尔继续分析“承诺”和“传递”这两个概念。第一，他主张，除非承诺被传递给被承诺人，不然承诺不能成立。第二，他主张，当信被被承诺人收到时，该承诺才借由信传递成功。从这两个预设的概念真理出发，兰戴尔引申出第三个真理：当信被被承诺人收到时，一个承诺才借由信而成立。把最后这个概念真理与前两段中得到的规则混合起来，兰戴尔引申出如下低层次的法律规则：除非接受信被收到，不然合同不能借由接受信而成立。

因此，兰戴尔主张，这展示出信箱规则在美国法中是不具有法律效力的。在这个过程中，他没有依赖政策考量，例如，把知晓接受的责任施加到要约人身上更公平或者更有效率。相反，他考察了案例，通过归纳、概念分析，从中确定了关于对价的一般原则的存在，并通过演绎得出了他的结论。

实证主义与形式主义的联系

现在我们可以看出为什么许多人将实证主义与形式主义联系在一起。他们的想法是这样的：法律实证主义认同这样一个观念，即法律仅仅是社会事实，而不是道德事实。因此，法官要想判决一个案件，他就不能依赖任何道德事实。只有社会事实是相关的，因为只有它们能够决定法律的内容。我们可以这样讲，在司法判决的形成过程中，社会事实将道德事实“挤了出去”。因而，像形式主义一样，实证主义要求裁判完全是**无涉道德的**事情。一个实证主义法官解决纠纷时不能依赖道德哲学。他应该局限于法律文本和语言解释、演绎、分析、归纳等无涉道德的运算。〔16〕

对于很多人来说，将实证主义和形式主义二者联系起来似乎是有问题的，因为他们认为形式主义是一种有着严重缺陷的司法裁判理论。大多数英美律师都相信当法官解决法律问题时不仅仅使用逻辑，更为重要的是，法律允许法官这样做。欧利佛·文德尔·霍姆斯的《普通法》一书的开篇段落很好地捕捉到了这种意见，霍姆斯在那里雄辩地道出了美国法律思想中最为著名的论断：“法律的生命不是逻辑，而是经验。”〔17〕我们只要看看一般的州或联邦的上诉法院判决意见就会认同霍姆斯的观察。法官不是消极的、机械的规则适用者，或者用罗斯科·庞德那引发共鸣的形象讲就是自动贩卖机，它输入事实、输出判决。〔18〕法官的判决意见经常是冗长的、枝蔓的文件；很少是整齐简洁的三段论推理。它们往往来自于关于公平、正义、社会政策、制度设计、政治正当性的讨论和辩论，有时还会被这些讨论和

---

〔16〕 主张形式主义和实证主义之间存在联系的作者，参见 Roscoe Pound, *Law and Morals* 46 – 50 (Littleton, CO: Rothman, 1987)（实证主义者主张法律完全是一个逻辑体系，司法判决是一个机械的、演绎的过程）; Morris R. Cohen, “Positivism and the Limits of Idealism in the Law,” 27 *Columbia Law Review* 238 (1927)（法律体系是完全的、封闭的，这一预设可以归之于实证主义者）; Felix Cohen, “The Ethical Basis of Legal Criticism,” 41 *Yale Law Journal* 215 (1931)（实证主义认同与逻辑的一致性和确定性）; W. Friedmann, *Legal Theory*, 3d ed., 289 (London: Stevens, 1967)（实证主义者把法律看作是完全的、自我包含的体系，法律推理是严格按照逻辑的）; Julius Stone, *The Province and Function of Law: Law as Logic, Justice, and Social Control: A Study in Jurisprudence*, 2d ed., 138 – 140 (New York: William S. Hein, 1973)（实证主义者认为法律具有逻辑的一致性）。

〔17〕 Oliver Wendell Holmes, *The Common Law* (Boston: Little, Brown, & Co., 1909).

〔18〕 Pound, *Law and Morals*, 59.

辩论所推翻。

上诉法院在考量中所依赖的道德因素的种类很多，律师们对此也较为熟悉。从伦理的（正义在某个案件具体要求什么，哪个行为或特征是善的，哪个是恶的，某个程序是否是公平的），到实用的（某个判决短期的或长期的社会经济制度效果是什么，谁值得信任去实施哪个政策，哪个激励要素最好地促进最好的服从），最终到政治的（谁拥有最大的正当性去决定特定的问题，个人拥有哪种权利来对抗政府，法律体系的目的和价值怎样能够得到最好的促进）。实际上，一个刚入门的法科学生学到的最重要的教益就是，这些考量因素在每一个有趣的案件中通常都起作用。因此他们学会了洪水之门学说（floodgates），滑坡（slippery slopes）、肮脏的手（unclean hand）、受挫的预期（frustrated expectations）、成本最低的避免者（cheapest cost avoiders）、损害分摊（loss spreading）、财力雄厚的公司（deep pockets）、交易成本（transaction costs）、不合理性（unconscionability）、不当负担（undue burden）、形式正义（formal justice）、利益冲突（conflict of interest）、制度能力（institutional competence）、可管理性（administrability）、应当负责（accountability）、可预期性（predictability）、适当的警示（fair warning）、联邦制、民主、自主性、基本权利，等等。

道德推理最为明显地出现在普通法案件中。法官经常使用道德考量在冲突的先例中选择立场，去区分判决意见和附带意见，去决定宽泛解释还是狭窄解释判决意见，特别是去决定遵循、区分或者是推翻某个先例。当法庭适用的法律标准包含规范性概念时，例如理性的、公共利益、不合理的、公平使用、淫秽的，法庭也需要使用道德推理。如果法官不深入到某种实质性道德分析或者价值探究当中，他就无法决定一个理性的人应该如何行为，一部电影是否被认为有社会价值。同样，当法庭在进行司法审查时，或者在适用一个多面向的、司法创制的检验标准时（例如“严格检验”标准：一部侵害基本权利或者歧视一个可疑群体的制定法，只有在严格适用以实现州的迫切利益时才是合宪的），其判决将依赖道德考量。其他的法院将使用道德考虑来决定哪一种法律文本的解释更好，哪一个对制定法的解释因其“荒谬”而应该被拒绝，相互冲突的两条规则应该服从哪个，应该如何调整一条规则以适应未预测到的新的情境，一个权利是否是基本权利，或者一个权利是否很有分量以至于能够推翻另一个权利，等等。

即使法院从未公开运用道德推理，很明显，他们仍然会悄悄地这样做。就像我们在这一章开头看到的那样，法官经常会遇到不能简单通过援引权威法律文本就得到解决的案件。实际上，就像比较法学家长期以来所指出的那样，民法法系法官的形式主义形象仅仅是表象，它掩盖了大量的政策论证，后者才是很多司法判决的真实基础。〔19〕规则手册和三段论能够处理简单案件，但是疑难案件要求更有力的东西。

因此，形式主义被认为是有缺陷的，因为它认为法官判决案件时不应该以道德考量为基础。它否认在许多案件中法官实际上回应了、也被允许去回应、而且**必须**回应社会对该案的要求，这种回应方式是，当法律带来无效率或者不正义的结果时，法官要调整法律，使过时的规则适应新的、不可预测的情况，还要补充法律漏洞，解决法律

---

〔19〕 参见 John P. Dawson, *Oracles of the Law* 410 – 411（Ann Arbor: University of Michigan Law School, 1968）以及 John Merryman, *The Civil Law Tradition: An Introduction to the Legal Systems of Western Europe and Latin America* 83（Stanford, CA: Stanford University Press, 1969）。但是，参见 Mitchel Lasser, *Judicial Deliberations: A Comparative Analysis of Judicial Transparency and Legitimacy*, chaps. 2 and 6（Oxford: Oxford University Press, 2004）。

之间的不一致之处。

因此我们对法律实证主义的第一个反对就是，法律实证主义响应了形式主义关于法官角色的观点，即它们都认为，当且仅当法官摆脱道德考量的腐蚀后，司法判决才是正当的。我们当前的法律实践允许法官做出道德判断，并使用这些判断去判决案件，因为坚持道德无涉的裁判方法似乎与这种法律实践严重地冲突，因此法律实证主义必然不是一个合理的法律推理理论，必然和形式主义一同被埋葬在失败法律理论的坟墓中。

核心与阴影

和很多美国法律人一样，哈特也认为法律形式主义是一个有缺陷的法律推理和司法裁判理论。他敏锐地意识到，在普通法体系中，当法官解释法律以及解决纠纷时，他们不仅仅使用“逻辑”。因此，哈特在他关于解释的文字中，竭力把自己与形式主义者区分开来。实际上，他不仅否定实证主义是形式主义的一种，他还论辩说，实证主义是一种反形式主义的理论。实证主义拒绝法律的完美确定性，因此它坚持法官至少在有些案件中必须依赖道德考量。

法律推理与司法判决

我们已经看到，形式主义认同一种道德无涉的裁判理论。一个形式主义的法官从不会运用道德推理来解释法律或者判决案件。我们刚才考察过的反对意见主张：因为法律实证主义也认同类似的道德无涉的、形式主义的裁判理论，所以法律实证主义也是错误的。根据该观点，实证主义者确实认同这种观点，因为实证主义者们在决定法律内容时使得社会事实具有优先性。社会事实挤掉了道德事实，因此在判决案件时道德事实就是不相干的了。

哈特通过指出上述推论中的错误来将实证主义和形式主义区分开来。不能仅仅因为社会事实决定了法律内容就得出“司法判决不牵涉道德推理”这样的结论。〔20〕只有一个人假定法律完全具有确定性的时候，上述推论才能够成立。因为假如每个案件都可以根据法律来解决，并且法律单单根据社会事实就能确定，那么我们才能说每个案件都可以仅仅根据社会事实就能够得到解决。换句话说，只有假定法律能够管辖到规范性世界的每一寸土地，社会事实才能够将道德事实挤出司法裁判。然而，假如法律在某些案件中是不确定的，那么并不是每个问题都可以根据法律来解决。一些纠纷会从法律裂缝中掉出来，它们只有通过援引政策考量才能够得到解决。

我们可以通过区分“法律推理”和“做出司法裁判”来表达哈特的观点。法律推理的目标是发现法律；〔21〕而做出司法裁判的目的是解决纠纷。法律实证主义给予社会事实的优先性可能意味着法律推理是道德无涉的，但是这并不意味着司法裁判也是如此。只有假定法律完全是确定的，才能够得出这样的结论。只有当法律能够解决所有的问题，司法裁判才完全等同于法律推理。但是如果法律有漏洞或者有不一致的地方，必须做出判决的法官就不能仅仅依赖于法律推理，因此就不得不选择依赖政策论证来履行他的职责。

---

〔20〕 H. L. A. Hart, “Positivism and the Separation of Law and Morals,” 71 *Harvard Law Review* 613 (1958).

〔21〕 对“法律推理”更宽泛的定义参见 Joseph Raz, *Ethics in the Public Domain* 327 (Oxford: Oxford University Press, 1994)。

指引的局限性

我们看到，反对意见只有把形式主义添加进实证主义的前提之中的时候，它才能够将实证主义与形式主义联系在一起。只有在**假设法律在每一种情形下都能够决定一个正确答案的时候**，实证主义的法官才应该被禁止依赖道德考量。但是，假如法律在某些案件中是沉默的，那么社会事实就不能将道德事实挤出去，法官就应该被允许自由地依赖道德事实来解决那些没有法律规制的纠纷。

哈特把实证主义与形式主义区分开来的下一步是否认实证主义认同法律的完全确定性。相反，他认为法律具有部分的不确定性。实证主义拥抱不确定性、拒绝形式主义的原因在于，通过事先颁布行为规则来解决所有的偶然性是不可能的。因为指引必然总是有局限的，法律也必然如此。〔22〕

为了展现人类的指引的内在局限，哈特考察了两种将标准传递给他人的形式：判例与立法。在判例体系中，人们指向一个具体事件，其他人被告知在相同情形下要按照相同的方式行为。当一位父亲进入教堂时，他脱下帽子，并告诉儿子也同样地行为。判例方法的明显缺陷是，尽管范例能被确定下来，但是相似性标准不能被确定下来。对于两个独立的事件来说，存在着无数个可能的相似性标准，有些标准把这两个事件看作是相似的，其他标准则认为它们是不相似的。尽管常识能够认定一些相似性标准是不适当的，将其排除出去，但是仍然存在着大量的冲突的标准，它们看上去或多或少都是合理的。当父亲告诉儿子脱帽时，这一告知适用于女儿吗？儿子应该虔敬地脱帽还是

〔22〕 H. L. A. Hart, CL 127.

应该潇洒地脱帽？在整个仪式中他都应该保持脱帽吗？在这些情况中会出现很多合理的疑团。

哈特并不是第一个指出判例指引是有缺陷的人。18 世纪和 19 世纪的法律改革家们——特别是实证主义的先行者边沁和奥斯丁，经常鼓吹用立法和法典化来替代普通法。[23]因为普通法产生了不确定性和不可预测性，边沁称普通法为“狗法”（dog law），这些缺点通过使用包含了有一般分类作用词语的文本就能够得到解决。权威文本中的词语直接明确了在一类案件中应该怎样做，因而排除了与个案相关的疑团。假如父亲要告诉他的孩子，“在教堂里的整个时间段男性必须要脱帽”，那么他的女儿就知道她可以一直戴着她的童帽，而他的儿子出现在教堂里的时候，就必须保证头上没有帽子。

哈特同意美国法律现实主义者们的意见，即应该揭穿经常以立法为根据提出的言过其实的确定性主张。尽管一般性词语的使用似乎保证了关于“立法者期望什么”的确定性，但是这种保证是虚幻的。因为即使一般性词语能够解决某些案件的许多疑团，但是边界情况总是存在的。[24]

再回到“严禁车辆驶入公园”的例子。尽管这一制定法表达的规则是禁止轿车——轿车是车辆的典型范例——进入公园，但是涉及到载人式剪草机的时候，问题又出现了。例如，载人式剪草机分享轿车的某些特征，但是在其他特征方面却不相同。它既不是车辆，也不是非车辆。正如哈特那个著名的观点，尽管轿车落入了词语的“核

---

〔23〕 参见 Gerald J. Postema, *Bentham and the Common Law Tradition* (Oxford: Oxford University Press, 1989)。

〔24〕 CL 123.

心地带”，但是这样的例子却落入了词语的“阴影地带”。〔25〕

按照哈特的观点，阴影地带的案件是不能消除的，在自然语言中每一个一般性词语都必然在结构上是开放的。消除语言的不确定性就是要求存在着一个一劳永逸的标准，用其来决定一个一般性词语在每种情境下的使用。很明显人类不可能塑造或遵循这样的检验标准。自然语言中的开放结构因此就是人类认知局限性的副产品。尽管解释的权威准则可以帮助消除一些语言开放结构带来的不确定性，但是很明显，它们不可能排除所有的疑难。哈特指出，因为权威性准则也是由语言构成的，它们也会有语言开放结构这样的问题。〔26〕

社会的有限性

哈特并不满足于简单地指出语言作为一种指引行为之方法的局限性。他认为这一事实对于法律的本质有着重要的意义。按照哈特的观点，语言具有部分不确定性这一事实意味着法律也是部分地不确定的。“严禁车辆驶入公园”，这一制定法是部分地不确定的，因为“车辆”一词的外延不能够被很好地确定下来。只要载人式剪草机既不是车辆，也不是非车辆，那么该规则就既不能适用、也不能不适用于该情况。在判决一个涉及载人式剪草机能否进入公园的案件时，法官必须使用裁量权。他们必须超出法律的视野，依赖其他考量因素来判决这样的案件。

按照哈特的观点，形式主义者的过错在于否定法官从不创造法律。法律的一般原则不能决定每一个法律问题的答案，因为它们所包

---

〔25〕 Hart, *Essays in Jurisprudence and Philosophy* 63 (Oxford: Oxford University Press, 1983)(下文用 EJP 代表本书)。

〔26〕 CL 123.

含的抽象概念有着开放结构，在这样的案件中给出的是不确定的答案。尽管我拳打你的面部是你受伤的最接近的原因，这是一个清晰的案件，但是火车公司的职员将一位乘客推进车厢，导致乘客装有爆炸物的提包掉落在铁轨上，爆炸导致站台另一端震落的水泥块砸到了一位妇女，这一案件就是一个边界案件。同样，在贩毒中携带武器必须给予强制性判决，这一制定法清楚地适用于下列情况：一个人在出售满满一箱可卡因时以一支上膛的枪作为威胁。但是该制定法不能清楚地适用于下列情况：当一个人驾驶的卡车里有大麻时，恰好其上锁的车辆仪表盘下的储物箱里有一支火枪。在阴影地带法官必须立法，因为在这样的案件中法律用尽了。〔27〕哈特推测，形式主义的兴起是为了回应分权体制这一政治要求。假如立法机关是体制内唯一被允许制定法律的机构，那么唯一正当的司法决策方式就是否定法律不确定性的存在。〔28〕

通过拒绝形式主义和认识到法律的相对不确定性，哈特仅仅是遵照了他自己的实证主义观点。因为根据实证主义者的观点，决定法律内容的社会事实只是那些关于**指引行为的行动**的事实。在立法和司法中，指引行为的行动是选择出语言文本；在习惯中，这些行动是不断重复以符合典范的那些行为，再加上对那些偏离行为做出批评的倾向。在这两种情形中，起指引作用的行动都没有解决每一个可能发生的关于人们应该怎么做的问题。语言具有开放结构，这必然使得有限的语言文本对一系列可能出现的问题是沉默的。同样，这两种情形都

〔27〕 EJP 67.

〔28〕 尽管哈特相信法官也可以立法，但是他很清晰地区分开立法者的角色和法官在发展法律中的角色。与立法者相比较，法官不仅需要提供理由来支持其判决，而且他们被允许依赖的理由一般会由他们的法律体系所调整。例如参见 EJP 106 – 107。

以无限的方式既类似于、也不同于有限的行为样式。因此，司法裁量权是不可避免的，因为不可能用有限的存在物以解决所有可能出现的问题的方式去指引行为。在某些节点上，凭借社会事实的指引必然会用尽，因此凭借法律的指引必然会用尽。〔29〕

社会事实不能解决所有情形下应该怎样做的问题，这一思想我们称其为“社会有限性”命题。有限的存在物不能选择出全面的、一致的规范来指引行为。社会有限性命题说明了我们上面考虑过的对实证主义的反对意见为什么是错误的。实证主义者认同“在决定法律内容时社会事实优先于道德事实”，但他们并不认为司法判决与道德无关。恰恰相反，实证主义实际上要求至少在有些案件中法官要使用政策论证，在一个良好的法律制度中，这种政策论证一般都包含真正的道德考量因素。假如法律确实依赖于社会事实，并且社会事实在某些节点上会用尽，那么就不能总是依赖社会事实来解决纠纷。在不可避免的阴影地带，法官必须使用裁量权，因为那里不存在法律标准可以适用。

尽管哈特认为社会事实有其局限，但是他也警告不能有过度的反应。一些法律现实主义者否认法律是可以确定的，与他们形成鲜明对比的是，哈特肯定了一个常识性的观念，即很多法律问题都有正确答案。〔30〕立法提供的指引经常是确定的，因为一般词语有着核心情形。

---

〔29〕 EJP 103.

〔30〕 例如参见哈特在《法律的概念》第一页所引用的话：Karl N. Llewellyn, *The Bramble Bush: On Our Law and Its Study*, 2d ed., 12 (New York: Oceana Publications, 1951)（“官员们在解决纠纷时做的就是法律”）；Oliver Wendell Holmes, “The Path of the Law,” in *Collected Legal Papers*, ed. Harold Joseph Laski, 173 (New York, 1920)（“我所指的法律就是对法庭将做什么的预测”）；John Chipman Gray, *The Nature and Sources of the Law*, 2d ed., 125 (New York, 1921)（“制定法是法律的渊源，而不是法律本身的一部分”）。在《荆棘丛》第二版前言中，卢埃林认识到，上面所引用的文字“不能为法律制度的本质提供一个适当的说明”，pp. 8 – 10。哈特的讨论参见 CL 136。

轿车不允许进入公园，因为轿车明显是车辆。

尽管容易引起误解，但机械地适用这个比喻对于这些核心情形是很适当的。在核心地带，词语对个案的适用似乎是直接的、明显的。尽管法官还是必须自己来适用规则——例如，他必须决定轿车算作车辆——但这个简单的适用容易模糊这里需要进行判断这一事实。假如司法意见似乎越来越普遍地带有道德原则和社会功利的考量，这源于提起诉讼的、最终成为上诉法院判决对象的案件的类型。律师和法学院学生研究疑难案件，在这些案件中法律是不确定的，法官必须寻求法律外的考量因素来填补法律漏洞。然而，这些案件是例外的，在大多数情形，规则是清晰的，问题的解决只会带来一点，甚至不会带来喧嚣。

稀释了的形式主义

从历史角度考察，哈特区分法律实证主义与经典版本的法律形式主义的努力是非常有效的。因此当前已经很难找到（尽管不是不可能）把法律形式主义的核心观点（即法律具有完全的确定性）归之于实证主义的人了。哈特对核心地带与阴影地带的区分是启发性的，该观点似乎已经成为法理学思想的主流意见。

尽管法律实证主义不再被等同于经典版本的形式主义，两者的关联性仍然以各种细微的方式存在。因此，在这一部分，我将检验两种相对流行的将实证主义与某种稀释了的形式主义版本等同起来的观点，并证明，这些解释尽管是可以理解的，但仍然是错误的。

目的解释

有人经常说，法律实证主义认同一种“形式主义者”的法律文本解释方法。根据这种解释方法论的观点，法律文本必须依据它们的字面意义来解释，而不能根据其目的。为了清晰起见，让我们称这种形式主义版本为“文本主义”。

把实证主义与文本主义等同起来的做法是受到了下述思想的鼓动：利用隐藏在法律文本背后的目的去解释该文本就是使用道德推理，因此是被法律实证主义所禁止的行为。为了保持法律推理独立于道德考量，只有文本的语言学意义才能够算数。因此法律实证主义就认同了法律解释的文本主义理论。〔31〕

在哈特—富勒的论战中，哈特的立场进一步鼓励了这种将实证主义与文本主义等同起来的想法。该论战发生在1958年的《哈佛法律评论》中，是关于法律实证主义是不是比自然法理论更优的问题。

---

〔31〕 把实证主义与文本主义联系在一起的文献例如参见 Lon L. Fuller, “Positivism and Fidelity to Law,” 71 *Harvard Law Review* 661 – 669 (1958); Anthony D'Amato, *Introduction to Law and Legal Thinking* 63 – 67 (Boston: Hotei Publishing, 1996)（实证主义的法官将自己局限在对制定法的语义解释之中）。通常将两者联系在一起仅仅是隐含的或者假定的例如参见 William N. Eskridge, “Interpretation of Statutes,” in *A Companion to Philosophy of Law and Legal Theory*, ed. Dennis Patterson, 204 (Malden, MA: Blackwell Publishing, 1999)（“新文本主义得到了一种特别教条的实证主义的启发”）; Richard Posner, *Overcoming Law* 155 (Cambridge, MA: Harvard University Press, 1995)（把“法律实证主义者的伎俩”描述为“决疑论的、严格解释和放弃个人责任”）; Daniel Chow, “A Pragmatic Model of Law,” 255 *Washington Law Review* 124 (1992)（“文本主义……是法律实证主义的一种直截了当的版本”）; Raban Ofer, “Real and Imagined Threats to the Rule of Law: Brian Tamanaha's Law as a Means to an End,” 15 *Virginia Journal of Social Policy and Law* 492 (2008)（“实证主义者试图与哈特明显的文本主义拉开距离，但是他们仍然认同那些实践意涵导向文本主义的原则”）; Patrick Brennan “Against Sovereignty: A Cautionary Note on the Normative Power of the Actual,” 82 *Notre Dame Law Review* 211 (2006)（“……文本主义——一种版本的法律实证主义……”）; John S. Baker, “A Tribute to Justice Clarence Thomas: Natural Law and Justice Thomas,” 12 *Regent University Law Review* 496 (1999 – 2000)（“实证主义者——在宪法领域他们同时也是文本主义者……”）; Thomas Mertens, “Nazism, Legal Positivism, and Radbruch's Thesis on Statutory Interpretation,” 14 *Law and Critique* 282 (2003)（“……把实证主义定义为下述信念似乎是不难理解的：一个人必须遵守法律，仅仅因为法律是如此规定的，通过求助于不成文的原则来解释制定法是不允许的。有些人称其为制定法实证主义”）。

在这一著名的论战中，哈特似乎表示，当一个案件落入文本中一般性词语的核心地带时，法官就有义务适用该规则。〔32〕对于实证主义者来说，这一指令似乎意味着，当法官解释法律的时候，语言意义是唯一的考量因素。

朗·富勒通过指出严格文本主义的荒谬性来回应哈特。设想一个人想使用一辆吉普车在公园中作为战争纪念展的展品。即使吉普车落入了“车辆”这个一般性词语的核心地带，但是判定这一车辆不属于规则管辖肯定不是荒谬的。与哈特的观点相反，富勒主张对制定法的解释必须总是参考社会目的的考量因素，而不仅仅是语言意义。〔33〕禁止吉普车装点战争纪念展似乎不能促进立法者在颁布该制定法时所希望促进的任何政策，所以该行为应该被认定为法律允许的行为。

富勒利用目的解释的不可避免性作为理由来拒绝法律实证主义，从而支持自然法理论。按照他的观点，实证主义不能接受对目的的探究，因为这样的探究必然使“法律是什么”的分析感染上“法律应当是什么”的分析。因为实证主义要求法律事实与道德事实的严格分离，像哈特这样的实证主义者就不能采纳目的解释，而只能满足于荒谬的法律解释方法，如文本主义。〔34〕

然而，发现富勒反对法律实证主义的错误之处并不难。探究立法文本背后的目的或政策不必分析法律应当是什么。它可以是探究社会

〔32〕 Hart, “Positivism and the Separation of Law and Morals” 607（哈特说，当被适用的规则的词语是模糊的时候，案件就落入了阴影地带）。

〔33〕 Fuller, “Fidelity to Law,” 663 - 665.

〔34〕 同上，666。

事实。例如，在战争纪念展的例子中，法官可能需要探究立法者颁布该规则的理由。换句话说，该规则背后的政策不必是道德上最佳的理由；它们可能仅仅是立法者在立法过程中脑海里所想到的东西。这些目的有着社会渊源，因此有着适当的实证主义谱系。[35]

实际上哈特在回应富勒的批评时放松了他的立场，接受了对规范体系的解释可能要求对某些法律文本做目的解释。在这些案件中一般性词语的核心地带不仅仅由语言规范来决定，而且还由规则所服务的目的决定着。[36]因此根据这一新观点，当吉普车被禁止进入公园很明显没有促进“严禁车辆驶入公园”这一规则背后的政策时，吉普车事实上落在了“车辆”这一一般性词语的核心地带之外。

尽管哈特接受了富勒批评的有效性，但是他并没有像富勒走那么远，把目的解释看作是唯一可以接受的解释方法。哈特认为，一个法律制度是选择目的方法还是选择更为严格的文本方法，是偶然的。当然，一个法律制度的解释方法论的决定本身是一个社会事实。假如在官员当中存在着依照目的解释文本的惯习，那么目的解释对于该法律制度来说就是适当的。

最后这一点是值得留意的。即使依赖目的可能帮助解决一些解释法律文本中的疑难——例如，我们可以合理地推测，如果允许救护车

---

〔35〕 法律人经常区分“主观目的”和“客观目的”。主观目的是真实的立法者在创制相关法律的时候试图促进或者实现的目标或者价值。与之相对照，客观目的是理性的立法者在创制相关法律的时候本该试图促进或者实现的目标或者价值。很明显，从实证主义者的角度看，试图按照主观目的来解释法律文本的目的解释理论是可以接受的，因为主观目的的存在是个社会事实问题。相反，人们可能认为，一个实证主义者不能接受客观目的解释。毕竟，探究客观目的要使用道德推理。法律实证主义者实际上是否能接受客观目的解释作为一种正当的解释方法，这个问题我们在下一章将予以讨论。

〔36〕 EJP 106.

进入公园，“严禁车辆驶入公园”规则背后的政策并不会被违反——但是认为这将使得法律具有完全的确定性就是错误的了。第一，作为个人的立法者的主观目的可能相互冲突，因此在个案中会指向不同的行动。第二，像自然语言中的词语一样，概念也有同样的开放结构。因此，假如“严禁车辆驶入公园”规则背后的目的是减少噪音污染，那么禁止电动汽车（电动汽车比以燃油为动力的汽车安静75%）能否促进这一目的就是有疑问的了。因为噪音这一概念也是具有开放结构，在这个案件中依赖目的也将带来法律上的漏洞。并且因为所有的概念都有开放结构，目的解释的方法将不可避免地导致法律不确定性，至少在某些案件中是这样的。〔37〕

司法自制

尽管一般认为法律实证主义拒绝了关于法律确定性的形式主义理论，但是有人仍然认为实证主义认同一种关于司法官员的形式主义观念。依照这种解释，在阴影地带法官被允许依赖道德考量因素；然而在核心地带，无论结果如何他们都被要求去适用法律。换句话说，实证主义式的法庭被认定只能扮演非常有限的立法角色：尽管当法律沉默时他们可以在法律上增加东西，但是他们没有权力修改法律，甚至

〔37〕 尽管实证主义者在解释方法上并不认同文本主义，但是确实有很多实证主义者似乎接受这种观点的某些版本。就像马克·格林伯格指出的那样，法律实证主义者经常认为法律的内容仅仅是日常语言或者与权威文本、话语相联的思想内容的聚合（aggregation）（语言内容不仅仅包括文本的语义内容，还包括通过话语来传递的内容）。参见 Mark Greenberg “The Standard Picture and Its Discontents,” 1 *Oxford Studies in the Philosophy of Law*（Oxford: Oxford University Press, 2010）。

当存在很强的道德理由时也不可以。〔38〕

很可能，哈特对经典形式主义的批判对这种针对实证主义的误读有所贡献，或者至少没有能纠正这种误读。因为在讨论法律确定性时，哈特不仅宣称在阴影地带法官行使裁量权，他的观点似乎是说法官**只能在阴影地带**行使裁量权。他似乎暗示，在核心地带法律约束法官必须适用法律。〔39〕这一立场似乎重申了司法自制命题，根据该命题法官从不享有以强有力的道德考量的名义推翻法律的裁量权。

因为很多人把有限制的法官角色归之于法律实证主义，他们误以为实证主义不能说明法官在修正法律中扮演更为积极角色的案件。例如，我们听说过，布朗诉教育委员会案、〔40〕格里斯沃德诉康涅狄格

〔38〕 如此理解实证主义的例子参见 Robert Cover, *Justice Accused: Antislavery and the Judicial Process*, 4th ed., 27 – 30 (New Haven, CT: Yale University Press, 1984)（他认为，认同实证主义的法官必须是缺乏意志的、顺从制定法的人，无论该制定法如何不道德）; Ingo Muller, *Hitler's Justice: The Courts of the Third Reich*, trans. Deborah Lucas Schneider, 219 (Cambridge, MA: Harvard University Press, 1991)（他主张，实证主义要求“法官严格受法律约束”）; Frank Michelman, “Law's Republic,” 97 *Yale Law Journal* 1497 (1988)（一个实证主义者的法庭必须不能“把他们自己的价值施加到人民身上……”）; Herbert Hausmaninger, *The Austrian Legal System*, 2d ed., 147 (Boston: Kluwer Law International, 2000)（他断言，法律实证主义者必须是“宪法词句的囚徒”）; John Goldberg, “Unloved: Tort in the Modern Legal Academy,” 55 *Vanderbilt Law Review* 1516 (2002)（他把法律实证主义描述为“把司法角色理解为局限于遵守他人制定的规则”）。一些作者的主张更为温和，即实证主义鼓励法官严格地适用法律，例如 Richard Posner, *The Problems of Jurisprudence* 139 – 142 (Cambridge, MA: Harvard University Press, 1990)（他主张，实证主义推崇“自我贬抑”的法官，这种法官不正当地顺从政治机构的意见）; Maura Strassberg, “Taking Ethics Seriously: Beyond Positivist Jurisprudence in Legal Ethics,” 80 *Iowa Law Review* 917 (1995)（“因此，实证主义倾向于不鼓励判决书作者考虑该案件是否处于阴影地带，实证主义使法官们不愿意承认每一个案件都是处于阴影地带的”）; J. C. Oleson, “The Antigone Dilemma: When the Paths of Law and Morality Diverge,” 29 *Cardozo Law Review* 700 (2007)（“尽管奥斯丁、边沁和哈特都相信，假如一定的邪恶的底线被越过，实证主义者是可以违反法律的，但是这三个人也低估了权威与服从之间潜在的有害关系”）。

〔39〕 例如参见 Hart, “Positivism and the Separation of Law and Morals,” 614 – 615。

〔40〕 347 U.S. 483 (1954).

州案〔41〕都是反实证主义的案例，因为在这些案件中最高法院改变了既定路线，为了支持正义和基本权利的司法观念而重塑了法律。〔42〕当然，这里的批评不仅仅是法律实证主义描述得不准确，而且还是它在道德上是有害的。布朗案结束了教育领域中的种族隔离，格里斯沃德案在宪法中发现了隐私权。这种思想认为，任何支持吉姆·克劳法（Jim Crow）或者允许禁止已婚夫妇使用避孕器具的法律理论都遗漏了太多的好东西。

实际上有些人还走得更远，认为法律实证主义便利了大量的残暴行为。因此罗伯特·科沃（Robert Cover）主张，法律实证主义鼓励了南北战争前的法官去支持逃奴法案，进而将逃跑的奴隶交回到主人

---

〔41〕 381 U. S. 479 (1965).

〔42〕 Morton Horwitz, *The Transformation of American Law*, 1870 – 1960 251 (New York: Oxford University Press, 1992)（他主张，布朗案明显地质疑了法律实证主义）; William N. Eskridge, "Metaprocedure," 98 *Yale Law Journal* 966 (1989)（因为种族隔离被州批准，且在现存法律中找不到与"中立原则"相反的东西，所以他认为法律实证主义是不能为布朗案判决辩护的）; Steven D. Smith, "Why Should Judges Obey the Law?" 77 *Georgetown Law Journal* 125 (1988)（斯图尔特大法官在格里斯沃德案中的不同意见描述为实证主义的，因为斯图尔特大法官虽然发现其个人道德反对反鸡奸法，但是该法是合宪的）。其他学者的主张更为强烈，他们认为，只要使用了道德推理来判决案件，即使是在处理一个开放的法律问题时，该司法判决也是反实证主义者的。例如参见 Richard Primus, "A Brooding Omnipresence: Totalitarianism in Postwar Constitutional Thought," 106 *Yale Law Journal* 447 – 450 (1996)（他认为布朗案和格里斯沃德案都是反实证主义的判决，因为它们都使用道德推理来解决宪法中的模糊）。判断一个作者到底是做出了相对较弱的主张还是相对较强的主张是困难的。例如，下面这些案件，其结果一般被归咎于实证主义者自我约束不从事道德推理，参见 Michelman, "Law's Republic," 1497 [Bowers v. Hardwick, 478 U. S. 186 (1986)]; Sanford Levinson, "Constitutional Rhetoric and the Ninth Amendment," 64 *Chicago – Kent Law Review* 150 – 151 (1988) [*The Antelope*, 23 U. S. 10 Wheat. 66 (1825)，该案肯定了国际奴隶贸易中的财产权]; Eskridge, "Metaprocedure" 971 [Lassiter v. Department of Social Services, 452 U. S. 18 (1981)，该案判定一个被定罪的囚犯无权在儿童监管权案件中获得政府提供的律师]; Claire Finkelstein, "Positivism and the Notion of an Offense," 88 *California Law Review* 337 (2000) [United States v. Dotterweich, 320 U. S. 277 (1943)，该案判定公司的总裁对他不知晓的毒品贩运承担刑事责任]。

的手中。〔43〕同样古斯塔夫·拉德布鲁赫曾经提出一个众所周知的主张，即德国实证主义致使纳粹法官适用而非抵制纳粹的法律。〔44〕

是否因为接受一个法律理论会产生道德上的恶果而应该拒绝该理论，这是一个有趣的问题。〔45〕然而我们不应该解决这个问题，因为在当前的情形下问题本身是没有实际意义的。假如正确理解的话，法律实证主义并没有分配给法庭以有限的角色。法律实证主义者认为法官的制度功能是局部性的，这是由该法律制度的基本规则规定的。在某些制度内这些规则限制法官；在另外一些制度内，当强有力的道德理由存在时，它们赋予法官很大的裁量权去推翻法律。从法律实证主义中可以推论出美国法官扮演着有限的立法角色，这一点不亚于从法律实证主义中推理出联邦法律高于州法。这些都是偶然性的法律立场，这些立场最终是由法律实践决定的。

更进一步说，即使在某些法律制度中法官在法律上有义务无论结果如何都应该适用法律，法律实证主义也不会主张法官在道德上被要求无论结果如何都去适用法律。相反，这一推论是自然法理论要求的。就像我们看到的一样，法律实证主义主张法律义务和道德义务有着概念上的分别，并且否认总是存在遵守法律的道德义务。因此，一个好的实证主义法官不会把逃奴法的合宪性和道德有效性混为一谈，同样也会抵制仅仅因为法律这样规定就服从法律的权威式要求。

---

〔43〕 Cover, *Justice Accused* 227 – 238.

〔44〕 Gustav Radbruch, *Rechtsphilosophie*, trans. Kurt Wilk, in *The Legal Philosophy of Lask, Radbruch, and Dabin* 43 – 224 (Cambridge, MA: Harvard University Press, 1950).

〔45〕 关于这一点参见 Liam Murphy, "The Political Concept of Law," in *Hart's Postscript*, 2d ed., ed. Jules L. Coleman (Oxford: Oxford University Press, 2001)。

真理是如此糟糕吗？

本章是以关于法律知识的一个糟糕的真理开始的。因为法律不总是清楚明白的，所以聪明的、有能力的律师有时不能有信心地说出法律是什么。我希望我们现在能看到，这个问题被过分夸大了。在许多情形下，对为什么律师不知道法律是什么的最佳解释是，根本没有法律等待我们去知道。例如，他们发现这些情形是处于规则的阴影地带之中。或者一个制定法说这样，而另一个制定法说那样。在这些案件中应该如何做决定是不确定的，这并不反映律师对法律的无知；这与他们对法律应该如何发展、或者法庭最终应该如何裁判的疑问有关。

无疑，那些命运维系于这一衡平过程的人不会从这个对其困境的更准确描述中得到一丝的安慰。他们所焦虑的东西是关于法律当前状态的，还是关于法律隐约的未来前景的，这个问题与他们并不相关。对于他们来说，这个问题纯粹是个语义问题。

对于那些容易遭到国家强制力侵犯的人来说，不确定性是让人不安的，但是仍然清楚的是：假如没有这样的疑问存在，那么世界会变得更为糟糕。设想（抛开其不可能性不论）：立法者起草一条规则，其内容无限详尽，所包含的词语能够被完全地界定。为了生产出这样一个完全的规则，这些立法者不得不决定在一系列他们不能预测的情形下应该如何行动。换句话说，他们必须按照一种盲目的、任意的风格来统治，他们也没有办法知道法律带来的好处是否大于坏处。〔46〕

〔46〕 哈特在这一点上走得是如此之远：他将在阴影地带中法庭的角色与行政机关被授予的从模糊标准中发展规则的法律权力进行类比。例如，参见 CL 132。

因此形式主义不仅是不可能的，也是不可欲的。只有通过任意地解决疑难和分歧才能够获得完全的确定性。我们上面看到，规划者应该以一种更加审慎和有思考的方式来展开行动。因为人类不是万能的，缺乏彻底思考其每个选择之结果的能力，因此事先决定在所有情形下应该如何行动是愚蠢的。理性的规划通常按照一种渐进的模式来推进，一开始设定目标和追求目标的基本策略，进而随着时间的推移，在未来变得更为清晰、更为具体的时候再补充细节。假如立法者知道他们想将小客车、摩托车、家用汽车、拖拉机和出租车排除在公园之外，那么他们就可以直接禁止车辆，而不用担心边界情况，例如载人式剪草机。相似地，假如他们想排除贸易限制，但是还不能确定或者不能就哪种实践限制了贸易达成一致，他们完全可以满足于一种开放的标准，留待他人去发展和修正该规则。

因此，美国宪法是非常不确定的（尽管很明显并不是完全不确定），我们并不为此感到惊讶。因为宪法条款只能通过繁重的、耗时的修正过程才能得到改变，因此把文本制定得极端具体和详细没有任何意义。用约翰·马歇尔（John Marshall）在麦卡洛克诉马里兰州案（McCulloch v. Maryland）中的判决意见来说，假如宪法“分享了法典的冗长”的话，国家将被锁在一个简化的治理体系之内，否定了后代们适应新的和变革的情况的能力。尽管有时宪法表面上的空洞比乳酪还多，但“我们必须不能忘记，我们解释的是一部**宪法**”。[47]

因此法律不确定性是一个特征，而不是一个缺陷。即使完全详细的规则能够被起草出来，但它不可避免地是任意的，极可能带来浩

[47] McCulloch v. Maryland, 17 U.S. 316 (1819).

劫。在很多情况下，更好的方法是当其他人处于判断最佳行动方案的更优位置时，应该让他们填补空隙。就像哈特很久前强调过的，形式主义者通过压制边界案件的存在，否认了法官按照社会目的和社会结果来塑造法律的可能性。他们浪费了阴影地带给予的道德机会。〔48〕

同样的结论也适用于解释方法论和司法改革。尽管文本主义和司法自制的僵硬形式提高了可预测性，最终它们也一样带来了问题。因为僵化地遵循制定法的字面意义不可避免地将会导致荒谬，无论结果怎样而去严格地适用法律也将会产生道德上丑陋的结果。法官至少拥有一些裁量权去根据其结果来调整法律，这是唯一理性和正当的事情。当然我的意思不是低估围绕着法律不确定性的焦虑。臣服于某人的裁量权将是非常可怕的。正如古谚所言，对于法律来说，清晰往往比正确更好。但是形式主义者忘了上述古谚反过来也成立：对于法律来说，正确往往也比清晰更好。追求一个被完全计划好的生活并不是理性的追求——相反这是一种精神疾病的标志。一边是清晰、可预测性与自制，另一边是正确、灵活性和裁量，一个理性的法律制度应该在两边之间保持平衡。这种衡平计算的方式很大程度上定义了法律制度的特征。实际上，正如我们在后面将会看到的，这也是决定法律内容的、最重要的社会事实之一。

〔48〕 CL 129 – 130.

第九章　疑难案件

残余的形式主义

当哈特在20世纪50年代末、60年代初发表了他对法律形式主义的批评之时，这一思想流派在美国也进入了暮年。形式主义是美国法学家们猛烈的攻击目标，攻击从19世纪末的霍姆斯开始，直到20世纪前半叶的卡尔·卢埃林（Karl Llewellyn）、赫曼·奥利芬特（Herman Oliphant）、安德希尔·摩尔（Underhill Moore）和麦克斯·拉丁（Max Radin）。根据他们的观点，形式主义是美国法律中的一个禁不住严格审查的特征。〔1〕

例如，这些批评者认为，形式主义者援引的一般原则如此地抽象，以至于毫无意义。因为这些原则内容很少，它们不能解决任何具体的纠纷，这一观点由霍姆斯最好地表达出来，他说“一般性命题不能决定具体案件”。〔2〕根据现实主义者的观点，形式主义者的原则简直是天书，其主要功能就是允许法庭在演绎逻辑的掩盖下得到任何

〔1〕 我参考了一个关于美国法律现实主义者的杰出讨论，参见 Brian Leiter，“American Legal Realism，” in *The Blackwell Guide to Philosophy of Law and Legal Theory*，ed. William Edmundson and Martin Golding（Oxford：Blackwell，2005）。

〔2〕 Lochner v. United States，198 U. S. 45，76（1905）.

他们认为最好的结果。

现实主义者们不仅否认这些法律原则能够演绎地决定实际的案例，而且否认它们能够从过去的判例中归纳出来。就像科学哲学家们发现的，对于有限数量的数据来说，存在着无限数量的假设能够与其相契合，现实主义者们主张，我们能够让任何原则符合一系列过去的案件。换句话说，这一证据根本不足以让我们选择某些法律原则。普通法推理规范亦不能缩减选择的范围。成熟的律师都知道判决意见可以轻易地以多种方式解读：可以使用区分技术，降低令人厌恶的判决意见的法律重要性，相反，令人欢迎的判决意见可以被宽泛地解释，来论证人们所欲的立场。实际上，这些策略正是法学院学生第一年学到的东西。他们学习使用普通法推理来为案件的各方当事人辩护。

同样，现实主义者认为，可以或严格、或宽松的方式来解读制定法，这取决于你的目标是什么。例如，卢埃林指出，被广泛接受的制定法解释准则是相互矛盾的。对于支持某种解读的长矛，就存在着支持另一解读的盾牌。[3]因此一个被普遍接受的准则规定，“制定法解释不能超出其文本”，然而另一个同样被普遍接受的准则要求，“为了很好地实现其目的，制定法可以超出其文本而得到补充”。按照这种观点，文本解释和目的解释在美国法律中都是可以接受的，机会主义的律师或者法官可以轻易地做出他们的选择。

很清楚，现实主义者对形式主义的批评是与美国法律制度密切结合的反对意见。根据现实主义者的观点，美国法律实践不能确保形式主义者完全确定性的美梦。某种形式主义者兜售的一般原则毫无内

〔3〕 Karl N. Llewellyn, “Remarks on the Theory of Appellate Decision and the Rules or Canons About How Statutes Are to Be Construed,” 3 *Vanderbilt Law Review* 395 (1950).

容，至于标准的普通法和制定法解释规范，这些更具体的规范也不能一致地推导出来。

与此相对，哈特对形式主义的攻击是一个全面性的批评。根据哈特的观点，没有一个法律体系是完全具有确定性的，因为对行为的完全指引是不可能的。甚至当法律权威机构用一般性词语来构建他们的规则，语言和思想的开放结构必然会遗留下偶然未覆盖的部分。这是社会有限性命题的结果。社会事实无法挑选出解决所有可能问题的规范，结果，法律必然是具有中等程度的不确定性。

因为哈特对形式主义的批评是概念性的，因此它超出了美国的界限，扩展到每一个可能的法律体系。形式主义者的“完全确定性美梦”能够在其中实现的法律体系，是不存在的。哈特对更为极端版本的法律现实主义的驳斥也具有同样的普遍有效性。语言和语言所表达的概念具有局部的确定性，这确保了某些形式的传递出来的指引是有效的，因此每个法律体系将能够调整某些案件，尽管并不是所有案件。

当然，社会有限性命题也使得法律实证主义承担了一些责任。这是因为：假如可以展现，形式主义者基本上是正确的，美国法律是具有完全确定性的体系，那么并非所有的法律都是由社会事实决定的。法律理论家们将必然会求助于道德来说明法律所提供的全面指引。换句话说，展现了形式主义是正确的就等于证明了实证主义是错误的。

在这一章，我们将检验一个据说是这样的证明。似乎看起来令人惊讶，哈特和法律现实主义者并没有试图给形式主义者致命一击。尽管他们永久地不相信形式主义经典模式的某些方面，例如概念主义，但是形式主义关于法律确定性和法官角色的主张仍然幸存下来。我们将看到，在《法律的概念》发表不久，罗纳德·德沃金发动了一场生机勃勃的、持续的运动来抢救一种残余的形式主义，作为一种重要的法理学理论。德沃金主张，法官似乎不像实证主义者和现实主义者主张他们所必须的那样行动。换句话说，他们从不像是在行使立法的权力那样行动，他们总是认为存在着法律，能够解决其面前的案件。因此，在我们上一章开头讨论的那些案件中，法官不会说“我现在处于阴影地带，因此可以自由地按照我认为对的方式立法”。恰恰相反，他们行动时好像一方拥有获得胜诉的法律权利，法官的义务就是去发现原告还是被告拥有这样的权利。实际上，对于法学院学生来说，疑难案件之所以如此可怕，是因为他们不被允许按照实证主义者建议的方式来应对他们的教授。他们不能说这个问题是个骗局，不存在正确答案。

那么，根据这种新的反对意见，实证主义的错误不在于它全盘地赞成形式主义，而是在于它全盘地**拒绝了**形式主义。按照德沃金的观点，审视司法实践会发现，每一个法律问题都有正确答案，法律要求法官将该答案适用于提交至其面前的案件。也就是说，制作司法判决的现实反驳了法律实证主义。是否存在着法律实证主义的理论承诺与法律实践经验观察之间的不匹配，这是我们将在本章后半部分要研究的问题。

疑难案件中的正确答案

规则 vs. 原则

在复兴关于法律确定性的形式主义立场的努力中，德沃金一开始就引入一对区分，即区分了两种类型的法律规范：规则和原则。〔4〕根据德沃金的观点，规则是一种“要么适用、要么不适用”（all or nothing）的标准。当适用它们时，它们决定了眼前的案件。因此，遗嘱要求三个证人作证的规范就是一条规则：假如遗嘱只有两名证人作证，那么该遗嘱就是无效的。故事就结束了。

与此相对，原则并不决定它所适用的案件。它们支持某种结果——它们具有德沃金所谓的“分量”（weight），但是它们并不必然具有结论性。因此，有效的原则可能且通常会产生冲突。当它们冲突的时候，正当的解决冲突的方法就是选择具有最大分量的原则所支持的立场。

根据德沃金的观点，法律原则在疑难案件中发挥的作用最引人注目。例如，在著名的里格斯诉帕尔默案中，〔5〕埃尔默·帕尔默担心其祖父变更遗嘱，将他从受益人中删除。为了排除这种可能性，帕尔默毒死了他的祖父。尽管帕尔默因谋杀被关进了监狱，但是他仍然申请遗嘱检验法庭得到他那一份财产。帕尔默用纽约州关于遗嘱的制定法的字面意义来支持自己的立场：毕竟规则没有明文规定关于谋杀者的例外。相反，让立法机关认识到这一结果是非常不可能的。为了解决这一解释的难题，上诉法院中的大多数法官没有求助于另外一条规则，而是求助于一条原则。这条原则是，没有人应该从其错误行为中获益，法官认为这条原则提供了强有力的理由，把制定法解读成为因谋杀而受益的人规定了例外。因为执行写成的遗嘱将使得帕尔默从其

〔4〕 Ronald Dworkin, “Model of Rules I,” in *Taking Rights Seriously* 24 – 27 (Cambridge, MA: Harvard University Press, 1977).

〔5〕 Riggs v. Palmer, 115 N. Y., 506 (1889).

错误行为中获益，而相反的原则（文本的文义解释优先）又不够强有力，所以大多数法官得出结论说，帕尔默法律上没有权利得到他那一份财产。

在里格斯案中，法庭使用法律原则来解释一条不清晰的规则；在其他疑难案件中，法官使用原则来证明一条从未被广泛接受的规则是存在的。德沃金援引的亨宁森诉布鲁姆菲尔德汽车公司案（*Henningsen v. Bloomfield Motors*）就属于后者。在该案中亨宁森先生给他妻子买了一部汽车，作为母亲节礼物。购车的 10 天之后，亨宁森夫人驾驶汽车时，方向盘突然失控，导致汽车撞上了一堵墙，车辆损毁。当亨宁森先生要求布鲁姆菲尔德汽车公司为其更换新车时，该公司拒绝更换，并援引如下售车合同条款：商家只对有缺陷的部件负责，不为这些有缺陷部件造成的损失负责。〔6〕在诉讼期间，下级法院接受了商家的论证，即亨宁森先生已经通过签署合同免除了商家的责任，因此否定了亨宁森的诉讼请求。在上诉法院，新泽西州最高法院也没发现明文规则能够使其忽视这一免责条款，但是仍然判决支持亨宁森。在论证其判决时它援引了大量的法律原则，包括“契约自由并不是不可更改的教条，使得在我们关心的领域中不存在任何限制”，〔7〕以及“在我们这样的社会中……制造商在汽车的制造、改进和销售中有着特殊的责任”。〔8〕法庭在推理中认为，这些原则如此重要，以至于它们压倒了相反的原则，诸如，这些相反的原则支持契约自由，进而支

〔6〕 32 N. J. 358, 161 A. 2d 69 (1960)，德沃金对该案的讨论参见 Dworkin, “Model of Rules I” 25 - 26。

〔7〕 32 N. J. 388, 161 A. 2d 86.

〔8〕 32 N. J. 387, 161 A. 2d 85.

持实施免责条款。

反对强裁量权

德沃金论证了法庭依赖法律原则，去解决那些无可直接适用的规则的纠纷，然后他试图用这些疑难案件来确证关于法律确定性的形式主义命题。正如他指出的，在这些案件中当法官找不到清晰的可适用的规则时，他们不会停止研究现有的法律材料。换句话说，他们不会像立法者那样行为，立法者必须通过找出在全盘考虑下哪种行为在道德上是最佳的，以补充法律规定不可避免的缺陷。相反，他们继续像**法官**一样行动：法官这种官员将投入到法律推理中来决定哪一方拥有胜诉的法律权利。他们认为存在着接近相关纠纷的规范，他们有义务找到这些规范，并把规范适用于当前的案件。因此，在亨宁森案中，尽管要么适用、要么不适用的规则用尽了，法庭还应该考察各种可适用于本案的法律原则，在其中进行衡量，并宣布支持汽车生产商有注意义务的原则胜过了支持消费者放弃权利的原则。

与哈特的主张相反，德沃金认为法官从来不享有法律裁量权。甚至在清晰的可适用的规则用尽时，法律原则的存在决定了当前法律问题的正确答案。但另一方面，实证主义者忽视了这些规范的存在。他们认为规则管不到的案件——如里格斯案和亨宁森案——就是法律管不到的案件。因此法律实证主义有着一种糟糕的法律推理观：它仅仅是一种规则模式。〔9〕

德沃金细心地指出，存在着几种较弱意义的、法官必须在疑难案

〔9〕 Dworkin, "Model of Rules I" 28.

件中行使的裁量权。〔10〕从法律原则推理得出法律结论，要求法官使用他们的判断，在这种意义上法官必须行使裁量权。法官在某一特定案件中拥有最终决定权，在这个意义上法官也有时拥有裁量权。然而，德沃金否认法官必须行使“强”裁量权，即法官必须超越法律，适用非法律标准来解决手头的案件。〔11〕与哈特的主张相反，在疑难案件中当法官求助于原则的时候，他们并没有超越法律；他们只是在发现法律。假如他们是在发现法律，那么他们所适用的原则必然是法律规范。

对经典形式主义的异议

主张法官从不行使强裁量权，使得德沃金也清晰地将自己放在了形式主义者的法律确定性的立场上。他们都主张，司法判决的制作完全由法律推理主导。进而两者都接受一种被严格限制的司法角色观。从法律视角看，法官从不改变法律，而且总是有义务将法律适用于其所面对的案件中。

然而很清楚的是，德沃金没有接受经典形式主义的每一条原理。例如，他拒绝概念主义。根据他的模式，不存在通过概念分析和演绎逻辑就能够解决案件的数量较少的法律原则。德沃金意义上的法律原则数量众多，在疑难案件中它们彼此竞争。它们并不遵循规则那样的、从上至下的、要么适用要么不适用的逻辑。原则有着分量这一维

---

〔10〕 同上，31－34。

〔11〕 同上，32－34。在后期的作品中，德沃金接受了有些案件缺乏正确答案这种可能性，即在两种或更多的一系列原则同样都符合和证立过去的政治决定的情境中，然而他认为在盎格鲁—美利坚的制度中，这种情况即使存在，也是“极为罕见”。参见 Ronald Dworkin, “Is There Really No Right Answer in Hard Cases”, in *A matter of Principle* 142－144（Cambridge, MA：Harvard University Press, 1985）。

度，使得它们必须与其他原则相比较，以决定正确的法律判决。因此德沃金式的法律推理的模式不是几何学，而是道德。正如道德推理经常被认为包含了相竞争的道德原则之间的细致权衡，以决定道德上正确的行动模式，法律推理也运用了同样高度具有裁量特征的权衡程序，以解决疑难案件。

德沃金不仅不赞同经典形式主义关于法律原则的逻辑，他也拒绝了他们发现这些规范的正统方法。德沃金坚持认为，法律原则不能仅仅通过查阅它们的社会渊源（他称其为“谱系”）而被发现。原则之所以具有约束力不单单是因为它们被权威机构过去的判决所采纳，而是因为它们在道德上是适当的。换句话说，这些规范只能通过道德推理才能被发现。

德沃金对这一主张的证明是经验性的：他断言，法官依赖某些原则来解决疑难案件，是因为他们认识到这些原则具有道德正当性。他写道，“［里格斯案和亨宁森案中的］法律原则的来源不在于某些立法机构或者法院的某一决定，而是在于职业群体内部和公共空间中随时间发展出来的某种意义的妥当性。它们能继续发挥力量，依赖于这种意义的妥当性能够得以维持。假如允许人们从自己错误行为中获益似乎不再是不公平的了，或者给那些生产具有潜在危险性的垄断者施加特殊责任不再是公平的了，那么，这些原则在新案件中就不再发挥这么大的作用了，即使这些原则并没有被推翻或者废除。”〔12〕

尽管德沃金主张法官通过道德推理来引出法律原则，但是他也注意到了法官也同样关心谱系。在他的早期作品中，德沃金并没有细致

〔12〕 同上，40。

阐述过去政治决定对解释法律的相关性，但是就像在下一章中我们将看到的，他很快发展出来一种非常细致的关于社会事实与道德事实如何相互作用、共同决定法律规范的存在与内容的论述。

实证主义的新麻烦

确立了关于法律确定性的形式主义命题后，德沃金得出结论说，哈特的理论必然要遭到拒绝。因为就像我们在上一章看到的那样，哈特的实证主义是一种温和的反形式主义的法律理论。根据他的观点，形式主义关于法律完全确定性的雄心大志必然无法实现。在任何一个法律制度中，法庭面对的很多案件都没有正确答案，法官将享有很大的裁量权来创制新的法律，用以解决手头的纠纷。根据德沃金的观点，这种看法肯定无法与普通法法官实际判案的方式和谐共处。法官从不如其享有强裁量权那样行动，他们反而认为法律提供了规范来解决手头的案件，他们被要求去发现并适用这些规范。

实际上，德沃金的批评不仅仅指向哈特的理论，而是指向所有版本的法律实证主义。因为根据德沃金的推测，所有的实证主义理论都认同一种温和版本的反形式主义。〔13〕所有的实证主义者都是温和的反形式主义者，因为他们都同意一种关于法律的朴素的形而上学。依照这一理论，法律实证主义者都相信，所有的法律必然只由社会事实来决定。一个规范如具有法律效力，它必须拥有社会谱系：它必须曾被立法机关颁布、被行政机关指定、被部长签署、被法庭实施，等等。进而它的法律效力仅仅依赖于它的社会谱系。道德特征在规范的法律效力中从不扮演任何角色。

〔13〕 同上，17。

根据德沃金的观点，这种朴素的形而上学使得法律实证主义认同一种不成熟的、最终是糟糕的法律推理观。最明显的是，假如一条规范是否是法律只依赖于它的社会谱系，从不依赖于其道德特征，那么法律推理必然是与道德无关的活动。确定规范的法律效力、解释规范的内容、将规范适用于案件事实，这些活动将不牵涉道德推理。法律推理将被社会学研究和逻辑研究所穷尽，前者研究规范的社会渊源，后者研究这一规范如何被适用以解决手头的案件事实。

更有甚者，完全地依赖社会事实使得法律实证主义者无法接受确定性命题，这是法律形式主义的核心信条。因为根据哈特的社会有限性命题，社会事实不可能为所有可想象到的案件挑选出完整的一套规则。以谱系为基础的规范经常会用尽，留下很多空隙和未解决的不一致之处。并且因为实证主义者否认不以谱系为基础的规范是法律，那么他们就不能填补这些法律空白。因此社会事实用尽的时候，他们别无选择，只能行使实质性的裁量权，到法律之外通过崭新的立法行动来填补空隙。

另一方面，自然法的形而上学允许道德事实来决定法律内容，因此不会产生上述的结果。即使当以谱系为基础的规则用尽了，不以谱系为基础的规范也可以用来解决纠纷。换句话说，一种更为丰富的法律形而上学将带来一个更有活力、更为深厚的法律领域。因为一旦允许法律推理者求助于道德，空白和不一致之处就能够得到解决，倒向反形式主义的趋势也会就此打住。

因此德沃金对法律实证主义的挑战呈现出两种不同的法律实践观之间的碰撞。根据实证主义者的阐述，法律仅仅是由社会事实决定的，法律推理必然是道德无涉的，法律体系是适度的反形式主义的。在疑难案件中，法律通常会用尽，也不存在正确答案，法官将享有实质的裁量权，借助法律之外的道德来修补裂缝。相反按照德沃金的阐述，对法律实践的考察显示出疑难案件得到法律全面的调整，总是存在正确答案，法官不享有强裁量权。结果是，法律不仅仅由社会事实来决定，法律推理必然包含了道德推理，至少在疑难案件中是如此。〔14〕

包容性实证主义和排他性实证主义

让我们概括一下故事讲到哪里了。根据我们上一章考察过的反对意见，法律实证主义认同法律形式主义。在决定法律的问题上，法律实证主义者使得社会事实具有优先性，因此否认法官有机会诉诸道德考量因素来决定答案。然而，法官通常通过道德因素来决定案件。由于形式主义是错误的，所以该反对意见得出结论说，法律实证主义必然也是错误的。

第一种反对

(1) 假如（实证主义）那么（形式主义）

(2) 非（形式主义）

(3) 非（实证主义）

---

〔14〕 在德沃金对哈特理论的早期批评中，尚不清楚的是，德沃金是只质疑实证主义不能适用于法律原则，同时承认实证主义关于法律规则的主张是正确的，还是他试图通过论证社会事实从来不能决定法律效力，以此来攻击实证主义对所有法律规范的看法。在其后期的作品中，这一点变得清晰了，德沃金把通过法律原则提出的问题看作是对实证主义整个社会基础的撼动。在下一章我们将会详细地展示，合适的机构颁布的规则之所以有约束力，只是因为非谱系的原则要求这些制度应该被服从。例如，当立法机关通过了一个限速的立法，这些“要么适用、要么不适用”的规则是有效的，原因在于政治道德原则和良好的制度设计共同授予了立法机关以上述方式调整交通驾驶的正当性。那么，根据德沃金的观点，法律实证主义者们不仅不能说明疑难案件中的司法行为；他们也不能说明法律推理如何发挥作用。

在回应中，哈特否认了这种反对意见的第一个前提。他论证说，法律实证主义并不认同法律形式主义；实际上，它认同一种温和版本的反形式主义。只要法律事实仅仅由社会事实决定，只要社会事实不能解决所有的关于应该如何行动的问题，那么，根据实证主义者的论述，法律就是适度地不确定的。

我们在本章所研究的反对意见试图利用哈特对法律实证主义的这种辩护。德沃金同意法律实证主义必然推导出一种温和形式的反形式主义，但是他主张，对美国法律实践的考察有力地展现出法律是具有完全地确定性的。因为法官总是认为法律可以解决所有的案件，他们也认为自己有义务发现和适用法律。因为法律实证主义认同温和的反形式主义，并且因为反形式主义是错误的，所以德沃金得出结论说，法律实证主义必然也是错误的。

第二种反对

(1) 假如（实证主义）那么（温和的反形式主义）

(2) 非（温和的反形式主义）

(3) 非（实证主义）

假如这是第二种反对意见的逻辑，我们很容易想到实证主义者可能提出的两种回应。实证主义者可能拒绝德沃金对法律实证主义者的概括——认同温和的反形式主义（第一个前提），或者否认德沃金对美国法律实践的概括——认同形式主义的确定性（第二个前提）。无论哪条路，都将导致德沃金的反对失败。

根据第一种回应，实证主义者会拒绝第一个前提。实证主义并不认同温和的反形式主义，因为它并不认同把法律确定性仅仅归之于社会事实的简单形而上学。根据这种观点，缺乏社会谱系的道德规范同样也可以是法律规范，只要这些道德规范最终通过社会性的承认规则认定为是有效力的。因此在疑难案件中，当以谱系为基础的一级规范用尽后，二级的承认规则将要求法官考虑非谱系的法律规则，用以解决纠纷。按照这种方法，法律实证主义者同意德沃金对美国法律实践的解释，同时保留了他们对社会事实首要性的法理学认同：非谱系的原则能够帮助决定法律的内容，并最终解决疑难案件，这只是因为社会事实要求它们发挥这样的作用。

按照第二种回应，法律实证主义者会肯定该反对意见中的第一个前提。按照这种观点，实证主义者是温和的反形式主义者，他们否定疑难案件中是有正确的法律答案——当以谱系为基础的一级规范用尽后，法律也用尽了。然而实证主义者拒绝第二个前提，因此否定德沃金把美国法律实践概括为本质上是形式主义的。美国法官总是认为存在着解决纠纷的规范，他们总是有义务发现并适用这些规范，根据这一回应，上述事实并不意味着这些规范是法律规范。相反，这仅仅意味着美国法律要求法官在法律规范用尽之后要求助于法律之外的规范。最多这些司法行为意味着疑难案件在道德上有正确答案，但是不存在法律上的正确答案。

在本章的余下部分，我们将检验这两种回应。我们将看到，对第二种挑战的正确回应依赖于社会事实在实证主义理论中所扮演的恰当角色。相信社会事实在决定法律内容中起最小作用的人将支持第一种回应，在这种回应中，实证主义与将美国法律实践概括为具有极大确定性的法律秩序是相容的。然而那些认为社会事实起最大作用的人将支持第二种回应，这种回应将实证主义概括为认同一种温和版本的反形式主义，并否认疑难案件实际上是有正确答案的。

包容性法律实证主义

让我们来区分两种实证主义者可能做出的关于社会事实与法律事实关系的主张，以此来开始我们对第一种回应的讨论。第一个主张是，法律事实最终是仅由社会事实来决定的。我们称其为“最终命题”（Ultimacy Thesis）：

最终命题：法律事实最终是仅由社会事实来决定的。

第二个主张删去了“最终”这一限定词，认为法律事实仅由社会事实决定。社会事实不仅在最高的层次上决定了法律的内容，而且在效力链条的每个点上它们都决定法律内容。在任何条件下一个法律命题的真值都不依赖道德事实的存在。我们称其为“排他性命题”（Exclusivity Thesis）。

排他性命题：法律事实仅仅是由社会事实决定的。

最终命题与排他性命题经常用哈特式的词语概括出来。经过转译后，最终命题要求承认规则是一个**社会**规则。然而它并不对规则规定的、法律效力标准的种类进行任何限制。对于最终命题来说，法律效力的道德标准是可能的，只要这些标准被官员从内在视角接受与实践。另一方面，排他性命题不仅要求承认规则是社会规则，而且坚持它规定的、检验法律规范的法律效力标准只能以社会谱系为基础。换句话说，承认规则不能制定使得规范效力依赖于道德特征的效力检验标准。法律效力标准只能以如下的基础来检验一条规范：该规范是否由立法机关以多数票通过，该规范是否被法庭或行政机关的行为所认可，该规范是否有其他的社会来源。

正如本书自始至终描述的那样，法律实证主义必然认同最终命题。认为道德事实在最终决定法律内容中扮演一定角色的人从定义上讲是自然法学家。然而，我们会怀疑一个人假如接受最终命题、但拒绝排他性命题，他是否仍然可以被认定为立场恰当的法律实证主义者。

很多法律实证主义者认为可以如此认定，他们经常被称为“柔性的”或者“包容性”实证主义者。[15]根据他们的观点，法律效力的道德检验是可以接受的，只要这些检验标准自身有着社会谱系。只要检验标准写在规则中，且该规则有社会事实的保障，那么法律仍然有着最终的社会基础。

很多通常被称为“柔性的”或者“包容性的”实证主义者是这么想的。例如，美国宪法第八修正案禁止“残忍的、不同寻常的刑罚”。与此相类似，德国宪法第一条规定，“人类的尊严不可侵犯”，“所有州政府有责任”去尊重和保护它。这些条文似乎以道德考量因素作为法律效力的条件。因此，根据这种解释，在德国的法律体系内侵犯了人类尊严的条文不具有法律效力。包容性实证主义可以说明，为什么这样的现象是可能的：因为在这些法律体系中的官员接受了残忍和尊严是与法律推理相关的，这些道德考量要素最终得到了社会事实的支持，因此可以决定法律的内容。

---

〔15〕 这种类型的回应参见 Philip Soper, “Legal Theory and the Obligation of a Judge: The Hart - Dworkin Dispute,” 75 *Michigan Law Review* (1977); David Lyons, “Principles, Positivism and Legal Theory,” 87 *Yale Law Journal* (1977); Jules Coleman, “Negative and Positive Positivism,” in his *Markets, Morals and the Law* (Cambridge: Cambridge University Press, 1988); Wilfred Waluchow, *Inclusive Legal Positivism* (Oxford: Oxford University Press, 1994)。一个比较好的讨论，也参见 Kenneth Himma, “Inclusive Legal Positivism,” in *The Oxford Handbook of Jurisprudence and Legal Philosophy*, ed. Jules L. Coleman and Scott Shapiro (Oxford: Oxford University Press, 2002)。

拒绝排他性命题也使得包容性实证主义者有了反驳德沃金反对意见的路径。因为一旦法律实证主义者允许承认规则依据规范的道德特征来认定其具有法律效力，那么他们就不再需要顽固的反形式主义了。他们承认，即使以谱系为基础的一级规则用尽时，疑难案件仍然有正确答案。因此，根据包容性实证主义者的观点，为什么普通法法官判案时似乎总是存在法律等他们去寻找，对此的说明是他们遵守的是承认规则，该规则要求他们在疑难案件中适用道德规范。法官有义务适用非谱系的规范去解释既存的规则（正如里格斯案一样），或者创立一条从未被广泛接受的规则（如亨宁森案一样）。因为承认规则本身有着适当的社会谱系——与法律有关的官员们实践着承认规则，它可以使没有社会谱系的规范具有法律效力。法官即使在进行道德推理时，他们也是在发现法律，因为他们使用的规范是被处于最高层次的某些社会事实挑选出来的。

尽管包容性实证主义者能够拒绝温和的反形式主义，但是他们不能同意德沃金和形式主义者们的如下观点：法律是——或者从来就是——完全确定的。因为根据社会有限性命题，承认规则是社会规则这一事实限制了它指引的全面性。因此，在任何一条我们考虑过的承认规则中，疑难案件这个概念有着开放结构，仍然会在指引中留有空隙。处理两可的疑难案件的法官别无选择而只能创造法律，而不是适用法律。法律实证主义最多能够与具有极大确定性的法律秩序相容，该法律秩序大多数情况下总是能够为法律问题提供正确答案。

排他性法律实证主义

包容性实证主义接受了最终命题，但是拒绝了排他性命题。“排他性”（或“刚性”）法律实证主义者同时接受这两个命题。按照这一毫不妥协的观点，只有当一个规范有社会谱系、无需求助于道德推理即能被认定为法律时，它才能算作法律。〔16〕

排他性法律实证主义并不排除包含有某些道德概念的法律的存在，注意到这一点是重要的。例如，美国合同法中的一条规则就是，不合理的合同是不可执行的。与此类似，美国侵权法中的一条规则是，每个人对他人负有理性注意的义务。排他性实证主义者并不否认这些法律存在，即使这些规范所使用的概念——不合理的、理性——是道德概念。相反，排他性实证主义者主张，这些规则是法律，正因为它们有着社会谱系，例如，它们由立法机构通过、由司法先例判定、由行政指令颁布。换句话说，他们否认道德事实在法律的存在和内容中起着作用。

因为排他性法律实证主义者拒绝将“法律”的头衔给予任何缺乏社会谱系的规范，所以他们拒绝形式主义者的“每一个法律问题都有正确答案”的主张。实际上，社会有限性命题意味着法律包含

---

〔16〕 排他性法律实证主义最杰出的代言人，约瑟夫·拉兹将其观点概括为认同渊源命题（Sources Thesis）。渊源命题在下面这篇文章中第一次提出：“Legal Positivism and the Sources of Law” in Raz, AL，并且在下文中得到最强有力的辩护：“Authority, Law and Morality,” reprinted in Raz, *Ethics in the Public Domain* (Oxford: Oxford University Press, 1994)。拉兹在《法律体系的概念》一书中进一步发展了他的立场，*The Concept of a Legal System*, 2d ed., 211 - 212 (Oxford: Oxford University Press, 1980)；“The Problem about the Nature of Law,” “The Inner Logic of the Law,” 以及“On the Autonomy of Legal Reasoning,” 等文章都出现在 *Ethics in the Public Domain*；以及“Postema on Law's Autonomy and Public Practical Reasons: A Critical Comment,” 4 *Legal Theory* (1998)。我已经在出版的著作中表达过对这种观点的认同，例如参见 Scott Shapiro, “On Hart's Way Out,” 4 *Legal Theory* (1998)。其他对排他性法律实证主义的支持者包括 Andrei Marmor, *Positive Law and Objective Values*, chap. 3 (Oxford: Oxford University Press, 2001) 以及 Brian Leiter, “Legal Realism, Hard Positivism, and the Limits of Conceptual Analysis,” in *Naturalizing Jurisprudence: Essays on American Legal Realism and Naturalism in Legal Philosophy* (Oxford: Oxford University Press, 2007)。

很多空隙和未解决的不一致，当遇到这些法律未调整的案件，法官别无选择，只能像立法者一样行动。因此，排他性法律实证主义者接受了德沃金的主张，即法律实证主义蕴含着温和的反形式主义。

此外，排他性法律实证主义者也同意德沃金的如下观察，即美国法官一般都认为存在着规范能解决疑难案件，并且他们有法律义务去发现和适用这些规范。但是，他们争辩说，德沃金错误地解读了这个证据：在疑难案件中的司法行为并没有展示出形式主义是正确的，也没有展现出法官缺乏强裁量权。因为在疑难案件中，以谱系为基础的一级规则用尽了，美国法官仅仅是**肩负法律义务去适用法律之外的标准**。换句话说，美国法官肩负义务去适用非谱系规范，这一事实不意味着他们必须适用已经存在的法律；相反，他们仅仅是有义务到法律外进行探索并适用道德规范。因此，亨宁森案中的法庭在适用“汽车制造商在设计、提升、销售汽车中负有注意义务”的原则时，他们正在履行其“到法律之外探究道德、以解决案件”的法律职责。

有人可能反对说，假如美国法官有法律义务去适用非谱系规范，那么按照定义这些规范就是**法律规范**。法律不就是法官依照法律要求在其面对的案件中适用的标准吗?〔17〕然而约瑟夫·拉兹指出，这一前提假定是错误的。某一法律体系中的法律并不包括所有法官有义务适用的规则。例如，当解释议会的制定法时，法官一般会使用英语语法的规则。然而英语语法规则并不是美国法律的一部分。同样，在当事人来自不同管辖区域的案件中，法官经常被要求去适用外国法律。

---

〔17〕 参见 Raz, “Postscript to ‘Legal Principles and the Limits of Law’,” in *Ronald Dworkin and Contemporary Jurisprudence*, ed. Marshall Cohen, 84 – 85 (Totowa, NJ: Rowman & Allanheld, 1983)。

然而有义务适用外国法律并没有将这些法律转变为本国规则。当一个法律体系从另一个法律体系借规则的时候，规范性体系之间的区分仍然保存着。

与此相类似，排他性法律实证主义者主张，某些法律体系要求法官有义务求助于道德来解决疑难案件，这一事实本身并没有把道德包含到法律体系之内。[18]因此美国法律体系中的司法实践并不要求法律实证主义者放弃“法律最终以及排他性地由社会事实来决定”这一思想。因为当谱系性标准用尽后，美国法官仅仅是负有法律义务来行使强裁量权，具体做法是到法律之外求助于道德，用以解决手头的案件。[19]

包容性实证主义 vs. 排他性实证主义

正如实证主义者能够很好地抵御第一种反对意见，似乎他们对第二种反对意见也做出了完美的回应。德沃金指责实证主义是不充分的，因为其认同一种温和版本的反形式主义，包容性实证主义通过否认这一潜在的指控而做出回应。根据他们的观点，只要当谱系性的一级规则用尽时，二级承认规则要求适用道德规范，那么疑难案件可以有正确答案。依照这种方式，包容性实证主义者无须放弃决定法律时社会事实具有的优先性，也能够说明疑难案件中的司法行为。道德事实决定了法律，这正是因为社会事实最终决定道德事实应该扮演如此的角色。

---

〔18〕 Raz, *AL*, 46.

〔19〕 例如参见 Raz, “Legal Principles and the Limits of Law,” 81 *Yale Law Journal* 847 - 848 (1972)。

另一方面，排他性实证主义者接受了德沃金的下述主张，法律实证主义认同一种温和的反形式主义。法律仅仅由社会事实来决定，因为社会事实不能事先解决所有问题，所以法律包含着许多空隙和不一致之处。然而，排他性实证主义者否认德沃金给出了接受形式主义的任何理由。因为甚至当法官被要求探寻道德来解决疑难案件时，排他性实证主义者简单地主张说，当法律规范用尽时，法官正在履行其法律义务来适用法律外的标准。

因此，包容性实证主义和排他性实证主义都对德沃金的挑战做出了回应。然而我们必须考虑哪种实证主义的回应是更佳的。只要道德事实最终依赖于社会事实，包容性法律实证主义者就允许法律依赖于道德事实，这是正确的吗？或者否认法律在任何情形下可以由道德事实来决定的排他性实证主义者是正确的？

贴标签问题

在我们开始讨论包容性实证主义和排他性实证主义的比较优点之前，我应该先承认关于这一争论之本质的一个要点。在第一章，我说许多非哲学家都相信，法律哲学家关注的仅仅是“贴标签”的问题。法理学中的贴标签问题就是确定是否应该把“法律”这一标签给予某一事物。

尽管我争辩说，法律哲学家主要关注的不是这种问题，但是我必须坦白，排他性法律实证主义和包容性法律实证主义之间的争论本质上就是这样的争论。毕竟，这种主张的要点为，将法官有义务适用的非谱系规范称为**法律**规范是否合适。换句话说，排他性和包容性法律实证主义者都同意，在谱系标准用尽后，法官有义务适用道德规范。

他们有分歧的仅仅是，如何描述法官们所做事情的性质：对于包容性法律实证主义者来说，法官们正在**适用**法律规范；对于排他性法律实证主义者来说，他们正在**创制**法律规范。

在这一方面，争论的直接结果不会影响法官应该怎样做；它只涉及如何描述他们所做的事情的。但是在读者跳过本章剩余部分之前(假如您已经掌握了相关内容)，我还是督促读者们更耐心、更坚持一些。不仅是因为法律实证主义这两个阵营之间的争论很有趣，也是因为这一问题的解决将会为其他法理学问题的解决提供工具。特别是，我们在下面几章将会看到倾向于某一标签而非另一标签的理由恰恰是影响我们支持某种法律推理方式、而非另一方式的理由。包容性和排他性实证主义之间的争论最终将不仅有术语方面的意义，还有实践意义。

规划的逻辑

让我们回到规划理论。根据规划理论，法律是计划或者类似于计划的规范。它们的功能就是指引以及组织社会成员的行动，既包括跨越时间的，也包括人际之间的行动。法律指引行动的方式与规划是相同的，也就是说，切断慎思，指令行动主体按照规划来行动。以指令的方式来解决问题，法律减少了思考，降低了交易成本，以此来弥补认知上的缺陷和信息上的不对称，通过这种方式使得社会成员能够达成目标，实现他们原本不能实现的价值。

假如法律以规划的方式来指引行动，那么由此可以推论出，法律的存在与内容不能由法律意图解决的问题来决定。因为假如法律的存在或者内容以这种方式决定，那么确定法律存在或者内容的恰当方式就是思考各种不同种类行动的优缺点。但是拥有规划的要旨就在于避免这种活动。换句话说，假如正确发现规划存在或者内容的方式要求我们自己来思考，那么以规划来作为我们思考的方式就是自拆台脚的。这就是“规划的简单逻辑”命题（Simple Logic of Planning，该命题更一般的形式后面会介绍）：

SLOP：规划的存在和内容不能由如下的事实来确定，即这些事实的存在问题正是该计划旨在解决的。

例如，设想我想知道我是否有一个去墨西哥冬季度假的规划。假如我有这样一个规划，那么发现这个规划的存在的正确方式就不能要求我第一步先去判定，是否我应该去墨西哥冬季度假。毕竟拥有这样一个规划的要旨就在于解决这样一个问题。对事物优劣的考虑将会违背规划的逻辑，因为我试图做的事情正是规划被用来替代我做的。假如我必须进行考虑来发现规划的内容，那么我就不拥有一个规划。

包容性法律实证主义的问题就在于它过分地违背了规划的简单逻辑命题。假如拥有法律就是为了解决道德到底要求什么的问题，以使得社会成员可以认识到某些目标和价值，那么假如判定法律规范之存在的方法是进行道德推理，则法律规范将是没有用处的。缺乏谱系的法律规范就像罐头已经打开后的开罐器。

相反，排他性法律实证主义不是如此地草率（sloppy）。因为法律的存在或者内容只能由社会事实来决定，所以不存在法律发现的过程违背了拥有法律的目的的危险。社会事实是通过经验观察而不是道德思考来确定的。就这一点而言，社会事实是法律的适当基础。它们使法律类似于规划的本质能够完成法律的功能，即解决关于道德优劣的思考，通过法律来引导、组织社会成员，使其能够解决道德问题、抓住道德机遇。

我们还要注意到，排他性法律实证主义承认包含道德概念的法律规范存在，这并没有违反规划的逻辑。设想这样一个规则：不得执行不合理的合同。尽管这一规则没有解决所有发生的、关于合同执行的道德问题——例如它没有告诉我们什么时候合同是不合理的，但是，该规则并不因此是无用的。因为该规则解决了一个非常重要的关于合同执行的问题，即是否不合理的合同应该被执行。换句话说，遵循这条规则的法官无须深入到无限制的道德考量之中：他们只需要聚焦于不合理性的问题，扪心自问，是否他们案件中的合同是不合理的，一旦他们认为是不合理的，他们将拒绝执行该合同。我们可以说，为了实现规划的功能，法律不必**排除**道德推理。相反，规划只需要替代某些这样的思考。只要规划将某些问题看作是“已经决定的”，并以特定的指令来传递这一思考结果，那么规则就能履行其作为规划的功能。

因此规划理论使得排他性实证主义能够回应我们前面两章讨论过的反对意见。作为对第一种反对意见的回应——该意见批评法律实证主义认同一种形式主义的司法裁判观，规划理论清晰地区分了司法裁判和法律推理。尽管法律推理必然是道德无涉的，但是司法裁判不必然如此。实际上，当谱系性规范用尽后（鉴于社会有限性命题这种情况是必然的），法律所提供的社会规划也同样用尽了。在这种情况下法官常规性地依赖道德考量要素仅仅意味着他们在做进一步的社会规划。

第二种反对意见批评法律实证主义认同温和的反形式主义，因此也认同一种道德无涉的法律推理观，面对这种反对意见，规划理论认罪。德沃金观察到至少在某些法律体系内，法官有义务适用缺乏社会谱系的规范，但是规划理论与德沃金的观察是不相关的。再一次，它把这种要求解释为参与进一步社会规划的指令。他们最终适用的缺乏谱系的规范因此也被理解为生产新的规划或者法律，而不是发现旧的规划或者法律。因为假如旧的规划或者法律只能通过道德推理来发现，那么事先拥有法律就绝对是没有意义的。

规划与不确定性

我刚刚所采纳的回应似乎引发了以下的严重问题。设想一位法官在决定一份合同是否应该执行时，碰巧谱系性规范用尽了。假设在该法律体系中解决该案件的适当方法是探究道德原则，并且这些原则要求法官执行该合同。这似乎推论出法官有法律义务去执行该合同。但是执行合同本身就是一条法律！与规划理论相对，法律必然总是确定的：因为探究道德的法律义务催生了执行合同的法律义务，甚至在缺乏谱系性规范要求执行合同时也是如此。

这似乎意味着，规划理论不能同时走通两条路。一方面，它主张，在缺少谱系性规范时，法官在法律上不被要求执行合同。然而，它也承认法律要求法官有义务探究道德。因为道德要求执行合同，法官为了满足法律义务只能去执行合同。那么法官就是有法律义务去执行合同了。规划理论因此必然是前后不一致的：法官有法律义务执行合同，以及法官没有法律义务去执行合同，这两个主张不能同时成立。

然而这种自相矛盾仅仅是表面的。这种不一致之所以产生仅仅是因为反对意见使用了一种不具有充分细致性的法律义务观。根据规划理论，一个人不能简单地断言或者否定某人有法律义务去做某行为；严格地讲，**只有在某些对该行动的描述之下**一个人才有法律义务去做某行动。在上述案件中，一个适当的描述具体展示了，法官在某些描述下，有法律义务去执行合同，但是在其他描述下则没有义务。在“做道德上正确的判决”这一行为描述下，法官被法律要求去执行合同（以及受约人拥有的这一判决的法律权利）。但是在“执行合同”这一行为描述下，法律不要求法官执行合同（以及受约人没有要求这一判决的法律权利）。

一个类比在这里可能是有帮助的。设想一个人按下开关打开一盏灯，无意间吓跑了一个窃贼。这个人实施了一个有意图的行为吗？正像唐纳德·戴维森指出的那样，这个问题提得不好。[20]在某些描述下，该行为是有意图的（即“打开灯”）；在另外一些描述下，该行为是无意的（“吓跑窃贼”）。严格来讲，行为既是有意图的又是无意的——只有在描述下行为才是有意图的。规划理论认为，法律义务也是如此。对于某行为，我们问是否法律要求该行为。我们必须相对于对该行为的某些描述来问问题。在某些描述下，该行为是法律要求的；在其他描述下，则不是。因此，当我们将上述案件中执行合同的行为描述为“执行合同”时，法官没有法律义务去执行该合同；但是当我们将同样的事件描述为“做道德要求之事”时，法官有法律义务去执行合同。

无疑有些人会将这一回应看作是不惜一切代价地、迫切地挽救规划理论。为了回应我们在前面两章讨论过的挑战，规划理论必须论

---

〔20〕 参见 Donald Davidson, “Agency,” in his *Essays on Actions and Events*, 2d ed. (Oxford: Oxford University Press, 2001)。

证，(1) 法官有义务适用非法律规则；(2) 他们适用这些规则的法律义务只在某些描述下而非其他描述下才能产生。就像托勒密的天体学一样，规划理论必须认为行星之外还有行星，才能使其理论免于不融贯。

然而，很重要的是要看到，这些改变不是特别为回应我们考察过的反对意见而增设的，而是依照社会规划来思考法律的自然结果。对于第一个判断，我们已经看到为什么规划理论否认使用非谱系规范的法律义务将把道德规范转换为法律规范。因为根据规划的简单逻辑命题，规划的存在与内容由下列事实来决定：这些事实的存在正是规划旨在解决的问题。因为法律规范的目的是回答道德问题，解决这些问题的道德规范就不能决定这些答案的存在或者内容。因此，我们坚持非谱系的道德规范不能算作法律。

为了看出法律义务不是适用于特定行为本身，而仅仅是适用于描述下的行为，我们应该一开始就提醒自己，规划的要旨是通过免除对优劣的思考来指引和组织行动的。思考被免除得越多，指引就越全面。例如，法律可以禁止“对贸易的不合理限制”。或者法律也可以宣布，“协定物价、围标和市场分配方案”都是被禁止的。两种描述都适用于同样一系列的行为，但是它们代表着非常不同的规划。前面一个规划是高度不完全的，因为其在带有道德意味的描述下挑出相关行为。它提供的指引没有消除考虑各种商业实践之道德优劣的需要。后者提供了一个更完全的指引，不是因为它挑出了比前者更多的行为，而是因为它挑出的行为以某种方式比前者能够解决更多的问题。这使得我们不用思考是否协定物价是一种对贸易不合理的限制就能识别出被禁止的行为。

使用一个光学上的隐喻，我们可以说两个规划都聚焦于同样的行为，但是两者的分辨率是不同的。与一个要求行动主体投入到细小的优劣考量的规划相比，解决了更多问题的规划有着更强的处理能力。例如与禁止不合理的贸易限制的规划相比，禁止协定物价的规划呈现出一幅关于其规定行为的更准确的图像，因为后者解决了更多的、关于哪些行为是不允许的问题。

实际上正如我们前面几章所论证过的那样，规划是一个渐进的过程，通过这一过程法律的处理能力随着时间的推移而增强。规划一开始会解决一些问题，但是关于其调整的行为只能呈现出一幅模糊的图像。新的次规划开始追踪到了更好描述的行为，因此也免去了对优劣的思考。就像我在第七章中论证过的那样，立法经常以一种渐进的模式推进，一开始推定非常宽泛的标准，要么把制定规则的权力委托给有关机构或者法院以补充这些规划，要么通过进一步的立法来解决先前立法遗留的问题。法律的观点也是随时间推移而逐步聚焦，直到在其范围内的行为得到了如此好的描述，以至于人们在识别法律时不再需要进行思考了。

再访法律义务

现在让我们来讨论关于法律义务的陈述。根据法律的规划理论，说 X 有法律义务去做 A（这里是视角性地使用“法律”一词）就是说从法律的视角看，X 有义务去做 A。法律的视角试图代表道德的视角。也就是说，法律体系中的规范在道德上是正当的和有约束力的。由于法律体系的规范是规划，所以法律的视角主张，体系的规划在道德上是正当的和有约束力的。

然而，回想一下，法律的视角并非是一个完全规范性的理论。尽管法律视角在法律体系规范能解决的问题上确定了立场，但是在法律未涉及的那些问题上是沉默的。因此假如规划要求做 A，但是并没有要求 B 是否是对 A 的替代性描述，那么从法律的视角看，在 A 描述下，做 A 是义务性的，但是在 B 描述下则做 A 并不是义务性的。

法律义务适用于某种描述下的行动，而非适用于行动自身，因为法律义务的视角性陈述就是对法律视角的报道。因为规划总是指引**在某种描述下的行动**，法律义务的视角性陈述必然敏感于描述，法律义务就是在这些描述中被识别出来的。假如某种行为（诸如协定物价）被某一规划禁止，该规划规定了一种充满道德意味的描述，诸如“对贸易的不合理限制”，那么法律仅仅确定了在充满道德意味的描述下的行为不能实施，而不是确定了在道德中立描述下的行为不能实施。仅仅因为一个行为处于一些既定规则规定的描述之下，而把该行为定性为法律义务性的，这将会错误地呈现法律解决问题的能力。这样的结果可能是：与法律实际上提供的指引相比，极大地夸大了它所能够提供的指引。

一旦我们记住合法性是相对于行为的描述的，那么我们也会看到包容性法律实证主义被德沃金的挑战迷惑了。德沃金正确地指出，在疑难案件中法官被法律约束。他们在法律上并不能自由地按照他们喜欢的方式来判决，而是被命令去发现和使用法律上正确的答案。包容性法律实证主义认为，充分回应这种挑战的唯一方法就是指出，**判决自身**是以某些社会事实为基础的。只要法官必须去实施的特定行为有着社会基础，那么法律实证主义就得救了。因此他们认为在疑难案件中承认规则规定了合法性的道德标准，依据这一点将司法判决联系在某些社会事实之上。

然而更好的回应是指出司法判决在某一描述下是受法律调整的，但在另一描述下不受法律调整。德沃金提供了一个错误的选择：在疑难案件中法官要么适用法律、实施既有的权利，要么创制法律、创造新的权利。德沃金得出结论说，因为前者是真的，所以后者不是真的。在这方面，包容性法律实证主义采纳了这一错误的选择。他们想象，假如法官在疑难案件中是在发现法律，那么他们就不能创造法律。然而实际上法官同时在做这两种事情。他们可以通过按照道德要求行为来适用法律，可以通过判决支持道德有权利的一方来执行既有的权利。然而他们也可以通过认可诉讼双方中的一方应该赢得案件来创制新的法律，创造新的权利。在某一描述下（“判决支持道德上有权利的一方”），判决是法律的要求；在另一描述下（“判决支持受约人”），判决是不在法律调整范围内的。

这个故事的寓意是：认为行动的领域可以区分为具有法律义务性的、法律上允许的和以上两者都不是的，这是错误的。合法性并不是追踪行动本身——它追踪于某种描述下的行动。针对某一行动来说，根据某一对该行动的描述，法律可能会调整该行动，但是根据另外的描述，法律则保持沉默。当法律调整在每一可能描述下的所有行动时，法律就是完全确定的。〔21〕反过来，当法律没有调整某些可能描述下的某些行动时，法律将是不确定的。这在很多情境下都发生，这

〔21〕 假如法律调整 d 描述下的一个行动，那么该法律就调整所有与 d 同义的描述下的行动，或者调整所有能够从 d 中分析性地必然推论出来的描述下的行动。因此，在“斯科特将他的轿车开进公园”这一描述下的我开车进公园的行为也受如下法律规则调整：严禁车辆驶入公园，因为法律调整在“斯科特将他的轿车开进公园”这一描述下的行为，并且“轿车就是车辆”是分析意义上为真的。

包括当行动落在某些规则的阴影地带而非更具体的核心地带的时候，当行动落在充满道德涵义之规则而非更具体的道德中立之规则的核心地带的时候，当行动落在两个不一致的规则的核心地带且没有规则能够解决这一冲突的时候。因为行动不可避免地落入这些种类中的一种，因此可以推论出法律将永远不是完全确定的。

第十章 理论分歧

另一个布什诉戈尔案

在2000年布什与戈尔角逐的总统选举的第一场辩论中，辩论会的主持人问两位候选人，假如当选，他们将提名哪种类型的法官。布什回答说，他支持“严格解释宪法、而不是利用其法官职位书写社会政策的人”。戈尔拒绝了严格解释（这种方法更普遍被称为“严格解释主义”），这是一种根据所谓的字面意义来严格解释法律文本的方法。他接受活的宪政主义。戈尔说，“宪法应该作为一种随着我们国家和历史而成长的文本来解释”。〔1〕

我们现在知道，严格地说，布什的回答是不融贯的。因为正如哈特在批判形式主义中展现的那样，当判决案件时，法官不可能同时既严格解释法律文本，又从不制定社会政策。因为自然语言不可避免地具有开放结构，一些案件将不可避免地落入一般性词语的阴影地带。一位持严格解释论的法官在这种情况下别无选择，只能超出文本去寻找并创造新的法律。

---

〔1〕 参见艾尔·戈尔与乔治·布什2000年10月3日第一次总统辩论的文稿，http://www.debates.org/pages/trans2000a.html。

然而我的目的并不是轻视这场特别的争论。相反，我关注的是这样的争论是否给法律实证主义提出了一个有力的挑战。正如我们在上一章讨论过的那样，所有的法律实证主义者都相信法律最终依赖于社会事实。因此，某法律体系中的宪法应该被严格地解读，还是被解读为一个活的文件，这个问题仅仅通过援引关于相关群体的事实就能得到解决。然而，布什和戈尔之间的争论似乎不像一个社会学的研究。例如，布什为严格解释论辩护，他并没有指出官员们中存在着一个按照字面意义严格解读宪法的惯习。实际上，这么做是愚蠢的：布什知道严格解释论并不是联邦法院遵循的规范，他试图利用总统的权力去改变这一司法实践。戈尔也不是为了取得辩论的优势而指出严格解释论是一种具有高度争议性的方法。假如法律实证主义是一个正确的法律理论，戈尔的反驳将是致命一击。

布什与戈尔之间的争论不是关于社会事实的，相反他们聚焦于民主和信任的问题。对于布什来说，严格解释论保护立法机关免于法院的侵犯。正如他在第三次辩论中所说：“［戈尔将会］任命自由能动的大法官，这些大法官将使用他们的权力颠覆立法机关，这就是他要做的。”针锋相对，戈尔似乎更关心更新宪法，以跟上进步的道德观念。他说，宪法必须“随着我们国家和历史而成长”。这场辩论的关键是意识形态的，而不是社会学的，因此在概括这场辩论的本质上，将法律奠基于道德事实的自然法理论似乎比实证主义做得更好。

关于正确解释方法的争论甚至给法律实证主义提出了一个更大的难题。就像罗纳德·德沃金论证的那样，这样的辩论会发生这一事实就意味着，法律不能奠基于实证主义者认为构成法律制度之基础的那类事实。因为实证主义者曾经主张，法律效力的标准是由惯习和同意决定的。但是关于解释方法的争论显示了，这样的惯习和同意并不存在。换句话说，按照法律实证主义者的立场，关于解释方法的分歧是不可能的。然而，这些分歧似乎不仅是可能的，而且普遍存在。

我们看到，这些反对意见是源自法律推理的另一种形式的挑战。根据这一版本的反对意见，法律实证主义者不能说明法律推理经常面对的某种形式的分歧，即关于解释法律的适当方法的分歧。这种版本的反对意见继续指出，这样的分歧为什么是可能的，唯一合理的说明就是这些分歧是政治争论，只能通过道德推理才能解决。与法律实证主义相反，法律不会也不能仅仅基于社会事实，而是最终要奠基于政治道德的考量。

在本章的前半部分，我们将讨论德沃金对这种新的反对意见的阐述。为了与前一章讨论过的两种批评进行对比，我们将看到德沃金的这第三种批评非常有力量，无法轻易打发。实际上，法律实证主义者是否能够为自己辩护，这是本书余下部分所要讨论的问题。

在本章后半部分，我们将讨论德沃金提出的替代法律实证主义的自然法理论。根据德沃金的观点，关于解释方法论的分歧是可能的，因为法律推理是道德推理的一种形式。实际上，我们将看到，德沃金式的法律解释将会着重使用道德哲学和政治哲学。为了确定正确的解释方法论，并将这一方法论运用于个案之中，法律推理者必须深入到非常抽象的哲学思考中，面对那些困扰人类几千年的问题。

法律分歧

在《法律帝国》的开篇，德沃金主张，法律是有着特殊结构的社会现象。法律实践是“争论性的”（argumentative），通过这一定

性，他的意思是，法律实践中包含的参与者们关于法律要求什么的问题，提出很多不同的主张，并提供理由来维护各自的主张。〔2〕

因为论证处于法律实践的核心，哲学家们必须研究参与者们在进行法律推理时实际使用的不同的论证方法。然而，德沃金认为，在这一方面现代法理学完全是失败的。他主张，按照法哲学中的主流方法，很多法律参与者参与的分歧要么是不存在的，要么完全没有意义。

法律的基础

为了描述这一指责，德沃金引入了两个相关的区分来开始他的论述。他首先区分了“法律的命题”（propositions of law）与“法律的基础”（grounds of law）。〔3〕法律的命题是关于特定法律体系中法律内容的陈述，例如“法律禁止州政府否认第十四修正案给予所有人的平等保护”，以及“法律要求阿克姆公司赔偿约翰·史密斯去年二月在其被雇佣期间遭受的伤害”。法律命题可能是真的，也可能是假的。“法律不允许摩托车司机在加利福尼亚州以超过65英里的速度驾驶”，这一命题是真的，而“法律不允许摩托车司机在日落之后驾驶”这一命题是假的。

法律的命题是依据“法律的基础”而为真。例如，在加利福尼亚州，（大致地讲）假如州立法者的多数投票支持某一有着相似内容的法案，并且州长签署了该条款，那么一个法律命题就是真的。这些立法行为使得关于加州的某些法律命题是真的，因此这些立法行为也

〔2〕 Dworkin, LE 13.
〔3〕 LE 4.

是加州法律体系中的法律基础。

在区分了法律命题与法律基础之后，德沃金论证说，两种不同类型的法律分歧是可能的。[4]第一种类型分歧是关于“在某一特定的情形下法律的基础是否成立”的。例如，是否议会以要求的多数通过了某一法律，是否总统否决了法案，对于这些问题双方会产生冲突。德沃金称这些争论为“经验分歧”（empirical disagreements）。

第二种类型的分歧不是关于法律基础是否成立的；相反，它包含了关于“法律基础是什么”的相互冲突的主张。例如，争论一方可能争论说，因为会议有权威颁布某种立法，而且确实颁布了该立法，所以该制定法是有效力的。另一方可能承认颁布立法的程序性条件已经满足，但是他仍然主张，议会没有权威这样来立法。争论双方并没有卷入经验分歧之中，他们在历史记录问题上没有分歧。按照德沃金的观点，他们卷入了关于法律的“理论”分歧。他们在识别法律的基础上有分歧，即在确认一个法律命题的真值之前，什么样的事情在他们的法律制度中必须发生。

需要指出的是，德沃金的区分类似于哈特法律理论中的一个区分。例如，法律的基础就是承认规则所确定的那些事实。假如加州的承认规则规定，所有由州立法机构的两院的多数通过的法案并且得到政府首脑的签署，那么它们都是加州有效的法律，那么两院通过和行政机关的签署就是加州法律体系中的法律基础。与此类似，理论分歧就是关于承认规则内容的争论，而经验分歧是关于“承认规则规定的条件在某一特定案件中是否成立”的争论。

---

〔4〕 LE 4－6.

纯粹事实的观点

介绍过这些区分之后，德沃金开始了他对法律实证主义的描述。按照德沃金的观点，法律实证主义接受一种关于法律的“纯粹事实的”观点（plain fact of view）。纯粹事实的观点由两个主要命题组成。第一，该观点认为，在任何社会中，法律的基础都是由法律官员中的一致同意决定的。假如官员们同意，某种类型的事实 f 是他们法律体系中法律的基础，那么这种类型的事实 f 就是他们法律体系中法律的基础。第二，纯粹事实的观点认为，作为法律基础的唯一类型的事实只能是那些历史事实。换句话说，纯粹事实的观点不允许道德事实成为法律的基础。〔5〕

很清楚，“纯粹事实的观点”仅仅是排他性法律实证主义的另外一个标签。我们已经看到，包容性实证主义者不接受纯粹事实观点的第二个信条，因为他们相信法律可以由道德事实来决定（条件是，假如存在着要求在某些案件中适用道德规范的官方惯习）。因此，德沃金主张，所有的实证主义者都是排他性实证主义者，这一主张显然是错误的。然而，正如我们在下一部分将会看到的那样，这一错误是无害的，德沃金的批评用来反对包容性法律实证主义者也同样是有效的。

有了上面的基础性工作，德沃金继续论证说，按照纯粹事实的观点，理论分歧是不可能的。理由很简单。根据该观点的第一个信条，只有当法律官员中间存在着共识，即同意事实 f 是法律的基础的时候，事实 f 才是法律的基础。因此，法律官员们对于“f 是否是法律

〔5〕 LE 6.

的基础”有分歧，这本身就是自相矛盾的：对于“f是否是法律的基础”没有共识，f就不可能成为法律的基础。我们可以说，按照纯粹事实的观点，理论分歧是自我推翻的。一旦法律社群中出现理论分歧，问题直接就以有利于反对者的观点消解了自身。关于法律的融贯的分歧只能是关于纯粹历史事实存在或者不存在的相互冲突的观点。换句话说，它们必须是经验分歧。

例如，设想一下，关于“是否加州的限速标准是每小时55英里”存在着广泛的分歧。用德沃金的术语说，这一争论是关于加州法律的一个命题的真值的，即“限速标准是每小时55英里”。对于这一争论有两种可能的说明：(1) 理论的：一方相信某些事实f使得这一加州法律命题为真，而另一方相信，即使这一案件中f成立，但是f并不是加州法律的基础，因此不能使得该命题为真；(2) 经验的：双方都同意，假如本案中f成立，f将使得这一命题为真，但是他们对于本案中f是否成立是有分歧的。

按照纯粹事实的观点，这一争论不能用第一种方式来解释，即不能是关于“f是否有法律相关性”的争论。因为根据纯粹事实的观点，加州法律的基础由一致同意来确定，关于“f是否是加州法律的基础”的任何普遍的分歧将意味着缺乏关于f的一致同意，因此排除了f成为加州法律基础的可能性。争论者们只能就“这一特定案件中一致同意的法律的基础是否成立”的问题有分歧，他们只能就一个纯粹历史事实是否成立的问题产生分歧。

田纳西州山谷管理局诉希尔

按照纯粹事实的观点，理论分歧是不可能的，说明了这一点之后，德沃金继续论证说，这样的争论实际上确实是存在的。他通过列举出几个例子来证明这一点，我们可以合理地看到这些例子中的参与者们都同意历史记录，但是对于历史记录的法律意义有分歧。例如，在田纳西州山谷管理局诉希尔案中（Tennessee Valley Authority v. Hill），几个保守主义团体起诉田纳西州山谷管理局，阻止后者完成耗资1亿美元的水坝计划。〔6〕他们声称，水坝将会威胁蜗牛镖（snail darter）——这种三英寸长的小鱼没有任何特殊的科学、美学或者经济价值——的生存，因此违反了1973年颁布的《濒危物种保护法案》。然而，田纳西州山谷管理局争论说，《濒危物种保护法案》并不适用于在它通过之前已经批准、投资并且开始了实质性建设的项目，因此该法案不能被解释成禁止水坝项目的完成。

最高法院站到了保守主义者的一边。尽管代表多数撰写司法意见的首席大法官伯格承认，停止该新项目将浪费大量的公共资金，而且从政策的角度看，这将是不合理的，但是他说到，法律文本清晰地要求，政府要停止给被标记为“濒危”的物种带来风险的项目。此外，他没有发现任何表明国会有其他意图的迹象。伯格因此得出结论说，法庭别无选择，只能签发禁止令，甚至在该工程开工这么久的今日。

鲍威尔大法官领衔的反对意见论证说，法庭不该如此解释文本，以至于带来荒谬的结果，除非它们能够展示出这样的结果是立法机构所意图的。因为仅仅为了拯救一种不重要的、尽管濒危的小鱼，就停止一个耗资接近1亿美元的建设工程是荒唐的。因为国会没有清楚地接纳这种结果，所以法庭有义务给出一种“与一定的常识和公共福

〔6〕 Tennessee Valley Authority v. Hill, 437 U.S. 153 (1978).

利相一致”[7]的解释。

德沃金论证说，伯格与鲍威尔之间的分歧在本质上最终是理论性的。[8]双方都同意，1973年颁布的《濒危物种保护法案》是有效的法律，与蜗牛镖的利益相比，停止水坝的建设将是极端浪费的，在其起草或者投票时国会也从来没有考虑过这种类型的案例。他们的分歧是关于这些事实的**法律相关性**的。根据伯格的观点，文本的字面意义决定了法律是什么，即使荒谬的结果会发生，除非能发现压倒性的证据证明国会并不意图这样的荒谬结果。与之相反，鲍威尔论证说，当荒谬的结果产生时，字面意义不能决定法律是什么，除非能发现压倒性的证据说明国会确实意图这一荒谬的结果。换句话说，伯格和鲍威尔的分歧在于，制定法的字面意义在什么时候是法律的基础。

德沃金从田纳西州诉希尔案以及其他类似的案件中推论出，理论分歧不仅存在而且广泛存在。因为纯粹事实的观点不能说明这种争论的可能性，德沃金得出结论说，该观点不能捕捉到法律实践的争论性结构，因此必须拒绝这种观点。

比较各种批评

德沃金在《法律帝国》中对法律实证主义的批评与我们上一章中讨论过的他先前的观点具有很多相似性。在两种挑战中，德沃金都把法律实证主义描述为认同某种形式的排他性法律实证主义。都主张实证主义不能解释疑难案件中的司法行为。并且我们很快会看到，这

〔7〕 同上，第196页。
〔8〕 LE 23.

两种挑战都认为对这些行为的恰当说明只能是，法官探究道德来解决手头的法律问题。尽管有这些相同之处，但德沃金后来的批评是一种不同的且更加有效的批评。

德沃金第一个批评试图展示，在疑难案件中法官将道德上相关的事实作为法律基础。他通过审视里格斯案、亨宁森案来提出这个主张，在这些案件中法官认为他们自己受原则的约束，而原则的权威性来自于原则的道德价值。但是法律实证主义认同排他性命题，该命题排除了法律的道德基础。因此，第一个批评的结论是，法律实证主义不能说明疑难案件中的司法行为。

第一个批评试图利用“法官经常认为法律的基础在本质上是道德的”这一事实，但是第二个批评试图利用如下事实，即法官经常对于法律的基础是什么存在分歧。例如，在田纳西州山谷管理局诉希尔案中，争论的基本问题就是，是否制定法文本甚至在面对着荒谬的结果时也具有优先性。第二个批评得出结论说，实证主义不能说明这样的分歧，因为实证主义认同纯粹事实的观点，按照该观点法律的基础是由同意决定的。

因此，尽管里格斯案、亨宁森案和田纳西州山谷管理局案都是疑难案件，但是它们是因为不同理由而变得疑难的。里格斯案和亨宁森案之所以是疑难的，是因为尽管法官对于法律的基础有一致意见，但在认定特定案件中这样的基础是否成立的难题上，理性人之间存在分歧。相反，田纳西州山谷管理局案之所以是疑难的，是因为为了决定该案的正确结果，法庭首先必须解决法律的基础是什么的问题，而理性的人之间对于该问题是有分歧的。

就像我们在前一章中看到的，像里格斯案、亨宁森案这样的疑难案件对于实证主义者并不难说明。例如，实证主义者可以采纳排他性实证主义者的路线，主张在这样的案件中法官有法律义务使用法律外的规范。或者他可以采纳包容性实证主义者的路线，仅仅承认假如在法官中间存在着某一惯习，将道德事实看作法律的基础，那么法律的基础在本质上可以是道德的。但是像田纳西州山谷管理局这样的案件不能用上面两种路线打发掉。因为排他性和包容性法律实证主义者都坚持法律基础是由惯习决定的。依照假设，某些事实的法律相关性就预设了对于它们的法律相关性是存在共识的，他们又如何说明针对这些事实的法律相关性的分歧呢？按照他们的观点，法律实践的这一方面必然使其理论是自我推翻的，实证主义者如何说明法律实践的这一方面呢？

不融贯和不真诚

在这一点上，法律实证主义者可能考虑了几种不同的回应来应对德沃金的挑战。例如，他们可能承认，理论分歧确实是不融贯的，那些陷入理论分歧中的人是非常困惑的。但是实证主义者会争论说，这其中的含义并没有颠覆法律实证主义。因为他们会指出，不融贯的分歧必然是**不可能**存在的分歧。尽管单独来看，实证主义将某些案件中的法律参与者描绘为不融贯的行动，这一描绘与其法理学立场相冲突，但是我们必须记住，检验理论是要看该理论是否能够很好地适合实际数据的全体。假如在说明**作为整体的**法律现象领域，哈特的理论阐述比德沃金的理论更好，那么我们可以得出结论说，法律参与者确实犯了错误，理论分歧实际上是不可能的。〔9〕

---

〔9〕 例如参见 Brian Leiter, "Explaining Theoretical Disagreement," 76 *University of Chicago Law Review* 1215 (2009)。另一种对德沃金挑战的回应请参见 Matthew Kramer, *In Defense of Legal Positivism*, chap. 6 (Oxford: Oxford University Press, 1999)。

这一回应中提出的方法论观点很明显是正确的：我们不能期待有一种法理学理论能说明**每一种**直觉的有效性，法律人对于他们所参与的实践会有很多这样的直觉。错误经常会发生。但是我仍然认为这一回应低估了相关观点的理论重要性，因此是失败的。合法性的标准是由同意来决定的，这一观点不仅是法律实践诸方面中的一个方面；根据法律实证主义当前的阐述，这是**法律的基础性规则**。其最终意味着，某些规则被社群官员所接受的某些标准认定为有效力的，这些规则就是有约束力的法律规则。这就给实证主义者带来了问题：关于合法性标准的分歧的广泛存在，以及参与这些争论的人完全不会受到批评，这强烈地意味着法律参与者们并没有遵循实证主义者主张他们应该遵循的基础规则。当然，这一证据并非终结性的。很可能，法律人对于他们所参与的实践是如此地糊涂，以至于他们都共同地认可了一套互不相容的基础性规则；有时他们依照“官员之间的同意具有优先性”的基础规则行事，另外一些时候他们依照相反的基础规则行事。然而这样的说明极端缺乏善意。作为一个方法论问题，任何将如此多的非理性和无知归咎到专家头上的理论应受严厉谴责，也应被推定为是不合适的。

除此之外，实证主义者也可能论辩说，那些参与理论分歧的法律参与者只不过是不真诚地和带着投机心理去行为。换句话说，他们认识到了这些争论是不融贯的，但是仍然投入到其中，努力地欺骗他人接受他们从意识形态角度支持的方法论。

当然律师和政治家确实不总是诚实的，经常在法律推理的掩饰下促进他们个人的自我利益或者政治意识形态。例如，布什和戈尔之间的争论就不是一个超然的法理学讨论。解释上的争论有着政治意涵，这一点很清楚：严格解释主义者在宪法中没有发现堕胎的权利，他们一般都会支持推翻罗伊诉韦德案判决；另一边，活的宪政主义者接受这样的权利，不会支持司法机关删除对堕胎的保护。正像戈尔在辩论中直截了当地指出的："在这个国家中很多妇女把这项权利当作理所当然的，这一权利可能会失去。这与本次选举的选票息息相关，千万不要犯错误。"〔10〕

然而这种"欺骗论"回应的问题在于，我们很难理解为什么每个人都胆敢尝试这种策略。假如法律的基础性规则排除了有争议的解释方法，那么仅仅推崇其中一种方法自然会引来欺骗的指控。这一回应在主张"很多参与理论分歧的法律实践者依照不好的意图在行事"时是正确的，但是除了法律实证主义者，没有人认为他们带有不好的意图仅仅是因为他们参与到理论分歧当中。相反，他们的动机之所以有问题，是因为他们拥护的方法论令人生疑地产生了他们支持的政治结果。

我们全书都在使用概念分析的语言，假如将德沃金的挑战用概念分析的语言来表达的话，我们可以说，德沃金展现了一个关于法律实践的自明之理，即如果一个问题缺乏某些权威性的解决方案，那么理论分歧是正当的。下面这些争论在很多现代法律制度中绝对是司空见惯：法律文本应该被严格解释还是宽松解释？它的解释应该与什么相一致，是原初的公开意义，进化中的道德观念，根深蒂固的传统，立法者的意图，人们所期待的适用，还是道德原则？是服从过去的司法解释、行政机关、专著作家的观点，还是参照其他国家的法律？是结合立法历史或者相类似的文本条款，还是单独做出决定？德沃金指

〔10〕 参见艾尔·戈尔与乔治·布什2000年10月3日第一次总统辩论的文稿，http：//www. debates. org/pages/trans2000a. html。

出，至少按照当前的理解，法律实证主义不能说明这一自明之理，因此不能说明法律实践的核心特征。

建构性解释

论证完法律实证主义不能说明理论分歧的融贯性之后，德沃金进而开始展示理论分歧实际上是如何可能的。为了提出这样一种说明，德沃金探究另外一个理论分歧普遍存在的领域：文学解释。

文学解释作为类比

正如德沃金指出的那样，当评论家们对于一个文学文本的解释存在分歧时，他们并不必然是参与到一个经验分歧之中。评论家们通常都同意哪个版本是某一作品的权威版本，同意作者试图传递的思想，也同意该作品创作的社会环境的性质。他们的论辩通常是理论性的，因为他们的论辩奠基于关于解释文学作品的正确方法的一般分歧。例如，有些人相信评论家的工作是发现作者的意图。其他人相信传统意义上的作者的角色应该被反思，因此文本的解释必须等待作者去世后发生的事件。其他文学理论家还强调形式因素，诸如文学结构、风格和技术，但排除掉社会、政治和经济因素。这些关于文学解释的一般性分歧不仅在文学理论中扮演着显著的角色，而且或隐或显地在批评家们关于特定文学文本的各种争论中扮演着角色。

我们应该如何说明这类分歧呢？德沃金推测，这些分歧最终是基于关于文学之美学价值的迥异观点。[11]不同的美学理论产生不同的

---

〔11〕 LE 59 – 60.

对文学解释的说明。例如，德沃金引用了其赞同的斯坦利·卡维尔（Stanley Cavell）的观点，卡维尔主张，在解释时很多人赋予创作者意图以突出的地位，这是基于将美学价值归属于有创造力的天才的现代偏好。与此类似，意图在另外一些美学理论中就没那么重要，这些理论不是强调创造性和原创性，而是强调传统或者政治解放。

文学解释是德沃金所谓的“建构性”解释的一个子类。建构性解释是这样一个过程：“将目的赋予一个目标或者实践，以期使该目标或实践成为其所属的形式或者种类中最佳的范例。”〔12〕例如，当解释一部小说时，解释者试图将一个美学目的施加于文本，这一美学目的使这部小说成为其可能成为的最佳小说。在其他条件相同的情况下，如果某一解释使得小说主题更丰富，拥有更有趣的人物，或者具有更吸引人的情节，那么这一解释就是更佳的。

因此，对作为建构性解释的文学解释的分析为文学的理论分歧提供了必需的逻辑空间。因为文学批评总是试图使文本成为其可能的最佳文本，人们关于文本的适当解释方法可能会发生分歧，因为他们对文学的美学价值是存在分歧的。实际上，关于什么使得文学成为有价值的东西经常会发生争论，这些争论完美地说明了文学的理论分歧普遍存在。

德沃金论证说，法律解释的过程应该同样被看作是一种形式的建构性解释。为了决定法律的基础是什么，法律解释者也要将一个目的施加到法律实践之上，使之成为其可能成为的道德上最佳的社会实践。法律的基础仅仅是那些最佳地促进了这一道德目的的事实。

---

〔12〕 LE 52.

正如在文学中的情况一样，把法律解释看作建构性解释能够说明法律中的理论分歧 *是可能的。关于法律基础的分歧可以表达为关于法律的道德目的以及（或者）该目的与实践之关系的分歧。因此，与实证主义者的立场不同，这一阐述不必把理论分歧看作是不融贯的或者不真诚的：因为法律的内容依赖于哪个原则以道德上最佳的方式来描述法律实践，那么真正的**道德**分歧将会带来真正的**法律**分歧。

把文学解释与诸如法律这样的社会实践的解释做类比是基于如下理由：按照德沃金的说法，“两者的目标都是解释一些人所创造的、独立于人的实体”。〔13〕艺术作品和社会实践都是独立的实体，因为他们的创造者生产它们时带有这样的意图：他们对作品意义的信念应该依赖于作品的意义本身，而非相反。换句话说，作者没有把自己视为他们所创作之作品的意义的权威决定者。例如，关于小说，德沃金主张，“一位作者能够把他过去写作的东西从他早先的意图和信念中脱离出来，把该作品本身作为对象来思考。他能够基于美学判断而对其作品做出新的结论：按照不同于曾经写作时的想法来阅读，他的作品是更为融贯的，也是对更为重要的主题的更好分析。”〔14〕

因为人们意图小说成为独立的创造物，它可以与作者先前的设计分离开来，那么关于其创作作品的适当解释，作者可能会最终改变自己的想法，正如传言约翰·福尔斯（John Fowles）在看到《法国中尉的女人》被改编成电影时所做的那样。福尔斯对于他的书形成了一

---

* （theoretical interpretations），按照文义应该是“理论分歧”（theoretical disagreements）的笔误。——译者注

〔13〕 LE 50.

〔14〕 Ronald Dworkin, “How Law Is Like Literature,” in *A Matter of Principle* 157 (Cambridge, MA: Harvard University Press, 1985).

个新的想法，而非形成一个新的作者意图。“对福尔斯开始写作《法国中尉的女人》时他意图什么的任何完全描述必须包括这样的意图，即创造出某种能够被自己，因此也能够被他人按照那种方式来对待的东西，所以也必须包括创造出独立于他意图的作品的意图。”〔15〕

同样，那些创造社会实践的人也试图生产出一个实体，该实体的内容是由实践的要旨或者目的决定的，这些要旨和目的可能是独立于创造者先前的设计的。〔16〕这个意图在创造的实践所具有的结构中能被揭示出来，特别是在如下这对区分中，即人们认为实践要求什么与实践实际上要求什么的区分。〔17〕每个人都认为实践要求某种形式的行为，这并不具有结论性，经常可能的是，他们误解了实践依赖的理由，更好的解释能够揭示出他们的错误。〔18〕

在我们继续探讨之前需要澄清一点。当德沃金主张文本或者社会实践的创造者试图创造一个实体，该实体的内容是由其要旨来决定的，我并不认为我们应该把他的意思解读为，这些个人在创造的行为

---

〔15〕 同上。

〔16〕 更准确地说，德沃金并没有明确地讲，创造社会实践的人有如下意图：这些实践的内容应该由实践的主旨或者目的决定。他所说的是，他们试图创造某种东西，作为“独立的实体”。然而，很清楚的是，按照德沃金的观点，那些创造独立实体的人本身就有如下意图，即他们创造出的对象必须按照其要旨来理解。例如，关于作者的意图，他写道：“一位作者能够将他所写的东西与他早前的意图和信念区分开来，把他所写的东西本身当作一个对象。他能够对他建立在美学判断之基础上的作品得出全新的结论：与早前他写作该作品时的想法相比，存在着一种稍有不同的解读方式，按照这种方式，他的作品会变得更加融贯，能够对更为重要的主题进行更好的分析。”参见同上。

〔17〕 LE 63.

〔18〕 因此，对社会实践的解释不能化约为德沃金所称的“对话的”解释。（LE 64－65）在对话中，说话者试图交流他们的思想。在艺术或者社会实践的创造中，参与者们试图创造出一个独立的实体，并按照适合于该种事物类型的标准来对其作出判断。因此，创造性解释不是发现创造者意图的事情。它在本质上是建构性的，也就是说，它将证立施加于实践之上，从而把它看作是有价值的活动。

中实际存在着这样的想法。例如，德沃金很明显地拒绝如下观念：在文学解释的过程中确定一个意图关涉到揭示出一个有意识的思想状态。〔19〕相反，解释者试图捕捉创造者试图实现的意义，即使创造者自己并没有有意识地认识到这种意义。因此，我们应该理解德沃金的如下主要主张，即这些创造者本该接受某种东西，以实现他们的实践雄心。尽管这些个人可能没有有意识地想到，他们正在创造一个文本或者实践，且文本和实践的内容由以最佳方式来描绘它的那些目的所决定，但是他们仍然愿意接受，该描绘至少隐含地捕捉到他们创造时试图表达的东西。

适合与证立

现在有人试图立即拒绝建构性解释，其理由是解释者的角色不应该是按照最佳的方式描绘文本或者实践，而是按照其**真实的**样子来描绘。毕竟，假如对《东方快车谋杀案》的正确解释是使其成为最好的小说的解释，那么什么能够阻挡一位评论家做出如下主张：这本书是关于哈姆雷特以及哈姆雷特杀他叔叔时的优柔寡断的。

然而这种反对意见是基于对“最佳的方式”分析的误解。正如德沃金指出的那样，将《东方快车谋杀案》解释为哈姆雷特并没有按照最佳的方式呈现出这本书，因为克里斯蒂小说中没有任何东西表明这本书与优柔寡断的丹麦人相关。如果一部小说在表面上与它要真正描写的相关故事或者主题没有任何关系，那么这部小说实际上就是

---

〔19〕 例如参见 LE 57。因此，德沃金同意卡维尔的主张，即费里尼在指导电影《大路》时，可能“有意图地”暗指夜莺的神话，即使费里尼在创造这部电影时根本没有听说过该神话。假如他看到“拥有那一意图将更好地实现他的电影抱负”，那么费里尼可以被说成已经意图了这种参照。

一部坏小说。

因此，当一个解释比起其他解释，既能更好地“符合”（fit）一个对象，又能更好地“证立（justify）”这个对象时，这个解释就是使其对象尽可能地最佳的解释。一个解释在如下程度上“符合”一个对象，即这一解释承认该对象的存在或者特征。例如，对于社会实践，某一个目的所推荐的行为比另一目的能更好地与观察到的行为匹配，那么这个目的就比其他目的更好。一个目的被“证立”，指的是这个目的是值得追求的目的。〔20〕

在探寻最佳解释时，建构性解释者必须在这两个孪生必需要素中进行平衡。与其他解释相比，有些解释按照更有价值的方式呈现了实践，但是该解释在符合方面做得不好。它们可能将更多的规则展现为错误的，以至于这些规则将不被遵循。这位解释者必须做好平衡，以价值上的盈增来弥补符合方面的损失。建构性解释终止于衡平，即增加的价值不再需要弥补符合上的亏损。因此而发生的解释将以最好的样子呈现出解释对象，对于德沃金来说，这个样子就是真实的样子。

解释法律实践：第一阶段

我们在前面看到，在某一特定法律制度内，只有当该制度的法律基础被满足时，法律命题才是真的。因此，德沃金式的解释者必须使用建构性解释的方法，通过识别出该制度的法律基础来开始他的法律解释过程。只有当法律基础已经被确定时，解释者才能确定哪个法律

---

〔20〕 这里使用的证立这一概念经常敏感于我们研究对象的类型。例如，当解释一个艺术作品时，目的就要从美学的视角进行评价；相反，社会实践必须从道德的视角进行评价。

命题是真的。

在这一部分，我们将讨论德沃金式解释的第一个阶段，即在这一阶段内解释者必须将一个要旨施加到实践上，使这一实践呈现出最佳的样子，进而再使用这一要旨来确定该特定制度的法律基础。在下一部分，我们将看到，解释者通过评估“从第一阶段得出的法律基础在本案中是否存在”，来检验法律命题。

法律的观念

在法律解释的初始阶段，解释者试图选择一种“法律的观念”，该观念将法律实践呈现为其最佳的样子。按照德沃金的观点，一个法律观念是对特定法律实践的解释。这种观念试图识别出：（1）这一实践的目的；（2）该目的要求的一系列事实作为法律的基础。当一个法律的观念最佳地符合并证立了实践，该观念就使法律实践呈现出最佳的样子。符合法律实践需要达到如下程度：它所识别出来、作为法律基础的事实实际上被法律官员承认为法律的基础。证立需要达到如下的程度：这种观念施加到法律实践之上的目的在道德上是可以证立的。

在《法律帝国》中，德沃金考察了三种不同的法律观主张：惯习主义、实用主义和作为整全性的法律观。惯习主义和作为整全性的法律观都是“非怀疑论的”法律观念，因为它们都接受，个人拥有法律权利。而实用主义正相反，它否认这一点。下面我将简要地展现德沃金对这两种非怀疑论的观念的复杂分析。我这样做的目标是让读者领略到德沃金相信解释者在分析法律实践时应该使用的论证。正如我们将看到的那样，解释者所使用的方法——建构性解释是极为抽象的和非常哲学化的。

惯习主义

根据德沃金的观点，惯习主义和作为整全性的法律观都把一个同样的一般性目的施加给法律：只有得到源于过去的政治决定的权利和责任的批准时官员才可以使用强制力，以此来指导和约束官员。但是，为什么过去的决定应该被尊重？这两个非怀疑论的观念给出的理由是不同的。按照惯习主义的观点，要求服从过去的特殊要旨在于确保强制的使用是可预期的，从而不会不公平地挫败人们的预期。

因为法律的特定目的是给个人一个关于强制的公平警告，惯习主义者认为，法律官员应该尊重如下惯习：这些惯习明确地指定哪个机构有权力创制法律，它们的表达应该如何被解释。因此，按照惯习主义者的观念，在像我们这样的法律制度中，法律的基础是由惯习来确定的：只有当被法律官员习惯性地接受的法律基础在某一特定案件中存在时，一个法律命题才能够是真的。

然而，可预期性并不是惯习主义者承认的唯一价值。惯习主义者也试图为官员保留一定的灵活性，这样官员们可以继续发展法律。因此，他们相信法律惯习的范围应该是有限的，让一些案件保持在不受法律调整的状态。当惯习用尽了，法律官员们可以微调规则使其适用于某一案件。确实，在这些案件中使用强制将会剥夺一些人得到公平警告的权利。然而，惯习主义者相信可预期性的损失最终将会被灵活性的收益所补偿。

在我们继续展现德沃金对惯习主义的评价之前，我们应该停下来简要地关注惯习主义和法律实证主义之间的关系。初看上去，惯习主义似乎是一种实证主义的法律观，因为两者在决定法律的内容时都赋予了社会事实以优先性。（实际上，惯习主义似乎是排他性实证主义的一种形式，因为它所承认的惯习以法律规范的制度谱系为基础来挑选法律规范。）然而，重要的是要看到，惯习主义根本不是一个实证主义的理论。因为尽管两种理论都赋予社会事实以优先性，但只有实证主义是在最终的层次上这样做的。按照法律实证主义者的观点，法律的基础**最终**由社会事实来决定。与此相对，惯习主义在非最终的层次上赋予了惯习以优先性：鉴于“道德要求他们这样做”这一事实，惯习才能够决定法律的内容。换句话说，惯习主义者是一个自然法学者，他们相信：政治道德要求他们像排他性法律实证主义者那样行为。

描述了惯习主义之后，德沃金继续论证说，惯习主义既不符合、也无法证立法律实践。惯习主义之所以不能符合法律实践，是基于一个我们现在很熟悉的理由，即当惯习资源用尽之后，法官并没有放弃继续寻找法律。甚至在社会关于如何解读一部制定法或者过去的一个司法判决发生分歧的时候，法官仍然论证并试图发现对这些文本的正确解释。因此，惯习并不能穷尽法律参与者视为法律基础的那些事实类型。

惯习主义也不能证立法律实践。正如我们已经看到的，惯习主义者相信，让法律既具有可预测性又具有灵活性的最佳方法是，要求官员使用强制力，要么在被惯习授权这样做的时候，要么在惯习不存在而这样做是对社会有益的时候。然而，德沃金论证说，奴性地遵循惯习能否最好地实现可预期性和灵活性的最佳结合，这并不是很明显的。因为肯定存在这样的情形：惯习应该被忽视，官员应被给予灵活性，以他们认为合适的方式来改变法律。尽管这样会使法律更不容易预测，但是我们可以合理地推想，至少在某些情况下，法律这种附带的灵活性将产生更多的补偿。

作为整全性的法律观

惯习主义既不能符合也不能证立既存的法律实践，得出这一观点后，德沃金试图展现另一个观念——作为整全性的法律观——能够胜任其解释任务。作为整全性的法律观在一点上同意惯习主义，即法律实践的一般性要旨就是通过要求强制力必须由过去的政治决定证立，以此来约束官员的行为。但是，与惯习主义相反，作为整全性的法律观并不坚持，法律要忠于过去，并不是由这种行为必然能够带来的可预期性利益，或者由其他工具性收益所要求的。相反，这一约束的要旨是要求官员依照**整全性**来行动：假如法律在过去以某种方式对待社会中的一个成员，那么法律必须在现在相似地对待处境相同的其他成员。

按照作为整全性的法律观，因为法律的约束不能够由其在可预期性方面的效果来证立，“源于”过去的政治行为的权利和义务并不是那些依据官方惯例被挑出来的、具有权威性的东西。相反，它们是由整全性的要求决定的。整全性要求社会依照一套原则和政策来行动，这些原则和政策能够使过去的政治行动呈现出最佳的样子。“［整全性］要求政府以同一个声音说话，以有原则的、融贯的方式面向其所有公民行动，将其用于某些人的正义和公平的实质性标准扩展到所有人身上。假如政府依赖多数主义民主的原则来证立其关于谁有投票权的决定，那么它必须在设计选区的时候尊重同样的原则。假如政府诉诸如下原则，即人们有权利从因疏忽伤害他的人那里获得赔偿，并判定生产商对其生产的有缺陷的汽车负责，那么它必须在决定会计是否应该同样为其错误负责的时候全力实现上述原则。”〔21〕换句话说，作为整全性的法律观要求社会根据一套融贯的原则在每一个领域中采取行动。当一个法律领域中的规则只能通过某些原则来证立，而这些原则既不能证立其他领域中的规则，也与其他领域中的规则不相一致，那么整全性就被违背了。因此，整全性所要求的法律基础是一套原则和政策，它们使所有过去的政治决定呈现出其最佳的样子。

按照德沃金的观点，作为整全性的法律观比惯习主义更好地“符合”，理由有两个。第一，作为整全性的法律观能够解释，为什么甚至当法官们对适当的解释方法意见分歧时他们仍然坚持努力地解释法律文本。因为法律基础不是由惯习决定的，而是由对过去政治决定的建构性解释决定的，所以法官不能仅仅因为他的同事们与其意见不一就免除自己的解释责任。相反，每一位法官自身都有义务识别出哪些原则和政策将使实践呈现出其最佳的样子，然后按照这些原则和政策来解释法律。

而且作为整全性的法律观还符合我们法律实践的另一个特征，这一特征通过其他的法律观无法得到说明。正如德沃金指出的那样，美国法律体系强烈地讨厌“棋盘式的”法律（checkerboard law）。举个例子，假如按照一种政治妥协，一个州禁止在奇数日期出生的妇女堕胎，而同时允许在偶数日期出生的妇女堕胎，那么这样的法律可能会违背宪法第十四修正案的平等保护条款。作为整全性的法律观能够很

〔21〕 LE 165.

好地说明为什么这样的政治妥协在法律上是应该避免的：棋盘式的制定法使得法律在原则上是不融贯的。而且当一个州不能按照一套融贯的原则来行动时，该州就没有按照整全性来行动。

最后，德沃金论证说，作为整全性的法律观将法律实践呈现为在道德上是可以证立的样子。当法律被视为由权利和责任所构成，且这些权利和责任来自于一套既符合又能够证立过去政治行为的原则和政策，那么社会就是以同一个声音向它的所有成员说话，一个真正的友爱社群就形成了。这一友爱社群的成员将他们自己看作是受到约束的，这一约束在很大程度上不是由环境或者政治妥协的必然性带来的，而是由一套普遍的原则带来的。〔22〕

按照德沃金的观点，友爱社群的创造有着巨大的意义，因为服从法律的义务以及国家使用强制力的道德许可，只能在这样的社会中才有适用的余地。德沃金拒绝流行的各种政治义务理论，如同意理论、公平游戏理论和自然义务理论，而是主张，义务来自于友爱社群中的成员身份。尊重政治整全性这一德性的社会就是友爱的社群，其成员根据事实就有义务尊重群体通过其政治行动采纳的这一共同的原则体系。

解释法律实践：第二阶段

惯习主义和作为整全性的法律观都是对法律实践的建构性解释。它们都试图将法律实践按照其最佳的样子呈现出来，尽管它们对呈现它们的恰当方式有分歧。惯习主义认为，当由惯习来决定法律基础的

〔22〕 LE 211.

时候，法律就呈现出最佳的样子。按照惯习主义者的模式来解释法律，法官就不能深入到进一步的建构性解释当中。在法律解释的第二个阶段，即检验法律命题真值的阶段，法官只是探究可适用的惯习要求什么，并按照这些要求而行动。

与惯习主义者不同，遵循作为整全性的法律观的法官并不会止步于第一阶段开始的建构性解释。作为整全性的法律观主张，当法律基础被看作一套原则和政策，且原则和政策既符合又能够证立法律时，法律就呈现出最佳的样子。因此作为整全性的法律观在双重意义上是解释性的。在法律解释的第一阶段展现法律实践最佳的样子，要求法官在第二阶段同样将过去的法律判决展现为最佳的样子。因此，按照德沃金的观点，为了确定任何关于美国法律的命题的真值，解释者必须深入到新一轮的建构性解释当中，试图去决定哪个道德原则更符合和证立过去的政治行动。

例如，设想一位法官想解决一个关于过失侵权的法律问题，他在研究的过程中想到了一个司法意见，该意见明显是恰当的和有约束力的。按照作为整全性的法律观，为了解决这一司法意见所涉及的问题，法官必须首先决定哪些原则更符合该司法意见处理的案件的结果。一旦法官确立了一套原则，且它们都比较好地符合这个案件，那么法官必须接着决定，这些原则是否都是由更为抽象地、更广泛地适用于整个过失侵权法领域的原则所要求。因此法官需要回顾大多数关于过失侵权责任的杰出理论，例如校正正义、经济效率和民事求偿，并检验这些理论是否符合既存的判例法和制定法材料。很可能的是，非常符合过失侵权法的原则一般来说并不符合原来的司法意见，在这样的情形下，解释者可能就会得出结论说，原来的司法意见是错误的，因此不能被遵循。

作为整全性的法律观还会告诉法官，不要止步于过失侵权法。因为他必须始终注意有这样一种可能，即有些非常适合过失侵权法的理论，在考虑到其他侵权情况时，可能不能很好地达到符合的标准。因此他应该扩展他的探究，把更广泛意义的侵权法包括进来。一旦这一轮探究结束，法官必须将其领域扩展到其他的私法领域，诸如财产法、合同法，同样也要扩展至公法领域，诸如刑法、行政法和宪法。最终，法官应该将其探究扩展到整个法律领域，以此来决定哪套原则达到标准，哪些没有达到。按照这种方式，他必然面对一系列附属问题，诸如：施加民事责任是否应该出于政策的理由，而非原则的理由？其他法律领域中缺乏符合性是否会影响到过失侵权法领域的符合问题？

一旦符合问题确定了，解释者必须接着就他搜集的各种原则的道德证立问题形成判断。他必须面对如下问题，诸如：赋予财富本身以价值的原则是否好于不这么做的原则？要求侵害者承担事故成本的一种正义理论在道德上是不是优于在一系列情况下将成本转嫁到受害者身上的理论？认为校正正义可以化约为分配正义的政治道德观与如下道德观相比是不是能得到更好的证立，即这两种关于正义的阐释是相互独立的？我们必须把符合和证立的确定结合起来以排列各种理论，最终再把确定之后的结果适用于某个特殊案件。

解释和元解释

在本章的前半部分，我们找出了德沃金对法律实证主义的第二个批评。他并非批评法律实证主义者忽视了某些情况，在这些情况下，法官求助于道德事实作为法律的基础，而是指出，法官们经常对“什么是法律的基础”这个问题有分歧。根据德沃金的观点，实证主义者无法说明这些情况，因为他们主张法律的基础是由社会惯习决定的。因为有争议性与惯习的性质不一致，所以法律实证主义者必须把理论分歧视为在概念上是不融贯的。然而，德沃金指出，理论分歧是法律实践的一个广泛存在的特征。

在努力说明理论分歧如何可能的过程中，德沃金论证道，法律的基础不是由社会惯习决定的，而是由建构性解释决定的。为了发现哪个事实决定了法律的内容，法律解释者必须弄清楚哪种事实既符合又能够证立过去的政治决定。建构性解释必然能够发掘出大量的分歧，因为政治道德和社会价值问题都是具有高度争议性的，特别是在多元社会中。

在下面几章中，我们将会讨论德沃金对实证主义的挑战以及他提出的替代方案。但是在我们这样做之前，我们有一个方法论上的问题必须要解决。因为德沃金论证中使用了一种与规划理论非常不同的法律观，所以有必要找到一个更具一般性的框架，在该框架中我们可以讨论和比较这两种不同的法理学主张。

这个方法论问题如下：德沃金认为，关于法律解释的基本分歧就是关于“法律基础”的分歧。假如一方认为法官在解释法律文本时应该考虑某事实 f，而另一方不同意，根据德沃金的观点，他们的争论是关于“f 是否是法律的基础”的。例如，鲍威尔法官相信制定法的解释应该被“常识和公共福利”这样的因素所影响，所以他相信，道德事实有助于决定法律的内容。

然而，根据规划理论，道德事实从来不决定法律的内容。在上一章中我们讨论了规划论证的简单逻辑命题，我们看到，规划的内容不能由如下事实决定，即存在与否需要由规划来确定的那些事实。因为法律是解决道德问题的规划，所以道德事实不能成为法律的基础。因此，“叫停田纳西州山谷管理局的水坝工程是荒谬的”，这一道德事实不能使如下的命题为真或者为假：“法律要求联邦法院发布一个禁止令，叫停田纳西州山谷管理局的水坝工程”。只有社会事实能够使该命题为真或者为假。

从规划理论中可以推导出，当法官在解释法律文本中对于某些道德事实是否具有相关性彼此存在分歧的时候，他们的分歧不在于法律的基础。为了理解这些分歧在规划理论中的本质，我们必须回想第五章中讨论过的规划的一个重要特征，即规划典型地具有可辩驳性（defeasibility）。当我规划今晚去看电影时，我并没有计划**无论发生什么**我都要去。我意识到，可能存在强有力的理由迫使我重新考虑我的决定，例如，我突然生病了，电影院突然将票价提高十倍，我的房子着火了，等等。因此，“除非强有力的理由出现”，这是一个隐含的附条件的款项，它附着于我们的规划，调整规划的可适用性。

在日常生活中，这些条款都显得极为模糊。我们的规划没有列举出迫使我们重新思考的强有力的理由，但是当我们看到它们时，我们就知道这些条款。然而，法律规定了它自己的可辩驳性的方式：法律识别出一些理由，根据这些理由可以暂停法律的命令。必要辩护（necessity defense）这个理由认为，当遵守命令比不遵守命令会带来更大的伤害时，刑法上的禁止令应该被暂停。因此，带来更大的伤害这一点，是一个在接受这种辩护的法律体系中能够击败刑法的强有力理由。

正确地理解的话，伯格与鲍威尔在田纳西州山谷管理局案中的争论是关于暂停条款的，该条款隐含地附着于议会的制定法。特别是，他们的分歧是关于“是否荒谬的结果击败了议会的指令、许可或者授权”。根据伯格的观点，荒谬的结果从来不会击败议会的制定法，除非国会有意地这样规定。根据鲍威尔的观点，荒谬的结果总是能够击败议会的制定法，除非国会有意地表示不能击败。因此按照伯格的观点，《濒危物种法案》要求法庭发布禁令，叫停危害被认可的濒危物种的联邦项目，**除非这样做是荒谬的，以及国会的意图是这样的禁令不得颁布**。按照鲍威尔的观点，法律要求法庭颁布禁令，**除非这样做是荒谬的，以及国会并不意图这样的禁令颁布**。

因此根据规划理论，当鲍威尔主张，《濒危物种法案》并没有禁止水坝的完工，因为叫停水坝建设在道德上是荒谬的，这时他并未发现相关的既存法律。相反，当《濒危物种法案》带来荒谬的和非国会意图的结果，他所做的是遵循暂停政策，不再适用该法案。当鲍威尔决定，这一隐含政策中的条件在田纳西州山谷管理局案中得到满足时——“叫停一个耗资 1 亿美元的即将完工的大坝工程来拯救蜗牛镖”这个道德中立的描述所指的事件，也以一种承载道德意义的方式被描述为“通过颁布禁令而做出荒谬的举动”——他就试图提高法律带来的指引，因此在这个过程中开始创造法律。

关于一个事实是否应该被加上“法律的基础”这个标签的问题，德沃金的论述和规划理论是存在分歧的，所以我们有必要转向一个更中立的用语。在本书剩下的部分，我将转而使用“解释的方法论”（interpretive methodologies）这个用语。解释的方法论就是解读法律文本的方法。例如，文本主义就是一种解释的方法论。它主张，法律文本应该按照其字面意义来解读。作为整全性的法律观是另外一种解释的方法论。它认为，法律文本应该按照原则来解读，在这些原则的映照下法律呈现出最佳的道德状态。在田纳西州山谷管理局案中伯格的立场也是一种解释的方法论，因为他主张，所有的国会制定法都有隐含的暂缓执行的条款，这一条款要求当荒谬的结果发生时，以及国会想要解释者这样行为时，解释者应该忽略国会的命令、许可以及授权。

使用“解释的方法论”这一术语的好处是，对于“法官解释的结果是否是既存的法律”“法官所援用的事实是否是法律的基础”这些问题，这个术语都是中立的。例如，设想关于如何解释国会的制定法，鲍威尔是正确的。德沃金会对这种解释方法论做如下的理解：它产生的结果是既存的法律，这种解释方法论将道德考量作为法律的基础。相反，规划理论会对这种解释方法论做如下的理解：当这种方法论被法庭所使用时，它创造了新的法律，因为它要求法官决定是否严格使用国会的制定法会带来荒谬的结果，而这一评价在本质上是道德的。

元解释

在下面的内容中，我将不再关注上述标签的问题。我们是否应该将解释方法论理解为总是会产生出既存的法律，或者在某些情况下制定出新的法律，这样的问题在接下来不再重要。相反，下面将主要聚焦于富有实践性的问题，即如何选择解释方法论。设想某人认为，其法律体系中的权威性文本应该按照字面意义来解读。另一个人坚持这些文本应该按照它们的制定者的意图来解读。这样的争论应该怎样解决呢？

为了本书的目的，我们将任何一种处理这一问题的理论称为“元解释”理论。我之所以称其为元解释，因为该理论不是提出一种解释法律文本的某个特定的方法论，而是提出一种方法论，来决定哪种特定的方法论是适当的。换句话说，它为特定法律制度的参与者提供了资源，以让他们弄清楚应该采用文本主义、活的宪政主义、原旨主义还是作为整全性的法律观，等等。

因此，德沃金在特定的法律制度中获取法律基础所使用的理论就确立了他的元解释理论。根据其元解释理论，一种解释方法论对于某个法律制度是适合的，只要该方法是原则所要求的，而这些原则能够使法律制度呈现出最佳的道德状态。正如我们已经看到的那样，德沃金相信，这种元解释程序将会产生出“作为整全性的法律观”，进而适用于美国的法律制度。因此，我认为，按照德沃金的观点，“作为整全性的法律观”对于美国的法律制度是一种适当的解释方法论。

最后一个翻译转换工作是必要的。尽管德沃金将任何参与到某一法律解释阶段的个人称为“解释者”，但是我将小心地区分“解释者”和“元解释者”。我的意思是，元解释者是在法律解释的第一阶段评估解释方法论的人。而解释者是在法律解释的第二阶段使用特定的解释方法论解释法律文本的人。厘清这一角色上的差异是重要的，因为正如我在下一章中所要论证的，德沃金的元解释理论忽视了信任这个考虑要素，以至于忽视了解释者和元解释者们具有的局限性。

有了这样的新的术语，我们可以重新描述纯粹事实的观点和基于理论分歧的论证。我们可以看出，纯粹事实的观点是一种元解释理论。它主张，解释方法是由特定法律制度中的所有法律官员所接受的方法决定的。正如德沃金指出的那样，纯粹事实观点的问题在于它排除了元解释会发生争论的可能性。假如官员们对解释方法发生分歧，根据纯粹事实的观点，那里就不存在适当的方法。然而，因为元解释分歧不但可能，而且非常普遍，所以纯粹事实的观点不可能是正确的元解释理论。这就是来自于理论分歧的主张。

因此，德沃金的志向是发展出一种元解释理论，该理论能够为元解释分歧创造出逻辑空间。他相信，建构性解释使这一切成为可能。假如解释的方法是由使法律实践呈现出最佳样子的原则决定的，那么争论的核心要么体现在哪个原则使法律实践呈现出最佳的道德状态，要么在于这样的原则要求什么样的方法论。通过想象出元解释者关于某一特定法律制度的恰当建构性解释产生分歧，惯习主义者与作为整全性的法律观的支持者——两者都是解释方法论——之间的争论因此就可以让人理解了。

第十一章　德沃金与不信任

哲学家式的法律人

美国大学中很多人建议还未进入法学院的人去学习哲学，他们相信哲学课程能够教会本科生一些分析和论辩的技巧，学生在法学院中、律师在日常法律实践中使用同样的技巧。无论实际上是否如此——我对此表示怀疑——按照德沃金的法律模式，这样的建议肯定是正确的。我们已经看到，从一开始到结束，德沃金的法律推理完全是哲学的。一个人如果不能成为一位好的哲学家，特别是一位道德哲学家，他就没有希望成为一位德沃金意义上的好法律人。"因为法理学是任何法律人关于法律是什么的阐释的一部分，甚至当法理学是平庸的、机械的时候也是如此。"〔1〕

在这一章，我将检验这一关于法律推理的直截了当的道德—哲学路径，我们从他的元解释理论开始。尽管我相信，与法律实证主义者提出的阐释相比，德沃金的阐释代表了一个重要的进步，但是它在根本上仍然是误导性的。特别是，我将试图展示，德沃金的理论推荐了一种元解释的实践，该实践恰恰挫败了法律的目的。在第九章中我们

〔1〕 Dworkin, LE 380.

介绍了规划论证的简单逻辑命题，以该命题为基础，我将论证，只要法律作为规划存在，其内容必然不能通过如下方式来发现，即不能以法律试图解决的问题的解决为前提条件。这一论证颠覆了德沃金的元解释理论，因为按照他的说明，发现法律内容的唯一方式就是深入到道德哲学和政治哲学之中，而哲学探究恰好是法律试图消除的那种探究类型。

当然，我认识到，这一论证可能不会给德沃金主义者留下太深的印象。他们可能回应说，他们的阐述与我的阐述之间的不相容只能表明我的阐述是错误的。为了消除这种回应，我将继续检验支持他理论的两个主要的论证之一。回想一下，德沃金诉诸法律创造者的意图来支持建构性解释的优先性。他主张，那些创造法律的人就像那些创造艺术作品的人，其创造时带有这样一种目的，即其创造物的意义应该由使创造物呈现出其可能的最佳样子的原则和目的来决定。德沃金可能会主张，假如创造法律体系的人试图使法律的内容由如下方式来决定，即只能通过使用道德哲学和政治哲学来发现，那么这对于规划理论来说是非常致命的。

然而，正如我试图展示的那样，德沃金不能通过援引法律创造者的意图来证立其理论，因为设想创造者必然认可一种“最佳样子”的分析是不合理的。只有当法律实践的创造者对于其社群公民的哲学能力和伦理特征有着极大的信任，并且这些公民有着同样的价值、信念和利益时，上述的认可才会出现。我将论证，有些人不相信群体成员能够充分地接近和达到理想研究取得的成果，这样的人的存在就使得德沃金的元解释是不明智的和不适当的。

想象一个法律制度缺乏这样的信任和普遍的伦理框架，不但是可能的，而且我将展示，美国法律制度恰好就是一个显著的例子。国父们以及那些批准美国宪法秩序的人并不具有德沃金归之于法律创造者那样的意图，因为他们并不认为政治社会是值得信任的，以及具有足够的一致性能够让他们合理地产生这样的意图。换句话说，假如我们实际上关注法律创造者的视角，我们将会发现，要求法律行动者是道德哲学家的元解释论述是站不住脚的。

在这一点上我们应该注意到，即使我成功地展示德沃金的论述是错误的，这也不意味着规划理论就是正确的。完全相反，正如我在上一章中论证的那样，我看到的实证主义理论中没有一个已经展示出理论分歧是可能的。规划理论是否能够说明法律实践的这一个方面，我们将在接下来的两章中进行讨论。

规划论证的一般逻辑

规划理论认为，所有法律制度的基本目的是弥补合法性环境下的道德缺陷。社会生活的复杂性和争议性很可能会阻碍我们实现很多道德目标，例如维护秩序、阻止不可欲的错误的行为、提高分配正义、保护权利、为私人提供便利和公平的纠纷解决。个人拥有什么样的权利，哪种良善的公共生活需要保护？哪种物品的分配是公平的分配？行为应该按照哪种道德尺度来评价？这些问题都很可能引发严重的怀疑和分歧。假如没有一个机制来决定法律制度应该追求哪些具体的目标和价值，就存在着一个巨大的风险，即大量的、对法律实现其道德使命非常必要的协调行为将不会出现。

按照规划理论，法律的主要使命恰恰是解决这些问题。法律制度的目的就是通过社会规划来决定具体政治目标的问题：制定出来的规划就是要按照如下的方式来分配权利和责任，即被分配的权利的行使以及被指定的义务的遵守能够实现那些被选择的目标，实现那些被确定的价值。

假如我们认定法律的目标是解决关于道德问题的疑问和分歧，那么法律的内容就不可能按照德沃金建议的方式被发现。因为假如为了决定恰当的解释方法，群体成员被要求深入到道德哲学和政治哲学中去发现对法律实践恰当的证立，那么他们就不能有效地解决法律所试图解决的问题。

在这方面，我们考虑一下德沃金主义的元解释者必须要回答的各种各样的道德问题。在这个过程开始之初，元解释者必须列出一个相互竞争的法律观的名单，每一种法律观都设想了一个独特的对法律实践的道德证立，以及该证立所要求的独立的一套法律基础。在想象出各种可能性之后，元解释者接下来必须适用“符合”这一标准。这就要求审查法律实践所有相关的方面，以此来决定法律制度的参与者是否实际上按照各种各样的原则的要求而行为。然而，元解释者不能仅仅衡量一个原则是否“符合”。他还必须评价这一原则从某一道德观点看是否以及在何种程度上能被“证立”。这就导致他要针对政治哲学中最为核心的问题形成判断，例如，权利与功利的关系、正义相对于其他政治目标的优先性、对人们已确定的期待加以保护的价值、同意的要求、群体身份的道德地位、真正社群的存在条件、整全性的要求，以及其他问题。一旦元解释者处理完符合和证立的问题，他必须进而把这两个标尺整合到一个综合性的排序中。无疑这将要求她再次冒险进行政治理论的探讨，只有这样他才能决定每一种衡量标准应被赋予的适当的道德分量。元解释者必须排列各种原则，选择排序最高的那一

个。因此适合法律制度的解释方法论必然是这样的：在符合与证立组成的混合型标准中得分最高的原则所要求的解释方法论。〔2〕

然而道德哲学的推导进程在这里还远未结束。假如相关的行动者恰好在解释美国法律体系中的文本，那么德沃金将建议他深入到新一轮的抽象的道德理论和政治理论的推演。因为按照作为整全性的法律观，法律基础是由将过去的决定呈现为最佳道德状态的原则和政策决定的。所以为了确定美国法律中任何命题的真值，解释者必须（又一次必须！）竭力去确定哪些道德原则符合并且能够证立过去的政治行为，并且接下来将这些原则适用于手头的问题。

然而从规划理论的视角看，他的方法挫败了法律的目标。解释者不得不回答一系列道德问题，而这恰恰是法律试图救治的疾病。因此德沃金主义的法律解释等于是，在感染已经消除之后，让病人再次受到感染。

请注意，这一反对意见是对第九章末尾介绍的规划论证的简单逻辑命题的概括。回想一下，简单逻辑命题主张，规划的存在与内容不能由如下事实来决定，即它们的存在与否恰恰是规划要解决的问题。在简单逻辑命题背后的思想是：在找出规划是否存在、其内容是什么的过程中，如果我们必须要解决的问题恰恰是规划旨在回答的那些问题，那么这将会挫败拥有规划的目的。

将这一论证扩展至法律解释就可以得出“规划论证的一般逻辑”命题（General Logic of Planning argument）：

GLOP：对规划体系中某一规划的解释不能由以下的事实来决定，

〔2〕 LE 66.

即该事实是否存在恰恰是该规划所要解决的问题。

规划论证的一般逻辑命题比简单逻辑命题更具一般性，主要表现在两个方面。第一，SLOP 关注的是规划的存在与内容，而 GLOP 还适用于规划的解释。正如我们在上一章的结尾所看到的，规划理论允许这样的可能性，即对一个规划的解释将会创造一个新规划（例如，当适当的解释是由道德事实决定的时候）。因此，GLOP 排除了如下可能性：任意一种解释——既包括产生新规划的解释，也包括发现既有计划的解释——能够由如下事实所决定，即它们的存在与否恰恰是该法律制度的任意一种法律旨在解决的问题。第二，SLOP 关注单个规划的存在与内容，而 GLOP 适用于对一些较大的体系中的某个规划的解释。这意味着解释某一个规划并不要求解释者回答另一个规划意在回答的问题，以免拥有一个规划体系的目的被挫败。

因此，德沃金的元解释理论被证明是违反了 GLOP。假如法律被设计用来解决道德问题，那么对法律的解释就不能由任何一种如下的道德事实来决定，即它们的存在与否恰恰是法律或者该体系内的其他法律旨在解决的问题。但是，建构性解释将其目光聚焦于这样的事实，因此这就颠覆了法律的解决问题的功能。

我们要注意的一个要点是，与包容性实证主义的相关观点相比，这种对规划逻辑的违反是不同的，或者说问题更大。在第九章中，我们看到，包容性实证主义给予非谱系性的道德规范以法律的地位，这使它违背了 SLOP：它允许道德考量去决定法律规范的存在与内容，而法律规范的目的正是解决这些道德考量的存在问题。换句话说，问题在于，当法律规范的目的就是首先回答某些问题的时候，包容性实证主义要求法律解释者去回答那些尚未被回答的问题。

我们在这里对德沃金理论提出的反对意见并不是说，他的理论把没有被回答的问题看作是已经被解决的道德问题；〔3〕相反，实际上他的理论将那些**已经解决了的**问题当作**未解决的**。因为德沃金主义的元解释者必须钻研道德哲学，以回答国家权力的证立问题，所以德沃金的元解释就使得之前法律机构对于这些道德问题的决定变得模糊了。该理论将先前已经处理过的问题重新放回了原位，这样做就挫败了法律在复杂的、有争议的和专断的环境下指引、组织和管理行为的能力。

不信任的演化

正如我在前面所提到的，我怀疑德沃金主义者会被这一反对意见所伤害。只有当德沃金的理论已经承认把法律看作社会规划的一种方法，其目的是解决合法性环境下的道德缺陷的时候，GLOP 才可以被视为一个威胁。德沃金并没有认同法律的规划理论，这很明显，不仅因为他提出了对解释的阐述与规划理论不一致，也因为他对法律抽象目的的描述。例如，他写道："法律实践最抽象、最基础的要点是以下述方式指引、限制政府权力的使用。法律坚持认为，**无论权力对于实现提出的目的多么有用，无论这些目的多么有益或者多么高贵**，除非得到个人权利和责任的批准或者要求——而这些个人权利和责任来自于过去的、关于集体暴力什么时候能够被证立的政治决定，否则这些权力都不能使用或者应被拒绝适用。"〔4〕正如这段话所显示的，德

〔3〕 然而德沃金的理论确实犯了这个错误。根据德沃金的观点，因为最符合并最佳证立过去政治行为的原则蕴含了某一法律解释，那么这一法律解释就是正确的，所以即使法律体系中没有一条规则把这些原则作为道德适当的原则而选出，该解释也可能是正确的。因此德沃金的解释者必须去解决有待解决的问题，而法律的目的恰好是要承担这个功能。

〔4〕 LE 93（着重号是本书作者所加）。

沃金没有把法律看作政府追求其目标的工具。相反，法律的功能是限制政府追寻目标的行为，而非使其成为可能。

为了在德沃金的理论和规划理论之间做出裁断，我愿意考察德沃金用来支持其理论的论证。我将聚焦于德沃金的如下主张：那些创造法律制度的人必然有这样的意图，即法律的内容应该由那些使特定法律制度呈现出最佳样子的原则和政策来决定。我论证说，他们并不必然具有这样的意图。主要的问题是，德沃金的元解释理论还有更进一步的要求，我的意思是，他的理论要求元解释者深入到高度抽象、复杂的思考过程中，以决定正确的解释法律文本的方法。“最佳样子”的分析具有如此之高的哲学要求，以至于只有对极端可信任的个人生活于其中的法律制度才是适合的。而对于其他体制，包括我们美国自己的体制，“参与者应试图找到能够最佳地符合以及证立其实践的道德原则”这一要求将可能导致组织性的灾难。

在这一部分，我将检验构成美国宪法秩序基础的信任观念。我的目标是双重的。第一，我希望通过展示某些法律制度的创造者并不具有德沃金归之于他们的意图，来挑战德沃金对其元解释理论的一个基本的论证。第二，我希望进一步发展前面章节中提出的一个思想，即规划是管理信任和不信任的强有力的工具。我们说，规划通过使规划者弥补信任的缺乏、利用出现的信任，能够克服与大规模共享活动和（更普遍的）大规模社会互动行为相联系的复杂性、争议性和专断性。因此我将指出，法律制度不仅分配权威与责任，也分配信任与不信任。美国共和制诞生的故事不但揭示了关于信任与怀疑的初始分配，也以非常动态的形式例证了信任与不信任的态度能够、也确实能够影响法律制度设计的方式。尽管其基本的情节可能很多人都熟悉，但是这一令人着迷的故事的某些细节被人们不断地复述，这说明了信任这一考量因素在法律制度的生活中，以及信任的意涵在适当的元解释实践中扮演着复杂的角色。

在我开始对美国宪政基础的历史探讨之前，一个重要的提示需要预先说明。很明显，我不是一位职业的历史学家，我将提供的叙述并不是原创的、权威的或者全面的。在下面一部分中，我几乎完全依赖诸如伯纳德·贝林（Bernard Bailyn）、戈登·伍德（Gordon Wood）这样的历史学家提供的关于美国起源的经典论述。无疑，有些人会不同意他们对事实的解释，在这种情况下这些人将不会接受我提出的结论。但是即使我讲的故事在大的方面或者小的细节上是错误的，我认为这一论述仍然是重要的，因为它展示了宪政历史对于评价哲学主张的相关性。〔5〕

---

〔5〕 有人可能会奇怪为什么历史问题在这里是相关的：德沃金关于法律创造者的主张不能仅仅通过哲学的思想实验来驳倒吗？有人会简单地**想象**一个法律制度，该制度的创造者对其社会成员的哲学能力和伦理倾向几乎没有信任。然而这一路径的缺陷是，它预设了一幅德沃金不必分享、实际上也不会分享的元解释图画。因为该图画认为，如果元解释理论是真的，那么它必须要对每个可能的法律制度均为真。如果德沃金的理论不能适用于某个法律制度——无论这样的制度是否曾经存在或者本该存在——那么这就导致他的理论是错误的。尽管一开始德沃金认为创造性解释是一种适用于所有社会实践的普适性方法，后来在讨论中他似乎将理论的领域只限制在某种类型的法律制度。“解释理论根据其本质指向某个特定的法律文化，一般来说就是该理论的作者所属的文化。哲学家建构的相对抽象的法律观则不是这样……但是甚至没有理由期待一个非常抽象的观念能够符合外国的法律制度，该法律制度是在具有非常不同特征的思想环境中发展起来的，并反映了其思想环境。”LE 102 - 103. 这段文字显示出德沃金并没有将其元解释理论视为哲学家通常建构的传统的“概念”理论，因此他并不意味着其理论适用于每一个可能的法律制度。它的范围限制在类似于美国制度的法律制度，它们分享着同样的基本道德基础和政治基础。因此仅仅找出一个德沃金的元解释理论并不适合的法律制度——无论是可能的还是实际的——并不构成对德沃金理论的反对。必须要确定的是，某个法律制度是否与我们自己的足够相似，因此可以作为一个真正的反例，因此对于我们的研究来说，美国历史就具有了相关性。

极端的辉格党主义

为了认识到美国宪政体制的创造者持有的关于信任和不信任的态度，从革命时期的思想史开始探讨是重要的。正如贝林、伍德、波考克（J. A. Pocock）这样的历史学家所论证的那样，英格兰的辉格党传统，特别是其更为激进的一支对美国革命时期的政治思想家产生了决定性的影响。[6]激进的辉格党人，诸如詹姆斯·哈灵顿（James Harrington）、艾尔格农·悉尼（Algernon Sidney）、约翰·特伦查德（John Trenchard）、托马斯·戈登（Thomas Gordon）以及温斯考特·波林布罗克（Viscount Bolingbroke），他们都强调政治权力具有腐败的倾向，相应地他们把政治视为统治者与被统治者之间永恒的斗争。[7]用特伦查德和戈登的话说——二人是《加图的来信》的作者，该书影响巨大——“对人民好的东西，对统治者就是坏的；对统治者是好的东

〔6〕参见 Bernard Bailyn, *Ideological Origins of the American Revolution* (Cambridge, MA: Harvard University Press, 1992); Gordon Wood, *The Creation of the American Republic*, 1776 – 1787 (Chapel Hill: University of North Carolina Press, 1998); and J. G. A. Pocock, *The Machiavellian Moment: Florentine Political Thought and the Atlantic Republican Tradition*, 2d ed. (Princeton: Princeton University Press, 2003)。波考克这样来概括辉格党的核心思想及其对殖民地末期美国的影响：“从希腊、罗马、文艺复兴中传统的大师们到孟德斯鸠为止，与他们一起，辉格党经典以及新哈灵顿主义者们——哈灵顿和悉尼、特伦查德、戈登以及波林布罗克——构成了这一［殖民地智识］文化的权威文献；我们已经逐渐熟悉其价值与概念，即公民的、爱国的理想，在该理想中人格具有如下特征：具有公民身份的人格是完美的，但该人格可能遭到腐败的永远威胁；按照传统模式打造的政府就是腐败的主要根源……并不是所有的美国人都在这种传统中受教育，但是当时没有出现其他可在其中受教育的替代传统。” Pocock 507.

〔7〕传统英国辉格党人的观点大致可以借助1688年发生的事件来定义：辉格党人反对绝对的君主制和詹姆斯二世的专制倾向，他们喜欢奥伦治的威廉就职英国国王之后出现的那种议会至上的体制。参见 Pocock, *The Machiavellian Moment*, 422, 488。经过18世纪的发展，辉格党的主要特征变成倾向于稳定的混合政府。从17世纪晚期到18世纪中期，激进的辉格党已经固定成为英国政治上的反对派，他们对领导人抵制政治权力腐败作用的能力缺乏信心，他们主张更广泛地参与政府，以此作为校正措施。参见 Wood, *Creation*, 14 – 16。

西，对人民就是有害的。”〔8〕

对于激进的辉格党人来说，统治者不能被委以权力。权力是醉人的、使人成瘾的；获得越多，要求越多。贝林描述了辉格党人对权威的态度及他们有时做出的激动表达：“普遍来看，大多数关于权力的讨论都聚焦于权力的侵略性特征：它无休止的发展倾向，意在将权力扩展至其合法界限之外……所有类型的隐喻、明喻和类比都用来表达这种权力观。最普遍使用的意象就是越权的行为。他们不断地讲，权力‘有着侵略的本性’；‘假如一开始权力没有得到控制，它就将一点点匍匐前进，很快就会征服整个领域’。有时这种意象是关于人类的手，‘权力之手’伸出来去攫取、去掠夺：权力的本质就是‘贪婪的’‘不放弃的’；‘它抓到的东西不会放手’。有时权力‘像海洋，它不轻易承认自己能够被满足的界限’。……有时它是动机，既是渴望又是欲望，它‘永不停息、充满奢求、欲壑难填’。有时它像‘试图吞噬的血盆大口’。”〔9〕

从其自身来看，政治权力不是恶魔；它可以被正当地使用，用以保障自由，提升公共善。对于辉格党来说，使权力变为邪恶力量的是人类那容易腐败的本质，以及人类易于虚荣、自大的倾向。对于极端的辉格党人来说，对统治者顽固野心的最有效的制约是人民通过政治过程实现的持续的警觉。〔10〕并且，当这样的行动无法约束专制者时，人民还保留了反叛的权利，可以去推翻政府。

尽管极端的辉格党主义在英格兰的政治反对派中也处于边缘地

〔8〕 Wood, *Creation*, 18.

〔9〕 Bailyn, *Ideological Origins* 56 – 57.

〔10〕 Wood, *Creation* 25.

位，但是在殖民地它却取得了正统地位。[11]与英格兰人相比，美国人有更好的机会看到极端辉格党思想的核心前提一步步地实现：不对其民众负责的政府将会忽略民众的共同利益。美国人被一个来自遥远地方的权力统治着，该权力拒绝所有政治改革方面的努力，并屡屡通过培植势力和行贿来提升其影响力。殖民地人民被排除到权力走廊之外，这既是社会性的、地理性的，也是政治性的。[12]在所有殖民地环境中都一样，社会地位很大程度上是由一个人与帝国权力的接近程度决定的，而伦敦社会却远在大洋彼岸。[13]远离权力的重心，又被排除到统治者社会圈子之外，殖民地人民就会对源自伦敦的每一个政治运动做最坏的想象，伴随着成熟的阴谋论的妄想症无处不在。[14]

激进的辉格党主义，加上有偏见的权威观，引发了革命一代的共鸣，肯定了美国人个人从英王和英国国会那里所感受到的压迫感和屈辱感。然而，尽管他们对权力有着这样的不信任，但是当准备发动革命的时候，殖民地人民并没有将这种怀疑适用到他们自己身上。如同他们前面的激进辉格党人，美国人认同共和主义的经典原则，该原则认为，人民应该被信任去负责任地行使权力。他们假定，美国人是具有同质性的人民，共享着一个利益共同体，他们相信“人民”能够

---

〔11〕 根据唐纳德·卢茨（Donald Lutz）的观点，在1730年，美国殖民地人民已经开始依赖辉格党主义政治理论来为自治辩护。Donald S. Lutz, *Popular Consent and Popular Control: Whig Political Theory in the Early State Constitutions* 221 (Baton Rouge: Louisiana State University Press, 1980).

〔12〕 Wood, *Creation* 16.

〔13〕 参见 Wood, “Whig Resentment,” 收入 *Creation* 75 – 90。

〔14〕 关于阴谋论在美国殖民地所扮演的角色，参见 Bailyn, *Ideological Origins*, chap. 4, 特别是“Notes on Conspiracy”。更同情地看待殖民地人民态度的，参见 Robert H. Webking, *American Revolution and the Politics of Liberty* 5 – 11 (Baton Rouge: Louisiana University Press, 1988)。

为了共同善而一起工作。[15]一位纽约的小册子作者写道：如下观点被普遍接受，“人民大众试图做的事情和对事情的思考都是正确的。”[16]甚至托利党作家都极大地承认这一观点：“伟大的人民群众有着独立于其国家的利益，或者（当公正地理解时）可以追求任何其他的目标，这简直是不可想象的。”[17]

这些主张的前提是一种“有机的”社会观，在这样的社会中所有成员的利益是共同的，整个社会的善与其组成部分的善是协调一致的。[18]这一团结理想并非美国思想家们所独有，而是共和主义思想的主要命题，自古以来这种良好社会的观念一直被不断地援引。[19]认同这种有机观念的人对于政治中的分裂抱有一种灰暗的观点，他们认为这是疾病的征兆，是那些拒绝将其私人目的服从于公共善的自私的人所煽动的。一旦与其统治者的冲突烟消云散，革命一代的美国思想家牢固地相信，意见分歧和摩擦可以保持在最小的限度内，大多数公民能够有德性地、和谐地承担其公民责任。[20]

在激昂的革命岁月里，人们对自己的信任是如此地强烈，以至于美国人将共和主义延展至乌托邦的程度。美国人知道共和制是一种特

---

〔15〕 Lutz, *Popular Consent* 11.

〔16〕 Wood, *Creation* 56。

〔17〕 Tory William Smith，同上，56.

〔18〕 关于有机的社会观，参见同上，57-65。

〔19〕 同上，59。

〔20〕 实际上，殖民地时期的有限自治的经验曾经极大地鼓舞了美国人。殖民地的议会避免了搅乱英国议会民主的“有名无实的选区”，代表们非常关注殖民地人民的愿望。议会在殖民地事务上不受约束，英国的机构很少有理由能够参与其中。拥有这样有活力的、最高立法机构组成的政府，用保罗·拉尔（Paul Rahe）的话说，殖民地美国“在很多方面是激进辉格党主义的天堂”。Paul A. Rahe, *Republics Ancient and Modern: Inventions of Prudence: Constituting the American Regime*, vol. 3, 547 (Chapel Hill: University of North Carolina Press, 1994).

别脆弱的政府形式，要求其公民具有异乎寻常程度的公共德性，很少有人民已经证明他们值得拥有一个共和国。然而，美国人坚信，他们拥有这些必要的特征和技能。美国社会是年轻的、清白的，它的人民是勤劳的、机智的和审慎的。殖民地尚未被欧洲的堕落所玷污，同时它也从未有过君主制和贵族制；因此他们并不需要与这些腐败的影响因素一起分享权力。〔21〕殖民地的政治中不时地出现的分裂，以及新出现的奢侈的生活和贵族的虚伪，这些可以归责于英国国王的阴谋诡计。实际上，这些偏离德性的现象被很多人看作是革命的有力理由。爱国者们论辩说，必须在邪恶永久地感染美国人的生活之前摆脱旧世界，实现自由。〔22〕正如托马斯·潘恩（Thomas Paine）在《常识》中写的——告诫那些"有责任密切监视国家道德状况的人"，"假如你希望保护你的祖国使其免于欧洲的腐蚀，那么你必须秘密地希望独立"〔23〕。

第一波：放低行政机关的地位

《独立宣言》颁布之后的几年中，美国人有了机会来尝试他们从英国反对派思想中继承来的政府理论。在1776年到1789年批准宪法的期间，他们自治的试验加速了美国政治理论的快速发展。传统的辉格党理论相信立法机关是行政机关独大弊端的解毒剂，这种理论后来让位于极端辉格党倾向，即大众直接地参与到政府中来，而极端辉格

〔21〕 Bailyn, *Ideological Origins* 138 - 140; Wood, *Creation* 97 - 107.

〔22〕 例如参见 Thomas Jefferson's *Notes on the State of Virginia*，他赞扬了农业时期美国人的德性。Lutz, *Popular Consent* 10.

〔23〕 Thomas Paine, *Common Sense*, 3d ed.，附录（1776）. 参见伍德对"美国人的腐败"的讨论，Wood, *Creation* 107 - 114。

党倾向后来又在联邦主义者的视角下黯然失色，最终联邦主义者的视角和它所强调的分权被永久地写在了宪法里。[24]这一显著的转变可以通过参考1776年到1789年间州宪法起草过程而看清。[25]

由于辉格党主义者不信任英国国王，所以毫不令人吃惊的是，早期的州宪法彻底地重构了行政机关这个职位。为了保护自己免于专制统治，美国人并没有直接地选择传统的英国政治改革的路径：因为他们不满足于扩展其权利法案或者进一步地增加对行政机关越权的防范。相反，他们试图剥夺行政机关统治社会的最重要的权力，用托马斯·杰弗逊的话说，消灭了“类似于国王的职位”[26]。

尽管在新的州宪法中，人民的代表来选举行政机关首脑，经常是通过立法机关的两院联合投票来选举，但是美国人仍然还是认为行政权是需要限制的危险。[27]辉格党主义教导说，权力容易腐败；根据英国的经验，这一教训经常与行政权而非与立法机关联系在一起。更糟糕的是，人民过于相信和顺从强有力的人物；人们经常以“崇拜他们自己的创造物”[28]而告终，这并非是不普遍的。对于美国改革者来说，与世袭的官员相比，选举产生的文职官员对自由构成同样的威胁。

---

〔24〕 参见Lutz, *Popular Consent* 41－44。

〔25〕 在1776年到1789年，18个不同的州制定了宪法，到了1800年又有10部宪法被采纳。同上，43－44。正如卢茨所言，与同时期的无数小册子、布道文章、信件和政治作品相比——这些东西的影响力和代表性很难评估——宪法是政治思想状态更好的晴雨表。同上，42。

〔26〕 杰弗逊起草的弗吉尼亚州宪法第三稿，参见Wood, *Creation* 136。

〔27〕 Wood, *Creation* 134－135. 宾夕法尼亚州、纽约州、弗蒙特州这些前殖民地地区是例外，在这些地区行政首脑是由选民直接选举产生的。参见139。

〔28〕 John Sullivan to Meshech Weare, Dec. 11, 1775, Force, ed., American Archives, 4th Service, IV, 243 in Wood, *Creation* 135.

在新的州政府当中，行政机关几乎被剥夺了国王享有的每一种传统特权和权力。[29]行政机关不再有权力解散立法机关、宣战、讲和、实行长期的禁运、建立法院、授予公司特许状、制造货币。行政机关还失去了任命其机构内成员的权力，评判法官任职的权力，以及解散法院的权力，甚至在有正当理由时也不可以。另外，在立法中，行政机关没有任何发言权：法律的生效不再要求行政机关首脑的签署，行政首脑也没有被授予有限制的否决权。[30]这些规定的意图是，政府官员们仅仅是“执行官”（magistrate）[31]，这是弗吉尼亚州宪法对他们的称呼，他们的唯一功能仅仅是实施立法机关通过的法律。

至于那些少数被保留的权力，行政机关的首脑一般还被要求与内阁分享这些权力。国王的枢密院成员是国王选择出来的顾问，不同于他们，美国的内阁成员并不是行政首脑选择出来的顾问，相反，他们是立法机关选择的政府官员的控制者和看管者，或者甚至是立法者组成的。[32]在宾夕法尼亚州，行政首脑完全被取消，十二人行政委员会取而代之，这十二人都是通过普选产生的。对于宾夕法尼亚州的辉格党人来说，很明显，甚至一位行政首长看起来都是“过于专权的”。[33]

美国的改革者还相信，职位的经常性流转和禁止连任对于制约行

〔29〕 参见 Wood, *Creation* 136 – 137, 143 – 150。实际上，降低行政机关的地位是第一部州宪法区别于其取代的殖民地纲领（colonial charters）的唯一特征。Lutz, *Popular Consent* 44.

〔30〕 南卡罗来纳州是一个例外，在那里，政府首脑对立法拥有绝对的否决权。

〔31〕 1776 年的弗吉尼亚州宪法。

〔32〕 Wood, *Creation* 138 – 139; Lutz, *Popular Consent*, 93.

〔33〕 “An essay of a frame of Government for Pennsylvania” 4（Philadelphia, 1776），参见 Wood, *Creation* 138。

政首长潜在的专制是必要的。[34]在1776—1777年间，除四个州外，行政首长的任期被固定为仅仅一年。[35]在七部新宪法中，行政首脑都受到任期的限制，一年为一个任期，限制为一年到三年不等。[36]这些控制还不够，大多数州宪法还为立法机关保留了弹劾行政首脑的权利。[37]

在这新的革命性政府中，立法机关很大程度上成为主导性的政府角色，反映出传统辉格党人反对强行政权的倾向。正如政府立法机关从行政机关那里剥夺了大多数（形式上的皇家的）权力和君主特权，它们还拥有了英国下议院未被授予的很多权力。立法机关也行使许多司法功能，诸如聆听私人的申请、准予离婚、审理衡平案件、以临时的根据将衡平法法院的管辖权扩展至普通法法院。[38]他们还被授予了任命和免去行政机关和司法机关成员的权利。

尽管美国的改革者将分权视为保护自由的本质之所在，[39]但是从上面的描述中很清楚地看到，他们对这一原则的理解与我们的理解有很大的不同，与他们不久之后要采纳的方案也有很大的不同。正如戈登·伍德所展示的，早期对分权的理解是极端不对称的：主要的焦点在于确保立法机关和司法机关免于行政机关的影响，但是并不考虑相反的问题。[40]因为美国人经历了行政机关控制立法过程和司法过程的漫长历史，所以他们决定不允许这种控制再继续。行政机关必须从其

---

〔34〕参见 Wood, *Creation* 139 – 143。

〔35〕即宾夕法尼亚州、特拉华州、纽约州和南卡罗来纳州，同上，139。

〔36〕同上，140。

〔37〕同上，141。

〔38〕同上，154 – 155。

〔39〕一些州明确将这一原则写入了它们的宪法。

〔40〕Wood, *Creation* 157 – 159.

他分支中脱离出来，以使它不再能使用其权力去腐败。另一方面，人们信任立法机关能够按照公共善来行动。〔41〕通过允许立法机关主导其他政府分支，他们相信，人民的利益将始终能够保持至上性。〔42〕

第二波：控制立法机关

革命时期一开始，人们就对新的州立法机关抱有大量的骄傲和信任，这似乎是美国人曾经拒绝的英国专制的对立面。从一开始，州立法机关以史无前例的方式按照向人民负责的模式来建构。这些州为他们的议会都选择了很短的、定期的任期，除了南卡罗来纳州以外，每个州每年都进行一次众议院的选举。〔43〕这些州还扩大了选举权，使立法机关更能够代表人民，还扩充了立法机关的规模，有些州扩大了两倍或者三倍，这使得立法机关更不容易受到行政机关的威胁或者讨好。〔44〕候选人实施的贿赂和其他形式的对投票人的影响都是被禁止的；某些州，例如纽约州，还试验了秘密投票。然而，与掏空行政机

---

〔41〕 这一传统的辉格党人对立法机关的信任又一次依赖于如下的前提：人们在根本上分享着共同的利益，而被选举出来的立法者不能代表特殊的利益，而是应该运用其优越的能力来为全体的善而工作。参见 Lutz, *Popular Consent* 11 - 13, 50 - 51, 111 - 112; Pocock, *The Machiavellian Moment* 519。

〔42〕 尽管极端的辉格党人对人民抱有极大的信心，但是他们的信任也并非是绝对的。甚至在革命热情高涨的时候，每一位辉格党人都认为，人民独自不能统治社会，甚至通过其代表也无法做到。为了襄助人民，有天分的、正直的人必须在政府中有一席之地。立法机关中的上议院代表着荣耀与智慧。他们可能采取行动，纠正下议院颁布的通常很好、但有时粗心发布的措施，用汉密尔顿的话说，他们将是国家之船的“压舱之物”。即使参议院能够制衡众议院，提供人民所缺乏的一定程度的智慧，但是除马里兰州以外，每一个拥有两院制立法机关的州都要求参议员需要直接选举来产生。他们对普通民众的信心如此鲜活，他们迫切希望避免看到和支持美国贵族制，所以普遍选举之外的任何制度似乎都是不可思议的。参见 Wood, *Creation* 209 - 214。

〔43〕 同上，166；Gordon S. Wood, *The Radicalism of the American Revolution* 250 (New York: A. A. Knopf, 1992)。

〔44〕 Wood, *Creation* 167.

关相比，这些对立法机关至上性的限制是微弱的。授予立法机关巨大的权力，对其权力只做相对很少的制约，这些都反映了美国人民的自信，即选民有能力选出适合其职位的最佳候选人，有能力通过选举过程监督立法者的行为。

然而，没过多久这种信任就破产了。让革命一代惊讶和失望的是，立法机关滥用权力的报道几乎立即开始四处流传，这证明自由、公开的选举没能选择出“自然的贵族”作为领袖。〔45〕有些权力滥用是想象出来的，但是其他一些案例中，政治家推动以牺牲公共福利为代价的立法，来使其选区的选民获益。这些自利行为被视作证据，证明州的立法者们不值得被信任来为人民的利益行使权力。随着对立法分支不信任的增长，美国人开始发展一种新的机构，以及对既有机构发展出一种新的理解，以约束立法机关，使其实现人民的愿望。〔46〕伍德列举出三个被越来越多地用以制约立法机关的方法：宪法、公民大会(conventions)和建议（instructions)。

也许最有意义、最持久的发展是宪法作为根本法观念的出现，宪法作为政府运作的约束，不能被普通的立法手段所改变。〔47〕尽管在

---

〔45〕 Pocock, *The Machiavellian Moment* 516 - 517. 用波考克的话说，从亚里士多德到孟德斯鸠，每一位共和主义理论家都预设了这种对人民的区分。

〔46〕 这种与其选民相对的立法者的义务观在所谓的“埃塞克斯的结果”（Essex Result）一文中得到了最简洁的表达，该文是西奥菲利斯·帕森斯（Theophilus Parsons）对1778年马萨诸塞州宪法建议稿的批判：“一般来说，代表应该与人民拥有同样的观点和利益。他们应该像人民一样思考、感受以及行动，总而言之他们应该是其选民的精确小型复制品。他们应该成为被缩减到更小规模的整个国家，带有国家所有的特征、权利和特权，每一部分都按照比例被缩减。”引自Lutz, *Popular Consent* 111。这一激进的辉格党视角与传统的辉格党观点简直是天壤之别，传统观点在几年前还非常流行，它认为适合职位的代表的主要特征是不会奴隶般地屈从于投票者的欲望，而是有洞察力地、中立地思考什么能够最好地服务于公共善。

〔47〕 Wood, *Creation* 328 - 343.

18 世纪 70 年代末 80 年代初，很多州的立法机关还在遵循普通的方法来修改其宪法，将宪法看作普通的立法，但是在 80 年代将尽之时，这种实践已经变得特别令人厌恶。很多人开始推想，假如宪法可以如此轻易地被改变，它所采纳的防卫措施就变得毫无用处。只有人民被真正代表的公民大会可以改变被授权之政府如何运作的框架。

这种对宪法的重新认识与人们对公民大会的重新解释紧密相关。从历史上看，公民大会的地位被认为低于正当构成的立法机关，它们被认为缺乏创制法律的权威；然而美国的激进分子将这种等级秩序颠倒过来。激进分子论证说，与立法机关相比，公民大会有着极高的至上性，因为它们是至上的人民直接行动的手段。〔48〕在 18 世纪 70 年代末，为了创制法律和修改法律，公民大会和国会被例行公事般地召开，但是到了 80 年代，它们被认为是任何宪法变更所必不可少的。〔49〕人民开始“走出家门”采取行动，不仅通过与垄断、谋取暴利和货币贬值相抗争来管理经济，而且去实现他们所诉求的任何政治目标。更多的激进团体鼓励更为广泛的不服从立法的行为，这导致很多大城市发生叛乱。正如伍德对后革命时期美国公民大会兴起的描述，“无论多么具有代表性，似乎没有立法会议能够满足大量美国人的要求和牢骚。”〔50〕

除了召集这些立法外的团体以表达其意志并制约立法机关的权力外，一些州也开始肯定其人民有权利对其代表给出建议，告诉他们如

---

〔48〕 用戈登·伍德的话说，“因为缺乏官员或统治者而曾经被认为在法律上有缺陷的体制，现在基于同样理由被看作“为国家事务而被召集的最重要的团体”，实际上是比普通立法机构更有权威的和卓越的人民代表。” Wood, *Creation* 338.

〔49〕 Wood, *Creation* 342.

〔50〕 同上，328。

何对某些议题进行投票。例如，1780 年的马萨诸塞州宪法宣称，人民有权“对他们的代表给出建议”。〔51〕这种建议的增生既标志着代表与选民之间信任的崩溃，也标志着美国人最初所假定的有机社会观的消逝。〔52〕政治越来越显著地和迅速地变得具有地方性：每一个地区，也许该地区的不同部分，都代表了潜在的相互竞争的利益，不同地区在政府行动中追求它们的利益得到保护和促进。人们不再信任代表们能够审慎思考公共善的本质以及追求它的最佳方法，相反，他们纯粹作为选举他们的地区的喉舌而行动。

第三波：对人民失去信任

激进的辉格党主义者相信，通过使用建议和公民大会、经常性的选举以及广泛的选举权，给予人民在政府中更为直接的角色，能够纠正宣布独立不久后就面临的立法机关滥用权力的现象。正如托马斯·杰弗逊在其晚年所做的反思，“病态的、虚弱的、怯懦的、害怕人民的人，在本质上是托利党人。健康、强壮和勇敢的人珍视人民，他们在本质上成为了一个辉格党人。”〔53〕

但是到了 18 世纪 80 年代末期，对于大多数领袖来说，很明显的是，美国人在共和政治实验所拥有的革命光辉已经淡去。部分来看，公民大会谋取暴利，广泛存在的暴民威胁要颠覆法治，这些现象让革命领袖警醒。〔54〕人民在滥用其自由，这非常像国王在滥用其权力。但是，除了无政府和动荡的幽灵之外，美国政治思想家也害怕人民变

〔51〕 Lutz, *Popular Consent* 115.

〔52〕 Wood, *Creation* 194 – 195.

〔53〕 来自杰弗逊写给拉菲耶特（Lafayette）的信，引自 Wood, *Radicalism* 97。

〔54〕 Wood, *Creation* 393 – 425.

成专制的统治者，将法律作为其统治的工具。最著名的是，詹姆斯·麦迪逊（James Madison）在《美国政治体制的罪恶》一书中概括了对共和主义危机的流行的抱怨——该书是为1787年制宪大会准备的备忘录。多数主义的州立法机关所制定的法律有很多的缺陷，其中法律的多样性、多边性和非正义最是迫在眉睫。

麦迪逊哀叹州立法机关产生出大量的新的、过激的法律。“在独立战争这么短的期间内，迸发出的立法文本有之前一百年那么多。每一年，几乎每一个会议期都会增加新的一卷。”〔55〕不仅制定法的卷数在以惊人的幅度增长，制定法的废止也是同样。“我们每天都看到，在审判开始利用法律的好处之前，甚至在稍远地区的人们知晓法律——这些法律恰恰是适用于这些地区的——之前，这些法律就已经被废止或者取代了。”〔56〕

然而最使人警醒的是已经通过的制定法的不正义。麦迪逊主要指的是阻止收回有效之债的延缓法（stay laws），规定债权人为了满足其主张必须接受贬值的纸币的招投标法，以及违背了《巴黎协议》和其他国际公约的没收外国财产的行为。这些行为如此地令人不安，因为它们使得共和主义的基本前提都令人生疑。〔57〕正如麦迪逊所指出的，“假如法律的多样性和易变性证明了智慧的缺乏，那么法律的

〔55〕 James Madison, *The Writings of James Madison*: 1769 – 1783, vol. 2, ed. Gaillard Hunt, 365 (G. P. Putnam's Sons, 1901).

〔56〕 James Madison: *Classics of American Political and Constitutional Thought: Origins through the Civil War*, vol. 1, ed. Scott J. Hammond et al., 372 (Indianapolis: Hackett Publishing, 2007).

〔57〕 麦迪逊并不是唯一关注州立法机关行为的人。宾夕法尼亚州的监察委员会在1784年报告说，一些立法行为违反了州宪法或者权利法案。与其他机构一起，这些立法机关将陪审团的裁决置之不理，免除罚款，释放债务人。Lutz, *Popular Consent* 121.

非正义性泄露出一个更令人警觉的缺陷：它更令人警觉，不仅是因为它本身是更大的恶，而且因为它将共和主义政府的基本原则变成了有问题的东西，这个基本原则是，在这样的政府中实施统治的多数是公共善和私人权利最安全的守护者”〔58〕。

麦迪逊所表达的是对美国辉格党人最深的恐惧，因为州立法机关的专制最终累及人民。通过年度选举、比例代表制、持续地提建议，立法机关已经尽可能地具有广泛的代表性了；因此，如此产生出来的立法是人民意志直截了当的转达。恰恰是为了回应多数的要求，立法机关颁布了延缓法和招投标法，用以保护债务人免于债权人的追索。上议院不会采取行动阻止这里的不正义，因为参议员也是普遍选举产生的，他们既不愿意也不能反抗其选民。鉴于行政机关缺乏实际能力的角色定位，行政机关首脑也无法提供对抗立法机关之侵犯的保障。

把人民直接纳入到政府中来，这一激进辉格党主义的实验暴露了潜藏在所有辉格党思想背后的错误：美国人并不是优先考虑公共利益的同质化人民，而是多样的、分散的群氓，他们因摩擦而分裂，受私利所驱动。现在看来，将信任赋予人民是错位的。正如华盛顿给杰伊（Jay）的信中所言，“在构建我们的邦联时我们可能将人性想得过于好了”〔59〕。共和主义政府的权力最终来自于人民，但是不要求人民

---

〔58〕 Hammond, ed., *Classics of American Political and Constitutional Thought*, 372.

〔59〕 华盛顿于1786年8月15日写给杰伊的信，收入 *Papers of Jay*, ed. Johnston, III, 208，参见 Wood, *Creation* 472。建国者们在不同的地方讲到了这一发现。伍德联想到了詹姆斯·麦迪逊的一个故事。1777年在领导了一场高尚的支持弗吉尼亚参议院的运动之后，麦迪逊从辉格党主义的幻想中醒悟过来，从此开始拒绝屈从于投票者或者拒绝参与任何“与道德原则、共和主义原则不一致的”行动，最终败给了一位前小旅馆的店主。Wood, *Creation* 122.

是有德性的，现在所需要的是改革这种共和主义的政府。〔60〕实际上，国父们最终创造的联邦政府的结构就试图约束人民的邪恶，并将其转化为德性。〔61〕

有效利用德性

参加1787年制宪大会的代表都认为，国内的危机只能通过创造一个强有力的全国政府才能得以避免。当务之急的是，这个新的联邦政府应该被授予权力来从各州收取税金，养育军队，阻止各州违反国际条约，管理州际贸易，禁止州立法机关取消契约生成的义务。这一强有力的实体能够实施其意志来对抗各州，当然问题在于要确保该实体保持在人民的最终控制之下，不能被用作专制的工具。〔62〕

根据联邦党人的诊断，国内危机的根本原因是派系斗争的问题。〔63〕人民似乎不能抵制诱惑，不能压制其自私的欲望来支持公共善，特别容易受到蛊惑人心的政客的影响，这些政客能够煽动其选民追求

---

〔60〕 有这样一种关于建国者之让步的讨论，认为经典类型的共和主义的德性从此无法实现，也不具有可实践性，参见Rahe，*Republics Ancient and Modern* 742－744。

〔61〕 参见Lutz，*Popular Consent*，11，他讨论了联邦党人怎样将辉格党人的德性观“颠倒过来”。

〔62〕 麦迪逊自己也看到了这种反对意见的要点：“有人可能会问，与在州政府之下相比，在更广泛的政府的保护之下，私人权利就更安全吗？因为两种政府都是基于共和主义原则，它们都认为多数的意志具有最终的决定权。” Wood，*Creation* 506.

〔63〕 这种立场的经典论述参见麦迪逊的《联邦党人文集》第10篇。拉里·克莱默（Larry Kramer）曾经问到，麦迪逊在“古今邦联评论”一文和《联邦党人文集》第10篇中发表的党争理论是否捕捉到当时被人们广泛感觉到的、对邦联的不满。克莱默认为，大多数国父们仅仅认识到邦联管理州级事务的不利之处，即缺乏一个强有力的全国性政府来帮助各州追求其地方性利益，他们并没有认识到州与州之间的互动过程将会产生糟糕的立法结果：即州内的激烈的党争将会败坏州立法机关。参见Larry D. Kramer，“Madison's Audience，” 112 *Harvard Law Review*（1999）。克莱默是否是正确的，或者国父们是否实际上已经广泛地分享了麦迪逊的党争理论，这些问题已经超出了本章的范围。然而，这两种论述中，对他人的极度不信任都构成了1787年宪法背后的主要动机。另外可以参见Akhil Amar，*America's Constitution：A Biography*，chaps. 1 and 2（New York：Random House，2005）。

地方利益。“人民选择一个人，因为他将投票支持一个镇，或者一个县，或者支持建一座纪念碑；因为他能够聒噪地责备在职位上的人，他能够信心满满地认为他自己能够做得更好，并放肆地告诉人民他能做好，或者因为他在异乎寻常的程度上拥有远胜他人的巧舌如簧和阿谀奉承的天赋。”〔64〕然而，联邦党人相信，人民缺乏选择负责任的领导人的能力这一点，在全国层面上就不会带来很大的问题。〔65〕扩大了的选民范围不仅更多地聚集了才能，而且给那些不那么卓越的人设置了获得政治上露脸的障碍。只有那些因其正直和智慧而全国闻名的人才有希望赢得全国范围的选举，而这些人不会大胆地诉诸纯粹的地方利益。正如约翰·杰伊在《联邦党人文集》第三章所言，“尽管一个镇、一个县或者其他紧密的影响力可能把一个人选入州议会或者州参议院，或者法庭，或者行政部门，然而推荐一个人在全国政府中担任职位，智力或者其他素质上的更普遍广泛的声誉就是必要的了”〔66〕。

“扩展版的共和”论证使得传统的共和理论变得有待考证。跟随孟德斯鸠的观点，人们普遍认为，共和制只能局限在小的领域内：只有在小的社群中，个人才会拥有共同的利益，才能够分享激发有德性行为的恰当的友爱情感。〔67〕然而，美国的实验教导我们，小的社会并不是共和主义政府的合适家园。在小型社会中，党争的势力太大，而有智慧的领导人又太少。只有通过扩大选民范围，党争才能够得以

〔64〕 Wood, *Creation* 510.

〔65〕 同上，499 - 518。

〔66〕 同上，513。

〔67〕 同上，356 - 357。参见 Montesquieu, *The Spirit of the Laws*, VIII. 16, p. 23 (P. Dodesley, 1793)。

中立化，煽动公众的危险才能得以降低。

然而，联邦党人并没有对人民完全失去信任。他们相信，假如诱惑被极大地降低，普遍的选举还是能够产生出正确的结果，即人民还是能够选出最佳的领导人。看上去有些矛盾的是，选民范围的扩大能够呈现给人民一系列受约束的选择，而这会降低私人利益挫败公共德性的风险。

除了扩展的共和制能够提供的这些安全保障之外，通过避免更大的权力集中，在不同的法律机构间分散权力，联邦党人试图降低联邦政府专制的可能性。最显著的分权就是联邦主义本身。联邦政府尽管具有最高权威，但是它在法律上并不是全能的；它只被授予了有限的权力，这些权力在成文宪法中被列举出来。剩余的权力被排他性地保留给各州。联邦党人预测，假如联邦政府试图越出其界限，各州会奋起抗议并抵制这种侵犯。“联邦政府对州政府权力的野心勃勃的侵犯，将不仅激起一个州或者少数几个州的反对。这种侵犯将是普遍响起警钟的标志。每个政府都会拥护共同的反抗事业，它们之间的交流得以展开，并会就反抗的计划取得一致，从而迸发出统一的精神，引导全体的行动。”〔68〕

国父们既在垂直方向上分权，也在水平方向上分权。因为后革命时代的危机来自于立法机关将“所有权力都卷入了冲动的漩涡”〔69〕，所以宪法将政府部门分离开来，给国会、总统和联邦法院赋予了不同的政府功能。因此，最终分权取得了一种对称：不仅行政机关被禁止行使立法权和司法权，而且立法机关也同样被禁止行使行政权或者司

〔68〕 Federalist No. 46 (Madison).

〔69〕 Federalist No. 48.

法权。反讽的是，国父们试图通过约束其领导人的野心来囊括其雄心壮志。恰恰是因为人类贪恋权力，所以合作性的政府分支能够抵制彼此侵犯对方的权力。宪法这一“羊皮纸上划定的界限”之所以能够得到尊重，用麦迪逊著名的话来讲，只是因为“必须使得野心成为反对野心的东西”。〔70〕

国父们分配权力不仅是将不同的权力分配给不同的机构，而且要求不同的机构来分享同一基本权力。通过这样做，国父们希望有效利用在该体系内呈现出来的程度很低的德性。〔71〕例如，两院制部分地就是作为阻止立法专制的手段而得以证立的。“在每一种公共行动中，假如全部的立法信任都放入一个代表机构的手中，而无需得到独立的、不相同的团体的同意，那么这里的危险性显然是更大的。”〔72〕同样，对于行政机关的否决权：“一个事后的否定：这不仅对于行政机关自身的安全是必要的，而且对于少数派的安全免于不正义的、自私自利的多数派施加压迫的危险来说，也是必要的。”〔73〕

德沃金和辉格党人

早期的共和国

现在让我们转向德沃金对其元解释理论的论证。德沃金认为，法律创造者必然致力于创造一种法律实践，它的内容必以最佳的道德状

〔70〕 Federalist No. 51.

〔71〕 关于德性的有效利用参见 Bruce Ackerman, *We the People*: *Foundations* 198 – 199 (Cambridge, MA: Harvard University Press, 1991)。

〔72〕 Federalist No. 63.

〔73〕 James Madison, 引自 *The Debates in the Federal Convention of* 1787, vol. 1, ed. Max Farrand, 108 (New Haven, CT: Yale University Press, 1911)。

态来解释。德沃金是正确的吗？为了检验这一主张，我细致地描画了革命时期和建国时期美国关于信任和不信任的历史。正如我们所看到的，革命一代接受了一种政府理论——激进的辉格党主义，这种理论非常警惕权力。尽管这些美国人相信，权力机构能够为了公共善来运用法律，但是他们同样信服的是，没有约束，权力机构将会屈从于权力的魔笛之声，滥用其职位。他们不可避免地变质为专制者，为了满足其贪得无厌的统治欲望，他们将会剥夺人民的自由。

根据宪法最终被委托给联邦政府的权力并没有证明对人重新建立起信任。相反，创建一个双层的权威体系，并让联邦具有至上性的决定，恰恰来自于当时出现的、对人民作为自由守护者的不信任。国父们对官员的不信任与其对选民的不信任是一致的，这使得他们把权力从州及其立法机关转移到联邦政府。在一定程度上被联邦党人说服的人们还是相信人民能够做出正确的选择，但他们这种自信只存在于某些有限的情境中，即诱惑被极大地降低，选择受到极大地限制的情境。

我们也看到，美国宪政主义的核心原则，即分权与制衡，反映出了普遍的不信任感。在多个机构间分配权力，这确保了权力集中的危险被保持在最低程度。实际上，宪法要求某些制度安排，诸如独立的政府分支、联邦制、两院制、行政机关的否决权，这些安排事实上维持了这种不信任感，以避免权力发展到其适当领域之外。联邦党人认为不同的机构都珍视其特权——即用野心来反对野心，并且热切地维护其权力的界线。

很明显，这一世界观与催生“最佳样子”理论的前提是相矛盾的。德沃金理论所要求的分析与判断的程度无疑会把这些辉格党人看作是不合理的。这些辉格党人不仅认为平常的人不可能拥有深入哲学探究的必要能力，在判断符合和证立两个维度的情况下，对某个政权给出道德辩护。他们也怀疑这样一个裁量性的程序是否能够被忠实地执行。假如在选择和监督领导人时，不能信任选民能够抵制追求私人好处的诱惑，那么我们也很难相信，选民在决定其法律义务时能够坚定不移。

当美国辉格党人把权力委托给个人的时候，他们主要是在存在着某些制度性的约束或者制衡的语境中这样做。但是在非法律的语境下，对于德沃金主义的元解释者们并不存在这样的限制。对于那些最容易受到诱惑的人，不存在过滤机制来限制他们的选择。没有与他人进行协商的要求；也没有针对某人解释的否决票，以使解释者做出重新思考。从德沃金主义的元解释来看，试图控制私人利益诱惑的宪法结构是完全缺失的。

当然，德沃金提及了一个对解释的限制，即符合。那些使实践呈现出最佳道德样子的原则必须充分地符合既存的实践。然而，正如我们已经看到的，得出一个符合的判断是非常具有挑战性的。这不仅要求元解释者知道整个体系如何运转，还要求他们参与到各种政治理论之中，以确定哪个理论产生出的后果最切合实践。而且，决定符合与证立的关系也需要哲学评价，这非常难以判定，对于警察来说尤为困难。在这种语境下，诚实的错误与滥用裁量权之间的区别非常难以发现。

当然在法律的背景下，制度的制衡是存在的。法官必须向公众解释他的判决，而且通常要服从于某些审查——无论是来自于更高级法院的、立法机关的，还是来自于未来的制宪会议的。因此法庭在行动时就是受到约束的：他们不能简单地提出他们希望的解释，而只能提出能够维护其职业声誉、在上诉时不被推翻的解释。然而，因为德沃金主义的元解释是如此地抽象，其使用的技术不能为大多数非哲学家所熟知，所以通常的制度制衡必然是无效的。很多人足够了解哲学方法，以至于能够分辨出真心实意做出的哲学论证和策略性地做出的坏的哲学论证，这一点是值得怀疑的。只有当士兵清晰地知道国界在什么地方的时候，他才能够保卫国界。

德沃金主义的元解释也不能很好地符合国父们对政体的观点。正如我们看到的那样，国父们拒绝从早期共和主义者那里继承来的有机社会观。他们没有把人民看作是分享共同善观念的、具有一致性的群体，而是把人民看作因党争而分裂、受地方利益驱动的国民。然而，德沃金主义的元解释是一个要求共享的价值、信念和利益背景的过程。只有在一个政治道德观上具有一致性的社会中，德沃金主义的元解释者才能聚合到同一种解释方法论之上。

因此，德沃金支持其元解释理论的主要论证似乎建立在错误的前提之上。因为，下面一点是不真实的，即创造法律制度的人总是意图创造一个实践，该实践的解释方法论由将法律呈现为最佳状态的一系列道德原则所决定。至少在我们的法律制度中，国父们和美国宪法的批准者们并不认为政治社会是充分值得信任的和一致的，以至于可以合理地运用如此困难的、创造性的和充满价值判断的程序。

请注意，我刚才所讲的并没有颠覆德沃金如下的主张，即那些创造法律实践的人必然想“创造一个不同于他们的实体”。德沃金正确地指出，创造某物的意图暗含着创造一个自主的、具有自己生命的实体的意图。因此，创造者必然给予其观众某种程度的解释自由。然而，授予有限的自由并不意味着给予与建构性解释相关的那种完整特权。在“对象的意义由其创造者决定”和允许观众进行“最佳样子”的分析这两者之间，存在着很多中间立场，德沃金似乎忽视了这些中间立场。

当前的制度

当然，德沃金很可能承认上述所有批评。他可能已经认识到，鉴于极端辉格党主义的世界观，美国法律制度的创建者并没有意图去创造一个其内容由“最佳样子”分析来决定的实践。然而，他可能主张，当前制度的设计者确实有这样的意图。当然这一让步颠覆了他的元解释理论的一般性，因为该理论就不能够适用于每种法律制度，或者甚至不能适用于世俗的、工业化的、资本主义的、多元主义的、宪政民主的法律制度。但假如“最佳样子”分析能够用以决定当前美国法律制度的解释方法论，他还是能够感到满意的。

然而，我甚至不能确定这一更为有限的主张能否成立。只要美国的宪政体制仍然认同分权制衡原则，继续认可其联邦制、两院制、行政否决权等安排，德沃金的解释似乎与潜藏在我们当前制度背后的态度不一致。同更具一般性的政治文化一样，我们的法律制度仍然显著地保持着辉格党主义的特征：尽管经过了200年的修改，其基本的制度安排仍然反映出不变的对权力的怀疑。同样，当前的秩序仍继续拒绝有机的社会观。美国的制度是基于多元主义的自由民主制。该制度假定，在公共领域内道德原则处于持续的、有活力的争议状态，因此要保护个人表达其思想的权利，与分享其观点的人结社的权利，以及在参与政治过程改变法律的权利。

诚然，自从建国以来，美国法律制度发生了很多次重要的变化。将选举权扩展到少数种族和妇女，参议员选举从间接改为直接选举，制定法兴起并高于普通法，这些都标志着对平民信任的增长。与此类似，对联邦政府及其官员的信任也在增长，相信他们能以负责任的方式行使权力，重建时期的宪法修正案将保护个人权利的权力额外地授予了国会，在新政时期行政国家的兴起，这些都是证据。

这些变化尽管是重要的，但是不应该被夸大。就像建国初期将权力转移给联邦政府一样，授予联邦官员的额外权力很大部分是受到对个人和州政府的不信任的影响。国会被授予实施个人权利的权力，因为正如**德雷德·斯考特**案、内战、黑人法典的通过所展示的那样，人们不再信任州政府和联邦司法系统能够保护自由了。同样，行政国家的兴起反映了一种感觉，即人们不信任非政府实体能够尊重工人的权利，能够为失业人员提供一个社会安全网络，能够保护环境。换句话说，某些群体成员被给予了额外的权利和责任，这并不必然意味着给予所有成员的信任的数量得到了全面的增长。经常发生的情况是，一些行动者被委托给更大的权力，因为制度的设计者已经对其他成员失去了信心，他们将权力从一个子群体转移给其他子群体。

正如我上面论证的那样，无论是过去还是现在，不信任遍及美国的法律制度，这终结了德沃金的主张，即法律制度的创造者必然拥有如下的意图：解释方法论应该由“最佳样子”的分析来决定。我相信，同样的基本观点足以让我们怀疑德沃金主张的那种最符合、最佳证立当今美国实践的解释方法论，即作为整全性的法律观。甚至为了讨论的方便，我们可以假定德沃金的元解释理论是正确的，但是作为整全性的法律观也不是适合当前在美国有效的法律制度的最佳方法论，因为该方法论在“符合”的层面上决定性地失败了。因为如此多的美国宪法的核心规则依赖的原则体现了对拥有权力的个人的持久不信任，制衡裁量权的重要性，以及多元主义的事实，所以任何其实施都要求极高的哲学能力、道德正直、政治同质的法律观将必然与上面的法律结构发生冲突。在这方面，我们需要注意到，德沃金提到的用来支持其“作为整全性的法律观适合美国制度”观点的唯一一个美国宪法条款，是第十四修正案的平等保护条款。[74]假如他也考虑过其他的宪法原则，诸如分权制衡、联邦制、两院制、行政否决权、成文宪法、权利法案、司法审查、选举人团、确定期限的选举、陪审团体系、文官管理军事事务等，他可能会采纳一个不同的解释方法论。

认真对待信任与多样性

我们可以说，德沃金用以支持其法律解释理论的论证失败了，因为该论证没有认真对待信任。正如我们上面看到的那样，他的元解释理论要求极高，需要特别高的智力能力和极好的伦理特征才能够成功地适用。除非某法律制度的设计者展现出对其社会成员的能力和品质的极端信任，强制推行元解释推理所需要的哲学分析，必然会被看作法律实践的一个危险的特征。

另外，德沃金的元解释理论也没有认真对待道德多样性。从制度设计的视角看，只有在一个大致上分享共同利益、信念和价值的社会

---

〔74〕 LE 176 – 186. 德沃金提到了联邦制，但只是用来展示这一原则与作为整全性的法律观并无不一致。

中，“最佳样子”的分析才有意义。然而，在一个多元社会中，多样性和相互竞争是常态，德沃金的元解释者很少能够在共同的方法论上实现聚合，因此他们对解释他们法律的适当路径也不能取得一致。

正如德沃金的元解释理论没有承认**元解释者**的局限性和差异性，他的理论同样也没有对能力、品质的不同层级以及**解释者**的多样性保持敏感。按照德沃金的理论，解释方法论是由最符合、最佳证立法律实践的原则所决定的，然而，针对某些原则可能提出明显的反对意见，这些原则与解释法律者的智力能力、道德品质和伦理差异存在联系。

研究美国宪法秩序的思想起源不仅展示了法律创造者的意图有时与“最佳样子”分析的要求不一致，我相信它还为如下主张提供了一个额外的证据：规划理论是一种对法律实践的合理描述。对于任何依赖他人行动才能完成目标的努力而言，信任问题和差异问题就是关键的，法律设计者在分配权力和责任时，密切地关注行动者的能力、特征和行动者的多样性，这似乎增加了把法律看作规划活动的可信性。这对元解释理论到底意味着什么，是我们下面两章的主题。

第十二章　信任的有效配置

在第一章中，我论证说，只有首先确定了法律的性质，关于法律解释的基本问题（现在我称该问题为元解释问题）才能够得以回答。假如我们想要知道如何解释第八修正案、纽约州的遗嘱法或者其他法律文本，那么我们必须知道哪些事实最终决定法律的内容，因为只有使用这些事实我们才能在相对立的解释方法中做出裁断。关于法律性质的正确理论能够提供给我们这方面的信息：它们告诉我们，从某些事物是法律这一事实中必然能够推论出什么。想知道如何解释法律，那么我们必须先回答含义问题。

在这一章，我使用我们对身份问题的答案来发展出一种元解释理论。正如我试图展现的那样，从规划理论中可以推论出：法律所预设的信任和不信任的态度对于选择解释方法论是处于核心地位的。简单来说，规划理论要求，一个人被给予越多的信任，他/她就被给予更多的解释裁量权；反过来，在法律生活的其他部分中一个人被给予更少的信任，他就获得更少的裁量权。我将论证，对于法律的元解释来说，信任的态度是核心性的，因为它们对于**规划**的元解释是核心性的——而法律就是规划，或者类似于规划的规范。

实际上，诸如法官、诉讼律师和法律学者这样的成熟的法律参与者（我统称他们为“法律人”）至少隐含地承认法律是一种社会规划的实践，他们通过对信任问题有着更大的敏感性，展示出了这种认可。法律人按照常规，通过关注某些人能在多大程度上受托来称职地、忠诚地行动，以此来证立他们在自由解释和受限制的解释之间做出的选择。然而法律人的这种对信任的关注在关于解释的哲学讨论中却竟然毫无影踪。法哲学家们甚至都没有认识到能力与品质对于评估解释方法论的重要性。当然德沃金的元解释理论就是这种忽略的显著例子。

当然，承认法律人理解信任的重要性这个事实，并不是说法律人从关于法律本质的哲学讨论中学不到任何东西。恰恰相反：尽管我相信法律人隐含地接受法律行动在根本上是一种社会规划的实践，并且相应地对信任问题影响元解释的方式更为警觉，但是这一洞见仍然是未理论化的，它对元解释实践的意义还被误解着。因此在本章的后半部分我将论证，在回答元解释问题时法律人没有完全认识到信任所扮演的角色，因为他们没有认识到他们经常轻易忽视的概念关联所具有的重要性。换句话说，哲学家们在**制度的**真空中检验了法律解释的问题，而法律人则典型地在**哲学的**真空里探索这一问题，这同样带来有害的结果。

规划与信任

正如我试图展示的那样，从规划理论中可以推论出，法律所预设的信任和不信任的态度对于确定解释方法论是核心性的。在法律解释中信任至关重要，因为在解释规划中信任是至关重要的。因此，让我们从反思在法律语境之外被采纳的简单规划开始。

规划的目的

设想一个理财方面的顾问给他的一名客户选择了一个投资规划。在选出了最好的行动方案之后，顾问起草了一份文件，确定了规划，并把文件交给了客户。当然假如顾问的工作做得很好，关于什么是该文件的恰当解释的问题很少会发生。规划的要求将会是显而易见的。然而，我们可能会问一个关于该规划的元解释的问题：当解释这份文件的时候，哪种方法是适当的？例如，客户应该按照字面意义来遵循该文本吗？或者相反应该解释其意义，使得该文本总是能引导客户做出最佳的理财选择？

下面的回答很有诱惑力：因为规划的要旨就是实现某些目的，写着规划的文本总是应该只参照其目的来解释。不然，解释者就是在无效率地、非理性地行动。因此，假如遵循理财顾问建议规划的文本的字面意义会引导客户做理财方面有害的事情，那么他必须不能把该文本解释为要求客户做出这样的选择。

这一回应的缺点不难找出。允许一个人仅仅根据赚钱这一目的来解释投资规划，会挫败拥有一个规划的要旨。客户之所以寻找一个建议，恰恰是因为他不知道哪个措施最佳地适合其理财目的。规划就是用来帮助他弥补他的无知。假如客户必须解释该规划，并最佳地获得其欲求的理财目的，那么规划就没有帮上任何的忙。

通过一个故事会让上述观点更为生动。设想一位客户完全不懂理财事务，他向顾问寻找细致的帮助。结果，顾问准备了一份全面的投资规划。该文件详细地列出每一笔客户需要买进的股票、买进的日期、卖出的目标价格。它没有给客户留下任何的裁量权。该文件没有说：“当价格稳定时卖出 IBM 的股票”；相反，它说：“在 90 元时卖出 IBM”。

该文件的详细性揭示了规划的通常做法。规划的目的恰恰就是通过给予客户最小程度的、直接追求其目的的自由，以此实现其理财目的。它将决策权在规划和客户之间按照如下的方式来分配：**规划**而非客户解决了大部分的、关于哪些措施最适合其赚钱目的的问题。这种权力分配的基础是隐含的信任的分配。因为顾问并不信任客户，他判断，最佳分配方案应该给予规划更大份额的决策权，而只给客户保留很小的剩余部分。

因此完全按照其理财目的来解释投资规划将会挫败规划的要旨。规划如此地分配决策权，能够弥补客户能力的欠缺。然而，一种毫不让步的目的解释的方法挫败了通过再分配决策权而实现的弥补功能。它将一定量的权力分配给客户，而这只有在客户非常值得信任的情况下才是合适的。

管理信任和不信任

正如我们看到的那样，投资规划试图弥补客户在理财事务方面的知识不足。规划通过为自己主张大量的决策权来做到这一点。正如规划使用的概念需要很少的判断一样，规划的全面性没有为客户考虑实现其目的留下空间。

规划不仅使规划者能够弥补他们对他人所缺乏的信任；而且还能够使他们**利用**(capitalize) 存在的信任。设想顾问为其客户准备了一份投资规划，他很信任这位客户。于是，他撰写了一份不那么详尽的文件。例如，该文件推荐客户购买各种股票（绩优股、生物科技股、新兴电信股、石油股，等等)，并举例子来说明每种股票。它仅仅指示客户基于其可获得的最佳信息来决定投资公司的某种股票。而且，与更为全面的规划不同，这种规划为每种列出的股票建立了目标价格范围，而非精确的出售价格。因为该顾问给予这位客户更大的信任，所以他起草的规划给予该客户更大的裁量权。这样的规划将使客户能够更好地利用将来可能出现的信息带来的益处。一个更详尽的规划会过于约束客户：那样的规划会否定客户需要的、能够最佳保护其理财利益的裁量权。

我们已经看到，规划是管理信任和不信任的高级工具：它允许人们利用其给予他人的信任，或者弥补信任的欠缺。在我们的第一个投资故事中，我们看到了规划消除不信任的两种方式：通过详尽的条款，以及通过使用非评价性的、要求更少裁量的概念。在第五章我们的烹饪俱乐部的例子中，我们看到另外一种方式，即对于那些缺乏执行委派任务的能力或者品质的人，不给予其重要的角色。

在我们的第二个投资故事中，我们看到更为一般的指令和评价性概念的使用，如何使得理财规划者能够最好地利用他对其客户拥有的大量信任。共享规划也使得规划者能够利用他对他人的信任，既可以通过将重要的功能转移给那些能够被信赖去处理这些事务的人，也可以通过授权的方式授予这些个人做规划的权力。

当然在大多数情况下，某一规划的目的既是弥补信任的欠缺，**同时也是**利用存在的信任。规划可以被用来克服一定程度的不信任，但是，不信任可能不会如此之严重，以至于规划要被规定得非常详细。共享规划可能会将重要的任务交给那些值得信任去处理任务的人，同时也会拒绝交给那些非常不值得信任的人。某个授权可能授予某人一个领域内的权力，但是附随的指示可能会限制权力的运用，附加的指令可能要求权力拥有者按照一定的方式来行使权力。

尊重信任的有效配置

正如我们已经看到的，规划是管理信任和不信任的高级工具。规划能够扮演这一管理角色，因为规划可以拥有任何内容，能够形成不同的种类和规模，能够混合起来构成复杂的框架。有些规划指挥，其他规划授权；有些规划结构密集，有些规划结构稀疏；有些规划使用评价性概念，其他则不使用；有些限制权力，其他的授予权力；有些规划是独立的，其他的规划镶嵌在一套管理规划如何使用的规划之中。

让我们把作为规划之基础的这种信任的分配称为该规划的“信任的有效配置”（economy of trust）。* 第一个投资规划对信任的有效配置，对客户是吝啬的，对顾问是慷慨的；相反，第二个规划对信任的有效配置更多地体现了平等主义，因为它给予客户更多的信任。我们前面的讨论意味着，只有当解释方法论尊重规划对信任的有效配置时，规划才能在信任管理中扮演其角色。换句话说，解释方法论必须不能以与规划所预设的信任态度不一致的方式来分配决定权。

尽管随着我们的行文我们会精炼这一公式，但是我们可以一般性地讲：规划对信任的有效配置越慷慨，适用者将拥有更多的裁量权，

---

* Economy 一词在英语中既有“经济体制”之含义，也有“有效利用”的意思。在这里，“economy of trust”一方面指的是对信任进行的分配，另一方面指的是通过这种分配而产生的对于信任的有效利用，而这一点也体现了这种分配能够作为规划的基础。因此，我们将这个术语翻译为“信任的有效配置”，以体现这两重含义，在后文中，根据句式需要，有些地方译作“信任的配置状况”。——译者注

以规划之目的的名义偏离文本的字面意义；相反，不信任的态度越多，则会带来越具有限制性的方法论，要求适用者更加忠于文本或者规划者的具体意图或期望。因此，如果给予第一个规划中的客户大量偏离规划字面意义的自由，则与该规划对信任的有效配置不一致。毕竟，该规划预设了对客户能力的信任的缺乏——这正是规划为什么存在以及为什么采取现在这种具体形式的原因。假如客户在认为遵循规划将会带来理财上的损失时，就可以偏离详细的文本，这将破坏拥有规划的要旨。

反过来，假如在第二个投资规划的解释中实施彻底的文本主义方法，则与该规划对信任的有效配置不一致。至少在某些情况下，偏离字面解释与推动规划之形成和采纳的信任态度是一致的。设想客户偶然得知内部信息，他拥有的有些生物科技公司的股票将被某大型医药公司所收购。假如把这个规划解释为：仅仅是因为股票价格跌入了规划设定的目标范围之内，就要求他卖出该生物科技公司的股票，即使他有很好的理由预期将来股价会涨，那么这个解释就与对能力的判断不一致了，这种对能力的判断恰恰是推动形成和采纳规划的东西。

法律与信任

我们现在看到，为什么信任的态度对于规划的元解释来说通常是重要的。因为规划的目的是利用信任、弥补不信任，所以恰当解释规划的方法论不能毁坏规划的功能。换句话说，假如规划否认解释者拥有某种能力或者品质，或者规划就是试图弥补该种能力和品质的欠缺，那么它就不能允许解释者使用此种能力和品质。假如规划认定解释者拥有某种能力，或者规划就是试图利用这种他们拥有的能力，那么规划就必须不能拒绝解释者使用这种能力。尊重规划的信任管理功能的唯一方法就是服从信任的有效配置，即促进规划之制定的信任和不信任的态度。

现在让我们思考法律中的元解释。我主张，解释法律文本的方法论的选择应该以相似的方式来决定，即服从信任的有效配置。一个不信任的体系要求受约束的方法论，诸如文本主义，然而一个充满信任的体系给予人们更多的解释裁量权。我现在将展示，这种关联是成立的，因为法律最主要的角色之一就是管理信任和不信任，尊重这种功能的唯一途径就是忠于这些态度。

法律和信任管理

回想一下：在合法性环境中，道德难题数量众多且严重，这些问题的解决方案都是复杂的、有争议的和专断的。我们在第六章中看到，合法性环境中的社会成员自己解决这些问题将面对严重的困难。问题的复杂性严重地考验着社会成员的能力。有些人仅仅是不知道如何做；有些人不知道如何做，但悲哀的是，他们认为自己知道；至于那些知道如何做的人，他们需要花大量的时间和精力找出答案，并说服其他人以同样的方式行动。复杂性也会给那些缺乏好品质的人提供借口逃避其责任。即使他们知道如何恰当地行动，他们仍然伪装成无知的样子，或者断言他们并未被要求做什么。这些难题的争议性会导致在解决方案上形成聚合变得困难、成本高昂，有时是不可能的。解决方案的专断性会挫败社会利用其信任的能力，在做道德上应为之事时，人们必须彼此拥有这种信任。

即使社会成员奇迹般地在一套解决方案上达成一致，当实施这些解决方案的时候困难仍然会冒出来。因为当面对利害关头的时候，人们通常是坏法官，所以关于如何将这些达成一致的原则适用于具体情况时将是成本昂贵的、非常难以解决的，必然会导致进一步的分歧。甚至当每个人都同意在某具体情境下应该如何做时，还是存在这样的危险，即那些缺乏良好品质的人可能会逃脱其责任。一些人欠缺公正地和负责任地行动的恰当品质，这一观察使得上述问题更为严重了。如果没有一种方法向值得信赖的行动者保证，他们的参与和克制不会被其他人利用，那么这种不信任具有腐蚀性，会挫败合作的可能性。

我们看到，合法性环境中的难题在很大程度上是（尽管不完全是）信任的问题：社会成员要么是不被信任去做应该做的事情，或能被信任但需要帮助才能实现其潜能，要么是不能充分信任彼此可以参与到解决出现的严重的和大量的难题的社会合作中。根据规划理论，法律的基本目的是校正这些缺陷；而且法律通过管理信任来追求其目的：法律弥补、利用了官员对其社会成员抱有的信任和不信任，以及社会成员彼此之间所抱有的信任和不信任。

法律通过社会规划来管理信任。立法者识别出值得信任的人，分配给他们任务，更好地利用他的可信任性；反过来，立法者也识别出不那么值得依赖的人，更为详细地规划其行为，拒绝给予他们滥用或者误用权力的能力。接下来，法官被认为是能够公正地、有效率地解决关于权利和义务的纠纷。最后，法律执行人员被要求对那些违反规则的人施加制裁。通过这样的方式，那些不知道如何解决存在的道德难题的人，或者那些错误地认为自己知道如何解决的人，都将得到适当的指引；那些只有以高昂成本的方式才能发现解决方法的人现在能够很轻易地做到这一点了；那些欠缺好的品质以及希望逃避责任的人将会处于一些标准之下，这些标准会监管他们的行为；那些对解决道德难题的适当方法有分歧的人，或者在专断的解决方案前面临选择的人，将会被给予一幅行动蓝图；那些陷入自我欺骗中的人可以将他们的纠纷呈交给中立的裁决者；那些被诱惑去搭便车的人将会有动机去参与合作；那些担心其他人会搭便车的人将会得到一个“不会如此”的保证。

诚然，在解决道德难题的过程中，法律不能创造出新的道德难题。因此，权力必然不能被授予那些不能被信赖来恰当地行使它的人。因此制度设计的任务就是利用信任，同时也要弥补不信任：要分配足够的权力，以使得问题能够解决；但是也不能分配过多的权力，免得该权力被滥用和误用。这里的张力就是上一章我们所讲的故事的焦点所在。建国者选择那些具有足够天分和正直的人来按照公共精神而行动，同时通过分散权力、促进部门竞争来制约人们自我扩张的自然倾向，这就有效地利用了德性。

应该注意的是，并不是每一个法律问题都是信任问题。政治冲突不总是因为能力或者品质的欠缺而出现的。关于如何分配资源的问题，如何在相互冲突、但同样有效的好生活观念中做出选择的问题，在具有相似可信任性的各方之间，针对这些问题也会产生分歧。通过解决这些问题，社会规划克服了这些具有潜在危险性的分歧：它确定了在这些可供选择的行动方案中，哪个应该被遵循。然而，我们必须不能忘记的是，甚至当法律必须解决这类分歧的时候，信任问题也是相关的。因为法律机关必须还要决定是否各方需要关于如何实施获胜方案的详细指引，或者是否输的一方需要被监督，以保证他们不会逃避实施确定下来的方案。

扰乱法律

一旦我们认识到法律主要通过弥补信任的欠缺，以及通过利用存在的信任来校正合法性环境中的道德缺陷，我们就会看到，解释法律所创造的规划必须与法律制度对信任的有效配置是一致的。一个简单的例子会帮助我们弄清楚这一点。设想某个法律制度的设计者强烈不信任其社会成员的能力和品质。这一见解就会被铭刻在它的制度设计当中：权力在该制度内会被极大地分散，行政和司法官员将被禁止立法，在立法通过之前会设置很长的等待期，还会存在对滥用裁量权的严厉制裁，制定法由详细的法典构成，其中少有具有开放性的标准，等等。

现在想象一下，这一充满不信任的体制与授予官员大量裁量权的解释方法论混合在一起。这一方法论不要求他们严格地遵守法律文本的字面意义，反而当他们认为法律文本起草得很糟糕或者将会产生不合理的结果时，允许他们偏离字面意义。当解释制定法时，该制度内的官员在解释权力的授予时很宽泛，解释权力的限制时却很狭窄，当他们对法律文本导致的结果极不认同时，他们就忽视该文本，他们还拒绝服从恰当的行政机构对规制做出的解释，等等。按照该制度的解释方法论，所有这些都是被允许的。

然而，在对其参与者充满不信任的法律制度中适用这种方法论所造成的明显问题是，这样的解释方法论授予官员太多的偏离制度设计者之观点的自由。通过授予官员较高程度的解释裁量权，该方法论为他们提供了扩展其权力的机会，减少了制约，这进一步增加了官员的裁量权，超出了设计者所设想的水平。这一方法挫败了规则的补偿目的：它没有给予缺乏能力的行动者以指引，而这些行动者恰恰需要这些指引来解决道德难题；它没有给予社会成员一些手段来监控肆无忌惮之徒，并让他们为自己的行为负责；它没有给予那些自我欺骗的人所需要的保护，使他们保证自己的诚实；它也没有给予那些担心搭便车的人以保证，促使他们进行合作。换句话说，这种对权力和权威的分配与人们对该体制所持有的不信任观是不相容的。这种解释方法论要求官员们所运用的能力，恰恰是制度设计所不能给予的，制度设计恰恰要弥补这些能力的欠缺。

与此类似，对人类的本质与认知抱有乐观态度的制度同样也无法容纳极具约束性的解释方法论。这样的方法论能够保护法律免遭肆无忌惮之徒的利用，但是它也阻碍社会成员利用他们通过规则而彼此抱有的信任。通过约束官员的解释裁量权，该方法论阻碍了他们追求其本该被信任去追求的目标。

诚然，这里展现出来的论证是不完全的，因为它没有告诉我们如何确定一个制度的信任配置情况，或者解释方法论如何追随配置。这里所论证的有限观点是，假如法律制度是管理信任问题的，（通过某些合理的方法观察到的）制度对信任的态度必须在元解释中扮演重要角色。假如针对某一法律制度的恰当解释方法论没能与其对信任的有效配置取得一致，该制度就不能弥补信任的欠缺，也不能利用已经存在的信任。实际上，正如我们现在所论证的，假如法律试图有效地进行规划，不仅信任问题必须发挥作用，而且法律人通常也要认识到这一点。

法律人与信任

即使粗略地看一眼法律人对法律解释所说的话，也能揭示出信任问题处于他们关注的核心。例如，思考一下下面的论述：

假如立法者是分散的，以至于无法获知他们的思想，那么那些能够最接近他们思想的人就应该去解释立法者的语言，这些人就是法律的智者，在研究这样的事务时需要他们的天分。——普罗登（Plowden）[1]

把法官从法律文本的严格限制中解放出来，允许其拥有罗马执政官般的裁量权，让它［原文如此］自己进行衡平，那么整个法律制度将变得不确定。——托马斯·杰弗逊[2]

宪法的设计不是为了形而上学或者逻辑学的精妙，不是为了表达的精密，也不是为了挑剔的规矩、意义的详细阐述，也不是为了哲学敏锐或者法律研究。它们是处理实践问题的工具，以人类生活的共同事业为基础，适合共同的愿望，服务于共同的需要，为了共同的使用而设计，它符合共同的理解。人民制定它，采纳它，人民必须借助常识来理解它，不能把任何深奥的意义或者任何不寻常的解读放到宪法中去。——约瑟夫·斯托里（Joseph Story）[3]

很明显，有这样一种危险：法院关于立法意图的结论可能会无意识地受法官自己的观点或者立法机关没有考虑的因素的影响。敏感地认识到这一危险是避免其威胁的保障，但是，这不能为接受一种文义

---

〔1〕 William D. Popkin, *Statutes in Court*: *The History and Theory of Statutory Interpretation* 12 (Durham, NC: Duke University Press, 1999).

〔2〕 *The Papers of Thomas Jefferson*, vol. 9, ed. Julian P. Boyd, 71 (Princeton: Princeton University Press, 1954). 也可以参见托马斯·杰弗逊 1776 年 8 月 26 日写给埃德蒙德·潘德尔顿（Edmund Pendleton）的信（“让统治成为法律创制者的特征，但是法官只能是一部机器。法律的统治将会在所有人之间平等地和公平地分配；法官的统治，或者行政权力的统治会是变化多端、反复无常的、狡猾的人的异常的冲动”）。

〔3〕 Joseph Story, *Commentaries on the Constitution of the United States*, ed. Thomas Cooley, 451 (5th ed. 1891).

解释方法提供辩护，因为这种方法不给予法院有用的信息以得出正确的结论。——斯坦利·里德（Stanley Reed）〔4〕

除非相反的显而易见的情况出现，否则［法院］应该假定立法机关是由理性的人组成的，他们合理地追求合理的目标。——亨利·哈特、艾尔伯特·塞克斯〔5〕

那些生活在某个时代，能够不失精准地“探查到法律制定者的心思并想象出他们希望法律如何适用”的法官，其数目屈指可数。——弗兰克·伊斯特布鲁克〔6〕

美国的法典不是唯一的全能智者的作品。——理查德·波斯纳（Richard Posner）〔7〕

一个采纳了权利法案的社会总是怀疑以下观点：“演进着的正当感”总能“标志着进步”，社会总是成熟的，而不会腐朽。无论从该文件的文本出发，还是从国父们的意图出发——无论你选择哪一个——都无法合理地得出如下结论：该文本的唯一效果就是从立法机关手中拿走改变权利的权力，将其交给法院。——安东尼·斯卡利亚〔8〕

启蒙时代的政治家们极不可能认为他们自己的观点代表了道德进程中的最终结论。假如他们确实担心，与他们相比，未来的后代们将

---

〔4〕 United States v. Am. Trucking Ass'n, 310 U. S. 534, 542 (1940).

〔5〕 Henry M. Hart and Albert M. Sacks, *The Legal Process: Basic Problems in the Making and Application of Law*, ed. William N. Eskridge and Philip P. Frickey, 1378 (Westbury, NY: Foundation Press, 1994).

〔6〕 Frank Easterbrook, "Statute's Domain," 50 *University of Chicago Law Review* 550 – 551 (1983).

〔7〕 In re Wagner, 808 F. 2d 542, 546 (7th Cir. 1986).

〔8〕 Antonin Scalia, *A Matter of Interpretation: Federal Courts and the Law*, ed. Amy Gutmann, 40 – 41 (Princeton: Princeton University Press, 1998).

不像他们那样那么有力地保护权利，那么他们就会明白地指出，他们试图创制一个有期限的条款。——罗纳德·德沃金〔9〕

正如这些引文所显示的，信任问题在关于法律解释的争论中扮演了突出的角色。上面引用的有些作者论证说，因为法官可以被信任给予裁量权——要么是因为他们是“法律的智者”（普罗登语），要么是因为“敏感地认识到来自裁量权的危险”足以保护他们免于任性的行为（里德语），那么他们就应该适用目的解释。其他人论证说，任何类型的裁量权都是危险的，因为法官不值得如此信任——要么是因为他们的判断是“类似于古罗马执政官的裁量权”（杰弗逊语），要么是因为想象立法者将会怎样做是如此困难，以至于拥有这样能力的人“屈指可数”（伊斯特布鲁克语）。有些人相信，法官必须拥有解释上的灵活性，因为立法者不是“全能的”（波斯纳语），然而其他人相信法官应该服从立法目的，因为立法者是“理性的人，合理地追求合理的目的”（哈特、塞克斯语）。有些人主张，国父们关注道德“腐坏”，希望法官严格坚持宪法规定的文本（斯卡利亚语），然而其他人回应道，国父们相信“道德进步”，并且相信未来的后辈们应该依照道德价值来解释宪法（德沃金语）。

甚至当信任问题在讨论法律解释中没有被直接谈及的时候，它们也藏在表面之下。例如，当柯克（Coke）写道，“法官的智慧和法律智者们总是抵制那些破坏普通法的新的、巧妙的发明”，他其实想表达的思想并不像表面看上去那样隐隐约约，即不应委托给立法者权力，使其能够推翻更有智慧的法官创制的规则。〔10〕

---

〔9〕 同上，124。

〔10〕 Popkin, *Statutes in Court*, 97.

法律人在元解释中非常认真地对待信任，这进一步肯定了如下主张：信任态度与恰当的解释方法论问题直接相关。实际上，这一支持性证据与早前的关于规划理论意涵的论证并不是没有关系的。只要法律人是同样杰出的法律参与者，他们就更易于深刻地认识到法律的规划本质。认识到法律是一个规划活动能使我们意识到，信任是元解释的核心。

决定如何有效配置信任

正如我们看到的那样，很多成熟的法律实践者相信，能力和品质的判定应该在决定解释方法论中扮演核心的角色。一般来说，人们认为，解释者被判定为越可信，他们就应该给予更大的解释裁量权。然而，法律人关于“**谁的**判定应该是权威的”并不总是能够达成一致意见。在这一部分，我将比较两种非常知名的元解释论证，并展示它们分别是如何从不同的视角出发来评价解释者的可信任性的。

两种观点

在《解释问题》一书中，安东尼·斯卡利亚论证说，宪法条文应该按照文本的原初意义来解释，而不是按照“演进着的正当感”来解释。例如，假如一位法官给“残忍的”一词的意义赋予不同于18世纪的理解，那么这位生活在当今的法官不应该按照该意义来解释第八修正案，因为这样与时俱进的方法藐视了宪法的基本功能。“我们肯定不能说，宪法自然而然地是可变化的；相反，宪法的整个目的是阻止变化——即按照未来的后辈们无法轻易消除的方式来铭刻权利。一个采纳了权利法案的社会怀疑‘演进着的正当感’总是能

'标志着进步'，以及社会总是成熟的，而不会腐朽。"〔11〕

按照斯卡利亚的观点，宪法的目的就是阻止不值得信任的未来的后辈们取消权利，而现在这一代人认为这些权利是应该被保护的。但是，他论证说，授权法官按照可变的道德观念来解释宪法文本实际上是允许未来的后辈们改变宪法，也就挫败了宪法存在的理由。

现在考虑一下理查德·波斯纳为之辩护的"实用主义司法"。波斯纳主张，授予法院裁量权，使其能够根据其对一般福利的判断来判决案件，这是适当的，因为法官一般来说是值得信任的。只要他们仍然按照常规从美国社会的才智精英中进行遴选，法官通常会有能力去负责任地行使这样的权力。他写道：

美国高等法院的法官一般按照年龄、教育程度、智力、客观性和品行端正程度，从人口分布中的上层中遴选出来。他们在这些方面并非都是顶尖的，但是他们大大超过了平均水平，至少在联邦法院中是这样的，因为联邦法官的职位有着复杂的任命前的候选人筛选。法官是这样一个职业，它认为如下行为具有很高的价值：在做出判断前聆听案件有关各方的声音，从错误中筛选出真理，运用中立的判断。他们的判决针对的是真实的人之间发生的具体纠纷。在美国的政治历史上，法律职业的成员扮演了核心角色，该职业的机构和用益反映了历史上曾经出现的基本的政治价值。在非例行的案件中，我们都希望上诉法院法官尽其所能地在签署姓名、公开的文件中（这些法院发布的判决书）表达支持其判决的理由；这一实践创造了负责任性，也培育了一定的反思性和自律。所有这些都不能保证智慧，特别是因为

〔11〕 Scalia, *A Matter of Interpretation*, 40 - 41.

一份判决给出的理由往往不是判决背后真实的理由。但是在其最佳的程度上，美国上诉法院是由聪明的和年长的人组成的群体，信任地给予他们责任，让他们在一定情况下以将会产生最佳结果的方式来判决案件，而不是仅仅按照其他政府机构创制的规则来判案，或者根据他们自己以前的判决来判案——尽管这是他们在大多数时间里判决案件的方式——这并不是完全愚蠢的。〔12〕

斯卡利亚和波斯纳的论证在本质上都是元解释性的。两者都支持(或者反对) 某个特定的方法论可以作为解读美国法律体系中法律文本的恰当方式。而且，他们都将其元解释的论证建立在对法律行动者可信任性的评价之上。斯卡利亚认为，基于对未来后辈道德特点的怀疑论，所以应当拒绝给予法官诉诸当时流行道德观点的裁量权；波斯纳相信，基于对法律专家的信心，应该给予法官这样的裁量权。

然而，更近距离的观察揭示出他们论证结构中存在着重要的差异。尽管两人在选择解释方法论时都参考关于可信任性的判断，但是只有波斯纳诉诸了他自己的判断。波斯纳试图授予法官解释上的裁量权，因为**波斯纳**认为他们足够值得信任。形成对比的是，斯卡利亚试图约束司法裁量权，这并不是基于他个人的怀疑论，而是基于如下事实，即美国法律制度的**设计者**并不充分信任未来的后辈们。

相应地，我们可以区分出两种不同的元解释程序。让我们称波斯纳的论证为“上帝之眼（God's - eye）”方法的一个具体例子。上帝之眼方法将恰当的解释方法论与**实际的**能力和品质挂钩。根据这种理论，一位试图确定他应该运用哪种方法论的元解释者被要求去评价他

〔12〕 Richard Posner, “Pragmatic Adjudication,” 18 *Cardozo Law Review* 11 - 12 (1996).

自己的可信任性。假如他对自己做出了高度的评价，那么他应该赋予他自己很大的解释裁量权；反过来，假如他不那么自信，他应该在更大的程度上约束自己。

相反，斯卡利亚的论证是我所称的“规划者”方法的一个具体实例。根据这种方法，一位元解释者不能评价他自己的可信任性，而应该服从于法律制度之规划者关于他的能力和品质的观点。他的任务就是提取出规划者关于信任的态度，这些态度就体现在法律制度的规划之中，然后使用这些态度来决定赋予自己多少裁量权。规划者对能力和品质的信任能够产生出较高水平的解释裁量权；怀疑和猜疑将带来低水平的裁量权。因为规划者方法要求元解释者服从**被赋予的**(imputed）而非实际的能力和品质，所以当法律制度建立在关于行动者能力和倾向的错误信念上时，这种方法所推荐的方案可能与上帝之眼方法有所不同。

为了更具体地对比上帝之眼方法与规划者方法，我们考虑一下达里尔·列文森（Daryl Levinson）关于美国宪政的心理基础提出的一个论证。列文森指出，联邦制和分权制预设了政府官员是“帝国的建造者”。〔13〕但是，他论证说这一预设是错误的。与独裁者不同，民主代表并不从其所属的机构权力的增长中获得个人利益。而且在具有最低功能的民主社会中，按照帝国主义者或者贪得无厌的方式行动的官员将会被其选民惩罚。列文森得出结论说，“与现代宪法所给予的过多关注相比，国父们对机构主导的帝国建构模式的担忧显得微不足道”〔14〕。

---

〔13〕 Daryl Levinson, “Empire Building Government in Constitutional Law,” 118 *Harvard Law Review* 917 (2005).

〔14〕 同上，922－923。

我们假设列文森是正确的。这会对元解释有什么影响吗？这依赖于我们接受上帝之眼还是规划者的视角。列文森的发现可能会支持上帝之眼的观点，在解释上赋予政府官员更大的裁量权。毕竟，官员实际上并不是帝国的建造者，因此肆无忌惮的裁量权的危险并没有建国者所相信的那么严重。然而，按照规划者的视角，什么也不会改变。国父们对帝国建构的错误理解是不重要的——重要的是他们认为他们是正确的。

需要指出的是，规划者方法与原旨主义并不一样。〔15〕原旨主义通常被理解为是一种特定的解释方法：它要求法律文本要按照创制它的人的意图来理解。形成对比的是，规划者方法描述了一种元解释方法论，也就是说，是一种选择解释方法论的方法论：它要求恰当的解释方法是那些设计相关法律制度各个方面的人的信任态度的函数。现在，当规划者赋予群体成员很高程度的不信任，从这样的信任态度中就能够推论出：当解释某一文本时，解释者应该约束其裁量权，而最好的办法是通过给予原初意图以优先性。在这样的情况下，规划者方法证立了原初意图方法论。但是，关注法律规划者关于信任的态度也可能实际上要求拒绝原初意图的方法论。〔16〕

以上帝自居

法律人很少提出元解释论证。在大多数情况下，他们仅仅是使用某种解释方法论，而没有说明他正在使用该方法论，或者他试图证立自己的选择。当然，我们已经看到，法律人有时候对其解释行为有着

〔15〕 例如，斯卡利亚就不是一名原旨主义者，但是他遵守元解释的规划者方法。

〔16〕 当规划者特别信任行动者，以及服务于立法目的的最好方法就是推翻立法者的原初理解时，那么就会出现这样的情况。

自我意识，提出论证来支持其选择。波斯纳和斯卡利亚就是明显的例子。但是即使当自愿提供这样论证的时候，法律家们几乎从未明显地说明其潜在的元解释理论。他们仅仅做出元解释的论证，希望他们所诉诸的标准能够被听众接受为解释方法论的恰当决定要素。

然而，最近法律学者们开始对元解释实践变得更具有反思性。尽管还没有人发展出成形的理论，但是一些理论家仍然试图明确地识别出一些元解释标准。很自然，这样的思考已经使他们认识到在确定解释方法论中信任的重要性。然而，有趣的是，当这些理论家思考过信任应该在元解释当中扮演的具体角色后，大体而言他们都选择了上帝之眼的方法。〔17〕

不幸的是，尽管这些理论家们公开地为上帝之眼方法辩护，但是他们并没有为其偏好这种方法提供任何的基础。〔18〕实际上，因为他

---

〔17〕 Adrian Vermeule, *Judging Under Uncertainty: An Institutional Theory of Legal Interpretation* (Cambridge, MA: Harvard University Press, 2006); Cass Sunstein, "Must Formalism Be Defended Empirically?" 66 *University of Chicago Law Review* (1999); Richard Posner, "Reply: The Institutional Dimension of Statutory and Constitutional Interpretation," 101 *Michigan Law Review* 952 (2003); Elizabeth Garrett, "Legal Scholarship in the Age of Legislation," 34 *Tulsa Law Journal* 4 (1999); 以及 William Eskridge, "Norms, Empiricism and Canons in Statutory Interpretation," 66 *University of Chicago Law Review* (1999). 哈特和塞克斯是否认同我所谓的“上帝之眼”的观点在学术上是有争议的。按照字面意义来解读，他们的观点似乎是认同。例如，哈特和塞克斯的一个著名主张是，应该推定立法者是“合理地追求理性目标的理性人”。Hart and Sacks, *The Legal Process*, 1378. 关于对这场争论文献的概括，请参见 Jonathan Macey, "Promoting Public - Regarding Legislation Through Statutory Interpretation: An Interest Group Model," 86 *Columbia Law Review* (1986)。

〔18〕 部分地来看，这些理论家对元解释论证的回应似乎援引了经验前提作为支持，但是他们却没有提供任何经验证据。例如，当目的主义者论证道，依据立法史，允许法官探查立法机关到底想做什么，那么肯定的是，这些目的主义者就担负着展示法官实际上有能力完成这样的任务的责任。当然，在某种意义上，支持上帝之眼的理论家们是正确的。假如目的主义者提出经验论证来支持使用立法史，但却未提出经验上的保证，他们必须去弥补这一缺失的前提。但是，需要注意的是，即使目的主义者确实补充了其论证的经验基础，这也不能证明目的主义的适当性。为了证明目的主义是适当的解释方法论，目的主义者必须展示为什么元解释论证应该从上帝之眼的视角来看待。

们把所有的着重点都放在了制度能力的重要性上，所以他们从未说明为什么在解释方法论的选择中这些考虑因素是关键的。他们把能力的重要性看作是自明的，即该主张是如此明显，以至于不需要说明。

无疑，上帝之眼的观点有其直觉上的吸引力。毕竟谁会支持他们相信是错误的观点呢？然而，我认为，这种法律元解释的方法与规划的逻辑是不一致的，即它挫败了法律实现其基本目标的能力。

回到本章前面讲到的充满不信任的法律制度的例子，我们能够最好地澄清这一点。在该制度内，规划者对官员的能力和品质持有一种非常不信任的观点，结果他们试图发展出某个法律框架来应对这样的问题：他们尝试着在制度内分散权力、禁止行政官员和司法官员立法、在立法通过之前建立较长的等待期、对裁量权的滥用施加制裁，等等。因此他们起草了宪法，以非常清晰、详尽和具体的语言确立了这些权利和义务。

相反，让我们想象，在这样的制度中工作的官员认为自己非常值得信任。那么他们相信那些被考虑的约束是不必要的，实际上妨碍了他们做有价值的工作。为了符合上帝之眼的观点，他们使用他们关于自己的可信性的慷慨的观点，并给予自己较高的解释裁量权：他们将宽泛地解读授权，狭窄地解释限制，当他们极不同意这些文本带来的后果时会忽略该制定法，拒绝服从恰当的行政机构对规制做出的解释，等等。

然而，这一流程模式的明显困难是，设计者在创造宪法中的目的恰恰被挫败了。设计者希望通过严格限制裁量权来弥补他们对官员的不信任；然而通过遵循上帝之眼的观点，官员能够（有意地或者无意地）挫败这一目的。那些被认为没能力的人被这种元解释方法论所鼓励，从而判断自己为有能力的；那些被认为肆无忌惮的人被给予了逃避责任的高度自由；那些被担心会自我欺骗的人可以自由地欺骗自己；那些担忧搭便车的人没有被给予任何的保障。

这里就出现了麻烦，因为官员们分享的关于他们自己的观点与制度设计者分享的观点极为不同。当官员中间也不存在这样的共同观点的话，事情可能就会变得更糟。这些情况肯定会成为常态，在这些情况下，合作将很难确保，分歧的解决成本非常大，这种困难恰恰是制度设计者所要减轻的。最后，即使实施者最后能够解决这些疑问和分歧，在这个过程中有价值的资源也被用掉了，这些资源本该可以用来促进制度的目标。

用略为不同的话说，上帝之眼观点的核心问题是它违反了规划的一般逻辑原则。之所以如此，是因为该观点要求官员去决定某些事实是否存在，而这些正是法律试图解决的问题。换句话说，宪法规划就是要解决“谁值得被信任去做什么”的问题。然而这正是上帝之眼观点命令元解释者回答的问题。它要求元解释者决定其自己的可信任性的问题，因此就使得已经解决的问题变成未解决的了。

通过违反 GLOP，上帝之眼的观点至少部分地再次产生出合法性环境下的缺陷。在很大程度上，法律的目的是通过管理信任来救治这些缺陷：法律的规划应该弥补不信任，利用信任。然而，通过要求那些被规划管理的人去决定他们自己到底有多么值得信任，上帝之眼的观点再次打开了潘多拉的盒子。那些不值得信任的人可以使用他们的不可信任性得出不同于法律所决定的解决方案；值得信任的人也不能使用其能力和品质，因此不能利用这些法律试图利用的优点；那些对可信任性有分歧的人最终关于应该如何行动还存在分歧，因此按照相反的目标而行动；那些为搭便车担忧的人将会失去某些必要的保障。

需要强调的一个要点是，这一反对意见并不是经验性的。该主张并非意味着，与服从制度规划者的官员相比，遵循上帝之眼方法的法律官员解决道德难题的可能性更小。相反，这里的要点是概念性的：假如法律的目的是通过社会规划来解决道德难题，当规划的逻辑被违反时它就不能做它理应去做的事情。诚然，在某些情况下，像上帝之眼这样的方法能够解决道德难题。但是关键要看到，在它能做到的时候，它的成功是法律上的偶然。难题并没有按照法律被设定的方式而解决：它们并没有通过以规划为基础的推理而解决。

需要注意的是，关于元解释的规划者方法并不违反 GLOP。因为它忠诚地宣扬设计者的信任观，它不要求元解释者回答“谁应该被信任去做什么”的问题。在服务于确定解释方法论的目的时，它把设计者的回答作为正确答案，因此并没有挫败法律管理信任的功能。

正当性

至此我已经以纯粹工具性的词汇描述了上帝之眼观点的问题所在：假如法律要实现其目的，那么规划的逻辑就要求，能力和品质的问题不能由元解释者自己来决定。正如我们将看到的，上帝之眼的方法还有另外一个与之相关的问题：它违反了拥有道德权威的统治者的权利。

按照规划理论，统治就意味着进行社会规划；因此拥有统治的道德权利就是拥有参与社会规划的道德权利。因此任何阻止正当的统治者参与社会规划的东西都有效地剥夺了他们实施统治的道德权利。因为前一部分的论证展现了上帝之眼的观点挫败了社会规划的目的，因此从中可以推论出，上帝之眼的方法违反了正当权威机构的道德权利。

例如，设想我们刚刚讨论过的那个充满不信任的法律制度拥有很好的民主渊源。它的宪法是在充分的和公平的辩论后由政治社会中绝对多数的成年人批准的。因为上帝之眼的观点并不要求服从批准宪法的人的信任态度，它就没有给予民主多数统治其自己的权利。因为假如不信任人类本性的一派赢得了辩论，在元解释过程中对人类的本性充满期望的那些人就毁坏了民主过程。他们毁坏了多数有权做的事情。

当然，因为民主理论的一些离奇的特征，上帝之眼方法的问题并没有出现。对于非无政府主义政治正当性理论来说，同样的困难也会出现。因为任何这样的理论都认为一些人有道德权利来为社会进行规划。因为这些规划者是正当的，所以这些理论必须不能给予其他人干预规划者社会规划的权利。因此这样的理论必须要求所有其他人不能抱有上帝之眼的观点。不然，不仅法律不能做其被认为应该做的事情，而且具有正当性的机构（无论他们是谁）也不能做他们有**权利**做的事情。

权威体制和机会主义体制

我们已经论证过，处理元解释的上帝之眼的方法违反了规划的逻辑，而规划者的方法没有违反，是否我们应该推导出如下结论：规划者的方法是元解释的正确方法？我认为不是。我愿意指出，元解释的正确方法依赖于法律制度。在许多情况下，规划者方法是适当的，但是并不是所有情况都是如此。

为何获知谁关于信任和不信任的态度具有优先性，重要的是要了解为什么法律制度当前的参与者接受或者至少试图接受规划者设计的制度。参与者的接受是否依赖于他们的如下信念，即规划是由那些具有更高权威、更加有判断力的人设计的？或者他们相信这些规划能够很好地适合解决法律应该解决的那些道德难题，即使“他们为什么认为规划是好的”的理由不同于规划被创造时的理由？

让我们区分两种理想类型的法律制度。在“权威”体制中，为什么大量法律官员接受或者试图接受该制度之规则的理由是，这些规则是由拥有更高道德权威、更好道德判断的人创造的。换句话说，这些规则的权威出处被认为具有最高的道德重要性。相反，在一个“机会主义”体制中，大多数这些规则的来源被认为在道德上是无关的。这种体制中的官员接受它们是因为他们认识到或者试图认识到这些规则在道德上是好的，因此促进了法律的基本目的。

规划者方法适合于权威体制。因为官员把道德正当性和专业性赋予制度中的权威机构，既然这些权威机构是社会规划者，由此可以推论出：他们将道德正当性和专业性赋予他们的社会规划活动。任何把道德正当性或者专业性赋予机构行动的观点，都致力于将道德正当性或者专业性赋予他们的信任管理的目的。将道德正当性和专业性给予规划者的信任管理目的，就是要求我们在解释这些被创造的规划时不能挫败其目的。因为规划者方法尊重这些规划者对信任的管理，所以，将道德正当性和专业性给予这些规划者，就要求我们使用元解释的规划者方法。

相反，在机会主义体制中的官员并没有将任何的特殊道德地位给予他们制度的规划者。他们接受或者试图接受这些规则，因为他们判断这些规则在道德上是好的，不是因为这些规则拥有道德上的正当性来源或者专业性来源。用规划理论的词汇来讲，他们认为，该制度的规划者正确地管理着信任和不信任；他们并不关心创造法律制度的规划者是否能够完成这一任务。在这样的情况下，信任的有效配置就是由该制度当前的大量参与者分享的信任态度，而不是一开始创造该制度的规划者的态度。可以称这种方法为元解释的参与者方法。

当然，某个特定的法律制度更为类似于权威体制还是机会主义体制，这是一个经验问题。例如，美国的法律参与者接受或者声称接受美国宪法，是因为宪法是国父们构造的，并于1789年得到批准吗？或者他们接受它或者声称接受它，是因为他们认为宪法所设置的治理框架是好的，而无需考虑其来源？假如第一个描述是更为准确的，那么国父们关于人性的辉格党人态度对于元解释问题就是相关的；假如第二个论述更好地描述了社会现实，那么宪法就确实是部活的文献，因为决定解释方法论的信任态度就是美国法律实践的那些大量参与者所持有的态度。

从其自身的特点来看，我相信，美国法律制度非常像一个权威体制。在该体制中国父得到尊重，民主优先于其他政治正当化模式，批评宪法在政治上是不可能的，文本被给予尊重，所有这些都预示着一个信念，即宪法的权威来自于其特殊的出处。正如亨德里克·赫尔茨伯格恰当地观察到的一样：

在公共领域中宪法是无可指责的。美国公民宗教给予宪法以圣经或者古兰经似的地位，甚至将其看作神启之物。它是平凡中的旗帜。它是应该被尊敬的东西。正如总统向上帝宣誓的那样，宪法是要被保留、保护和捍卫的东西。在适当的地方（位于华盛顿的大理石殿堂)，在适当的时间点（10 月第一个星期一以及其他日期)，在适当的人面前（穿着僧侣式长袍的 9 个男人和女人)，宪法被解释着，就像山羊的内脏一样。[19]

因为美国的法律参与者们将宪法看作权威的来源，那些解释它的人必须对设计宪法者持有的信任态度保持敏感。但是正如我们在下一章中将要看到的那样，宪法设计者的态度的优先性并不意味着原旨主义是合适的宪法解释方法论；它也不意味着只有国父们的态度是重要的。宪法的内脏是混乱的、进化着的，对它的解释也不是个简单的事情。

---

〔19〕 Hendrik Hertzberg, "Framed Up," *The New Yorker*, July 29, 2002.

第十三章　规划的解释

文本主义 vs. 目的主义

元解释性争论涉及一系列广泛的主题，包括是否要依赖于议会意图或立法历史、顺从行政机关、在宪法和法规解释中遵循先例、承认变迁的社会习俗以及接受学术作者的权威性，等等。但关于解释方法论的主要分歧总是存在于那些支持严格形式的解释的人和支持宽松解释的人之间。文本主义的拥护者主张法律文本的字面含义应该得到遵守。对于他们来说，法律的字面含义掌控一切。相反，那些支持目的主义的人认为，在一些情况下，解释者绕过权威文本的字面含义是恰当的。当文本建议的一种行动方案违反了制定文本的意图的时候，目的主义者相信遵守法律之字义的义务就应被忽视。

法律外行通常对这个争论感到困惑。有人认为法律文本明显应该得到严格解释。如果法律说“严禁车辆驶入公园”，那么车辆就不得进入公园——仅此而已。一个为了彰显法律之精神而把该规定理解为允许救护车穿过公园的法官，并不**真正**是在解释该规定——他是在改变它。

其他人采取了相反的方案。当坚持法律的字面含义会事与愿违的时候，他们就无法理解坚持这样做的意义。对他们来说，法律的功能是为了让我们的生活更好。根据这个观点，如果穿过公园是救护车到达医院的最快路线，不让它穿过的做法可能会得到证立吗？从这个视角来看，文本主义彷佛证实了外行对法律人和法律的最糟糕的怀疑。

不幸的是，这两种观点都被误导了。对于第一种来说，文本主义和目的主义之间的争论不在于法官**是否**应该遵守法律；相反，这个争论关注的是**如何**遵守法律。文本主义者相信法官只有在遵守字面含义的时候才是遵守法律。相反，目的主义者否认文本的字面解释是法律。法官只有在目的性地而非字面地解释法律文本的时候才是遵守法律。

举个例子，看一下普罗登对目的主义的著名描述：

法律的内在意义，而非语词，使得法以及我们的实在法（同其他所有实在法一样）由两部分组成，即身体和灵魂，法律的字义是它的身体，而法律的意义和理性是它的灵魂……法律可被类比成一个坚果，有着外壳和内核，法律的字义代表其外壳，它的意义代表内核。如果你只使用坚果的外壳，你就不能享用它，所以如果你只依赖于法律的字义，你就得不到法律的益处，正如坚果的果实和好处是在内核中，法律的果实和好处也更多地体现在其意义而非字义中。经常发生的事情是，你知道字义，却不知道其意义，因为有时候意义比起字义更为有限和狭隘，有时候却更为宽松和广泛。〔1〕

因此，普罗登否认法律的文本是法律。它只不过是外壳，为了支持最终确定恰当的法律解释的目的性内核，它必须被抛弃。

而对于第二种反应，即认为唯一合理的解释方法论是目的主义的，现在必须要清楚的是，为什么一个元解释者可能会倾向于严格形

〔1〕 Eyston v. Studd, 75 Eng. Rep. 688, 695 (K. B. 1574).

式的解释。正如我们在上一章所看到的，规划理论主张信任的态度对于解释方法的选择来说至关重要。如果那些受法律管理之人严重失信于人，那么他们就不能被授予使文本的解释与目的相一致所必需的裁量权。限制一个不值得信任的解释者以便让他严格遵守文本，比起让该解释者直接追求法律所确定的目标或价值，实际上可能会实现更好的结果。

基于同样原因，如果法律制度对法律共同体的某些成员寄予极大的信任，那么解释者为了与目的相一致而越过法律本文的字面措辞，可能是恰当的。毕竟，规划的本旨是为了促进一些目标或实现一些价值。因此，如果一个忠信的行动者以一种阻碍法律意在实现之目标的方式来解释法律，就会适得其反。

因此，文本主义者和目的主义者之间的争论不能被先验地解决。为了弄清楚在偏离文本有助于促进文本之目的的时候，解释者是否享有裁量权这样做，人们必须探究该文本所处的法律制度，并确定它对信任的有效利用。实际上，在很多情形中，我们可以把这个元解释争论解释成正是关于特定法律制度对信任的有效利用的争论。文本主义者主张，特定法律制度对信任的有效利用并不能支持目的解释所需的信任水平。反之，目的主义者认为，潜在于制度规划之中的那些关于能力和个性的判断，充分支持解释者在合适的情形中偏离文本。

在这一章，我会以规划理论作为指引，发展出一种较为细致的元解释理论。我这样做的目标不只是要确定一种法律人可以借以改进元解释论证的方法。我也试图表明，法律人实际所做出的很多元解释论证，符合——尽管是以一种模糊的、非反思性的方式——规划理论所提出的元解释过程。

元解释的规划理论

然而，在我开始讨论之前，我想正式地介绍在我要发展的理论中哪些角色将要发挥重要作用。尽管我们已经邂逅过这些人，但详细地解释他们是谁以及他们之间如何相关是有益的。

元解释名人录

在元解释中发挥一定作用的四组最重要的群体分别是官员、行动者、规划者，当然还有元解释者。我用“官员”这个词指的是那些在特定法律制度中占据官职的人。他们包括法官、议员、行政官员、外交人员、警察、县书记官、城市审计官（city comptroller）和法警，等等。我用“行动者”指的是那些被授予法律权利和责任，从而可以以某种方式为制度的政治目标做出贡献的人。行动者不只包括官员，也包括普通公民。然而，他们排除了未成年人和严重身心障碍者，因为法律并不依靠他们来促进其目标。

我用“规划者”（我有时也会说成“设计者”）来指代那些制定、修正或废止特定法律制度中的机制，或者影响机制之相互关系的那些行动者。举例来说，在美国制度中，法律规划者通常包括立法机关、法院、行政部门和执行官员，但也包括制宪会议和全体选民本身。

因为法律制度总是包含修正机制，所以制度结构变化，规划者也会变化。当前美国制度的设计者不仅包括 1787 年宪法的制定者和批准者，也包括在过去两百年间改变该制度之面貌的那些数之不尽的行动者。第十四修正案的制定者和批准者，同原初宪法的制定者和批准者一样，都是当今体制的设计者。因为元解释者聚焦于当下制度，所以元解释的相应规划者就是现今仍在发挥作用的那些人，即他们的规划还未被后继规划者所修正和废止的那些人。

最后，我用“元解释者”指代那些试图查明哪种解释方法论适合特定法律制度中的行动者使用的人。规划者、不做规划的行动者、甚至是非行动者都可以是元解释者。举例来说，试图确定应该适用何种方法来解释美国宪法的联邦法官是一个元解释者，而他恰好也是个规划者；一个写文章批评这个法官的美国法律教授是一个非规划者身份（但仍是行动者）的元解释者；一个批评美国同行的法国法律教授是一个非行动者身份的元解释者。

元解释既可以是“关于自己的（self - regarding）”，也可以是“关于他人的（other - regarding）”。一个关于自己的元解释者试图确定哪种解释方法论适于自己适用，比如说，美国最高法院的一个大法官主张某种制定法解释的方法适于他遵守。一个关于他人的元解释者试图为其他行动者选择一种方法论来使用，比如说，一个公民思考法官应如何解读制定法。然而，为了简便起见，我在下面假定元解释者始终都是法律行动者，以及元解释始终都是关于自己的。因此，我忽视了元解释者是非行动者或者行动者试图决定其他行动者应如何解读法律文本的那些情形。

对信任的有效利用

在上一章，我主张恰当的元解释始终要忠诚于制度规则所预设的信任和不信任的态度。元解释者把这些态度提取出来，并用它们来决定应赋予解释者多少裁量权。换句话说，一种恰当的元解释理论应该始终尊重一个制度对信任的有效利用。一种需要高度的裁量权才能适用的解释方法论，只对于那些对信任的有效配置是十分慷慨的法律制度才是合适的。相反，对于一个对信任的有效配置是极为吝惜的制度来说，高度限制性的技术更适合于它。

相比于德沃金的模式，这种理论并不要求解释方法论从道德视角得到证立。元解释者不需要知道为什么公民应该遵守法律，正义与公平之间的关系，或者社群的恰当需求是什么。他可能不知道他的社群成员实际上是多么值得信赖。根据这个理论，解释方法论并不与任何抽象的哲学或社会科学理论的真理挂钩，而是与法律关于法律行动者的可信任性的预设相关。

因为这个主张比起德沃金的理论明显更为温和，所以它与一组更为广泛的信任态度是相容的。人们不需要拥有极为美好的人性图景才能相信个体能够有效地顺从其他人的态度。此外，不同于上帝之眼的方法，这个主张必然尊重法律的信任管理功能。因为它的主要指示是顺从于规则所预设的信任态度，规划者方法绝不会批准那些与信任与不信任的制度分配不一致的解释方法论。

正如我在上一章最后所主张的，查明一个制度对信任的有效配置的恰当方式是，确定法律官员为什么接受或声称接受该制度之规则的理由。在一个权威体制下，大多数官员赋予该制度的设计者以极高的权威或判断力，这些设计者的态度就会决定该制度对信任的有效配置。相反，在一个机会主义体制中，当前官员的态度会决定它对信任的有效配置。为了简便起见，我们集中关注权威体制。为了能与机会主义体制相适应，把接下来讨论中的“官员”替换为“规划者”，通常就足够了。元解释在习惯性法律制度中应该如何开展，是这章最后要解决的问题。

角色的重要性

到目前为止，我提出了以下元解释原则：解释者在解释中被赋予的裁量权，应与他们在制度对信任的有效配置中被赋予的信任相当。注意，这个原则有如下隐含意义：因为对信任的有效配置很少是平等主义的——某些群体在某些领域中比起其他群体会更受到信任——那么如果一种方法论对该制度的每一个子群体都是恰当的，这一点就很奇怪。完全可能的是，一种高度裁量性的方法论会适合于某些官员，而一种高度限制性的方法论适合于其他官员，其他第三种方法则适合于公民。因此，严格来说，没有对法律文本的正确解释这种东西。法律解释总是**与行动者相关的**(actor - relative)：一个文本只有在关联于行动者及他在制度对信任的有效配置中的特定位置的时候才能得到正确地解释。因此，元解释者必须始终谨慎地全方位维持他在制度中的位置，并调整他的解释方法，以便与被赋予的信任程度相协调。

尽管我提出的这个元解释原则有一些优点——比如，它认真地对待所有规划者的信任态度——但它仍然太过粗糙。正如上面所概括的，这个原则基于他们授予的解释裁量权的量，而非类型来选定方法论。但是既然不同的方法论可能授予解释者相似程度的裁量权，只是遵照制度对信任的有效配置，可能并不能产生一种独特的解释方法论。举例说，我在后面也会说明，某些类型的文本主义会授予解释者同某些目的主义类型大致相同程度的裁量权。我提出的原则不能告诉我们在这些方法论之间应如何选择。

因此，一种更为有力的原则就变得必要。回想一下，根据规划理论，法律制度是解决道德难题的事业。法律规划者带着这样的理解，即行动者的贡献会促进法律的基本目标的实现，而把角色分派给他们。我主张，恰当的解释方法论不只是决定于行动者被赋予的信任水平，也包括他们的角色。我们假定行动者拥有他们的制度的设计者归于他们的能力和品质，那么在一个特定的法律制度中，一种解释方法论只有在它能最佳地促进行动者受托实现的目标的时候，它对于解释者才是恰当的。

根据规划理论，元解释者必须完成三个任务。第一，他必须确定不同解释方法论的基本属性。举例来说，他必须试图查明某些方法论要求大量的专业知识才能执行，还是只需相对较少的专业知识，以及它们是否容易被滥用或者难以操作。第二，元解释者必须努力从特定法律制度的制度结构中提取某些信息：规划者对某些行动者的能力和品质的态度，以及他们受托以实现的目标。最后，元解释者应该运用从前两项任务中收集到的信息，来确定恰当的解释方法论。他必须明确，根据所提取的信任态度，哪种解释方法论能最佳地促进被提取出来的目标。

与这三个任务相应的是元解释的三个基本阶段，我把它们称为“设定条件”“提取”和“评估”。在每一阶段中，元解释者试图回答以下问题：

1. **设定条件**——要执行不同类型的解释程序，需要何种能力和品质？

2. **提取**——（1）规划者相信行动者所拥有的何种能力和品质，使得他们对行动者委以重任？（2）规划者意图各类行动者促进和实现哪些制度性目标？

3. **评估**——假定行动者拥有被提取的能力和品质，哪种程序最佳地促进和实现了行动者意在促进和实现的制度性目标？

设定条件

元解释只有在如下假定的基础上才能开展，即至少在一些解释方法论之间存在着重大的差异。在很大程度上，规划理论将这些区别性特征归结为方法论施加给解释者的各样的智力和道德要求。不同解释程序的执行要求不同类型的能力和品质，或者要求相同的能力，但有较低和较高的程度差异。〔2〕

为了把任意一种方法论的前提条件分别出来，元解释者必须依赖于他对某些智力活动所需的知识、技巧、才能、性情和个性的判断。元解释者必须反问自己如下问题：要成功执行一种特定的程序，需要何种类型和水平的专业知识？让其他人来发现有程序错误或滥用的情形，有多么困难？哪种方法论产生出程序不当的表象，即使它们实际上并不存在？要回答这些问题，元解释者必须始终放眼于制度语境。在一种语境中需要极高的正直品性才能成功实施的解释方法论，在另一种语境中可能需要得极少。因此，元解释者可以预测到，即使是一个不值得信赖的人，在一个寻求对裁量权之滥用进行审核和控制的机制中，也可能会认真地遵守一种具有高度裁量性的方法论。〔3〕

元解释争论通常在设定条件阶段开展并分出胜负。因为证立一种

---

〔2〕 我们要牢记，一种解释方法论赋予解释者的裁量权的程度在所有法律文本中并非是一个常数，而毋宁是被解释的文本的一个函数。举例说，一种文本主义的方法论在详尽的规则的情形下会严格限制裁量权，但在存在一般标准的情形下，则会赋予较大的裁量权。

〔3〕 比如说，司法应该尊重行政机关的制定法解释——所谓的谢弗林尊重原则（*Chevron* deference）——的一个主要的正当理由是，行政机关在政治上以多种方式担责，而法院不是这样，因此行政机关更容易被信任做出负责任的解释，并以此方式来行动。参见 Chevron v. National Resources Defense Council, 467 U. S. 837, 865 – 866。

要求低的方法论更为容易，所以特定解释风格的支持者就倾向于把成功实施所需的能力和品质的程度降到最低，尽管批评者更重视这一程度。举例说，目的主义者一贯地贬低寻求立法者意图所带来的操纵和自欺的风险。里德大法官（Justice Reed）甚至于主张，法官对于“解释会不自觉地受法官个人观念之影响”〔4〕这种危险的警觉，会大大降低它所带来的威胁。在其他案例中，他们承认自由解释所产生的危险，并支持使用额外的意图证据，最主要的是立法史，以限制司法裁量权。他们主张，要求法院参考关于立法史的铁的事实来证立他们的解释，会防止法官把他们自己的政策观点伪装成立法意图的外衣。“卓越的法官总是会出现在我们中间，”较早的拥护立法史解释的学者詹姆斯·兰蒂斯（James Landis）承认道，“但我们的努力应该是限制他们的倾向，而非任由他们发挥自己的风格……”〔5〕

相反，当代的文本主义者嘲讽这些判断，认为它们在心理学和政治上是幼稚的。根据伊斯特布鲁克的主张，“那些生活在某个时代，能够不失精准地‘探查到法律制定者的心思并想象出他们希望法律如何适用’的法官，其数目屈指可数”〔6〕。使用立法史作为限制工具的做法也受到严厉的批评。文本主义者相信，立法史非但没有限制法官，反而只是给予法官另一条途径，让他们可以以此来确认自己的主观政治偏好。正如斯卡利亚大法官所表达的观点：“立法史的可操

〔4〕 United States v. Am. Trucking Ass'n, 310 U. S. 534, 542 (1940).

〔5〕 James Landis, “A Note on ‘Statutory Interpretation,’” 43 Harvard Law Review 891 (1930).

〔6〕 Frank Easterbrook, “Statute's Domain,” 50 *University of Chicago Law Review* 550 - 551 (1983).

纵性并没有**取代**其他技术的可操纵性；相反，它只是**强化**了它们。”〔7〕

提取

作为解释（explanation）的提取

一旦不同解释方法论的智力和伦理先决条件被确定，元解释者就必须评估，从制度视角来看，解释者和其他行动者是否具备有效实施这些方法论的能力和品质。根据规划理论，信任的制度性观点是由当前法律规划者所持有的信任态度所决定的。因此，元解释者必须要努力发掘出规划者关于恰当的信任的态度，这种态度内嵌于他们的制度安排之中。

根据这个模式，提取在本质上是一个解释性的过程。元解释者试图证明，一个制度的特定制度结构部分上是基于如下事实，即设计该制度的那些人对相关行动者的可信任性持有一些观点，并把一些权利和责任委托给这些行动者。从这个实践中提取的观点，就是对指引该实践的**文本**的制定和采纳做出最佳解释的那些观点，因为正是这些行动制定出规则。规划理论因此与德沃金式的元解释形成鲜明对比，这体现在它并不试图在道德上证立从法律文本中所得出的那些原则。只

〔7〕 Antonin Scalia, *A Matter of Interpretation: Federal Courts and the Law*, ed. Amy Gutmann, 36 (Princeton: Princeton University Press, 1998). 反文本主义者反击说，没有一种解释方法论能限制极为恣意的法官的出现，因为每一种方法都会预设其使用者已经具备一定程度的诚实和正直，文本主义者不能通过指出这种可能性，即有些法官会滥用某种方法，而谴责非文本主义的方法，因为文本主义方法同样会面对这种可能性。例如参见 Richard Posner, "Statutory Interpretation—in the Classroom and in the Courtroom," 50 University of Chicago Law Review 817 (1983)。

要证明某些原则解释了该实践目前所形成的状态便已足够。

“提取”这个术语本身意在突出一个关于规划者态度的相关性（relevance）的关键事实：他们对行动者的可信任性的观点与权威文本的实际设计和采纳有着因果关联，只有在这个程度上，他们的观点在法律上是有意义的。因此，并不是每一个关于制度规划者所怀有的恰当信任的判断都与元解释相关。设计者是易于信任别人的，这个纯粹的事实并不重要——如果这些判断不能通过权威文本的制定和采纳而镶嵌到制度结构之中，那么从法律上讲，它们就是无关紧要的。

在我们展开之前，让我们依次做一些限定。回想一下，法律活动是社会规划活动，社会规划的结果通常是公众可知的。那么，由此可以推出，如果法律的内容最终由设计者的判断所决定，那么这些判断本身必须是公众可知的。因此，纯粹的个人判断，不能被视为元解释的决定因素。

关于信任的判断可以通过很多方式而为公众所知。最明显的方式是通过明确的表达。设计者可以做出说明，某措施将会、正在或已经得到如此这般理由的支持。表达也可以是隐含的，正如设计者为一项措施进行投票，该措施包含关于该规定之证立的陈述。或者设计者关于能力和品质的判断可以直接通过为某项措施投票而揭示出来，很像一个人对啤酒的渴望是通过在酒吧点一杯啤酒的行为所表明出来一样。因此，如果起草或表决一个法案，该法案极为繁复和细致，其中包含的指令极少出现道德概念，且违反它们会引起严重的制裁，那么它就表明对立法者角色的不信任态度。类似地，如果制定和批准一部集中式的宪法，该宪法广泛授权行动者来进行自上而下的社会规划，那么就表明了宪法设计者对于那些被授权的行动者的信任态度。

这里也需要说明的一点是，在提取过程中，元解释者始终寻求揭示**共享的**信任态度。既然法律设计通常是共享行动的结果，那么要让每个参与的设计者都对行动者的可信任性都持有完全相同的态度，这是不可能的。举例来说，假定宪法制定者不是基于相同的理由而都拥护激进的辉格党主义，是合理的。有一些人基于个人经历而对人性失去信任〔8〕，另外一些是因为他们的加尔文主义神学背景〔9〕，而其他人则是因为它是当时的正统观念。〔10〕然而，在元解释中真正重要的是，尽管他们是基于不同的理由，但他们都持有不信任的态度，并且这些态度作为原因促发了他们的官方行动。〔11〕

然而，元解释者必须对如下可能性保持警醒，即一个法律制度的设计者们并不共享同样的信任图景，或者他们共享的图景太过笼统，以至于只排除了那些最古怪的解释方法论。在这些情形中，在关于信任的问题上，元解释理论并没有太多发言权。幸运的是，信任并不是唯一的元解释决定因素，正如我们在后面将要看到的，即使信任问题不再发挥作用，元解释理论仍然可以给出独特的建议。

---

〔8〕 例如参见第十一章的注释59。

〔9〕 See Marci Hamilton, "The Paradox of Calvinist Distrust and Hope at the Constitutional Convention," in Christian Perspectives on Legal Thought, ed. Angela Carmella, Robert F. Cochran Jr., and Michael W. McConnell (New Haven, CT: Yale University Press, 2001).

〔10〕 例如参见第十一章的注释6。

〔11〕 在这部分描述的提取过程与罗尔斯对“重叠共识”的寻求有着明显的相似之处。例如参见 John Rawls, *Political Liberalism*, 2d ed. (New York: Columbia University Press, 2005)。然而，这里的重叠共识与信任的态度相关，而非正义原则。前面对于法律设计的描述也与桑斯坦提出的一种法律观相似，即把法律视为一系列“未完全理论化的协议”。108 *Harvard Law Review* (1995) and Cass Sunstein, *Legal Reasoning and Political Conflict*, chap. 2 (New York: Oxford University Press, 1996).

绝对判断 vs. 相对判断

在提取的过程中，元解释者要在关于行动者可信任性的不同类型的判断之间做出区分，这一点至关重要。最重要的区分是绝对判断和相对判断。关于可信任性的“绝对”判断关注的是个体对于另一个人的能力和品质的信心水平。另一方面，关于可信任性的“相对”判断关注的是，对于另一个人的能力和品质，**相比于**第三者而来的信心水平。因此，关于某人能力的消极绝对判断，在对另一个能力稍差的人进行评估的时候，就能与关于这些能力的积极相对判断兼容。我对自己面对美国棒球大联盟投手打出全垒打的能力没有什么信心。但是如果我的三岁女儿有机会这样做，与她相比，我对自己面对联盟投手打出全垒打的能力就信心大增。

当一个制度的设计者基于对一个人的可信任性的积极绝对判断而把权威分配给他的时候，我会说该制度赋予该个体以“高度的绝对信任”。建立在消极绝对判断基础上的分配则赋予该个体以“较低的绝对信任”。类似地，当一个制度的设计者把权威分配给一个个体，而显著地多于（或少于）另一个个体的时候，我们说与另外一个个体相比，该制度赋予该个体以高度的（或较低的）相对信任。

当检视一种法律制度的时候，元解释者需要小心，他们不能从某些个体得到广泛授权这个简单的事实，就推断出该制度赋予他们以极高的绝对信任。这种授权可能只是表明，比较于该制度的其他行动者，被授权者得到了明显更高程度的信任。举例来说，在美国宪法中联邦政府被赋予大量的权力，这个事实并不表明建国者对人性持有特别积极的绝对判断。相反，它恰恰表明了对立的一面：因为选民是不可信任的，所以他们认为应该把权威从选民权力的主要发生地，即州政府，转移出来并分配至一组不同的机构之中。在一定程度上，联邦政府被赋予比州更高一些的相对信任，这部分是因为人们认为国家层面的政府会由有着更高才干的政治家所驾驭。然而，这种对精英的边际性信心并不充足，这点可以从宪法制定者对联邦权力所施加的多种限制和保障那里得到证明。这里的寓意是，高度的相对信任与较低的绝对信任是相容的，反之亦然。

一般判断 vs. 特殊判断

元解释者也必须区分关于可信任性的一般判断和特殊判断。关于可信任性的一般判断涉及的是个体的基本心理特征：他们的智力、内驱力和性格，等等。相反，特殊判断则关注的是特定场合下的特定行动。积极的一般判断与消极的特殊判断是相容的。有人可能相信法官一般来说是非常聪明且值得尊敬的，但他们并非是极为出色的经济学家。类似地，有人可能信任另一个人在某种场合做出某种行动，但却不信任他在相同场合或另一种场合下所做的另一种行动。美国食品和药物管理局（FDA）可能被信任来监管药物测试，但不会被信任去为通讯事务分配电磁波谱。

元解释者必须警惕这种可能性，即环境的变化会挑战关于可信任性的特殊判断与元解释的相关性。举个例子，在十八世纪晚期和十九世纪大部分时期，美国法院一般都遵守英国的“无追索权”规则，并在解释法规的时候避免援引立法史。〔12〕因为关于立法程序的详细

---

〔12〕 英国的对立法史“无追索权”的规则最初在 Millar v. Taylor [1769] 3 WLR 1032 中被提出来。美国法院对“无追索权”规则的坚持，参见 Hans Baade，“‘Original Intent’ in Historical Perspective：Some Critical Glosses，” 69 *Texas Law Review* (1991)。

记录没有被保存，也因为法官没有牵扯入立法过程之中，人们认为他们不能被信任去使用既有的立法材料。然而，当立法机关开始保存大量的记录，并且印刷技术改善了它们的可获得性的时候，法官们在这个问题上就不再那么不可靠了。〔13〕一个十九世纪晚期的元解释者可以言之凿凿地做出结论说，既然人们对法官的智力和教养赋予如此高的绝对信任，并且可靠的记录更加容易获得，那么对于法院在立法史问题上所受到的特别的不信任不应该再保留在元解释之中。〔14〕

提取的范围

为了保持恰当的元解释的中庸性（modesty），规划理论并不要求每个元解释者都对整个的制度结构进行大规模的探究。在认真地开始提取之前，元解释者必须首先弄清楚一个制度对信任的有效配置的哪些部分应该作为被提取的目标。根据德沃金的主张，**每一个**元解释者在确定解释方法论之前，都要调查**整个**法律制度并确定符合和证立该制度的一组**完整的**道德原则，不同与此，规划理论要求每个元解释者首先评估是否要把自己限定在制度区域内，还是实质性地超越该制度的信任配置对他的定位。提取的范围是由作为元解释者角色之基础的信任的特殊判断所决定的：粗略地讲，信任越多，提取的范围越广。因此，做出如下主张是合理的，即警察在决定如何解释他们所适用的法律的时候，不应该考虑棘手的宪法结构问题。一个警察通常面对的

---

〔13〕 立法机关大约在18世纪中期开始记载立法辩论的口头实录。政府对国会记录的印制开始于1873年。波普金主张，这些记录日益提高的可靠性和可得性导致立法史在制定法解释中最终被接受。参见 Popkin, *Statutes in Court*, 122。

〔14〕 一个元解释者应当如何处理环境的变化，这本身可能依赖于设计者对于元解释者的态度。如果该制度赋予元解释者较高的绝对信任，那么他就享有更多的灵活性，使基于落后的环境而做出的特定判断无效。类似地，较低的绝对信任则会阻止这种举措。

是整体政制的一小部分，人们并不期待他能全面地理解赋予制度以生命的那些基本原则，以及这些原则如何与他在执法中的特定角色相互作用。对于他来说，涉及他的特定职务的信任问题，尽管是次要的，但比起与他没有太多关联的那些核心问题有着更多的相关性。相反，联邦法官在该制度的运营中扮演着核心角色。他们必须要理解整个制度如何运作，以及不同的规则之间如何相互关联。对于他们来说，元解释性视角往返贯穿于整个制度图景之中。

通过使用“提取”这个词，我并非意在表明元解释者必须只能通过检讨确立法律制度之结构的文本来获取设计者的观点。在很多情况下，他们的观点是显而易见的。法警知道制度的设计者对法官的信任多于他；他不需要（也不应该）查阅宪法或《联邦党人文集》来加以确认。但在其他情况下，更为细致的历史调研是必要的。正如我在关于德沃金的理论的讨论中所主张的，历史证据能够确认对美国制度的理性重构会表明什么，也就是说，早期美国共和国的设计者关注的是官员和公民的可信任性，并形成核心的宪法原则以反映这些态度。在对设计者关于信任的态度进行提取的时候，公共辩论的文本，以及关于时代思潮的文化作品，通常能为重构一个制度对信任的有效配置提供极为宝贵的辅助。

整合

然而，在一种意义上，“提取”这个术语易于误导人。因为随着时间流逝，法律制度通常是经过诸多个人的努力而建立和重建的，所以若能发现关于作为全部法律文本之基础的信任的一系列融贯的观点，会是非常让人惊讶的。一般来说，元解释者的任务不只是**恢复**这些迥异的信任态度，而是把它们**整合**（synthesize）进一个理性图景之中。因此，一个制度对信任的有效配置是在元解释中被建构出来的，而不只是被发现出来的。因此我愿意通过对管理这种整合的原则做一点说明，而对本部分做出总结——尽管由于篇幅限制，我的讨论会是非常有限的和推测性的。

正如在普通的法律冲突情境中，渊源是做出信任判断的最重要的决定因素。在宪法优先于制定法的制度中，宪法条款背后的信任判断胜过潜在于成本法文本中的各种各样的判断。那么，在像美国这样的制度中，法官通常不需要在对宪法进行探究之外再做什么，因为从这些基本条款中提取出来的判断会优先于所有其他判断。

然而，当迥然不同的判断从相同位阶的渊源中形成的时候，困难就会出现。举个例子，思考一下在美国第十四修正案和之前的修止案之间出现的冲突。第一修正案最初是建立一些积极的相对判断的基础上，这些判断关乎相对于联邦政府的州政府的可信任性。赋予宪法结构以生命的基本观念是，州立法机构比国会更有能力来促进它们的公民的一般福利，因为它们更容易获得信息，有着更具响应性的政治基础，以及比起国会更不可能侵犯基本自由，因为它们有着相对少的权力。因此，州政府获准保留警察权，并豁免于权利法案。另一方面，只有在集体的国家行动被认为是优于个别州行动的情况下，国会才被授权来采取行动，并不得以侵犯某些基本权利的方式来立法。

第十四修正案是建立在不同的、与之冲突的一系列相对判断的基础上。因为关于州立法机关的可信任性及它们保护基本自由的能力的传统态度在内战之后不再能维持，所以第十四修正案不仅通过平等保护条款对州立法施加了实质性限制，也授权国会通过联邦立法来保护平等和其他宪法权利。因此，第十四修正案采取的信任态度，与作为前十二条修正案之基础的信任态度相抵触。如何解决这种冲突？

我的建议是，我们以与科学哲学家对待不一致的理论的修正所采取的大体相同的方式，来处理相冲突的信任判断的整合问题。〔15〕举例来说，当一个科学家面对一种与公认理论相抵触的极为可靠的证据的时候，他就不得不根据相反的数据而调整他的理论。在哲学文献中，整合这些相冲突的要素的通用方法被称为“最低限度的”修正：科学家应当尽可能少地放弃其理论，以便实现一致性。因此，科学家应该努力保持理论的中心前提——用拉卡托斯（Lakatos）的一个有用的术语来说是“核心（hard core）”〔16〕——但要丢弃更多的次要要素以重新建立一致性。当然，人们可能难以让核心保持原封不动，在这种情况下有一些核心要素就不得不被修正。但在大多数情形下，这种革命性的改变并非必要，并且对更为边缘的要素的调整能确保实现一致的整合。

类似地，我们把作为制度安排之基础的信任态度视为一种“信任理论”。这一理论确定了各种假设，这些假设关注个体的一般能力和品质，以及特定环境如何影响他们的可信任性。当法律制度的一种修正把相冲突的信任判断注入该“理论”的时候，那么元解释者就

---

〔15〕 例如参见 W. V. O. Quine, “Two Dogmas of Empiricism,” *The Philosophical Review* 60 (1951)；Donald Davidson, “On the Very Idea of a Conceptual Scheme,” in his *Inquiries into Truth and Interpretation*, 2nd ed. (Oxford: Oxford University Press, 2001)；Isaac Levi, *The Enterprise of Knowledge: An Essay on Knowledge, Credal Possibility, and Chance* (Cambridge, MA: Massachusetts Institute of Technology Press, 1983)；Peter Gardenfors, *Knowledge in Flux: Modeling the Dynamics of Epistemic States* (Cambridge, MA: Massachusetts Institute of Technology Press, 1990)。

〔16〕 Imre Lakatos, *Methodology of Scientific Research Programmes*, ed. John Worrall and Gregory Currie (Cambridge: Cambridge University Press, 1980).

应该做出最低限度的修正：他应该通过保留最新确定的判断，并尽可能少地修正之前的判断以使它们能一致，来整合关于信任的判断。因此，在前面的例子中，与第十四修正案相关的态度会保持不变，而与前十条修正案相关的判断将会得到最低限度的修正，以确保一致性。因此，一种合理的修正会是这样，州立法机关被认为是在提供一般公民福利，而非在保护他们的基本自由这个问题上，比国会更加值得信任。〔17〕

根据这个解读，第十四修正案的批准给美国的对信任的有效配置带来了一个重大的“再分配”。信任从州那里被再分配至国会，从而使联邦政府，而非州政府，现在受托承担保护人们的基本权利的责任。人们可能也会合理地主张，第十四修正案带来了涉及到国会和联邦法院的信任关系的根本改组。尽管国会在以前被视为自由的主要威胁，法院被视为防止国会渎职的首要保障，但新的体制赋予国会和法院以相同的信任来保护基本宪法自由。正如道格拉斯·莱科克（Doug Laycock）所主张的，“国会没有把内战的成果托付给滥用裁量权的最高法院，正是该法院做出了斯科特案（Dred Scott v. Sanford）的判决……该修正案把实施新权利的独立责任同时授予给国会和法院。”〔18〕这种整合的元解释结局会是，除了最高法院，国会也拥有独立的权威，来通过该修正案第五款的执行权对宪法自由的范围进行解

〔17〕 实际情况显然会比这个例子所表明的要复杂得多。很显然，罗斯福新政之后联邦权力的扩张表明，在促进一般福利这个问题上，人们对国会有着更为积极和复杂的态度。为了展示被提取的信任观点的整合是如何进行的，这个例子被刻意地简单化了。

〔18〕 Douglas Laycock，“Symposium：Reflections on City of Boerne v. Flores：Conceptual Gulfs in City of Boerne v. Flores，” 39 *William and Mary Law Review* 765（1998）. 莱科克主张第十四修正案的原初含义支持这种观点。See 766.

释。把为其他政府分支解释宪法的独有权力授予最高法院的做法，因此就会与后内战时期的对信任的有效配置不一致。[19]

目标

在对法律设计者的信任态度进行提取之后，元解释者就承担着对各种行动者受托实现的目标进行提取的任务。这种提取能以与前面大致相同的方式而完成：元解释者对为什么法律文本分配某些任务给某些个体的问题，寻找到最佳的解释。[20]再一次，元解释者无需证明这些目标从上帝之眼的观点来看是道德上值得追求的——只要制度设计者把权利和责任分配好，从而使个体可以实现某些目的，那么那些目的就是与决定解释方法论相关的唯一目的。

当元解释者是法律官员的时候，提取就会集中在他的角色上。换句话说，他会着手决定他在社会规划的共享活动中应扮演何种角色。有时候官员的角色是很显而易见的。法警理应维持法庭的秩序。其他时候，一个官员应实现的目标却是非常有争议的。举例来说，在民主社会中，法官的角色是什么？是执行公民遗嘱，保护少数人权利，促进社会正义，与立法者合作，监督立法者以确保它不会损害政治代议制，强制执行利益群体之间的交易，裁决纠纷，或者这些功能的组合吗？不同的人对这些问题做出不同的回答——我们将会看到，这一点对元解释争议有着重要的意义。

---

〔19〕 最高法院在 City of Boerne v. Flores, 521 U. S. 507 (1997) 一案中，以5比4 的表决结果拒绝了这种整合。

〔20〕 这一节前面提到的一个限定要求在这里正合适：设计者可能会主张把特定任务分配给行动者，为了实现某些目标，即使他们私下相信这些任务实际上会实现不同的目标。对于信任判断的提取这个问题，规划理论要求元解释者接受被声称的，而非实际的目标。

正如中庸性要求关于信任的判断应确定对信任的有效配置进行提取的范围，它同样也要求这些判断被用来为提取法律行动者应实现的目标而划定界限。元解释者在提取目标的时候，应在何种深度和广度上进行探究，这个问题依赖于该制度在其他方面给予解释者信任的程度。狱警不需要理解他的工作所实现的终极目标，无论是惩罚恶者，震慑犯罪，实现民主意愿，还是让那些建设监狱的人发财致富。他只是受托来完成一些有限的任务，因此应该只集中于与他的角色相关的一些相对具体的目标，比如防止犯人逃脱，保护他们不至互相伤害。另一方面，那些被赋予更多信任的人，比如法官、高层行政官员以及立法者，则应对宪法文本进行探究，并把与他们在制度中的要职相关的更为一般和长远的目标提取出来。

关于信任的判断会对普通公民的提取范围产生最大的影响。因为要对调整他们行为的法律文本所服务和实现的所有目标和价值进行思考，这一点显然超出了非专业人士的能力范围。当然，在有些情形中，法律的目标是很明显的。规制机动车辆之使用的规则很明显是被设计来提高安全性的（尽管这并不是他们设计的所有规则要实现的目标）。在规制的其他领域中——税收、安全监管、买卖法和产品责任等——它们的目标就没有那么清晰，且通常是复杂的。因此，由非专业人士对制度的整体规划做出全面的提取，这一点与大多数制度对信任的有效配置是不符的。

评估

因为规划理论把法律制度当成意在实现某些政治和道德目的的规划制度，因此它根据它们实现这些目的的能力而对解释方法论进行排序。然而，在评估它们的潜力的时候，规划理论增加了一项关键的附带条件：它主张对方法论的评估要在从当前制度安排中提取的信任的背景下进行。**假定**解释者和其他一些行动者具备被提取的能力和品质，那么只有在一种解释方法论最佳地促进法律行动者受托实现的目标的时候，它对于解释者才是最合适的。

要对解释方法论做出评估，元解释者就要进行一种思想实验：对于任何一种给定的方法论，他要想象，如果解释者主张自己在解释法律文本的时候遵守了这种方法论，并且具备设计者归给他和其他人的能力和品质，那么这个世界会是什么样子。如果有些世界是如下情形，比如解释者主张使用高度裁量性的程序，但他们却是极不可靠的，那么在这些世界中这些程序通常就会被轻视。在其他世界中，如果可信任的解释者主张使用限制性程序，那么在这样的世界中，这些程序会得到常规地和忠实地执行。

在进行这项思想实验的时候，元解释者根据想象情境中解释方法论的表现而对它们进行评级。方法论 M 排名在方法论 N 之前，因为在想象情境中，在 M 被主张遵守的情况下，法律行动者受托追求的目标比起 N 被主张遵守的情况下能够得到更好地实现。在所有方法论都被考虑到的情况下，排名最高的解释方法论是特定法律制度的恰当方法论。在并列的情况下，排名最高的那些程序都被视为恰当的，并且在它们给出了不同的结果这个意义上，法律在这些相冲突的观点上是不确定的。

竞争

我们已经看到，信任的态度在元解释争论中极为重要。元解释者通常对一个制度对信任的有效配置进行探讨，以确定出恰当的解释方法论。如果规划者和元解释者之间的关系是信任关系，那么可以推断出裁量权是增加的；这种关系越是怀疑的，我们就能推断出越多的限制。

然而，信任态度不是需要纳入考虑的唯一考量因素。社会规划者之间的竞争关系本身也是一个重要的决定因素。之所以这样，是因为法律规划不只管理信任；它们也管理冲突。我们前面已经说明，规划是解决政治争议的极为有用的工具。当规划发挥冲突—管理功能的时候，我现在要主张，规划关系越具有竞争性，解释方法论就越受限；相反，社会规划的实践越具有合作性，则更多的解释裁量权就会得到许可。

要说明这一点，让我们假定某个市议会通过一项禁令，禁止带狗进入餐馆。这项规定由餐馆老板的大量投诉所促成，他们认为把动物带进餐饮区域的做法既不卫生也影响食欲。既然议会成员在这些是非上赞同餐馆老板，他们就一致地批准了一项法案，其规定："任何人禁止带狗进入餐馆。"

想象一下，有人试图带他的狗进入该市的一家学校餐厅。校长要求这个人带着狗离开，于是狗的主人起诉校长违反了他的公民权利。问题摆在了法官面前：一个学校餐厅是否是市政规定之意义上的"餐馆"？再想象一下，这个法律制度不是一个特别充满不信任的制度，因此不存在基于信任的理由可以用来否定法官的解释裁量权。那么人们可能做出的一种可靠的论证是，法官应当目的性地解释该规定。既然这项禁令是由这种信念所促成，即带狗进入餐饮区域的做法既不卫生也影响食欲，那么如果把它也适用于学校餐厅，该规定的目的会得到最佳的实现。

现在，让我们稍微地改一下这个例子。假定市议会的意见分为两派，一派相信带狗进入任何销售食物的区域的做法，包括餐馆、超市和熟食店等，都既不卫生也影响食欲，另一派是爱狗族，他们认为钟情于犬类的美国人也享有权利。再想象一下，人们达成了一个妥协，只有在餐馆中人们被禁止带狗进入。在这个修正版的情节中，把禁令适用于学校餐厅的做法就变得有问题。这个规定的目的不是要改善所有销售食物的区域的卫生和饮食条件。毕竟，实现这一目的的规定被否决了。相反，当前禁令是对立的两股力量之间的妥协。把该禁令适用于学校餐厅的做法，会使该规则越过协定的中间地带，因此就扰乱了既有的妥协。

概括而言，我们可以说，社会规划的过程越具有竞争性，引向文本主义的力量就会越强烈。至少有两个理由来解释这个相关性。第一，当规划者就目标和价值产生分歧的时候，他们达成的解决方案很可能是建立在关于目标的微弱共识的基础之上。实际上，这个妥协可能只是建立在“要达成一个协议”这个共同的需要之上。如果没有值得实现的充足目的，目的解释就变得不切实际。第二，在没有关于目标的广泛和深层的共识的情况下，社会规划就不能采取自上而下的路径。如果缺乏在广泛的社会政策方面建立共识的资源，那么社会规划就必须通过解决个别争议来实现。因此，以一种更为普遍的方式来扩展这些个别性解决方案的做法，就会对这些方案自身造成破坏。拔高规划之树的做法会使一方的力量变得强势，从而超出它在社会中在讨价还价中确定的力量额度，因此会破坏法律的冲突管理功能。

在前面一节，我们看到了伊斯特布鲁克所展开的这些类型的论证。伊斯特布鲁克对寻租立法和公共利益立法做出了区分，并主张，考虑到决策制定的竞争性，文本主义适合于前者。杰里米·沃尔德伦（Jeremy Waldron）提供了另外一种论证，支持后一种情形下的文本主义。〔21〕沃尔德伦主张，即使官员是极为可信任的，并基于“正确”理由而行动，他们的审议的竞争性也促成了法律文本在解释中的优先性。

沃尔德伦把他的论证建立在对现代民主法律制度的精致解读的前提之上。根据沃尔德伦的意见，民主决策最好被描述为在普遍分歧面前对解决方案的寻求。尽管面对着关于正义、权利和价值等问题的广泛冲突，政治行动者仍然必须决定如何在一起行动。民主机制被设计来促进对立立场的代表们互相协商，并在具有道德重要性的议题上形成地方性共识。

正如沃尔德伦所指出的，现代立法机构是庞大的、多重成员结构的议事机构。他们旨在代表大量的政治观点，并使立法者能够在重要的公共政策议题上为各种各样的选民代言。因为政治审议不是小范围的志同道合者之间进行的亲密交谈，所以这些议事机构中的论辩是由正式的议会程序规则所管理的。这些政策为公共审议提供框架，保证大规模的讨论能够发生。它们决定了论辩如何提起和总结，谁有权发言，谁可以打断，谁设定议程以及如何设定，以及投票在何时以何种形式进行，等等。

沃尔德伦特别强调了“文本性”在议会辩论中发挥的作用。为了能够参与立法讨论，立法动议必须采取成文形式，然后才能被提

〔21〕 Jeremy Waldron, *Law and Disagreement*, chap. 4 (Oxford: Oxford University Press, 1999).

起。讨论中的决议如需改动，则必须要辅之以动议的成文修正版，并提交给议事机构以获得批准。沃尔德伦主张，立法动议的文本性对于组织涉及多种观点的大规模讨论来说是至关重要的。在一小组互相了解的志同道合者之间所进行的辩论中，模糊的提议可能是合适的。然而，在缺乏关于政治信念和价值的共享理解的情况下，让一个人的观点表达明确是非常重要的。“如果有人以一种互相默契的人才使用的友好方式说，‘拜托，你知道我的意思’，那么人们很可能这样回答：‘不是，我并不知道你的意思是什么。你最好把它跟我讲清楚。’”〔22〕

最后，多数决的决策方式对于深层争议之中的冲突的解决是必要的。因为在很多不同的观点被代表的审议环境中，规范性问题上的共识在实践中是无法达到的。正如沃尔德伦所指出的，多数投票能够解决有争议的原则问题，因为它是一种“独立于内容”的程序。胜出的提议是通过计算票数确定出来的，而非通过思考作为该争论之基础的那些是非曲直。

沃尔德伦主张立法机关和政治审议的结构实现了一种独特的相互尊重的价值。在当代民主制下，对立和冲突并非是被捂着掖着(shoved under the rug)。在进行投票之前，争论四处弥漫。另外，多数决的决策程序并没有使失败的一方声名受损。当一方没有获胜的时候，其成员至少知道他们的观点在政治较量中被赋予了平等的分量，并且他们的失败并非意味着对他们的主张和价值的完全摒弃，从而可以得到安慰。他们可能在一场政治斗争中失利，但他们可以继续为另一场而奋斗。他们可以为自己的立场和统治提出更好的和更有说服力

〔22〕 同上，74。

的主张，以保证在下一次竞争中获得胜利。

沃尔德伦相信，这些考虑为文本主义提供强烈的支持。在一个由政治、公平和价值诸原则的深层分歧所分裂的环境中，在立法的个别条款的目的上形成共识是不可能的。非文本模式的解释需要一些资源，这些资源现代民主制没有，也不能产生出来。更重要的是，赋予立法者的信念、价值、意图、希望和期待以优先性，就会忽视文本在解决对立观点的冲突上所发挥的重要性。立法的文本性对于“确保所有参与者都在同一起点上”这一点来说是必要的。脱离共同文本的做法，就是不尊重观点的多样性和民主制用来回应这种多样性的技术。

如果从规划理论的视角来看，沃尔德伦对文本主义的支持尤为有趣，因为他的元解释论证植根于制度设计的考量。换句话说，对多样性的尊重支持文本解释，不是因为从上帝之眼的观点来看它是一种重要的价值。相反，正如沃尔德伦所证明的，文本主义以立法机关和民主审议的结构为先决条件，即议会的规模、议会程序规则、决议的文本性和多数决的决策形式等。

我们可以把沃尔德伦的论证重述如下：民主机制的规则旨在解决我们应如何解决争议这个问题。它们要求我们以尊重他人的方式这样做，比如所有观点都应得到聆听，不能假定每个人都“知道”正在审议的问题，以及在解决争议中赋予每个人平等的发言权。因为尊重的价值塑造了民主决策，所以在解释以民主方式制定出来的规则的时候，尊重这种价值必须得到尊重。因为如果我们在解释法律的时候不尊重它的文本性，立法过程本身所产生出来的尊重就会丧失或严重受损。[23]

理论分歧的可能性

让我们回到德沃金在理论分歧问题上提出的挑战。真的没有实证主义理论能够解释元解释争论吗？

在处理这个问题之前，我们要注意，本章发展出来的元解释理论与德沃金关于元解释的主张有很多相似性。规划理论承认，纯粹事实观点（plain fact view），或者任何其他把解释惯习（interpretive conventions）作为恰当方法论的唯一来源的主张，都应当被拒绝。因为理论分歧充斥于法律之中，所以除了关于哪种方法论是恰当的这个问题的具体社会共识之外，还可以通过其他方式来确定解释方法论。[24]规划理论也同意德沃金的这个主张，即当理论分歧大量存在的时候，恰当的解释方法论的确定需要把目的和目标赋予法律。除非人们把关于解释方法论的分歧（至少部分地）视为关于参与特定法律实践的本旨的争论，否则他们就不能理解这分歧。最后，规划理论与德沃金一样主张，在这些情形中，特定法律制度的恰当的解释方法论主要是以下问题的函数：哪种解释方法论能最佳地促进该制度意在实现的目标。

然而，我们的共识到此为止。尽管解释方法论的确定需要把目的

〔23〕 沃尔德伦并没有明确主张民主机制最初是被设计来实现尊重的价值，以及我们现在遵守这些机制是为了表达尊重。但如果采取其他方式，我们就很难理解他的论证，因为只有尊重这种价值被提出来，人们才会对民主产生尊重。如果尊重不是我们拥有这些程序的理由，那么民主程序就不会被尊重。而如果它们不被尊重，那么对法律文本的尊重就远没有沃尔德伦所相信的那么重要。

〔24〕 应当指出的是，法院有时候也解决理论分歧。例如参见 Edwards v. Canada（Attorney General）［1930］A. C. 124。在这个案件中，枢密院拒绝把原旨主义作为一种恰当的宪法解释方法。

归给法律实践，规划理论当然不会以一种德沃金式的方法，即进行道德和政治哲学探究，来处理这个归属过程。相反，规划理论寻求**社会事实**。有一些目标和价值代表了某个法律制度的目的这个事实，是一个关于某个社会群体的事实；该群体可以通过实证推理而非道德推理而被识别出来。恰当的解释方法论可以通过确定哪种方法论最佳地与一些目标相协调而确立，这些目标是由制度的设计者根据他们对能力和品质的判断而设定的。

这种类型的提议的优点在于，因为解释方法论不需要通过关于恰当方法论的特定惯习而确定，所以它能够解释理论分歧的可能性问题。一种实践的参与者可能会对恰当的解释方法论产生争议，因为对于他们的实践的最佳描述是权威体制还是机会主义体制，以及因此他们应当顺从于谁的判断这些问题，他们意见不一致。即使他们对该实践的一般性质达成一致，他们仍可能对他们可能会对特定方法论所施加的要求，该制度的意识形态目的，该制度对信任和不信任的再分配，或者哪种方法论最佳地与这些目的和关于能力和品质的判断相协调等方面的问题产生分歧。实际上，这一章中充满了这些类型的分歧。

还需要注意的是，这种理论是实证主义式的。因为它把为一种政制赋予精神的思想作为它的试金石，这个理论可能最终会引入一种建立在道德可疑的信念和价值的基础上的解释方法论。举例来说，系争法律制度可能是为了促进种族不平等或宗教不宽容而存在；它可能会体现出关于人性和认知限制的荒诞观念。尽管如此，实证主义的解释者会把这种思想视为给定的，并试图确定哪种解释方法论最佳地与它协调。

正如前述，这种法律解释理论在最重要的意义上是实证主义的，即它把解释方法论植根于社会事实。一个法律制度拥有某种思想形态，是一个关于社会群体的行为和态度的事实。这个理论赋予社会事实以优先地位，不是出于不惜代价拯救实证主义的狂热动机，而是因为，如前所述，它的替代方案与规划的逻辑不一致。把道德上得到证立的可信任性判断和政治目标归给法律制度的做法，会削弱下面两类人之间的基本劳动分工：一类人的角色是要解决这些问题，另一类人的角色是要执行这些解决方案。

那么，实证主义者坚持法律的基础由社会事实所决定，**并且**能够解释关于那些基础的理论分歧，这是可能的，尽管德沃金会反对这一点。我已经试图表明，只要人们对最终决定解释方法论的因素存在共识，哪怕在没有关于恰当解释方法论的特定惯习的情况下，法律具有社会基础的观点仍然可以成立。在权威体制下，只要在大部分当下官员就哪些文本具有法律权威性的问题存在共识，以及在文本制定者和采纳者之间就法律行动者的能力和品质以及他们应当追求的目标存在共识，那么法律就会建立在社会事实的基础之上。解释方法论由这些因素所决定这个事实，不仅使理论分歧是可能的，也能解释为什么这些分歧如此普遍。因为极为可能的是，元解释者会对规划者的共享理解的内容是什么，以及哪种方法论得到它们的最佳支持等问题彼此产生争议。

诚然，这个路径的一个结果是，在没有相关共享理解的情况下，关于恰当解释方法论的争议是无法解决的。即使共享理解是存在的，它们可能极为薄弱（thin），因而在解释性争论中无法对任何一方产生影响。然而，我并不认为这些可能的结果会破坏我针对德沃金的挑战而提出的解决方案。第一，尽管弱的共享理解不能决定出唯一的方法论，但它们能排除某些解释性立场。这些争论可能没有正确答案，但通常有**错误**答案。举例说，我已经论证，德沃金的整全法理论与美国对信任的有效配置是不一致的。我认为我们可以针对理查德·波斯纳的法律实用主义理论做出类似的主张。

第二，我们在上一节已经看到，极为薄弱的共识可能会支持特定的解释方法论。如沃尔德伦所主张的，文本主义对于面对深刻和广泛的原则分歧的各方似乎是恰当的。因为如果对于争论的解决来说，除了解决争论本身以外没有其他目的，那么文本就是他们所共享的以及在决定应该做什么的时候要依赖的唯一事物。

第三，更为重要的是，一种法律理论应该解释理论分歧的可理解性，而无需提供一种解决它们的方案。换句话说，一种合格的理论应当证明，参与者在法律的基础是什么这个问题上彼此产生争议是有意义的。这些争议实际上是否存在一种独特的解决方案，则完全是一件不同的和偶然性的事务。一种法理学理论不应该，实际上也不能仅仅因为参与者认为有一种解决方案，就要求一个方案。

再论死刑问题

在第一章中，我们指出死刑的合宪性问题在美国引发激烈争论。这个法律争论聚焦在解释第八修正案中“残忍的和非同寻常的”条款的恰当方式。有人认为，这个规定应当依照宪法制定者的意图来解读。既然制宪者明确地不把死刑视为残忍和非同寻常的，他们就做出结论说死刑在宪法上是可允许的。其他人认为这个规定应该按照字面来理解：既然“残忍的”指的就是残酷的，并且死刑是残忍的和非同寻常的刑罚，那么死刑就是违宪的——尽管制宪者的意图不是这样。

规划理论能够帮助说明为什么这个条款的解释在法律上是有争议的。我们先假定有人认为美国拥有一个权威体制。再想象一下，有人认为制宪者和之后的宪法规划者对普罗大众持有极不信任的观念，对法官尤甚。这些辉格主义的规划者对后代及掌权者持怀疑态度，于是设计了一个制度来约束他们的裁量权。人们可以从这种对信任的有效配置中得出结论说，法官应当适用这样的解释方法论：它们不需要以某些能力和品质为先决条件，而该制度的信任经济恰恰以法官缺乏这些能力和品质为先决条件。这种思想认为，要求法官遵守宪法设计者的原初意图，会把法官作恶的潜在可能予以最小化。它会阻止法官把他们潜在的错误观点强加给别人，同时也限制他们按照自己的政治目的而利用文本模糊性的能力。

其他人可能主张，制宪者并没有对人或者法官持有极不信任的观点。他们可能会指出，美国制度是一种民主制，把主权赋予了“我们人民”。民主制度赋予公民以高度的绝对信任，因为它们授予公民以根本的政治权力。此外，美国制度是一种宪法民主制，它把终身制和司法审查的权力赋予联邦法院，这种权力配置表明，相比于立法机关，法官被赋予较高程度的信任。最后，他们可能指出，前述条款是相当单薄和模糊的。它不是一个关于应被禁止的刑罚的详细而全面的名单，它并不是要禁止那些“我们认为是残忍和非同寻常的”刑罚。相比于立法机关，法院被赋予的这种高度信任可能表明，法院在实施宪法权利的时候应该享有相当程度的裁量权。当立法机关关于公正刑罚的观念既是残酷的，又超出普遍共识之范围的时候，法官应该有权废除这种立法。

这些反原旨主义者可能也会挑战原旨主义者认为美国政制是一种权威体制的观点。他们可能会提出，美国宪法的文本在两百年间相对稳定。那些当前从事宪法实践的人为什么允许自己受“阴魂不散的过往决定（dead hand of the past）”所辖制？他们可能会说，如下观点听起来更加有道理：当前的参与者接受宪法体制，是因为他们认为它能得到独立地证成。如果是这样，那么几百年前人们对残忍持有的观念就与当下的法律决定几乎没有相关性。尽管制宪者认为鞭刑既不是残忍的也不是非同寻常的，但正如没有人认为它是合宪的，反原旨主义者也可以依靠人们对第八修正案的道德分量和内容的共享理解，主张死刑是违宪的。

当然，关于原旨主义者和反原旨主义者的宪法解释方法之间的争论，还有很多需要说明。但我的意图不是要彻底探讨各方为自己的立场而做出的每一种论证，而是要表明规划理论拥有一些资源，能够说明为什么这个条款的解释在法律上是有争议的。在一个像美国体制这样复杂而古老的法律制度中，每个人都能从中找到一些东西为自己辩护。双方都能做出合宜的元解释论证这个事实，保证了政治争议也能以法律术语表达出来，正如这些争议在美国经常表现出来的那样。〔25〕

---

〔25〕 在上一章，我主张权威体制中的元解释者应该忠诚于规划者对能力和品质的判断，而非自己的判断。在这一章，我对目标的选择做出了相同的要求。在提取过程中，元解释者拒绝了上帝之眼的观点，而是通过尊重社会规划者的判断，来决定信任、目标和价值等方面的问题。然而，元解释的第二步采取的是规划者的视角，而第一和第三步——规格和评估——则是从上帝之眼的观点而进行的。也就是说，在能力和品质被提取出来之后，根据各种解释方法论的实现目标的能力而确定它们的属性并对它们进行评估的时候，元解释者应当依赖于他的个人判断，而非规划者的判断。

人们可能会担心，如果在规格和评估阶段采取上帝之眼的观点，那么规划理论就违反了规划原则的简单逻辑。因为为了确定恰当的解释方法论，元解释者必须解决某些解释方法论旨在解决的问题。推测而言，如果一种解释方法论是解决解释性争论的一个规划或一组规划，那么它必须解决关于它自身效率的问题。然而，根据规划理论，元解释者被要求解决这些问题，并因此解决解释方法论旨在解决的那些问题。

对这种担心的正确回应是承认这一点，即在元解释争论非常普遍的制度中，恰当的解释方法论不是规划，甚至也不是习惯性规范那样的类规划。元解释争论之所以出现，正是因为没有能解决法律文本应该如何解释的问题。既然解释方法论不是规划或类似规划的规范，那么 SLOP 在此就不适用。当然，解释方法论并非完全不是类似规划的。关于能力、品质、目标和价值的重大问题已经被其他人所解决，并且在元解释过程中被视为权威性的。因此，不同于德沃金的主张，规划理论的元解释程序并不解决法律旨在解决的那些问题，因为它不要求元解释者在弄清楚如何解释法律之前，以上帝之眼的观点来回答关于信任和目标的问题。

习惯性法律制度

到目前为止，我讨论了元解释应该如何在权威体制和机会主义体制中开展，在这两种体制中，规划都占主导地位。然而，并非所有的法律都是规划：我们已经看到，习惯性规则只是类似规划的。考虑到这些类似规划的规范能够并且通常是以无意图的方式产生，因而不是为了管理信任而被制定出来，那么我们必须以不同于规划的方式来对它们加以分析。因此，有人可能会认为，如果法律制度的规则不纯粹是设计的结果，而通常是通过习惯性方法而产生的，那么这些制度可能就不存在对信任的有效配置。那么，在我称之为“习惯性”法律制度中，也即习惯取代自觉的社会规划行动而占据主导地位的体制中，解释方法论应该如何得到确定？

要回答这个问题，我们要先提醒自己，尽管法律的基本目的是解决习惯、传统、说服、共识和承诺等不能有效解决的那些问题，但当采取这些非法律形式的手段比社会规划更有效的时候，法律仍然应该依靠它们。因此，当习惯提供了比规划更好的解决方案，或者成本更低的时候，法律制度应该在立法途径之外纳入习惯性方案。据此，我们至少可以区分出两个理由，来解释为什么习惯作为一种解决道德难题的方法，要比规划更为优越。

第一，正如弗里德里希·哈耶克在他对计划经济的批评中所强调的，习惯性规则通常具有优越性，因为它们以自下而上的方式“从基层（from below）”产生。就这一点而言，它们能够随着时间而发展，调整自身以适应变革的环境。第二，如埃德蒙·伯克（Edmund Burke）所主张的，习惯性实践往往是好的实践，因为他们经受住了时间的考验。对于这样一种可能性，即历世历代都陷入错谬而只有一些个体或群体最终发现“真理”，我们应该从理论和实践中都予以彻底摒弃。

在这些证成的基础上，我们可以确定两种理想类型的习惯性法律制度。在哈耶克式的制度中，大部分官员相信习惯性实践的产物应该得到遵守，因为自下而上的决策能够比自上而下的社会规划更好地解决道德难题。在伯克式的制度中，大部分官员相信习惯应该得以承继，因为它们的持续性是它们的道德价值的强有力证据。

一旦我们集中关注于服从法律习惯的这些公认的理由，我们就可以尝试理解习惯性制度何以能够拥有对信任的有效配置。哈耶克式和伯克式的制度是对人不信任的制度，因为它们都对社会规划采取一种敌视的态度。根据他们的观点，人类并不善于自觉地安排其他人的事务。因此，这些怀疑式的信任配置，就与一些解释方法论不一致，比如德沃金的高度裁量性的整全法理论。要让法官依据极为抽象和新颖的哲学理论来解释法律，就必须以哈耶克式和伯克式的制度所否决的那些能力为先决条件。

尽管这两类制度都是怀疑性的，但它们对信任的有效配置并非一样。哈耶克式的制度对自上而下的、集权式的社会规划持怀疑眼光，而伯克式的制度则拒绝任何形式的革新性规定。因为它们不信任的对象不同，所以每种制度青睐不同的解释方法论。举例来说，哈耶克式的制度拒绝如下方法论：它们把法律文本视为一般原则的例证，并为了促进这些被例证的原则而解释它们的规定。考虑到该制度偏好自下而上的、具体问题具体分析的推理形式，哈耶克式的信任配置状况与目的性的方法论不一致，因为这些方法论把文本加以扩张，以更好地促进高阶的法律原则。与之相比，伯克式的制度偏好那些允许解释者偏离文本规定的方法论，因为这种偏离可以促进和实现由根深蒂固的文化传统或法律制度的其他部分所支持的那些原则。

第十四章　合法性价值

如果你想见到一位大哲学家本人，那就去伦敦，乘坐地铁到尤斯顿广场站；出车站后左拐，沿着高尔街步行到伦敦大学学院；进入主楼，问保安如何到南回廊（South Cloister）；到达南回廊后，找到一个大的木橱。在这个木橱中，在平面玻璃后面，你会发现这位大哲学家。他每天端坐在他的书桌旁边，面对着过往行人。你可以问他你想问的任何问题。但是，他却无法回应你，所以不要因此而生气。毕竟，他已经去世，而且已近乎两百年。

橱子中的哲学家不是别人，正是杰里米·边沁，现代法律实证主义之父。在他的遗嘱中，边沁把他的遗体遗赠给他的朋友，桑斯伍德·史密斯（Southwood Smith）医生，指示史密斯医生在医学生和普通公众面前把他的尸体解剖；边沁要求，在完成解剖和关于人类解剖学的讲座之后，史密斯要把他的头部做成木乃伊，把他的骨头重新组合，给他的骨架穿上他的衣服，安放在他常用的书桌边上他常坐的椅子上，把他常用的拄杖“斑马（Dapple）”放在身边。他并没有对这个疯狂计划的理由作出解释，但这不难理解。边沁是启蒙时期的模范，热衷于科学探究，并坚定地相信它对于改善人类境况的潜力。他厌恶那些反对人类解剖的死而复生论者（resurrectionist），而相信人们应该把他们的尸体奉献给科学。通过把他经防腐后的骨骼展示给公众，他尝试把身体和死亡去神秘化，并帮助揭开宗教遮盖在此类自然现象上的迷信之罩。

边沁对法律制度也采取了相同的不敬和不浪漫的态度。他试图把法律去神秘化，把它的不理性的信念和程式暴露在理性的亮光之下。正如哈特所解释的，边沁对法律实证主义的拥护是这种揭露真相式策略的核心要素。

边沁思考和用心地证明他所处时代英国法的弊病，法规极为冗长和模糊，法庭程序复杂且成本高昂，证据模式不自然和不理性。他讶异于这些事情，但更让他惊恐的是，英国法律人坦然地忍受和宣传这种令人萎靡的迷信，即这些弊病是自然的和无法避免的，因此只有空想家会梦想对它们做出彻底的改变。他认为，只有那些对法律是人造之物这个真理视而不见的人，才会同意这些荒诞和不公正应归因于自然；开启人们的眼睛的一种方式是，把这样一个简单但重要的信念教导给他们，即法律不过是人类意志的表达。法律是人们添加给这个世界，而非从其中发现的事物。[1]

对于边沁来说，法律实证主义是一种解放性的学说，因为它揭示了法律的偶然性和易变性。既然法律是由人类活动所创制，那么它就会以另外的样子被创造出来。一旦人们认识到这个事实，那么就没有借口来接受现状。既然法律是可修正的，那么在它被破坏的时候，它就应当被修正过来。

但对于每一个法律实证主义者来说，如果他把自己的法律理论视为治疗式的和激进的，就会有一个自然法学家，把它视为思想枯竭和

〔1〕 H. L. A. Hart, *Essays on Bentham* 26 (Oxford: Oxford University Press, 1982).

歪曲的。根据这些批评，法律实证主义就如同边沁的遗嘱，有着美好的愿望，却走向了荒唐的极端。它有着去神秘化，甚至要惊为天人的热忱，却让它变得平庸和走样了。自然法学家把法律实证主义视为一种哲学剥制术（taxidermy）：它把法律的道德内核和命脉挖空并排出，然后推出填充后的标本并予以展示，仿佛它们才是真实的东西。

在这结尾一章中，我会检讨自然法理论所提出的两种对法律实证主义的有影响力的批判。每一种批判都把法律实证主义的错误归之于它的朴素（austerity）和中立；根据他们的观点，关于法律是什么的问题不能与关于法律应当是什么的问题相分离。处理这些问题是重要的，不仅是为了对规划理论——这也是一种去神秘化的法律理论——进行辩护，也是因为它让我们重述本书所发展的法理学观点中的某些方面的要旨，也对在这个过程中提出的其他方面进行深化。

核心事例和边缘（peripheral）事例

让我们最后一次回到五岁孩童的例子。假设他让你解释一种“理论”是什么，你通过举出一系列例子做出了回应。你说，那些相信“地球是平的”的人拥有一种地理学理论；那些认为“月亮是由新鲜奶酪所构成”的人拥有一种天文学理论；那么相信“小孩是由鹳鸟生出来的”的人拥有一种生殖学理论；那些认为“有些数字比另外的数字更吉利”的人拥有一种概率理论。

很明显，你的解释有一些问题。问题不在于它的准确性，毕竟，你给他列出了一些真诚的理论。相反，问题出在你没能提供任何**好的**理论的例子，而漏掉了其定义的关键因素；你所提到的理论，尽管是真诚的，却是**错误的**。换句话说，要解释理论的性质，人们必须解释清楚，理论应当是正确的。当一种理论是正确的时候，它就是成功的；当它是错误的时候，它就是有缺陷的。如果你不理解为什么理论必然要追求真理——它可能实现，也可能实现不了的目标——那么你就无法理解理论是什么。

正如约翰·菲尼斯所主张的，法律实证主义者在对法律的性质作出解释的时候，犯了同样的基本错误。无论是试图揭穿法律主张权威的真相，还是建构一种法律的一般理论，法律实证主义者在关注道德上不合格的制度和调整他们的理论以适应这些制度上面，花费了过多的时间。然而，他们对于纳粹制度和邪恶问题（Problem of Evil）的沉迷，使他们对一个基本的法理学真理视而不见：一个邪恶体制是一种拙劣的法律制度，正如“地球是平的”是一种失败的科学理论一样。

根据菲尼斯的主张，只有在人们理解了法律的道德本旨或目的的时候，人们才能真正理解法律的性质。〔2〕符合这个目标的法律体制是法律是什么这个问题的“核心”或“焦点”事例。另一方面，邪恶体制不能满足法律应当实现的目标。用菲尼斯的术语来说，它们是法律的“边缘”、“打折扣的”或“边界”事例；它们只是在某种“意义上”，“按一种说法”，“在些许意义上”或“在引申意义上”是法律。〔3〕因为法律实证主义者几乎完全把他们的精力集中在这些打折扣的版本上，他们就看不到它们是打折扣的而非**真正意义上的**法律。

---

〔2〕 John Finnis, *Natural Law and Natural Rights*, chap. 1 (Oxford: Oxford University Press, 1980) . See especially pp. 16 – 17.

〔3〕 Ibid. , 11.

还有很多理由可支持菲尼斯对传统法律实证主义的批判。菲尼斯指出法律实证主义者未能充分认识到正义的和不正义的法律制度之间的区分，这一点是正确的。当然，实证主义者认识到这两种体制之间存在差异，但他们认为这种差异是道德意义上的，而非法理学意义上的。换句话说，他们相信关于法律性质的理论不能把不正义的制度从正义的制度中区别出来。每一种都是真正的法律制度，除此之外多说无益。〔4〕

就这一点而言，实证主义者是错误的。正如我在第七章所主张的，法律必须符合道德，这是法律性质的一部分。法律有一个道德目标；当它不能满足这个目标的时候，法律就其自身而言就失败了。因此，当法律制度解决道德难题的时候，我们不认为这些事件是令人愉快的意外事件。犯罪组织所带来的道德益处纯粹是偶然的，但与它们相反，法律制度理应产生这类益处。当它们做到这一点的时候，它们就实现了它们的基本目的。

---

〔4〕 我不确定约瑟夫·拉兹现在是否相信法律拥有一种构成性的道德目标。在“About Morality and the Nature of Law”［重印于 Joseph Raz, *Between Authority and Interpretation*: *On the Theory of Law and Practical Reason*, 177 – 178 (Oxford: Oxford University Press, 2009)］一文中，他写到：“这个主张，即法律依其性质拥有一个道德任务，看起来是正确和有趣的……这个主张确定了一种判断法律的批判性视角。如果我们不知道椅子是用来坐的，并且我们是根据（除其他因素之外）它们如何实现这种功能来做出判断，那么就不能完全理解椅子是什么。法律也是如此，我们不能完全地理解法律是什么，除非我们知道它拥有某种任务，并且根据（除其他因素之外）它完成这项任务的好坏来对它加以判断。”然而，在“Postema on Law's Autonomy and Public Practical Reasons: A Critical Comment”（也重印于 Between Authority and Interpretation，第 374 页）一文中，拉兹写到：“我认为，正义不是法律的终极追求，因为依照法律的本质，除了成为好的（be good）——即成为它应该成为的样子——之外，没有一种所有法律都追求的道德品质，即它应该是正义的、慷慨的或有怜悯的，以及很多其他品质。我们要记住的重点是，法律没有任何特定的功能（尽管法律或法律的一部分拥有很多这些功能）。成为好的本身只是一种形式功能：每一种事物都应该是好的，即应该成为它应当成为的样子。”

尽管菲尼斯指出在正义和不正义体制之间存在法理学差异这一点是正确的，但我认为他曲解了这一差异。他说只有正义的体制是法律的理想或核心事例，而不正义的体制，最多不过是法律的边缘、打折扣的或边界事例。但是一种体制并非仅仅因为它是不正义的，就是边缘的、打折扣的或边界的。一种不正义的体制，如果满足第七章所确定的合法性的身份条件，那么就是一种真正的法律制度，只是它没有做它理应做的事情。它区别于当前的阿富汗政府，后者是一种边界性的法律制度，因为它对它主张拥有权威的很多领土只有微弱的控制。

用一个老生常谈的类比来说，不正义的体制就如同坏掉的钟表。坏掉的钟表不是被稀释的（diluted）、边缘的或边界意义上的钟表。它们区别于纯粹装饰性的钟表，后者的确属于钟表的边界类型。坏掉的钟表是真正的，但是有缺陷的钟表。它们不能实现它们这种类型的物品理应实现的功能。

菲尼斯似乎混淆了两种意义，在这两种意义上，那些正义的且满足合法性的身份条件的体制是核心或理想类型的法律。它们在作为纯粹的、纯正的和核心的法律制度实例这个意义上是理想的。用柏拉图式的术语来说，它们完全地具备合法性形式（the Form of Legality）；用更为现代的话说，它们完全地例证了法律的所有本质属性。但这些制度也在另一种意义上是理想的：它们是卓越的和典范式的法律实例。它们既拥有法律的本质，也实现了具备这种本质的事物理应实现的功能。

因为菲尼斯没有在这两种“理想”意义上做出区分，他从不正义体制在第二种理想意义上的失败，滑向了它们在第一种理想意义上的失败。从一种体制未能实现它理应实现的功能这个事实，他得出结论说，它是一种不纯粹的、意义被削弱的、边界的法律实例。这显然推不出来。一种有缺陷的事物实例事实上并不是该种事物的意义削弱版本（attenuated version）——再一次用柏拉图式的表达来说，它不是典范式实例的一个影子。实际上，这只是因为不正义的法律体制例证了合法性属性，所以把它们视为不正义的（相对于仅仅不可欲的或邪恶的）才变得有意义。

恰当的法律理论不能如此不讲情面（hard - boiled），以至于否定了不正义的法理学意义；然而它也不能如此过于天真（starry - eyed），以至于夸大了这种意义。规划理论通过确认拥有道德目的是法律性质的一部分，同时又否认不能实现这个目的就会破坏法律作为法律的身份这个主张，而迈向一种合格的法律理论。不正义的制度具备使事物成为法律制度的所有属性，但它们不能实现此类事物理应实现的功能。尽管它们可能是纯粹和纯正的，但它们仍然是糟糕和有缺陷的。

规划之治

或许对法律实证主义最有名的攻击出自朗·富勒的《法律的道德性》。他指责法律实证主义者忽视了法律的性质和法治之间的关联。实证主义者坚信法律的存在独立于道德事实，所以他们未能成功地认识到，如果一种制度持续地违抗构成法治的那些道德原则，那么它就不是法律。

为了说明这个主张，富勒运用了所谓的解构主义者的策略（De-constructivist Strategy），也就是说，他试图展现人们要破坏一个法律制度所应采取的各种步骤。[5]他先想象出一种体制，该体制由一位善意但笨拙得无可救药的君王——雷克斯（Rex）所统治。雷克斯认为他继承下来的体制是过时的和不理性的，所以他希望进行彻底的改革。据此，他废除了古旧体制的所有法律，开始书写新篇章。

因为雷克斯发现做出一般性的规定是很困难的，所以他决定不以一部新的法典取代旧的规则体系，而是决定以他认为合适的方式解决每个具体的纠纷。不幸的是，雷克斯的计划带来了巨大的混乱。因为他的臣民从他的决定中发现不了任何模式，他们就无法预测在任何特定的案件中他会如何做出裁决。因此，他们呼吁雷克斯制定出一套一般规则，据此对他们的行为进行裁判。

雷克斯同意这一点，然后尽其所能地制定出一部全备的包含大量规则的法典。然而，他不愿意把这部法典公之于众。毫无疑问，臣民们被雷克斯的保密所激怒。雷克斯惊恐于他的作为引起的狂怒，于是再一次同意，然后把一系列规则发布出来。问题在于，要适用的规则需要在纠纷发生之后被确定出来。在每一年末，雷克斯会发布出一系列规则，这些规则被用来解决上一年的案件。这些规则不会对将来产生的纠纷有约束力。臣民们辩解道，只有**提前**知道规则，它们才会对他们有用。

为了应对这些合理的担忧，雷克斯决定起草一部公开的法典，以适用于将来的纠纷。一旦它被公布出来，臣民们对这部新法典进行学习，却发现它的规定极为模糊。为了回应公众批评，增强法典的清晰性和指引性，雷克斯在外界的帮助下修改了这部法典。不幸的是，法

---

〔5〕 Lon L. Fuller, *The Morality of Law* 33 – 38（New Haven, CT: Yale University Press, rev. ed. 1964）.

典的新规定，尽管是极为清晰的，却充斥着自相矛盾之处。重修后的版本具备了内在一致性，却施加了一些让人根本无法实现的条件。然而，法典中新的修订产生出一组一致的、前瞻性的和可以实现的规则。遗憾的是，法典的起草花费的时间太过漫长，它的规定已经跟不上社会和经济条件的变化。为了让这部法典适应时势，雷克斯每天对它的规定进行修正。

不用说，这些持续的变动使得他治下的臣民极难规划他们每一天的生活。雷克斯听从了他们的抱怨，于是致力于让这部法典保持稳定。尽管他遵守他的承诺，很少修正这部法典，结果雷克斯在判案时适用的规则与法典的规定毫无关联。臣民们正密谋推翻雷克斯的王位的时候，这位国王由于未老先衰，并对他的臣民极为失望而去世了。

根据富勒的描述，雷克斯成功地破坏了旧的法律制度，但未能成功地用新的制度替代它。每一个尝试都失败了，因为它违背了法律存在的必要条件。根据富勒的意见，如果一个法律制度有以下情形，那么它就无法存在：（1）缺少规则；（2）未能将规则公之于众；（3）以模糊的方式立法；（4）制定溯及既往的法律；（5）制定互相矛盾的规则；（6）颁布人们根本无法实现的规则；（7）频繁地修改规则；（8）并不适用它制定出来的规则。〔6〕每一种失败的情形都违反了一条一般性道德原则；作为一个组合，这些原则构成了被称为“法治”的理想。这些原则要求法律标准应该是一般的，被公布出来的，清晰的，有前瞻性的，前后一致的，可以实现的，稳定的和能被适用的。尽管每一条原则被每一种法律制度都完全实现是不可能的，也是不可

---

〔6〕 Ibid.，39.

欲的（想象一下一种法律制度的缺陷，它的规则如此稳定以至于永远不会改变），但对任何特定原则的完全违反，导致的是不能产生或无法维持一个法律制度。

富勒主张这些原则构成了法律的“内部”或“内在”道德〔7〕，这一点为人所熟知。根据他的观点，它是一种**道德**，因为遵守这些原则必然产生某些道德善：任何一种遵守法治的制度都会提供给它的公民以服从法律的公平机会。这种道德是**内在的**，而非外在的，是因为它的价值不依赖于规则意在实现的实质性政治目标。根据富勒，即使是遵守这些原则的邪恶法律制度也会给它们的公民以服从的合理预期（prospect），因此使他们免于因不服从而受惩罚。

从“违反法治的制度不是法律制度”这个事实中，富勒得出结论说，法律和道德是有必然联系的。根据富勒的观点，雷克斯的制度不能获得法律地位，因为它未能遵守这些道德原则——符合这些原则对于法律的存在来说是必要的。因此，与法律实证主义的主张相反，法律的存在依赖于道德事实。

人们花费了很多笔墨来讨论这样的问题：富勒确定的原则是否最好被描述为道德原则，以及他是否因此发现了法律和道德之间的一种重要关联。〔8〕尽管我同情那些拒绝富勒的描述的人，但我想先回避这个恼人的问题。实际上，我想提供一种替代解释，来说明为什么雷

---

〔7〕 Ibid., 42－43. See also Lon L. Fuller, “Positivism and Fidelity to Law: A Reply to Professor Hart,” 71 *Harvard Law Review* 645－646 (1957).

〔8〕 例如参见哈特的评论，EJP；Ronald Dworkin, “Elusive Morality of Law,” 10 *Villanova Law Review* (1965); and Lon L. Fuller, “Reply to Critics” in *The Morality of Law*。For later interventions, see Joseph Raz, “Rule of Law and Its Value” in AL 224; Matthew Kramer, *In Defense of Legal Positivism: Law without Trimmings* (Oxford: Oxford University Press, 2003); and Nigel Simmonds, *Law as a Moral Idea* (New York: Oxford University Press, 2007).

克斯的制度不是一种法律制度。我认为，该制度未能获得法律地位，与它不能产生某些道德善这一点毫无关系。相反，原因在于这个事实，即违反这些原则的制度所做的并非是基本的法律活动：它们没有进行社会规划。

我们很容易就能看到，富勒的八项条件可以从规划命题中推出来。前两项条件——法律必须是一般的和公开的——可以立即从规划命题的一个主张中得出，即法律规划具有社会性。正如我在第七章所主张的，法律规划在如下意义上是社会性的：它通过一般的和为公众所知的政策来管理大部分共同活动。接下来五项条件——法律必须是清晰的、前后一致的、前瞻性的、可以实现的和稳定的——可以从这个事实中推出，即规划以一系列相互关联的倾向为特征。正如我在第五章开始所论证的，规划者倾向于随着时间而逐渐充实他们的规划，倾向于使他们的规划互相一致并与他们的信念一致，也倾向于拒绝对他们的规划进行重新考虑，除非有迫切的理由这么做。最后，法律官员必须适用被制定出来的规则这个条件，可以从这个事实中推出，即规划是一种复合活动，不仅涉及规划的采纳，也涉及规划的适用。如果法官没有适用立法者制定出来的那些规则，那么他们就不会适用立法者采纳的规划，因此也就不能同其他官员一样参与到相同的规划活动之中。

因此，雷克斯并非因为他是一个不正义的社会规划者而破坏了他的法律制度，尽管他的行动的确带来了严重的不正义。他也不是因为自己是一个笨拙的社会规划者而失败，尽管他所采取的手段的确与他追求的目的差之千里。雷克斯在他的法律事业中之所以是不成功的，正是因为**他根本就不是一个社会规划者**。他显然缺乏人类作为规划的行动者通常所具有的倾向。（实际上，如果烹饪俱乐部的成员像雷克斯这样做事，那么也就不会有这个俱乐部了。）因此，实证主义者可以同意富勒的观点，认为遵守他的八项原则对于法律制度的存在是必要的，但否认法律的存在依赖于道德事实。

什么是合法性价值？

一旦我们认识到富勒的八项原则表明了社会规划存在的必要条件，那么它们的价值就马上显明出来。让我们先从区分法治的自主利益（autonomous benefits）和工具利益开始。自主利益仅仅产生自对这些原则的遵守，而不管特定制度的规则追求的目的是什么。与之相对，工具利益完全产生自这个事实：它们使个体能够实现有价值的目的。

富勒的讨论彰显了法治的两种重要的自主利益。第一，它使社群成员能够预测官方行动，因此有效地规划他们的生活。第二，法治限制了官方行为，因此保护公民免于官员的专断和歧视行为。这些利益能产生，如我们在本书中多次强调的，是因为规划能够促进可预测性和追责制（accountability）。人们不再需要猜测官员如何评估他们的行为，或者担心官员会就他们的评估结果撒谎，而是直接专心于个人事务，只需依赖于规划或政策的存在。

不幸的是，富勒没有提到伴随社会规划而来的第三种自主利益，即无需反思管理我们生活的最佳方式和说服别人我们的判断的正确性，从而节省了大量的认知精力。即使当规则是误导人的或拙劣的时候，我们至少免于就应该做什么的问题而磋商和争论。

这个主题的大部分著述的一个令人好奇的特点是，它们只局限于对法治的自主利益进行颂扬。人们会有这样的感觉，只是因为这种政治理想让我们远离诉讼，所以它才被珍视。然而，这些辩护性主张忽视了法治的工具利益。法治是有价值的，不仅是因为它让**我们**能够规划我们的生活，也是因为它使**法律**能够规划我们的生活。我主张，法律在道德上是有价值的，因为我们面对着大量且严重的道德难题，它们的解决是复杂的、有争议的和专断的。我们解决这些道德问题的唯一可靠的途径是进行社会规划。从道德和审慎的角度讲，我们极迫切地需要规范来指引、协调和监督我们的行动。如果一个制度不能正常地制定出一般的、公开颁布的、清晰的、前瞻性的、前后一致的、可实现的和稳定的标准，并且没有把这些标准适用于产生的案件之中，那么它就不能提供我们解决我们应当解决的难题所需要的指引、协调和监督。

举个例子，思考一下富勒描述为法治之精髓的那条原则，即第八项条件，官员应该适用制定出来的规则。想象一下，官员不需要适用制定出来的规则，而是可以自由地根据自己的判断对行为进行评估。显然，这种行为与社会规划体制相抵触。规划应当提前确定什么事情需要做；如果官员不需要适用那些他们视为错误的规范，那么这些规范就无法带来规划意在实现的结果。

我们可以说，法治是社会规划之治：它的价值完全来源于社会规划所产生的利益，并且当法律架构将这些利益最大化的时候，它得到了最佳地实现。因此，法治是政治争论的恒久来源，这一点不足为奇。当理论家就社会规划的最理想形式产生争议的时候，他们也会对法治有争议。比如说，那些对社会规划充满信心的人会认为集中的、全备的、法典化的、自上而下的和充满指令的制定法承载着合法性理想。他们会用怀疑的眼光看待普通法，或许会认同边沁将普通法描述为“狗的法律（Dog law）”。“当你的狗做了任何你想借此收拾它的事情的时候，你等待它做完这件事情，然后为此揍它。这是你为你的狗立法的方式：这也是法官为你和我立法的方式。他们事先并不告诉人们**他不应该做什么**……他们按兵不动，直到有人**做**了一件他们认为他不该做的事情，然而他们因为这件事绞死了他。”〔9〕相反，那些对自发秩序充满信心，却对社会规划不信任的人会对普通法的分散化的、自下而上的、充满授权的保守进路更加友善。因此，用哈耶克的评价来说：“在十八世纪欧洲人所羡慕的英国人所享有的自由，实际上并不是英国人自己开始所相信的，以及孟德斯鸠后来告诉世界的那样，最初是立法权和执法权之分权的结果，而是如下事实的结果，即约束法院之判决的法律是普通法，这种法律独立地存在于任何人的意志之外，同时对这些独立的法院有约束力，且由它们所发展……”〔10〕

我认为，将这种争论解释成对法治内容的争议，是一个错误。〔11〕争论者同意它是一种理性社会规划的理想——他们只是对如何进行理性的社会规划有争议。举另外一个例子，让我们思考一下关于司法审查和议会至上问题的争论。对于很多人来说，由独立的司法机关进行审查是法治必不可少的条件。〔12〕如果在一种制度中，法院无权审查

〔9〕 Jeremy Bentham, *The Works of Jeremy Bentham*, vol. V, ed. J. Bowring, 235, quoted in Gerald J. Postema, *Bentham and the Common Law Tradition* 277 (Oxford: Oxford University Press, 1989).

〔10〕 参见 Friedrich August Hayek, *Law, Legislation and Liberty: Rules and Order*, vol. 1, 85 (Chicago: University of Chicago Press, 1978)。哈耶克关于法官造法的可预测性，参见 116。

〔11〕 相反的观点，参见 Jeremy Waldron, “Is the Rule of Law an Essentially Contested Concept (in Florida)?” 21 *Law and Philosophy* 137 (2002) 和 Ronald Dworkin, *Justice in Robes* 5 (Cambridge, MA: Harvard University Press, 2006)。

〔12〕 例如参见 Raz, “Rule of Law and Its Virtues,” in AL。

立法或执法行动，或者受制于政治控制，那么它就是一种法律不具主宰地位的制度。其他人认为，由政治上不担责的法院进行司法审查，是法治的对立面，恰恰是“人治”。〔13〕这个争论无关其他，而正是关于最理想的制度设计的论争。双方都同意，追责制对于保护人们免于官员渎职来说是必要的；他们只是就哪种追责机制最有效这个问题有争议：部门间竞争，还是选举。因为这类问题的答案并不是非常清楚，我们就不能期待关于法治的争论会即刻消失殆尽。

有限制地思考（think inside the box）

尽管关于最佳社会规划的问题极具争议性，但法律制度不能回避它们，因为它们的任务正是进行最佳的社会规划。法律制度别无选择，只能决定如何在指引、预测性和制约的需要，和灵活性、自发性和裁量权的益处之间实现平衡。因此，法律制度不仅必须要遵守法治，而且也必须对法治本身如何得到最佳地遵守这个问题提出观点。

对前几章的论证进行概括的一种方式是阐明，只有在那些进行法律解释的人忠信于法律制度所预设和承载的法治图景的时候，法治才能得以实现。因为如果解释者在解释权威文本的时候，如果依赖于他们自己对如何在自由和制约之间寻求平衡的观念，那么这就会破坏法律作为社会规划制度的角色。他们不能试图发挥一些能力和性格特质，制度否认他们拥有这些能力和性格，且努力弥补这种缺失；他们也不能否认自己不能运用一些能力，法律假定他们拥有这些能力，且希望对之加以利用。他们不能逾越他们的界限，承担未分配给他的角

〔13〕 例如参见 the Bentham quote in Postema, *Bentham*, 363 – 364。

色或试图追求他们受托实现的目标之外的不同目标。他们不能在设想的政治关系是竞争性的时候，以合作模式来解释法律，也不能在政治关系是合作式的时候，以竞争性的方式采取行动。

因此，只有在法律解释者充分自律的时候，法治才会兴盛。换句话说，他们必须抵制这种冲动，即把法律解释视为对他们时代的重大道德和政治难题进行哲学探讨的邀请。相反，他们必须克制他们的道德判断而忠诚于法律视角。我们可以说，能够做到有限制地思考，是法律解释者最基本的消极德性。因为只有在法律解释的过程不会进一步搅扰法律旨在解决的那些难题的时候，规划的逻辑才会得到尊重。

诚然，法律旨在解决人们应当做什么的问题，这个事实并不意味着人们会对法律是什么的问题达成一致。实际上，我已经主张过，规划理论能够解释理论分歧的可能性和普遍性，这是该理论的一个优点，同时也回应了德沃金对法律实证主义的批评。对法律视角的遵从不是一种简单的和无争议的实践；要解释清楚法律以哪些关于政治道德和人性的观念为先决条件，以及根据这些观念哪种方法论最佳地促进了法律的目标，毫无疑问是一项艰难和充满争议的任务。有一些法律制度可能极为复杂，出色的元解释论证可能会支持与之相竞争的解释方法论。实际上，对于某些理论分歧来说，可能没有理性的解决方案，因此，对于哪种解释方法论唯独适合于特定法律制度这个问题，可能并没有最终的真理。

正如我们不能保证法律始终能成功地解决人们应该做什么的问题，我们也不能保证，忠于法律视角就会解决应当得到解决的那些问题。因为如果制定法律的那些人是能力不足的或品质败坏的，那么遵从他们的判断就是无益的或更糟的。但是如果法律权威完成了他们的任务，以及他们制定出一系列规划，这些规划能够解决道德难题，那么忠于它们关于能力、品质、目标和价值的判断，对于社群成员实现他们通过其他途径无法实现的目标，以及让权威享有他们有权行使的权力来说，就是至关重要的。相反，自然法理论和上帝之眼的观点通过让法律解释者扰乱那些已经解决的问题，让胜利功亏一篑。

尽管这可能不是一个特别鼓舞人心或浪漫的描述，但我们要说，法律终归是一种工具。正如所有的工具一样，它可被用于好的目的，也会被用于坏的目的。当法律被用于坏的目的的时候，我们不能以否认造成破坏之工具的身份这种方式来掩盖这个事实，这一点极为必要。当法律被用于好的目的的时候，重要的一点是，我们不能洋洋自得，而假定它一定会取得成功。与所有工具一样，使用法律有正确和错误的方式；如果我们错误地使用它，那么它就不会实现它理应实现的功能，权威也不会完成它们被托付的任务。

不幸的是，这种工具并没有伴随着用户手册而完备地呈现给我们。当然，这种手册不能通过立法的形式出现，即我们不需要“说明如何适用这些用户指示”的指示。然而，我们没有失去希望，因为我们是理性和反思性的生物，能够进行哲学思考。我们能够对法律这种工具进行反思，并试图从我们对它的性质的理解中获得正确的操作程序。如果有足够的运气，我们实际上可以弄清楚它是如何运作的。

致　谢

写作这本书是一番艰苦的经历，不仅是对于我而言，而且是（也许特别是）对于我周围的人而言。我的朋友、家人和同事能够证明，我谈论我的作品有点太多了，他们也能够证明过去十年间我一直为本书努力着。很多午餐会就这样被毁掉了。

在这项工作中，我得益于如此多的人，这使得我写这篇致谢变得非常困难。老实说，这些年我得到了如此多的帮助，以至于我都不可能全部记起他们。即使我能够准确地回想起这些善意，并形诸文字，那么这本书的每一个句子都必须要加上注释。尽管下面列出的是不充分的，我这里将对我最感激的某些人表示谢意。

当我还在本杰明·卡多佐法学院教书的时候，就开始准备这本书。我很感激在这项工作早期阶段给予我帮助和鼓励的朋友们，特别是 David Golove，Kyron Huigens，Arthur Jacobson，Melanie Leslie，Ed Stein，Stewart Sterk，Martin Stone。

本书大部分是我作为密歇根大学法学院的一员时写就的。我相信，我肯定跟法律系的每个人都以这种或者那种方式谈论过我的作品，我非常感谢他们的问题和评论，这些都有助于澄清和提炼我的思想。Daniel Halberstam，Don Herzog，Jim Hines，Bill Miller，Rebecca Scott，Richard Primus，他们特别耐心，给予了我很大的帮助。然而，勇士勋章应该授予 Scott Hershovitz，在他第一年的教学过程中，承受着我各种玄思冥想的攻击。他不仅能回以善意的幽默和文雅的揶揄，而且在很多重要的方面，他尖锐的挑战帮助我深化了呈现在这里的论述。

在那段时间里，我非常幸运成为密歇根大学哲学系的一员，那是世界上少有的智慧与正直并存的地方。我特别想感谢 Elizabeth Anderson，Stephen Darwall，Allan Gibbard，Peter Railton，他们教给了我元伦理学和价值理论的最新发展成果。第二章、第三章和第四章受到这些讨论很大的影响。特别要感谢的是 Victor Caston，在我写最困难的部分时，他多次说服我避开学术上的暗礁。他在哲学上的敏锐、慷慨和友谊支持了我。

这本书是在耶鲁大学法学院结稿的。像很多耶鲁同仁一样，我从与 Bruce Ackerman 多年的很多讨论中获益匪浅。Jim Whitman 总是提供永远的帮助、支持和友谊；每次和他谈话都是人生乐事。Claire Priest 通读了第十一章，帮我调低了我惯常过分修辞的腔调。尽管没有人会把我当作一位真正的历史学家来难为我，但是我希望那一章不要教人贻笑大方，这还要感谢 Claire。和下面各位的谈话也非常有帮助，他们是 Jack Balkin，Bob Ellickson，Bill Eskridge，Heather Gerken，Bob Gordon，Oona Hathaway，Christine Jolls，Dan Kahan，Harold Koh，Tony Kronman，John Langbein，Daniel Markovits，Nick Parillo，Robert Post，Susan Rose-Ackerman，Jed Rubenfeld，Reva Siegel，Alan Schwartz。

在耶鲁教书的好处之一就是能得到极好的研究资助。Gabe Mendlow 通读了整个手稿，指出了很多错误、不妥和含混之处。他很多次拯救了我。我给了 Erin Miller 恼人的任务，即阅读由非哲学家撰写的关于法律实证主义的所有东西。她以惊人的能力和热情超水平地完成了任务，帮助我将多样的概括组织成整齐有致的范畴，并在大量的、经常威胁要埋葬实证主义的抨击中总结出模式来。Justin Schwab 提供了杰出的、勤奋的复制编辑。Jud Matthew 对第十一章做了杰出的工作，帮助我形成、支持并填充了美国建国史的论述。John Paredes 令人惊叹地、专业地帮助我完成了校对和制作索引，他与 Alex Sarch 一起检查了许多学术引用。

Diego Papayannis 和 Lorena Ramirez 在耶鲁做访问学者期间，他们在每周一次的午餐会上好心地通读了整个手稿。在我对手稿做最终修改的时候，他们的评论很有价值。

本书中的思想在过去几年中以各种形式接受了检验，我愿意感谢很多听众们的宽容与帮助。特别是，我从下面诸位的评论中收获很大，他们是 Matt Adler, Larry Alexander, Robert Alexy, Anne Alstott, Horacio Arlo-Costa, Yochai Benkler, Mitch Berman, Carlos Bernal, Brian Bix, Herman Bouvier, Curtis Bridgeman, Mihailis Diamantis, Tony Dillof, David Dolinko, Ronald Dworkin, Chris Essert, Richard Fallon, Luca Ferrero, Claire Finkelstein, John Gardner, Margaret Gilbert, Antony Hatzistavrou, Peter Hilal, Ken Himma, Adam Hosein, Doug Husak, Shelly Kagan, Rob Kar, Web Keane, Niko Kolodny, Lewis Kornhauser, Matt Kramer, Jody Kraus, Chris Kutz, Andrei Marmor, Ned McClennen, Martha Minow, Michael Moore, Chris Morris, Trevor Morrison, Stephen Morse, Liam Murphy, John Oberdiek, Dennis Patterson, Philip Pettit, Adela Pinch, Gerry Postema, David Plunkett, Christina Redondo, Abe Roth, Veronica Rodriguez-Blanco, Jim Ryan, Adam Samaha, Rdrigo Sanchez, Fred Schauer, Emily Sherwin, Seana Shiffrin, Ori Simchen, Matt Smith, Larry Solum, Marc Spindelman, Nicos Stavropoulos, David Strauss, Cass Sunstein, Kevin Toh, Bas van Frassen, David Velleman, Jeremy Waldron, Jay Wallace, Fritz Warfield, Ralph Wedgwood, Sheldon Wein, Ernie Weinrib, Carl Wellman, Jonathan Wolff, Gideon Yaffe, Ben Zipursky。

这部手稿的倒数第二个版本成为 Damiano Canale 和 Giovanni Tuzet 在博科尼大学召开的会议的主题。我非常感谢他们，以及 Givanni Battista-Ratti, Bruno Celano, Pierluigi Chiassoni, Jordi Ferrer, Diego Papayannis, Giorgio Pino, Francesca Poggi, Aldo Schiavello，他们对手稿的思考对我益处多多。

我的编辑 Michael Aronson、他的助理 Heather Hughes 以及产品编辑 Meredith Phillips，跟他们一起工作真是太棒了，我非常感激他们使得出版过程变得如此让人享受。

Les Green, Brian Leiter, Stephen Perry，他们多年以来对我的作品进行着深刻的批评。虽然我确信我尚未回答他们所有反对意见，但是我试图这样做的过程极大地提升了我的思想。

Mark Greenberg 将我从教条的、实证主义的熟睡中唤醒，帮助我看到了自然法观点的力量。这本书很大程度上是对我们这么多年以来对话的一个回应。

作为哈佛大学出版社的审读人，Arthur Ripstein 对本书手稿倒数第二个版本做出了大范围的提升。他不仅指出一堆混淆和不准确之处，他还建议了解决这些问题的路径。在某些情况下，Arthur 实际上为我写了一份文稿。我从未收到过如此明了的、有思想的对手稿的评论。Arthur 为专业同行应该如何相互对待树立了一个楷模。

Sidney Morgenbesser 促使我想成为一名哲学家，而 Isaac Levi 通过大量充满善意、技巧和努力的行为，帮助我成为了哲学家。我永远忘不了他们的好处。

成为 Joseph Raz 的学生是我宝贵的财富，这永远是我自豪的源泉。二十年前，当我还在法学院学习时，我遇到了他，Joseph 那时就是一位耐心的导师、透彻的批评者和好朋友。关于法哲学，我从别人那里学会的不会比从他这里学会的更多。

我对 Jules Coleman 的感激是巨大的。像他如此之多的毕业学生一样，我从 Jules 永不疲倦的教导中获益良多；他的建议、帮助和支持带来了极大的变化。还值得一提的是，我愿意感谢他的是，他让法哲学变得如此有趣。许多年来，我们已经花费了无数的时间用于讨论法理学和对这个主题的观点。他的影响遍及全书。

这本书的思想是 2003－2004 年在行为科学高级研究中心发展起来的，在那段时间里，Michael Bratman 和我参与到一个关于共享行动者的合作项目之中。我感谢安德鲁·梅尔伦基金会让我能够到那里从事研究。我特别要感谢 Michael 在那一年中给予我的帮助以及他对该项目的持续不断的支持。我曾开玩笑说，与 Michael 对话就像与你自己的一个聪明很多很多的版本在对话。他不是试图把你击倒，他总是试图使你的论证尽其可能成为最好的。并且难以置信的是，甚至当你的论证是直接挑战他的作品时，也是如此。任何一个曾经和 Michael 说过话的人都知道我这么说并无夸张。能与他这样近距离地一起工作，运气真好，我仍然为这样的运气而惊讶。

我酝酿这本书与我妻子怀着女儿 Liza 大致是（尽管并非精确对应）同一时期，所以我与这本书生活了多久，就与女儿生活了多久。她现在 10 岁了，我儿子 Henry（不然他被称为“Drin”）7 岁。我承认，有些日子里我曾怨恨，大量的时间被用来养育他们，这拖延了我这本书的完成：不愿入睡的夜晚、耳朵发炎、教师发展日、寒假、擅离职守的保姆、预约牙医、中午的聚会，等等。但是当我比较结果的时候，我的选择明显是正确的，因为我的孩子们已经比这本书成长的要好很多。他们本身就很精彩，多么神奇，他们是我的孩子。

我有幸看到我的父母生活得如此健康，让我能够公开感谢他们的爱与慷慨。我知道他们送我去上大学、上法学院并不是让我变成一名法哲学家。谁会做这样的事情呢？但是他们支持我走过的每一步，这就是父母给予孩子的最好的礼物。我还要感谢我的姐姐 Melissa，因为她的爱与友谊，也因为当我上一年级时她帮我痛打 Steven Paris。

我最大的感激献给我的妻子，Alison Mackeen。Alison 是一位非常杰出的编辑。他对清晰、严密有着极高的标准，我竭力奋斗以满足这一标准。幸运的是，当我满足不了的时候，她就会帮我做出改变。她编辑过本书的许多部分，极大地提高了质量。她还教给我学术写作中最有价值的启示，那就是从来不要让读者做任何工作。假如读者发现本书并不十分难读，那么他们应该感谢 Alison。

过去的 10 年让人兴奋，也让人疲倦。我们搬了这么多次家，失去了如此多的睡眠，被拉向如此多不同的方向。没有她，我无法应对这些，我也不会愿意尝试。

第四章和第七章的部分内容首次出现在“Law, Plans and Practical Reason,” *Legal Theory*, 8 (387), 2002.

第九章和第十章的部分内容首次出现在 *The Hart – Dworkin Debate: A Short Guide for the Perplexed*, ed. Arthur Ripstein (Cambridge: Cambridge University Press, 2007).

第九章的部分内容首次出现在“Was Inclusive Legal Positivism Founded on a Mistake?” *Ratio Juris*, 22 (326) Oxford: Blackwell Publishing, 2009.

译后记

2011年初始，英美法哲学界同时诞生了两本重量级著作，一本是已故法哲学家罗纳德·德沃金的《刺猬的正义》，另一本就是本书。《合法性》一书在未正式出版以前，就已经有两次法哲学研讨会专门研讨这本书，足见法哲学家对该书的重视。《合法性》出版以后，英美法哲学界的一些重要学者对该书都给予了极高的评价。亚瑟·利普斯坦（Arthur Ripstein）评价说，“几乎可以确定，《合法性》在该主题上是继德沃金《法律帝国》之后最为重要的著作”。劳伦斯·索伦（Lawrence B. Solum）说：“我可以自信地说，《合法性》一书是多年以来一般法理学领域最好的著作之一。我认为，《合法性》会成为法律与哲学学生的基本著作。任何一个从事法律学术研究的人都应阅读《合法性》。它就是这么重要！”

本书的翻译缘起于蓟门法哲学研习会创办的《法律理论》电子杂志。鉴于本书在近几年英美法哲学的发展中的重要地位，《法律理论》编辑部给夏皮罗教授去信，询问是否可以就《合法性》一书做一个学术访谈，夏皮罗教授欣然应允，对我们的访谈问题给出了认真详尽的回答。在联络访谈的过程中，我们认为如果将本书翻译成中文，能帮助更多的法哲学研习者了解英美法哲学的学理发展和前沿动态。同时，由于本书依托实践哲学领域的最新发展，对哈特、拉兹以来一以贯之的法律实证主义理论承诺既有继承，又有实质性的突破，因此，这本书的引入有益于帮助国内的英美法哲学研究者建立起更整全的理论图景。夏皮罗教授听到这个建议，欣然接受，并协助我们与出版本书的 Belknap Press of Harvard University Press 联络。

本书的翻译由两位译者共同完成，郑玉双翻译第一至第七章，第十三章和第十四章。刘叶深翻译第八至第十二章，全书由郑玉双统稿。在翻译的过程中，夏皮罗教授对翻译中的疑问给出了认真和不厌其烦的回答，甚至对于一个词语译法的推敲，他都尽可能地做出更多的说明，帮助我们确定最终的译法。陈景辉教授、张超博士、王凌皞博士、沈宏彬、李汶龙、吴然、张晓冰等师友对书中部分章节的译稿进行了详细而全面的校对，范立波副教授和汪雄博士对书中部分术语的翻译提供了参考意见。本书中译本的出版，离不开周林刚博士的信任、耐心和宽容。袁笋冰编辑为本书的编辑出版付出了很多辛苦的劳动，在此向以上诸位表达诚挚的谢意。

《合法性》一书行文流畅，没有太多行话、艰深的专业名词，以质朴、平实的语言展现了法哲学的魅力。这减轻了译者的负担，我们也尽可能地以平实的语言转达作者的真知灼见。但是鉴于译者能力有限，疏漏在所难免。我们希望读者在阅读的过程中若发现翻译错误，敬请指教。译者电子邮箱：futurezheng@126. com；yeshenliu@126. com。

译者谨识

2016 年 7 月

图书在版编目（CIP）数据

合法性 /（美）夏皮罗著．郑玉双，刘叶深译．
—北京：中国法制出版社，2016.4（2020.4重印）
书名原文：Lcgality
ISBN 978 -7 -5093 -7474 -0

Ⅰ.①合… Ⅱ.①夏… ②郑… ③刘… Ⅲ.①法学 -
基本知识 Ⅳ.①D90

中国版本图书馆 CIP 数据核字（2016）第 077839 号

北京市版权局著作权合同登记：图字 01 -2012 -0505 号

责任编辑　袁笋冰　　　　封面设计　李　宁

合法性
HEFAXING

著者/（美）夏皮罗
译者/郑玉双，刘叶深
经销/新华书店
印刷/三河市紫恒印装有限公司
开本/880 毫米×1230 毫米　32 开　　印张/ 16.875　字数/ 373 千
版次/2016 年 12 月第 1 版　　2020 年 4 月第 2 次印刷

中国法制出版社出版
书号 ISBN 978 -7 -5093 -7474 -0　　定价：52.00 元

北京西单横二条 2 号　　值班电话：66026508
邮政编码 100031　　传真：66031119
网址：http：//www.zgfzs.com　　**编辑部电话：66066627**
市场营销部电话：66033296　　**邮购部电话：66033288**

（如有印装质量问题，请与本社编务印务管理部联系调换。电话：010 -66032926）